Untersuchungen zur irreführenden Werbung
in § 3 UWG sowie section 5 FTCA
und ihre Rechtsfolgen im Hinblick
auf den Verbraucherschutz

AF733435

Europäische Hochschulschriften
Publications Universitaires Européennes
European University Studies

Reihe II
Rechtswissenschaft

Série II Series II
Droit
Law

Bd./Vol. 3158

PETER LANG
Frankfurt am Main · Berlin · Bern · Bruxelles · New York · Oxford · Wien

Christopher Wolff

Untersuchungen zur irreführenden Werbung in § 3 UWG sowie section 5 FTCA und ihre Rechtsfolgen im Hinblick auf den Verbraucherschutz

PETER LANG
Europäischer Verlag der Wissenschaften

Die Deutsche Bibliothek - CIP-Einheitsaufnahme

Wolff, Christopher:

Untersuchungen zur irreführenden Werbung in § 3 UWG sowie section 5 FTCA und ihre Rechtsfolgen im Hinblick auf den Verbraucherschutz / Christopher Wolff. - Frankfurt am Main ; Berlin ; Bern ; Bruxelles ; New York ; Oxford ; Wien : Lang, 2001
(Europäische Hochschulschriften : Reihe 2, Rechtswissenschaft ; Bd. 3158)
Zugl.: Greifswald, Univ., Diss., 2000
ISBN 3-631-36678-7

ISSN 0531-7312
ISBN 3-631-36678-7

© Peter Lang GmbH
Europäischer Verlag der Wissenschaften
Frankfurt am Main 2001
Alle Rechte vorbehalten.

Das Werk einschließlich aller seiner Teile ist urheberrechtlich geschützt. Jede Verwertung außerhalb der engen Grenzen des Urheberrechtsgesetzes ist ohne Zustimmung des Verlages unzulässig und strafbar. Das gilt insbesondere für Vervielfältigungen, Übersetzungen, Mikroverfilmungen und die Einspeicherung und Verarbeitung in elektronischen Systemen.

www.peterlang.de

Vorwort

Diese Arbeit lag dem Fachbereich Rechtswissenschaften der Ernst Moritz Arndt Universität Greifswald im Wintersemester 1999/2000 als Dissertation vor. Rechtsprechung und Literatur wurden bis Ende Mai 2000 berücksichtigt.

Mein besonderer Dank gilt meinem Doktorvater Herrn Prof. Dr. Alex Beater, der mir die Anregung zur Bearbeitung des Themas gab und die Untersuchung umsichtig betreut hat. Herrn Prof. Dr. Stefan Habermeier danke ich für die zügige Erstellung des Zweitgutachtens. Dem Max-Planck-Institut für ausländisches und internationales Patent-, Urheber- und Wettbewerbsrecht in München sei an dieser Stelle noch für die problemlose Nutzung seiner Bibliothek sowie des offenen Zugangs zu amerikanischen Datenbanken gedankt.

Die Arbeit ist meinen Eltern und meiner Freundin Annabel gewidmet, ohne sie wäre die vorliegende Dissertation nicht möglich gewesen.

Frankfurt am Main, im Februar 2001 Christopher Wolff

Inhaltsverzeichnis

Einleitung

Der Verbraucher und seine Stellung innerhalb von § 3 UWG und section 5 FTCA[1] sind Ausgangspunkt der Untersuchung. Dabei soll in dieser Arbeit vor allem darauf eingegangen werden, inwieweit der Konsument bei den Entscheidungen der Rechtsprechung eine tatsächliche Berücksichtigung findet und unter welchem Aspekt. Allein der Blickwinkel aus dem deutschen unlauteren Wettbewerbsrecht erscheint dagegen als nicht ausreichend, da der Verbraucherschutz innerhalb des § 3 UWG, trotz anderslautenden Aussagen, nicht genügend Berücksichtigung findet.

Die Arbeit beschränkt sich deshalb auf die wesentlichen Unterschiede zwischen dem deutschen unlauteren Wettbewerb innerhalb des § 3 UWG sowie seiner Rechtsfolgen und der vergleichbaren Regelung der section 5 FTCA der amerikanischen Federal Trade Commission. Dabei wird bewußt nicht die strafrechtliche Komponente beider Rechtsgebiete berührt, sondern im den Mittelpunkt der Arbeit steht die Auseinandersetzung mit der immer noch nicht abschließend geklärte Frage, ob eine Reformierung des § 3 UWG und die Normierung eines möglichen Schadensersatzanspruches für den Endverbraucher positive Auswirkungen auf den unlauteren Wettbewerb als solchen hat. Dazu wurden die Regelungen des amerikanischen Modells herangezogen, um mögliche Neulösungen anhand eines schon bestehenden Komplexes sogleich auf ihre praktische Wirksamkeit zu überprüfen.

Dagegen kann und will die Arbeit nicht eine abschließende Aufzeichnung der Fallgruppen innerhalb der irreführenden Werbung nach § 3 UWG und sect. 5 FTCA, der Tätigkeit und des Verfahrens vor der Federal Trade Commission sein, sondern klare Unterschiede in den beiden Rechtsordungen dazu nutzen, die bestehenden deutschen Regelungen auf ihren Veränderungsbedarf zu überprüfen. Nur dies erscheint mir sinnvoll, da die Unterschiede im Verbraucherschutz nicht in Detailabweichungen zu sehen sind, sondern in Kernbereichen. Daß zum Aufzeigen dieser Differenzen natürlich trotzdem einzelne Fallgruppen und die dazu ergangene Rechtsprechung herangezogen wird, versteht sich wegen der Generalklauselregelung in beiden Rechtssysteme von selbst. Wichtig erschient mir noch, daß gerade innerhalb einer sich ändernden Rechtsprechung im deutschen Recht die Grenzen beziehungsweise die Dehnbarkeit des § 3 UWG geprüft wird. Auch im Hinblick auf den Druck, den der EuGH auf den BGH ausübt, muß das eigentlich europarechtliche Problem angeschnitten werden und wiederum der Vergleich zum amerikanischen Lösungsmodell gezogen werden.

---

[1] Federal Trade Commission Act, niedergelegt in 15 U.S.C. § 45

Der Gang der Untersuchung beschäftigt sich zuerst mit den Zielsetzungen und der Verankerung hinsichtlich des Verbrauchers in beiden Rechtsordungen und klärt hier erste bestehende Unterschiede bzw. Lücken. Danach sollen diese Unterschiede am Tatbestand und der Rechtsprechung der beiden Normen verdeutlicht und dazu bei Änderungsbedarf Lösungsvorschläge erarbeitet werden. Auch behandelt wird zusätzlich das in der amerikanischen Regelung verankerte Substantiierungsmodell, die Beweisführung der Behörde und ihre Parallelen auf deutscher Seite. Zuletzt geht es noch um die Problematik der Rechtsfolgen. In diesem Zusammenhang wird die Notwendigkeit eines Schadensersatzes für den Konsumenten, seiner möglichen Normierung und Geltendmachung im UWG besprochen, wobei section 5 FTCA und seine Folgeregelungen als Ausgangsbasis für die Fortentwicklung benutzt werden. Stark in die Arbeit eingeflossen sind auch die Reformbemühungen während der 8. und 9. Bundestagsperiode, in der zum zweiten Mal ein akuter Handlungsbedarf in die Sachen Verbraucherschutz von der Legislative und der Exekutive gesehen wurde. Daß diese Regelungsvorschläge mehr oder minder im Sande verliefen und zu der doch recht kümmerlichen Reform im Jahre 1986 führten, zeigt nicht die Unwichtigkeit des Reformvorhabens des Lauterbarkeitsrechts im Bereich der irreführenden Werbung, sondern hat vielmehr mit dem Diskontinuitätsgrundsatz zu tun.

Abschließend wird noch darauf hingewiesen, daß bei der Datumszitation ausschließlich die deutsche Schreibweise benutzt wurde.

Kapitel A: Schutzzweckerwägungen

I. Ausgangslage im deutschen Recht unter spezieller Beachtung von § 3 UWG und des Schutzzweckgedankens

1. Historischer Abriß des UWG`s

a) Vor dem UWG von 1896

Die ersten Ausprägungen der Wettbewerbsregelungen sind in den unterschiedlichen Zünfteordnungen zu erkennen, so z.B. in der württembergischen Weberordnung vom 10.12.1720 in der das „Abspenstigmachen" eines Kunden von einem anderen Meister mit einer Strafe von 1 Gulden sanktioniert wird. Als weiteres Beispiel dient auch die schon 1331 geltende Berliner Tuchmacher Zunftordnung[1], die die Abwerbung von Hilfspersonen und deren Anstellung durch den Mitbewerber unter Verbot stellte, in Lübeck verbot die Brauordung den Kauf von Biertonnen, die mit einem anderen Brauzeichen versehen waren[2]. Diese Beispiele zeigen, daß bereits in dieser Zeit bestimmte Wettbewerbsregelungen galten, d.h. nicht erst mit der Gewerbefreiheit sich das Problem des neueren Wettbewerbsrecht stellte, denn auch wenn der Spielraum innerhalb der Zünfte doch sehr gering war, so reichte er doch zur Ausübung des unlauteren Wettbewerbs aus[3]. Nachdem aber diese Zünfteordnungen aufgehoben, die Gewerbefreiheit durch die einzelnen Gewerbeordnungen eingeführt wurde[4] und sich innerhalb dieser keinerlei Bestimmungen mehr vorfanden, die ein bestimmtes Verhalten bestraft oder verboten hätten, fand eine „Verwilderung" der Sitten statt, die einher ging mit der industriellen Revolution[5]. Der Übergang Deutschlands vom Agrar- zum Industriestaat und die immer größer werdende Konkurrenz brachten am Ende des 19. Jahrhunderts eine wahre Konzentrationswelle mit sich, die auch als Zeichen des fehlenden Gesetzes zur Regelung des Wettbewerbs gesehen werden kann, da nur noch größere Einheiten diesem absolut freien Markt gewachsen waren[6]. Als Ausnahme sind die deutschen Gebiete zu nennen, in denen das französische Recht zur Anwendung kam, und in denen die Instanzgerichte Art. 1382 Code Civil analog auch auf den unerlaubten Wettbewerb anwendeten. Doch galt auch hier die Vorrangsrechtsprechung des RG, welches mit einem Umkehrschluss argumentierte, daß alles, was nicht durch das Markengesetz[7] verboten war, als erlaubt anzusehen

1 Schmoller, Die Strassburger Tuchmacher und Weberzunft, S. 351

2 Eisenbeiss, Der Wettbewerb im norddeutschen Braugewerbe vom 14-18 Jahrhundert

3 Georg Weis, Das Wettbewerbsrecht der Zünfte, S.108 in „Leitgedanken des internationalen und nationalen Wettbewerbsrecht in Europa", Dr. E. Banyasz

4 Erlass des preussischen Gewerbesteueredikt, welches die Gewerbefreiheit beinhaltete 1810 (aber nur für die alten preussischen Gebiete), 1845 Einführung für ganz Preussen aber mit gewissen Einschränkungen, allgemeine Reichsgewerbeordnug des Norddeutschen Bundes 1869, Übernahme durch das Deutsche Reich 1871

5 Heinrich Tetzner, Gesetz gegen den unlauteren Wettbewerb,S.17

6 Baumbach/Hefermehl, UWG Allg. Rn. 35

7 30.11.1874 Erlass des Markengesetzes, Entscheidung des RGZ 3, 67, 68

sei. Aus diesem Grund sei im Anwendungsbereichs des Handelsrechts und des gemeinen Rechts der Code Civil nicht einschlägig[8]. Daher gab es in Deutschland keine Anspruchsgrundlage innerhalb des Bereichs des „unlauteren/unehrlichen Wettbewerbs", die auf den Wettbewerb als solchen Rücksicht genommen hätte[9]. Es bestand nur der formelle Schutz des Markenrechts. Damit war bis zum Erlaß des ersten Wettbewerbsgesetzes, d.h. von 1871 - 1896 innerhalb Deutschlands der unlautere Wettbewerb weitestgehend erlaubt[10], da sich das RG für nicht befugt hielt, durch richterrechtliche Rechtsfortbildung die gröbsten Auswüchse zu bekämpfen[11].

Die Entscheidung des RG[12] im Jahre 1895 bestätigte die geltende Rechtsprechung[13], daß zwischen den einzelnen Gewerbetreibenden, wenn sie miteinander konkurrieren, kein Rechtsverhältnis bestehe. Dies wurde dahin präzisiert, daß „ausschließlich ein Gewerbetreibender dem anderen nicht die natürlichen Quellen in böswilliger Absicht rechtswidrig abschneiden darf", dies aber gerade nicht ein „besonderes Rechtsverhältnis darstellen würde, daß einen ähnlichen Schutz gegenüber dem Konkurrenten vermitteln würde wie z.B. Eigentum oder Besitz"[14]. Um den Schutz des Verbrauchers als solchen machte man sich damals keine Gedanken.

b) Entstehung des UWG von 1896

Schon innerhalb der Beratung des „Gesetzes zum Schutz der Warenzeichen" sollte ein Zusatz eingebracht werden, der den unlauteren Wettbewerb verboten hätte. Durch die §§ 15, 16 WZG wurde nur ein bestimmter Teilbereich des unlauteren Wettbewerbs geregelt, dieser stand in engen Bezug zum WZG[15]. Da die Reichsregierung allerdings ein eigenes Gesetz erlassen wollte, kam es erstmals 1894 zu einer Sachverständigenkommission[16]. Der von ihr gelieferte Vorschlag mußte noch einer mehrfachen Überarbeitung standhalten, sowohl innerhalb der Kommission als auch im Reichstag, bis er am 8.5.1896 von letzterem angenommen[17]. Sinn und Zweck diese Gesetzes war „in erster Linie ist dem unlauteren Wettbewerb dadurch entgegenzuwirken, daß dem Geschädigten ein in den Formen des bürgerlichen Rechtsstreites geltend zu machender Anspruch auf Schadensersatz oder Unterlassung künftiger Benachteiligungen gewährt wird"[18]. Damit erhob das Gesetz noch gar keinen Anspruch auf Vollständigkeit, da es an einer allgemeinen Generalklausel gegen den unlauteren Wett-

---

8 RGZ 20, 71
9 RGZ 18, 93, 100 m.w.N.
10 Volker Emmerich, Das Recht des unlauteren Wettbewerbs, S. 7
11 RGZ 3, 67
12 RGZ 35, 166
13 RGZ 28, 238
14 RGZ 35, 166, 169
15 Gesetz zum Schutze der Warenbezeichnungen vom 12.5.1894 RGBl. S. 441
16 Reichsanzeiger Nr. 24 (1895) mit den Ergebnissen
17 Reichsgesetz v. 27.05.1896 RGBl. S. 145
18 Reichsanzeiger Nr. 292 (1895) Motive des Regierungsentwurfes, Allgemeiner Teil

bewerb fehlte. Vielmehr bestand das Gesetz nur aus einer enumerativen Aufzählung besonders verwerflicher Handlungen. Der Reichstag ging davon aus, daß man der Rechtsprechung nicht zu viel Auslegungsfreiraum zubilligen sollte, da man dieser eine eigenständige Differenzierung nicht zutraute[19]. Unter die Verbotstatbestände fielen unlautere Reklame §§ 1-4, Qualitätsverschleierung § 5, Anschwärzung und üble Nachrede §§ 6,7, Mißbrauch gewerblicher Kennzeichnungsmittel § 8 und der Geheimnisverrat §§ 9,10. Diese erstmalige Normierung eines Rechtsverhältnis zwischen den einzelnen Wettbewerbern diente der Schaffung eines Konkurrentenschutzes. Dabei war eine Schädigung[20] ausschließlich auf den Wettbewerber bezogen worden, wie eine Stelle der Begründung des Gesetzes ergibt: „Der Schutz des konsumierenden Publikums gegen Übervorteilung ist nicht der unmittelbare Zweck eines gegen den unlauteren Wettbewerb gerichteten Gesetzes......wenngleich....mittelbar auch dem Interesse der Allgemeinheit entgegengekommen wird"[21]. Es handelte sich noch um einen reinen Schutz der Wettbewerber in deliktischem Gewand.

c) Auf dem Weg zum UWG von 1909 bis 1933

Wichtiger aber als das Gesetz von 1896 als solches war der Fortschritt der Rechtsprechung. Nach dem Inkrafttreten des BGB fing diese an, den Tatbestand des § 826 BGB neben den Sondervorschriften des unlauteren Wettbewerbs anzuwenden[22]. Damit aber nutzte die bis dahin nicht innovative Rechtsprechung erstmalig die Vorteile einer Generalklausel. Doch stellte sich dabei heraus, daß das Erfordernis des Vorsatzes innerhalb § 826 BGB für den Wettbewerbsbereich eine zu starke Einschränkung darstellte. Aus diesem Grund wurde am 16.12.1907 ein Abänderungsvorschlag durch das Reichsamt des Inneren eingereicht, der die Schaffung einer Generalklausel direkt innerhalb des UWG vorsah, allerdings ohne ein Vorsatzerfordernis. Im Gesetz vom 7.6.1909[23] wurde diese Änderung durch den Reichstag angenommen, es trat am 1.10.1909 inkraft[24]. Die zuerst als reine Ergänzung zu den Einzeltatbeständen gedachte Generalklausel entwickelte sich aber bald zu der überragend wichtigen Vorschrift, die sie heute noch immer ist[25]. Damit zeigte sich ein bekanntes Phänomen, daß das Wettbewerbsrecht sinnvollerweise nicht unter enumerative Bestimmungen gefaßt werden kann, da die Entwicklung diese immer überholt. Da die neue Generalklausel aber „gewissermaßen als Nußschale des gesamten Rechts gegen den unlauteren Wettbewerb"[26] diente, wurde durch die jetzt zu ihr ergehende Rechtsprechung bis Mitte der 20er Jahre eine solche Verfeine-

---

19 Rosenthal-Wehner Kommentar, Alfred Rosenthal, Wettbewerbsgesetz, S. 2
20 gegen diese Auffassung: Pastor, Verbraucherverbände iSd § 13 I a UWG, GRUR 69, 571, 574
21 Nachzulesen bei Bachem-Roeren, S. 24 Begründung im 3. Entwurf vor dem Bundesrat Dez. 1895
22 Rudolph Callman, Der unlautere Wettbewerb/Kommentar, S. 83
23 RGBl. S. 499
24 § 30 UWG vom 7.6.1909
25 Wolfgang Fikentscher, „Wettbewerb und gewerblicher Rechtsschutz", S. 6
26 Baumbach/Hefermehl, UWG Einl. Rn. 17

rung dieses Rechtsgebietes erreicht, daß innerhalb der Generalklausel nur noch von einem richterrechtlich geprägtem Rechtsgebiet gesprochen werden kann. Gesetzliche Reformen erfolgten mehrere, bis heute bestehen noch die Zugabeverordnung[27] und das Rabattgesetz[28]. Diese wurde als Notverordungen zum Schutze der Wirtschaft erlassen, dienten aber eigentlich nur dem Schutz der kleineren und mittleren Handelsgeschäfte, die dem zunehmenden Druck der Großhandelsketten anscheinend nicht mehr gewachsen waren. Da innerhalb der Inflation immer neue Vertriebsmethoden erfunden wurden, so z.B. die Wertreklame und diese nicht mehr sicher von der Generalklausel erfaßt wurde, erschien eine gesetzliche Regelung unumgänglich[29]. Selbiges wurde auch als Begründung für das Rabattgesetz angeführt[30]. Trotz der neuen Fassung des UWG von 1909[31] mit seiner Generalklausel anstatt den einzelnen enumerativen Verbotstatbeständen änderte allerdings die Schutzrichtung des Gesetzes nicht. Soweit das UWG den Konsumentenschutz verwirklichte, bestand dieser nur als Rechtsreflex, war aber nicht selbst das legislatorische Ziel[32].

Erstmals Ende der 20er Jahre wurden durch die drei Entscheidungen des RG[33], darunter auch die berühmte Markenentscheidung, der weiterführende Gedanke aufgeworfen, daß zusätzlich auch noch die öffentlichen Interessen der Allgemeinheit zu berücksichtigen seien. Dabei sollte der Schutz nicht mehr ausschließlich die Mitbewerber umfassen, sondern sich auch auf die „Lauterbarkeit des Wettbewerbs“ an sich beziehen[34]. Ob allerdings der Wettbewerb[35] als solcher noch einen eigenen Schutzzweck darstellt, oder ob er eine Untergruppe der Interessen der Allgemeinheit bildet, konnte zu diesem Zeitpunkt noch dahingestellt bleiben, denn in beiden Fällen hatte eine allgemeine Berücksichtigung in der Abwägung zu erfolgen.

d) Entwicklung im 3. Reich

Innerhalb des Dritten Reiches ist nicht mehr von einem wirklichen Wettbewerb zu sprechen, da die staatliche Lenkung für alle Belange zuständig war. Die Zentralverwaltungswirtschaft mischte sich immer stärker in die Wirtschaft ein, es kam sogar zu einer PreisstopVO vom 16.10.1936[36] welche dementsprechend

---

27 Zugabeverordnung vom 9.3.1932

28 Rabattgesetz vom 25.11.1933

29 RGBl. I. 121, Reichsanzeiger Nr. 61 vom 12.3.1932, ausführliche Begründung auch in Jürgen Hoth, Zugabe und Rabatt, S. 289

30 RGBl. I. 1011, Reichsanzeiger Nr. 284 vom 5.12.1933

31 RGBl. S. 499 (1909), inkraftgetreten am 1.10.1909 gem. § 30 UWG vom 7.6.1909

32 Walter Lindacher, Grundfragen des Wettbewerbsrechts, BB 75, 1311, Schricker, RabelsZ 36 (1972), 330

33 hier sprach das RG noch von „öffentlichen Interessen“, RGZ 108, 272, 274; 120, 47, 49; 128, 330, 342

34 so Rolf Sack, Der Schutzzweck des UWG und die Klagebefugnis des unmittelbar Verletzten, FS für v. Gamm, S. 161, 181, 1990, Köln

35 RG GRUR 1936, 810, 812 erstmals vom „Schutz der Allgemeinheit“

36 RGBl. I. 927

einen wirklichen Preiswettbewerb nicht mehr zuließ. So wurde z.B. das Ziel des Wettbewerbs „in der Erzielung immer besserer Leistung zum Wohle des Einzelnen und der Gesamtheit gesehen", d.h. „Konkurrenten sollten sich als Glieder der Volksgemeinschaft begreifen" die im „sportlichen Wettstreit zueinander stehen". Im Gegensatz dazu stand die Ansicht des „jüdischen Rechtsanwalt Callmann", der den Leitgedanken des Verdrängungswettbewerbes zugunsten des besseren Mitbewerbers verteidigte[37]. Die sich daraufhin anschließende Kriegswirtschaft radierte auch noch die letzten freien Felder eines Wettbewerbs aus, indem die Zwangswirtschaft vollständig eingeführt wurde und „danach Preise und Entgelte für Güter und Leistungen jeder Art nach den Grundsätzen der kriegsverpflichteten Volkswirtschaft zu bilden waren"[38].

e) Entwicklung innerhalb der Bundesrepublik

Das UWG erfuhr nach dem 2. Weltkrieg mehrere Änderungen, wobei sich als einschneidenste aus dem Gesichtspunkt des Verbraucherschutzes die Reform aus dem Jahre 1965[39] darstellt. Durch dieses wurde innerhalb von § 13 I a UWG a.F. die Klagebefugnis der Verbraucherschutzverbände eingeführt. Durch diese Normierung sollten die vom Gesetzgeber erkannten Interessen des Verbrauchers in das UWG Einzug erhalten, ohne daß dieser allerdings eigene Ansprüche erhalten sollte. Vom Schutzzweckgedanken her attestierte der BGH[40] dem Verbraucher, daß dieser als eigenständige Gruppe im UWG festgelegt und nicht mehr in der Allgemeinheit verankert sei. Diese Rechtsprechung wurde an § 1 UWG entwickelt.

Erstmals 1977 wurden Vorschläge andiskutiert, dem Bundeskartellamt auch Kompetenzen im Bereich des UWG`s zu verleihen[41]. Diese Behörde sollte eine eigene Klagebefugnis im Sinne einer Offizialklage erhalten, um Unterlassungsansprüche geltend zu machen, die im öffentlichen Interesse stehen oder von grundsätzlicher Bedeutung sind. Dagegen wurde vor allem vorgebracht, daß damit zum einen nicht die „Wunden" bzw. „Lücken" des UWG geheilt werden würden und zum anderen die auftretenden Probleme innerhalb des Gesetzes nicht so groß seien, daß eine so umfassende Reform gerechtfertigt sei. Diese hätte nämlich zur Folge, daß durch die Behördenfunktion aus dem rein zivilrechtlichen UWG ein Zwitter geworden wäre, wobei die Konsequenzen hier nicht abgeschätzt werden konnten[42]. Tatsächlich kam es nicht zu einer Einführung einer Offizialklage, da die damit geschaffenen Probleme als größer angesehen wurden als die damit zu lösenden und auch Fragen der Finanzierbarkeit laut wurden. Dieser Regelung wurden vor allem Defizite innerhalb der Verfolgungsgeschwindigkeit vorgeworfen, da ja gerade durch die Behördenregelung

[37] Rudloff/Blochwitz, Das Recht des Wettbewerbs, S. 52
[38] Kurt Greifelt/H. von Schulz-Kress, Wirtschaftliches Kriegsrecht, S. 27
[39] 21.7.1965 BGBl. 625
[40] BGH GRUR 66, 45, 47 (Markenbenzin) und BGHZ 49, 325 (40% können Sie sparen)
[41] Gesetzesvorschlag § 13 Abs. I c UWG in WRP 1977, 687
[42] Alfred-Carl Gaedertz, Ist eine UWG- Novelle erforderlich ?, WRP 1977, 681, 683, 685

nur eine Verzögerung der gerichtlichen Instanzen eintreten würde[43]. Parallel dazu wurde im 8.[44] und 9.[45] Deutsche Bundestag der Versuch unternommen, einen eigenen Schadensersatzanspruch des Verbrauchers[46] zu schaffen. Trotz eigentlich breitem Konsens bezüglich dieser grundsätzlichen Frage kam es aber wegen des Diskontinuitätsgrundsatzes nicht zu einer Normierung[47].

Eine Verschärfung der 69er-Reformtendenzen hin zum Verhinderungsgesetz gegen den Wettbewerbs wurde durch die UWG-Novelle vom 1.1.1987[48] erreicht. Nachdem der Mittelstand große Lobbyarbeit verrichtete hatte, führte dies zur Einführung der Vorschriften §§ 6d, 6e UWG. Dabei handelte es sich um systemwidrig eingefügte Schutzvorschriften innerhalb des Wettbewerbsrechts zugunsten der bezahlenden Klientel. Damit wurde sogar der Preisvergleich zwischen altem und neuem Preis und die Werbung mit mengenmäßiger Beschränkung grundsätzlich verboten. Da es sich bei beiden Arten der Werbung nicht um „an sich" unlauteren Wettbewerb handelte, bedurfte es auch einer ausdrücklichen Normierung. Durch diese weitere Reform wurde das UWG immer stärker zur Verhinderung des Wettbewerbes eingesetzt und entfernte sich damit völlig von seinen Ursprüngen[49], gerade den Wettbewerb zu fördern und ein entsprechendes Marktforum zu bieten durch die Verhinderung der wirklich unlauteren Methoden. Bemerkenswert daran ist noch, daß diese Entwicklung völlig konträr zu den Grundsätzen des EG-Wirtschaftsrechts verlief und dies von der Bundesregierung geflissentlich übersehen wurde[50]. Das in § 13 a UWG neu normierte Rücktrittsrecht für Konsumenten, die durch unwahre Werbung zum Kaufabschluß verleitet wurden, ist die einzige Ausnahmebestimmungen im UWG, welche dem Verbraucher einen direkten Rechtsanspruch verleiht. Auch wenn durch diese Novellen der Verbraucherschutz verstärkt werden sollte, so zeigen doch die Erfahrungen, daß die Reformen diesem Ziel nicht gewachsen waren[51].

Endlich wurde im Jahre 1994[52] ein kleiner, aber wichtiger Schritt zur Öffnung des Wettbewerbes erreicht und die Ausnahmevorschriften von 1987 (§§ 6d, 6e UWG) wieder entfernt, die Klagebefugnis der Wirtschaftsverbände eingeschränkt um so auch die Wettbewerbsrechtseite des Industriestandortes

[43] Karl Kreuzer, Behördenbefugnisse in Unlauterkeitssachen ?, WRP 1979, 255, 262
[44] Deutscher Bundestag Drucksache 8/2145 und bereits Vorschlag der CDU/CSU BT-Drucksache 7/2049 und BT-Drucksache 8/1670
[45] Deutscher Bundestag Drucksache 9/665
[46] erschöpfender Nachweis der Stellungsnahmen der Literatur in Lehmann, GRUR, 87, 199, 201 Fn. 28
[47] vgl. WRP 78, 277 ff.
[48] BGBl. 1986 I, S.1169, 25.07.1986 verkündet
[49] Vgl. oben Abschnitt I. 1. b) + c)
[50] Fritz Rittner, Wettbewerbs- und Kartellrecht, Einl. Rn. 27
[51] Erfahrungsbericht der Bundesregierung v. 23.4.1989, BTDrucks. 11/4280
[52] BGBl. I 1688

Deutschlands zu verbessern[53]. Doch auch diese Öffnung zu mehr Wettbewerb wurde nur durch eine immer stärkere EuGH-Rechtsprechung und EU-Richtlinien erreicht[54], die den Gesetzgeber unter Zugzwang setzten, ebenso wie ein von der Europäischen Kommission eingeleitetes Vertragsverletzungsverfahren wegen des regulierenden Charakters des Rabattgesetzes[55]. Auch wenn das 94`er Änderungsgesetz im großen und ganzen eigentlich nur Fehlentscheidungen des Gesetzgebers innerhalb der letzten 25 Jahre korrigiert, so geht es doch von seiner Tendenz her die richtige Richtung, weg von einer Überregulierung hin zu einem liberalisierten Wettbewerbsrecht[56].

2. Rechtspositionen des UWG

Demnach handelt es sich bei dem deutschen UWG nicht um ein Gesetz, das ein subjektives Recht verleiht[57]. Bei der Geltendmachung eines Unterlassensanspruchs wird immer zuerst das objektive Ordnungsrecht im Mittelpunkt stehen[58]. Diese Fragestellung beschäftigt sich demnach mit dem Schutzobjekt bzw. -subjekt des UWG. Dabei muß entsprechend den folgenden drei Gruppen unterschieden werden:

a) Konkurrenten

Gem. §§ 1, 3, 13 IV UWG stehen den Wettbewerber sowohl Unterlassens- als auch Schadensersatzansprüche zu. Dies bedeutet normalerweise, daß ein subjektives Recht vorhanden ist. Dabei stehen zwei Erklärungsmodelle für ein subjektives Recht zur Wahl, nämlich das Persönlichkeitsrecht[59] des Gewerbetreibenden bei der Ausübung seiner Tätigkeit[60] und der Schutz des Unternehmers als absolutes Recht[61]. Dabei soll mit dem privaten Persönlichkeitsrecht gerade die wirtschaftliche Betätigung geschützt werden. Doch steht dieses Recht ja auch den anderen Mitbewerber zur Verfügung. Daher bedarf es eines Ausgleichs zwischen den unterschiedlichen Interessen. Zusätzlich zu berücksichtigen ist, daß das UWG teilweise nur mittelbaren Schutz wie in § 3 UWG vermittelt, aus diesem Grund heraus fehlt es in den meisten Fällen an einer eigenständigen und unabhängig durchsetzbaren Rechtsposition. Aber auch das

---

53 Baumbach/Hefermehl, UWG Einl. Rn. 20

54 vgl. z.B „Yves Rocher" Rsp. des EuGH in NJW 1993, 3187 in der das Gericht feststellte, daß das Verbot der blickfangmässige Gegenüberstellung von Preisen nicht mit dem freien innerstaatlichen Warenverkehr vereinbar ist

55 Stephan Vogt, Reform der Reform- die Novellierung von UWG und Zugabeverordnung, NJW 1994, 2509, 2511

56 Gerhard Schricker, Reformen im Recht des unlauteren Wettbewerbs, ZRP 1994, 430, 432

57 GK UWG, Schünemann, Einl. C., Rn. 2, 4 ff. m.w.N. Bezeichnung als reflektorischer Interessenschutz durch die Aufstellung von objektiven Verhaltensregeln, Ulrich Hösch, Grundlagen des Wettbewerbsrecht, S. 18, 19, a.A. Dieselhorst, WRP 95, 1, 4 Fn. 38 m.w.N. aber nur für den Gewerbetreibenden

58 BGH GRUR 55, 541 (Bestattungswerbung), GRUR 90, 282, 284 (Wettbewerbsverein II)

59 Baumbach/Hefermehl, Einl UWG Rn. 45 m.w.N.

60 Rosenthal, Ernst Leffmann, Gesetz gegen den unlauteren Wettbewerb, S. 5, 130

61 Hans Freiherr v. Godin, Wettbewerbsrecht, § 1 UWG Rn. 15

zweite Modell mag nicht überzeugen, da es nur für wenige Konstellationen die richtige Lösung bereithält und es in den meisten Fällen nicht zu einer direkten Beeinträchtigung gerade dieses Mitbewerbers kommt[62]. Darin ist ein Grund zu sehen, daß im unlauteren Wettbewerbsrecht so wenig Schadensersatzforderungen, im Gegenteil zu den Unterlassungenansprüchen, geltend gemacht werden.

b) Marktbeteiligten, Allgemeinheit

Darunter fallen auch die Verbraucher. Da ihnen nur die Verbraucherschutzverbände einen Unterlassensanspruch verschaffen können, wird hier bereits vom Prozeßualen leicht erkennbar, daß ihnen innerhalb des UWG nicht eine subjektive Rechtsposition verliehen wurde. Aus diesem Grund fehlt es an einem wesensgleichen Zuweisungsgehalt, welches Voraussetzung für ein subjektives Recht wäre[63]. Aus den selben Gründen ist auch der Wettbewerb als solcher nicht ein eigenständiges Schutzobjekt, vielmehr wird durch das UWG eine Wettbewerbsordung geschützt, welche unlauteres Verhalten aller am Wettbewerb beteiligten Interessengruppen unterbinden will, nicht aber diesen Gruppen subjektive Rechte verleihen kann. Dabei handelt es sich eindeutig um eine objektivrechtliche Funktion[64], die nicht mit dem Gedanken des subjektiven Rechts harmoniert.

Aus diesem Grund lehnt auch Emmerich eine Unterteilung nach Schutzobjekt und Subjekt ganz ab, da deren Aussagekraft nur sehr eingeschränkt verwertbar ist. Es sei allgemein anerkannt, das „der Zweck des UWG heute allgemein in einem umfassenden Interessen- und Institutionenschutz gesehen wird"[65] und beruft sich dabei auf die umfassende Untersuchung von Ulmer aus dem Jahre 1937[66], der nachgewiesen hat, daß die Debatte für den Schutzzweck als solchen gar nicht förderlich sei. Diesem Argument sollte man sich anschließen, da es allein auf die mit dem UWG verfolgten Zwecke ankommt, diese aber sich gerade nicht, oder doch nur künstlich in Schutzobjekte und Subjekte unterteilen lassen. Da auch die Rsp.[67] sich dieser Ansicht angeschlossen hat, erscheint eine tiefere Auseinandersetzung nicht angebracht.

3. Verbraucher als Schutzzweck des UWG

Wie oben ermittelt, verleiht das UWG eigentlich keiner seiner Interessengruppen eine subjektive Rechtsstellung, sondern will einen Verhaltenskodex formulieren, der den freien und fairen Wettbewerb sichert[68]. Dabei geht es um die

---

[62] Fikentscher, Wettbewerb und gewerblicher Rechtsschutz, S. 224

[63] Ludwig Raiser, Der Stand der Lehre vom subj. Recht im deutschen Zivilrecht, JZ 61, 465 ff., Ernst Joachim Mestmäcker, Eingriffserwerb und Rechtsverletzung in der ungerechtfertigten Bereicherung, JZ 58, 521

[64] so auch Baumbach/Hefermehl, Einl. UWG Rn. 49

[65] Emmerich, § 3. 1. b)

[66] Eugen Ulmer, Wandlungen und Aufgaben im Wettbewerbsrecht, GRUR 37, 769, 772 f.

[67] BGHZ 35, 329, 333 (Kindersaugflasche)

[68] Hösch a.a.O., S. 20

Interessenströmungen, die diesen Wettbewerb am Leben erhalten und deren Berücksichtigung innerhalb der einzelnen Entscheidungen. Nach inzwischen wohl gefestigter Meinung in der Rechtsprechung[69] und in der Literatur[70] liegen dem UWG inzwischen 3 Schutzrichtungen mit unterschiedlicher Bedeutung zugrunde. Als erstes ist der Konkurrentenschutz zu nennen, danach der Wettbewerb (bzw. die Allgemeinheit) und die dritte Gruppe stellt die sonstigen Marktbeteiligten dar[71]. Unter sie fällt auch der Verbraucher als Gegenpart zum Verkäufer. Der Verbraucher wurde erst nach und nach[72] zu einem eigenen Schutzzweck des UWG in gleichem Maße wie die Rechtsprechung die soziale Funktion des UWG's immer stärker betont hat[73]. Diese Annahme der Rechtsprechung und Literatur ersetzt aber leider nicht eine genaue Überprüfung dieses Standpunktes.

a) Ansicht der h.M. zur Einbindung des Verbrauchers in das UWG

Lindacher[74] vertritt die Meinung, daß eine Gleichrangigkeit der unterschiedlichen Schutzzwecke bereits gegeben wäre. Die dafür notwendigen Belege werden nicht aufgezeigt, er beruft sich hier nur auf die ganz h.M. In einem früheren Artikel[75] dazu geht er bezüglich der veränderten Funktion des UWG vor allem auf die Änderungen des Gesetzgebers ein, nämlich der Einführung der Verbandsklage. Da diese im Allgemeininteresse liege, seien die Interessen dieser Allgemeinheit auch in den Interessenabwägungen nicht auszuschließen. Für die Verbraucher sei daher das selbe anzunehmen[76]. Dieser, aus § 13 I a UWG a.F. herrührende, kollektivrechtliche Schutz sei auch für den einzelnen Verbraucher zu verstehen, da sich innerhalb dieses Paragraphen kein Ausschlußgrund finden würde. Dabei geht er mit der h.M. viel zu sehr auf die Normierung des § 13 I a UWG a.F. ein, diese hat zwar als solche den Verbraucher nicht mehr als Fremdwort innerhalb des UWG erscheinen lassen, das Problem dabei ist aber doch, ob die Vorschrift auch die entsprechenden Rückwirkungen auf § 3 UWG hat. Und selbst wenn man dies bejaht, so sollte dabei nicht die Praxis vergessen werden. Inwieweit wird denn von dieser der Verbraucher als

---

[69] RGZ 108, 272, 274; 128, 330, 342; RG GRUR 1936, 810, 812 und des BGHZ 5, 189 (Fischermännchen); BGH GRUR 94, 884, 886

[70] E. Ulmer, Wandlungen und Aufgaben im Wettbewerbsrecht, GRUR 1937, 769, 772 f., Emmerich, Das Recht des unlauteren Wettbewerbs, S. 14, Fikentscher, Wettbewerb und gewerblicher Rechtsschutz, S. 157, 184, 223; Baumbach/Hefermehl, Wettbewerbsrecht, UWG Einl. Rn. 42 von Gnamm, UWG Einf. A Rn. 16, Sack, Deliksrechtlicher Verbraucherschutz, NJW 75, 1303, 1304 Fn. 15 mit weiteren Hinweisen, Scherer, WRP 92, 607, 610, a.A. Samwer, GRUR 69, 326

[71] Baumbach/Hefermehl UWG Einl. Rn. 42

[72] vgl. oben I. 1. c) + e)

[73] RGZ 79, 321, 325; 120, 47, 49, BGHZ 43, 278, 282 (Verschenken von Orginalware); 54, 188, 190 (Probeabonnement)

[74] GK UWG, Lindacher, § 3 UWG Rn. 6

[75] Walter Lindacher, Grundfragen des Wettbewerbsrechts, BB 75, 1311

[76] a.a.O. S. 1312

eigenständiger Schutzzweck wahrgenommen oder anders, inwieweit berücksichtigt die Rechtsprechung, außer der Irreführung, noch andere Interessen des Verbrauchers? Denn gerade bei dieser Irreführung werden doch automatisch die Interessen der Mitbewerber berührt, denen es vielmehr um die Verhinderung von lästigem Wettbewerb geht als um den Schutz der Verbraucher. Allein ausreichend ist es m.E. eben nicht, daß der BGH sagt, da eine Irreführung gegeben sei, sind automatisch die Interessen des Verbrauchers betroffen und man deswegen eine Gleichrangigkeit der unterschiedlichen Interessen für verwirklicht sieht.

In die selbe Richtung wie Lindacher geht auch Sack[77], der den Funktionswandel des UWG als gegeben annimmt, auf die veränderte Rechtsprechung verweist und die sozialrechtliche Theorie für allgemein anerkannt hält[78]. Seit der Normierung der Verbandsklage[79] stehe daher dem Verbraucher ein eigenständiger Schutz zu. Auch hier wird der Rückschluß auf § 3 UWG quasi automatisch bejaht. Dabei stellt sich doch zumindest die Frage, auch wenn der Verbraucher inzwischen ein eigenes Rücktrittsrecht hat, ob außer der vielzitierten eigenen Schutzgruppe für den Verbraucher tatsächliche Auswirkungen in der Rechtsprechung zu finden sind, die diese Annahmen unterstützen.

Schricker[80] nimmt den Schutz des Konsumenten als solchen zwar für gegeben hin, doch verdeutlicht er die verschiedenen Sollbruchstellen innerhalb des gesamten UWG. So weist er darauf hin, daß das Reichsgericht sich eher diffus zum Schutz der „Öffentlichkeit", „Allgemeinheit" oder des „Publikums" bekannt hat. Darunter kann der Letztverbraucher fallen, muß es aber nicht. Zusätzliche Prämisse ist, das der Schutz der Marktgegenseite einbezogen wird[81]. Er versucht zu erklären, warum denn Allgemeinheit und Endverbraucher nicht einen einheitlichen Schutzzweck bilden können. Daß die Allgemeinheit noch mehrere abgrenzbare Interessengruppen besitzt, worunter auch die Letztverbraucher fallen, heißt eben noch nicht, daß auch eine Homogenität innerhalb dieser Gruppe besteht. Damit zeigt sich, daß das Problem hier mehr dogmatisch angegangen wird, als daß der Nachweis gelingt, die Berücksichtigung einzelner Verbraucherinteressen, mit Ausnahme der Irreführungsgefahr, anhand der Rechtsprechung nachzuweisen.

---

77 Rolf Sack, Deliktsrechtlicher Verbraucherschutz gegen unlauteren Wettbewerb, NJW 75, 1303

78 a.a.O. S. 1204, Fn. 15

79 derselbe, Der Schutzzweck des UWG und die Klagebefugnis des unmittelbar Verletzten, FS v. Gamm, 1990, S. 161 ff.

80 Gerhard Schricker, Entwicklungstendenzen im Recht des unlauteren Wettbewerbs, GRUR 74, 579 ff.

81 a.a.O. S. 579, 2. Spalte a.E.

Ohne die gesamte Literatur nachzeichnen zu wollen und dies in diesem Umfang für sinnvoll zu halten[82], geht es hier nicht so sehr darum, ob dogmatisch der Verbraucherbegriff als solcher eine eigene Schutzzweckgruppe innerhalb des unlauteren Wettbewerbsrechtes darstellt, sondern vielmehr, welche praktischen Auswirkungen dies auf die tatsächlichen Bedürfnisse des Verbrauchers hat. Die Standardantwort, daß inzwischen der Schutz des Konsumenten kein Rechtsreflex des Konkurrentenschutz mehr ist, es allerdings trotzdem der wettbewerblichen Beziehung bedürfe[83], hilft hier nicht weiter. Diese Unterscheidung fällt m.E. zumindest in § 3 UWG auch dogmatisch nicht sauber aus, da die Überprüfung der wettbewerblichen Beziehung beim Verbraucher äußerst schwierig ist (Anwendungsbereich von §§ 1, 3 UWG muß eröffnet sein[84]). Zusätzlich sind die Auswirkungen der Interessenberücksichtigung nur sehr begrenzt zu spüren[85].

b) Auswirkungen des Verbraucherschutzes

Im Gegensatz zu dieser Ansicht stehen die dafür anzuführenden Fälle wie der Bocksbeutelfall[86], in dem die Interessen der fränkischen Winzer als Konkurrenten vor die der Verbraucher gestellt wurden. Ausgangspunkt war der lange Besitzstand des eigenen Gebrauchs der selben Flaschenform. Dieser rechtfertige die Benutzung der Flaschenform, die Irreführung der Verbraucher wurde auf einmal als nicht mehr relevant angesehen. Diese sei, es handelte sich immerhin um 47 % der Befragten, hinzunehmen[87]. Gerade einen gegenteiligen Sachverhalt hatte dagegen die „Tchibo/Rolex"[88] Entscheidung, hier wurde nicht der Verbraucher vor einer möglichen Täuschung geschützt (diese konnte bei den Käufern ausgeschlossen werden), sondern der Rolex-Uhrenhersteller vor Nachahmung, obwohl es kein Geschmacksmusterrecht mehr für die Modelle gab. Ein Beleg dafür, daß hier die unterschiedlichen Schutzzwecke gleichgewichtet worden sind, bzw. die Interessen der Verbraucher überhaupt ausreichend berücksichtigt wurden ist für mich nicht ersichtlich. Weitere Beispiele dieser unter Verbrauchergesichtspunkten nicht mehr nachzuvollziehenden Rsp. wurden

---

[82] Baumbach/Hefermehl UWG Einl. Rn. 42 m.w.N.

[83] Baumbach/Hefermehl UWG Einl. Rn. 43 m.w.N.; Schricker GRUR Int. 70, 32, 34, a.A. dagegen Melullis, HdWR, 3.5.2. Rn. 358, Bornkamm, GRUR 96, 527, 529

[84] Baumbach/Hefermehl UWG Einl. Rn. 79

[85] so auch Tonner, Verbraucherschutz im UWG und die UWG-Reform von 1986, NJW 87, 1917, 1920 und Beater, Schutzzweckdenken im Recht gegen den unlauteren Wettbewerb, JZ 97, 916, 917, 919; derselbe, Zur Deregulierung des Wettbewerbsrechts, ZHR 159 (1995), 217, 218

[86] BGH GRUR 71, 313 (Bocksbeutel)

[87] a.a.O. S. 315

[88] BGH NJW 86, 381, auch wenn hier der BGH primär ein Verstoß gegen § 1 UWG annahm, so bestätigte er doch eine Täuschung nicht der Abnehmer, sondern derjenigen, die die Uhr am Handgelenk eines Käufers sehen, dies hängt ersichtlich nicht mehr mit dem § 3 UWG zusammen oder ist doch nur auf die Allgemeinheit bezogen und betrifft nicht die Gruppe der Verbraucher

von Beater[89] zusammengetragen, der z.B. das Verbot des Verkaufs von Kerzen mit Kilogramm-Angabe sowie das Verbot der alleinigen PS-Angabe beim Autoverkauf[90] nennt. Diese Fallösungen wurde ausschließlich über den Konkurrentenschutz erreicht, obwohl vordergründig der benachteiligte Verbraucher und seine ihm anhaftende Irreführungsgefahr ausschlaggebend schien. Ein Beschäftigung mit der weitergehenden Frage, ob nicht auch noch andere Interessen des Verbrauchers vorhanden sind, welche sich nicht mit den Interessen der Konkurrenten decken, fand nicht statt. Dies gilt auch in dem selben Maße für den Fall „bei Mißerfolg Geld zurück“[91], bei dem die Rechtsprechung eine Irreführungsgefahr annahm, da die Aussage als 100%ige Erfolgsgarantie verstanden werde und nicht als Rückgewähr des bezahlten Geldes im Falle eines Mißerfolgs. Die Irreführungsgefahr ist schon sehr weit hergeholt und verschließt dem Verbraucher die Möglichkeit, bei tatsächlichem Mißerfolg das Geld wieder erstattet zu bekommen. Das geldwerte Interesse des Käufers der Leistung wurde dagegen nicht berücksichtigt. So auch in einem neueren Fall, indem die Firma Chrysler mit einem Absatz von weltweit 6 Millionen Mini-Vans warb[92]. Das Gericht nahm eine Irreführungsgefahr an, da die verkauften Autos nicht identisch mit dem annoncierten Modell waren. Dabei handelte es sich nur um Abwandlungen des beworbenen Modells, die für die unterschiedlichen Märkte bestimmt waren und unter anderem Namen verkauft wurden, wobei aber immer dasselbe Grundmodell als Ausgangsbasis diente. Gerade durch die Anzeige war allerdings klar, daß es sich um einen weltweiten Absatz handelte, und damit natürlich auch Modifikationen an den Fahrzeugen vorhanden waren. In dem Urteil begründete das OLG Köln die Irreführungsgefahr damit, daß die Ausstattung unterschiedlich sei. Dies ist aber schon innerhalb der einzelnen Ausstattungsvarianten des annoncierten Fahrzeuges zu bejahen. Auch hier wurde zugunsten des Wettbewerbers, dieser hatte auf Unterlassung geklagt, eine nicht bestehende Irreführungsgefahr angenommen. Für den Konsumenten dagegen kommt es doch nur darauf an, daß die Absatzzahl des Grundmodells in der angegebenen Größe stimmt. Ganz typisch für diese Entscheidungen ist, daß die Irreführung in dem Moment bejaht wurde, als der Konkurrentenschutz verwirklicht werden sollte. Dies muß gerade für § 3 UWG als typisch angesehen werden, da hier ein echter Wettbewerberschutz sowieso nur mittelbar zu erreichen ist, da ja der Konkurrent als solcher nicht getäuscht wird. Dabei ist von der ursprünglichen Prägung des UWG`s als rein deliktischem Konkurrentenschutz noch viel zu bemerken.

Der Schutz des Verbrauchers ist nach der Rsp. fast ausschließlich im Bereich der Irreführung verortet und stellt gerade keine Vorschrift dar, die einen di-

---

[89] Axel Beater, Zur Deregulierung des Wettbewerbsrechts, ZHR 159 (1995), 217, 218

[90] BGH GRUR 93, 62 f. (Kilopreis II); BGH GRUR 93, 679 f. (PS-Werbung I) und BGH GRUR 94, 220 (PS-Werbung II)

[91] Hamm WRP 81, 328 (Bei Mißerfolg Geld zurück)

[92] OLG Köln GRUR 99, 390 (Meistverkaufter Minivan)

rekten Schutz des Verbraucher erreicht[93]. Es wird zwar in aller Regel eine Abwägung der unterschiedlichen Belange vorgenommen, ein Vorrang oder Gleichstellung für Verbraucherinteressen[94] ist allerdings schon aus der geschichtlichen Entwicklung und den gefundenen Resultaten zu verneinen, auch wenn dies sehr bedauerlich ist.

Tilmann[95] verweist im Zusammenhang mit der Klagebefugnis darauf, daß bereits innerhalb des UWG`s von 1909 konkrete Anhaltspunkte wie z.B. § 12 UWG geschaffen wurden, in den damals schon die Marktgegenseite einbezogen war. Dabei ging es aber gerade um den gewerbliche Abnehmer. Daher darf seiner Ansicht zufolge zumindest die professionelle Marktgegenseite nicht vom Schutzzweck ausgenommen werden. Durch die Verengung des Schutzzweckes erreicht er eine unmittelbare Betroffenheit der Begünstigten. Diese sind daher nicht auf die Klagebefugnis des § 13 II UWG angewiesen, sondern können direkt aus dem verletzten Tatbestand ihre Klagerecht geltend machen. Darunter fallen dann aber, soweit ersichtlich, gerade nicht die Endverbraucher. Damit wird letztlich genau die unterschiedliche Qualität der drei verschiedenen Schutzzwecke innerhalb des UWG`s aufgezeigt, die sich auch in der Stärke der Interessenberücksichtigung widerspiegeln. Es kommt daher letztlich gar nicht darauf an, ob man den Konsumenten als vom Schutzzweck erfaßt ansieht, sondern wie stark dieser realiter berücksichtigt wird.

Es bleibt somit eher bei Einzelentscheidungen der Rechtsprechung, in welcher sie den Verbraucher in gleichem oder annähernd gleichem Maße als tatsächlichen Schutzzweck anerkannt und dementsprechend gewichtet hat wie die Mitkonkurrenten. Darunter fällt vor allem die Fallgruppe der gefühlsbetonten Werbung, auch wenn diese in § 1 UWG verortet wird, denn hier ist kein Mitkonkurrentenschutz mehr möglich, da die Wettbewerber eigentlich alle nach dem selben Muster vorgehen[96]. Demnach bleiben als Schutzobjekte nur noch die Marktbeteiligten und die Allgemeinheit übrig, was hier zugunsten den Verbraucher als sonstige Marktbeteiligten entschieden werden muß. Es besteht gerade keine Gefahr für die Allgemeinheit wie in der Fallgruppe des Gesetzesbruchs[97], sondern eine spezielle für diese besonderen Käufergruppe. Dagegen schlägt Nordemann[98] vor, hier eine einheitliche Fallgruppe zwischen beiden zu bilden, da eine Unterscheidung nicht mehr möglich sei, da insgesamt alle Verbraucher ja auch die Allgemeinheit bilden würden. Dies ist aber aus gutem

---

[93] Baumbach/Hefermehl UWG Einl. Rn. 135 sieht dies so

[94] so auch Ralf Springer, Europäisches Gemeinschaftsrecht und die Auslegung des Irreführungsverbotes gem § 3 UWG, S. 179, der auch von einer nur mittelbaren Auswirkung für den Verbraucher ausgeht

[95] Winfried Tilmann, Die UWG-Novelle 1994, BB 94, 1793, 1795

[96] Bestattungswerbung BGH GRUR 55, 541 (Grabsteinaufträge II), BGHZ 56, 18, 21 (unaufgeforderte Vertreterbesuche)

[97] Beater, Schutzzweckdenken im Recht gegen den unlauteren Wettbewerb, JZ 97, 916, 921

[98] Nordemann, Wettbewerbs- und Markenrecht, S. 39 ff.

Grund zu unterlassen, da durch die Zusammenlegung zwischen einzelnem Verbraucher und der Gesamtheit m.E. ganz erhebliche Interessenskonflikte entstehen[99]. Falls man beide Schutzzwecke in einer Obergruppe als verwirklicht ansieht, so stellt der Ausgleich mit dem Konkurrentenschutzzweck als ausschließlicher zweiter Obergruppe automatische eine Verschiebung zu Lasten des Verbrauchers dar. Dies kann aber nicht im Sinne einer Stärkung des Verbraucherschutzgedankens im UWG sein[100]. Die spezielle Anwendung dieses Schutzgedankens findet sich für die Allgemeinheit im Grundsatz der Verwirkung bei § 3 UWG. Die Verwirkung wird als Paradebeispiel für die Fallgruppe der Allgemeinheit angewendet, demnach kann sich auch innerhalb einer reinen Konkurrentenklage grundsätzlich der Beklagte nicht auf den Gesichtspunkt der Verwirkung[101] berufen. Demnach kommt es zu einem Abwägungsprozeß zwischen den Interessen der Allgemeinheit und dem Anspruch des Beklagten auf die Verwirkung, wobei erstere in aller Regel den Vorrang verdienen[102]. Dabei kann aber eben nicht auf den einzelnen Verbraucher abgestellt werden, da dieser doch nur in den seltensten Fällen überhaupt betroffen ist. Eine Zusammenlegung der verschiedenen Schutzzwecke erscheint nicht sinnvoll, vor allem unter dem Gesichtspunkt einer Stärkung des Verbraucherschutzes.

4. Aussichten

Eine Ausdehnung der Interessen der Verbraucher würde zu der von Beater[103] vertretenen Möglichkeit führen, die Interessen der Mitkonkurrenten an der Ahndung des Wettbewerbsverstoßes zu gewichten und auch die unterschiedlichen Schutzzwecke besser zu berücksichtigen. Grundvoraussetzung dazu wäre aber eine genaue Definition der einzelnen Stoßrichtungen bzw. der verschiedenen Belange der unterschiedlichen Gruppen im jeweiligen Urteil und eben keine pauschale Bezugnahme auf die „allgemeinen Interessen". Dieses Fehlen fällt schon bei der erstmaligen Anwendung durch das RG[104] auf, welches zwar den neuen Schutzzweck angesprochen hatte, aber nicht begründete[105]. Da im späteren Verlauf dann nur noch eine Verweisung auf die schon ergangenen Urteile erfolgte, wurde die Begründung, warum eine Berücksichtigung zu erfolgen habe, nie durch ein Gericht gegeben. Auch in dem „Kleenex" Urteil[106], in welchem zwar eindeutig Stellung zum Bestand des Wettbewerbs und der Ge-

---

[99] so auch Schricker GRUR Int. 70, 32, 38-39

[100] zur Stärkung des Verbraucherschutzes: Schütz, Zur Verwirkung von Unterlassungsansprüchen aus § 3 UWG, GRUR 82, 526, 530

[101] ausführlich bei Christian Neu, Die Verwirkung im Wettbewerbs- und Warenzeichenrecht, GRUR 87, 681 sowie BGHZ 5, 189 (Fischermännchen) oder BGH GRUR 57, 285 (Erstes Kulmbacher)

[102] Ausnahmefall BGH GRUR 66, 267, 271 (White Horse); BGH GRUR 77, 159, 161 (Ostfriesische Teegesellschaft)

[103] Beater, JZ 97, 916, 921-922

[104] RGZ 120, 47, 49 (Markenschutzverband)

[105] ausführlicher Nachweis bei Schwarz, Verfolgung unlauteren Wettbewerbs im Allgemeininteresse GRUR 67, 333, 333-350

[106] BGH GRUR 65, 489 = BGHZ 43, 278 (Kleenex)

fährdung dieses durch die angegriffene Maßnahme genommen wurde, fehlt eine Begründung, warum der BGH überhaupt dieses Interesse berücksichtigt. Die von Nastelski[107] gegebene Begründung ist zumindest nachvollziehbar. Er geht davon aus, daß eine Beschränkung des Gesetzeszweckes ausschließlich auf die Wettbewerber heute nicht mehr vertretbar ist, da das Gesetz selber in vielen Bestimmungen (§§ 6 ff, 14, 15 UWG) diese Punkte selbst angesprochen hat (vor allem in der Verbandsklagebefugnis), zumindest für die Zeit nach Einführung des § 13 I a UWG a.F. können seiner Ansicht nach keine Zweifel mehr bestehen. Dem ist teilweise zuzustimmen, doch reicht dies, wie schon oben angesprochen, nicht aus für eine angemessene Integration des Verbrauchers in die Interessenkonstellation des Wettbewerbsrechtes. Daher muß gerade in § 3 UWG das Interesse des Verbrauchers völlig unabhängig von den Interessen der Mitkonkurrenten ermittelt werden, und erst dann darf es zu einer Wertung[108] der unterschiedlichen Schutzzwecke kommen. Damit werden gleichsam zwei Ziele erreicht, die Wettbewerbsinteressen in § 3 UWG werden gerade unter dieser, an sich verbraucherschützenden Vorschrift, konsumentenfreundlicher ausgelegt, und der Wettbewerb hat damit ein Korrektiv für die Wettbewerbsbeschränkungen gefunden, welches sich wesentlich besser gewichten und handhaben läßt. Damit wird im Gegenzug auch keine Verschärfung der Rechtsprechung einhergehen, es sei hier nur die vergleichende Werbung verwiesen, die ganz sicher nicht mehr im Sinne des Konsumenten vor der neueren EU-Richtlinie[109] war und trotzdem wesentlich enger ausgelegt wurde. Es fehlte an einem Meßpunkt für den Grad des unlauteren Wettbewerbs, gleiches gilt auch für § 3 UWG.

Durch diese tatsächliche Begrenzung des Verbraucherschutzgedankens in § 3 UWG auf die Irreführung wird eine wirkliche Weiterentwicklung des Wettbewerbsrechtes verhindert. Allein die in § 13 I a UWG a.F. gegebene Klagebefugnis der Verbraucherschutzverbände stellt keinen wirklichen Fortschritt dar, da die Verbände die Klagebefugnis zwar besitzen, doch dadurch keine materielle Ausdehnung des Verbraucherschutzgedankens erreicht haben.

5. Ergebnis

Als Ergebnis muß festgehalten werden, daß zwar nach heute herrschender Ansicht[110] die verschiedenen Schutzzwecke als solche anerkannt werden, problematisch ist allein deren Umsetzung innerhalb der unterschiedlichen Fallgruppen der §§ 1, 3 UWG. Daher kann und sollte eine Weiterführung dieses Gedankens gerade an dem Punkt ansetzen, welcher auch die Rechtsprechung dazu

---

[107] Karl Nastelski, Schutz der Allgemeinheit im Wettbewerbsrecht, GRUR 69, 322, 323

[108] so schon für § 1 UWG, Smoschewer, GRUR 29, 1272

[109] Art. 3 a I lit. a-h der Richtlinie 97/55/EG

[110] Außnahme damals bildet Schwartz, GRUR 67, 333 und Burmann WRP 67, 71; 68, 258; v. Godin, Wettbewerbsrecht, § 1 UWG Rn. 48 Nordemann, Wettbewerbs- und Markenrecht, S. 40 wird nur die Einteilung in 3 Schutzzwecke kritisiert, nicht aber der Schutz des allgemeinen Interesses

bewog, innerhalb der Generalklauseln zu einzelnen Fallgruppen überzugehen. Denn auch dort stellte sich das Problem, daß der einzelne Tatbestand als solcher nicht handhabbar war[111]. Erst wenn es gelingt, innerhalb dieser Gruppen in sich die unterschiedlichen Interessen aufzusplitten und man von der Vorstellung abstand nimmt, daß der stärkste Schutzzweck immer noch der Konkurrentenschutz sein soll, wird es gelingen, eine Ausgewogenheit gerade in § 3 UWG herzustellen. Dies wird dann zu der vorteilhaften Konstellation führen, daß in der Vorschrift, in der der Wettbewerberschutz per se nur mittelbar zu erreichen ist, endlich auch eine Waage zur Gewichtung und Beurteilung der Wettbewerbsverstöße zur Verfügung stehen wird. Bezüglich dieser Abwägung sei nochmals auf die Idee von Beater[112] verwiesen, der mit seinem Fallbeispiel Königlich-Bayrische Weisse[113] eindeutig belegt, daß hier im § 3 UWG eigentlich nur ein verkappter Konkurrentenschutz vorlag, nicht aber der auch nur einigermaßen erfahrene Verbraucher getäuscht werden konnte. Ganz ähnlich wird dies auch von Knaak[114] gesehen, der die Entscheidung ebenso für fehlerhaft ansieht, da sie an den Zielen des Wettbewerbsschutz vorbei geht, denn es fehlt an einer wirklichen Irreführungsgefahr des Durchschnittsverbrauchers. Damit wird dann auch gleich die später abzuhandelnde Frage angerissen, welcher Verbraucher denn als maßgeblich für die Auslegung eines solchen Tatbestandes sein soll. Zum heutigen Zeitpunkt kann allerdings nur festgestellt werden, daß das laufende und fast gebetsmühlenartige Wiederholen der unterschiedlichen Schutzzwecke keine wirklich gravierenden Auswirkungen auf das Recht des unerlaubten Wettbewerbes, zumindest für den einzelnen Verbraucher, gebracht hat[115].

---

[111] vgl. Baumbach/Hefermehl, UWG Einl. Rn. 17

[112] Beater JZ 97, 916, 922

[113] BGH GRUR 92, 66 (Königlich-Bayrische Weisse)

[114] Roland Knaak, Anmerkungen zu Königl.-Bayrische Weisse, GRUR 92, 69-70, 1. Abschnitt

[115] im selben Sinne Ralf Springer, Europäisches Gemeinschaftsrecht und die Auslegung des Irreführungsverbotes gem. § 3 UWG, S. 147

II. Ausgangslage in der USA unter spezieller Berücksichtigung von sect. 5 FTCA und der täuschenden Werbung

1. Ehemalige Zweiteilung des amerikanischen Rechts[116]

Das amerikanische Recht, welches vom englischen abstammt, setzte sich aus den zwei Teilbereichen „law“ und „equity“ zusammen. Bei ersterem handelt es sich um das seit undenklicher Vorzeit bestehende Gewohnheits- und Richterrecht sowie das Gesetzesrecht (statute law), bei letzterem um ebenfalls ungeschriebenes Recht, das aber dem common law zugerechnet wurde. Es fand nur Anwendung, wenn nach dem „law“ kein Recht zu erlangen war, des weiteren ein Vermögensrecht betroffen wurde und der Kläger sich selbst keiner eigenen Verletzung schuldig gemacht hatte. Zwar wurde diese Einteilung auf zwei unterschiedliche Gerichtszweige bereits 1873 durch den englischen Judicature Act beseitigt, doch inbezug auf das materielle Recht fand die Aufhebung der Trennung nicht statt. Da auch in den USA eine Aufteilung in verschiedene Gerichte für die unterschiedlichen Rechtsgebiete aufgegeben wurde, steht heute den Bundesgerichten die Kompetenz zu, auf beiden Gebieten zu urteilen. Aufgrund einer fehlenden Gesetzgebung fand das Recht des unlauteren Wettbewerbs ausschließlich auf der „equity“- Grundlage statt, bis 1914 der Federal Trade Commission Act erlassen wurde. Da es sich hierbei aber um eine einzige Generalklausel handelt, sind intern trotzdem wiederum die selben Regeln, die vorher verwendet wurden, anwendbar.

2. Aufgliederung des Recht der „unfair competition“

Innerhalb der USA gibt es mehrere Ebenen des Wettbewerbsrechtes. Diese sollen im vorliegenden Abschnitt zumindest rudimentär aufgezeigt werden, um überhaupt die Regelung der FTC[117] in den Gesamtzusammenhang einordnen zu können.

a) Zivilrechtliches Wettbewerbsrecht

Auf der rein zivilrechtlichen Ebene ist zuerst klarzustellen, daß das Wettbewerbsrecht aus dem „Law of Torts“ kommt. Das „unfair competition law“ stellt einen einheitlich Begriff für das gesamte Wettbewerbsrecht dar. Daher bedarf es für eine Klage immer eines nach dem "common law" anerkanntes „tort“, welches dann ein geschütztes „property right“ verletzt.

Das Wettbewerbsrecht[118] innerhalb der USA entspringt dem wesentlich älteren Warenzeichenrecht, dieses hatte mit dem Problem zu kämpfen, daß nach dem „common law“ keine Eintragung in ein Warenzeichenregister möglich war, sondern der Grundsatz der Priorität und Nutzung nachgewiesen werden mußte.

---

[116] H. Trumpler, Unlauterer Wettbewerb und Anti-Trust-Recht der Vereinigten Staaten von Amerika

[117] Federal Trade Commission

[118] Zusammenfassung bei Schwartz, GRUR 67, 333, 347; desweiteren bei Charles R. McManis, Unfair Trade Practises, S. 1-30

Daher gab es nur Schutz gegen die Unterschiebung von Ware, die nicht vom Zeicheninhaber stammte (passing/palming off). Gerade innerhalb älterer Entscheidungen wird daher auch keinerlei Rechtsschutz gewährt, wenn keine "Unterschiebung" vorlag[119]. Da innerhalb dieses Falles der Mitbewerber damit geworben hatte, daß sein Waschbrett aus Aluminium sei, obwohl es aus Zink war, stellte gerade keine Unterschiebung (dafür hätte die eigene Ware als die des anderen Herstellers ausgegeben werden müssen) dar und war als Täuschung für den Konkurrenten nicht angreifbar. Die weiteren zwei Fallgruppen bestehen aus der „misappropiation“[120], bei der im Gegensatz zum „passing/palming off“ nicht die eigene Leistung als eine des Mitbewerbers ausgegeben wird, sondern genau das Gegenteil eintritt. Hier wird eine fremde Leistung als eigene ausgegeben. Auch diese Art des Wettbewerbes wurde als täuschend im Sinne des „common law“ angesehen und ist für den Konkurrenten damit verfolgbar. Innerhalb der Entscheidung verweist das Supreme Court etwas poetisch darauf, daß nicht geerntet werden kann, wenn nicht auch gesät wurde. Allein aus der Aneignung heraus wurde das Verhalten als unlauter bezeichnet. Als dritter Unterfall gilt die „malicious competition“[121]. Dabei stellt sich ein Verhalten nur als dann verfolgbar dar, wenn es auschließlich oder hauptsächlich aus Schädigungsabsicht oder zu einem böswilligen Zweck veröffentlicht wird. Normalerweise fehlt es daher an einer Klagebefugnis, da der Mitkonkurrent in aller Regel nicht den ausschließliche Zweck der Schadensverursachung hat, sondern sich in aller Regel einen eigenen Vorteil verschaffen will.

Zu dieser Gruppe der "torts" gehört auch noch die „prima facie tort“[122], hierbei geht es um eine Ausweitung der an sich enumerativen Fallgruppen. Es handelt sich um ein generelles Abwägungssystem, welches sowohl für vorsätzliche als auch fahrlässige Handlungen anwendbar ist und das die Vorteile oder den Nutzen der Handlungen zu den Schäden in Beziehung zueinander setzt. Eine weitere Vertiefung kann und muß hier unterbleiben, da diese Theorie der Ausweitung der “torts“ von den entscheidenden Gerichten nur in Ausnahmefällen angenommen wurde. Allgemein wurde diese Denkfigur nicht anerkannt, da darin eine Beweislastverschiebung zuungunsten der Beklagten gesehen wurde[123].

Die innerhalb der „statutes“ festgelegten Gesetze beschränken sich nicht nur auf den uns bekannten Bereich des unlauteren Wettbewerbes, sondern gehen über sowohl in das Kartellrecht als auch den Verbraucherschutz. Die Gesetze resultieren aus der nicht vollständigen Abdeckung des „common law of unfair competition“. Daher bedurfte es dieser zusätzlichen Regelung. Es muß innerhalb des unlauteren Wettbewerbs noch zwischen den Bundes- und den Staats-

---

[119] American Washboard v. Saginow M.f.g. Co, 103 F. 281 (1900)
[120] International News Service vs. Associated Press 248 U.S. 215 (1918)
[121] Beardsley v. Kilmer 140 N.E. 203 (N.Y. 1923)
[122] Leigh Furniture & Carpet Company v. Isom, 657 F.2d 293 (Utha 1982)
[123] McManis, a.a.O. S. 14-15

gesetzen ("federal statutes and state statutes law") unterschieden werden. Grundsätzlich fällt die Regelungskompetenz des unlautere Wettbewerbs im Zivilrecht den Einzelstaaten zu, und nur wo eine Sonderkompetenz des Bundes innerhalb der Verfassung geregelt ist, hat dieser auch die Gesetzgebungskompetenz. Der Lanham Trademark Act[124], welcher eigentlich dem Markenrecht zuzuordnen ist, gibt dem Konkurrenten eine Klagemöglichkeit nach sect. 43 (a). Diesen Anspruch, nämlich die Beanstandung von falscher oder irreführender Werbung eines Mitbewerbers ist gerade durch das common law nicht erreichbar. Dabei muß auch hier nochmals deutlich gemacht werden, daß diese Klagemöglichkeit ausschließlich für den Konkurrenten gegeben ist und nicht für den Verbraucher. Zusätzlich wurde auch noch der „Racketeer Influnenced and Corrupt Organisation Act"[125] erlassen, der ein Klagerecht für Geschädigte enthält, die einer solchen „Gaunerei" zum Opfer gefallen sind. Darunter fallen vor allem die betrügerischen und täuschenden Verkaufsveranstaltungen, ebenso wie auch der Brief- und Telephonbetrug gemäß den Bestimmungen der 18 U.S.A.C. §§ 1341, 1343.

b) Verwaltungswettbewerbsrecht

Im Verwaltungsrecht dagegen ist die FTC natürlich ausschließlich auf Bundesrecht angewiesen, da diese auf dem Federal Trade Commission Act beruht. Durch die Gründung der FTC sollte das amerikanische Wettbewerbsrecht flexibler gemacht werden, es sollte eine Behörde geschaffen werden, die sowohl für die Kartellprobleme zuständig ist, als auch für den Bereich des unlauteren Wettbewerbs, der inzwischen als ein eigenständiger Rechtsbereich angesehen wurde[126]. Auch traute man einer Behörde mehr Sachkenntnisse zu als einem Gericht und wollte daher lieber dieser Expertenvereinigung eine Auslegungskompetenz verschaffen[127]. Grund dafür war die Standard Oil v U.S. Entscheidung[128] durch das Supreme Court. Dies war der Auslöser für den FTCA[129]. In dem Urteil, welches auf dem Gebiet des Kartellrecht erging, verdeutlichte sich, daß durch das Fehlen einer gesetzlichen Regelung den Bundesgerichten ein zu großer Einfluß eingeräumt wurde. Hauptpunkt des Urteils war die dogmatische Figur der „rule of reasons", welche bestimmen sollte, ob ein Geschäftsverhalten eine Beschränkung des Handels darstellte oder nicht. Da sowohl von Gegnern wie auch Befürwortern des Kartellrechts dieser an sich rechtsfreie Raum gefürchtet wurde, indem nur der Richterspruch zählte, einigte man sich dahingehend, daß eine Behörde mit Beamten gegründet werden sollte. Im Gegensatz

[124] Act of Nov. 16, 1988, Pub. L. No. 100-667, § 132, 102 Stat. 3946 (vgl. auch 15 U.S.C. § 1125)

[125] 18 U.S.C. §§ 1961-1968

[126] G. Henderson, The Federal Trade Commission, S. 18-21

[127] Colgate Palmolive v. FTC, 380 U.S. 374, 385 (1965), auch in Jakob Siegel Co. v. FTC, 327 U.S. 608, 611-612 (1946) wo ausdrücklich bestätigt wurde, „daß die Kommission die nötigen Experten habe, um die Mittel zu bestimmen, die das entdeckte unlautere und täuschende Verhalten beenden"

[128] Standard Oil Co. v. U.S., 221 U.S. 1 (1911)

[129] Federal Trade Commission Act, nachfolgend FTCA genannt, 38 Stat. 717, 719 (1914)

zu den Bundesrichtern war zumindest eine eingeschränkten Kontrolle durch den Kongress möglich.

Dies war auch ein Grund, daß die Industrie keine großen Vorbehalte gegen die Gründung hatte, da sie sich vor allem eine mehr ermessensausgerichtete Stellungnahme der Behörde erwartete und innerhalb des „Anti-Trust" Bereiches von einer Vorentscheidungs- und Anfragekompetenz ausging[130]. Daß tatsächlich eine Mehrheit für die Gründung der Behörde im Kongress gefunden werden konnte, ist nur aus dem Grund erklärbar, daß die unterschiedlichen Interessengruppen jeweils andere Vorstellungen von den Aufgaben und Befugnissen hatten[131]. Die drei Hauptprobleme[132] waren aber doch recht eindeutig, zum einen erkannte man, daß der Sherman-Act (die erste kartellrechtliche Bestimmung in den USA) von 1890 inzwischen zu eng geworden war[133] um eine weitere Monopolisierung zu verhindern. Zusätzlich wollte man die Entwicklung dieses neuen Rechtsgebietes nicht der Rechtsprechung überlassen und der damit verbundenen Rechtsunsicherheit für die Wirtschaft nicht in Kauf nehmen[134]. Schließlich sollten die Beziehungen zwischen den unterschiedlichen Mitbewerbern geregelt werden, um Unternehmen zu schützen, die durch die unlauteren Verhaltensweisen ihrer Konkurrenten geschädigt wurden und durch das „common law" eben keine Möglichkeit hatten, sich gegen diese Beeinträchtigung zu wehren[135]. Durch sect. 5 FTCA erhielt die FTC 1914 die Macht, („unfair methods of competiton in commerce are hereby declared unlawful") den unlauteren Wettbewerb zu verhindern[136]. Inwieweit darunter auch der Verbraucherschutz fallen sollte, wird hier zu prüfen sein.

---

[130] Standard Oil Co. v. U.S., 221 U.S. 1, 21-22

[131] Montague, Unfair Methods of Competition, 25 Yale L. J. 20, 22 (1915)

[132] F. M. Scherer, Sunlight and Sunset of the FTC, 42 Administrative L. R. 461, 467 (1990)

[133] 51 Cong. Rec. 14,941 (1914), für die darüber hinausgehende Disskussion, E. Kitner, The Federal Trade Commission Act of 1914

[134] Aussage von Präsident Wilson H.R. Doc. No. 625, 63d Cong., 2d Sess. (1914)

[135] H.R. Rep. No. 533, pt.1, 63d Cong., 2d Sess. (1914), „If we are to rely on the theory of competition to protect the public from large corporations, it is imperative that the Gouverment shall see to it that competition is on fair terms"

[136] 38 Stat. 717, 719 sect. 5 (1914) (codified at 15 U.S.C. § 45(a))

3. Verbraucherschutz innerhalb sect. 5 FTCA unter Berücksichtigung der täuschenden Werbung

Bereits innerhalb der Gesetzesvorlage gab es vereinzelte Stimmen, die den Konsumentenschutz auch von dieser Bestimmung als umfaßt ansahen. Dabei war dieser aber nicht als Hauptschutzziel angegeben worden, sondern wurde als eine Unterart des unlauteren Wettbewerbs angesehen[137]. Mit den ersten Entscheidungen wie FTC v. Yagle und FTC v. A. Theo Abbott & Co[138] wurde diese Richtung aufgezeigt, daß nämlich auch die Täuschung von Konsumenten eine „unfair method of competition“ darstellte, da sie die Wettbewerber benachteiligte. Dies bedeutete, daß der Schutz nur als Rechtsreflex bestand. In die selbe Richtung ging auch das Verfahren Sears, Roebuck & Co[139], indem das Gericht einen erweiterten Spielraum für die FTC als gegeben ansah, als nur die Handelsbeschränkungen die bereits aus dem „common law“ bekannt waren, durchzusetzen. Explizit sah es eine Benachteiligung des Wettbewerbers als gegeben, wenn Verbraucher getäuscht würden, auch wenn diese Fälle gerade nicht unter die „common law cases“ fallen würden.

a) FTC v. Gratz

Vor diesem Hintergrund erstaunt die Gratz-Entscheidung[140]. Das Urteil stellte einen Rückschritt dar, da es der FTC nicht eine eigene Zuständigkeit zubilligen wollte über täuschende Handlungen innerhalb von sect. 5 FTCA. Das Gericht sah nur innerhalb des Ermächtigungsakt einen Anknüpfungspunkt für das „common law“[141]. Dies stand im Gegensatz zu den beiden oben angesprochenen Urteilen. In den beiden Fällen wurde mit echter Seide geworben. Verkauft wurde allerdings nur Kunstseide, aus diesem Grund wurde dort eine Verletzung von sect. 5 FTCA angenommen. Der Unterschied zwischen eigener Kompetenz und Verweis ins „common law“ stellte sich für die FTC als sehr bedeutsam dar, da eine Täuschung alleine dort noch nicht ausreichte, es mußte der Fall eines Betruges vorliegen. Dies hätte für spätere Fälle demnach immer des Nachweises eines Schadens bedurft. Auch wenn FTC v. Gratz sich nicht ausdrücklich mit der Täuschung beschäftigte, hatte das Gericht gleich einem orbiter dictum diese Behandlung angemahnt und der FTC eine Auslegung des Tatbestandes aus eigener Sicht verboten.

---

[137] 51. Cong. Rec. 12,934 Anmerkungen von Senator Reed „unfair competition defrauds both, consumers and producers“

[138] FTC v. Yagle 1 F.T.C. 13 (1916); FTC v. A. Theo Abbott 1 F.T.C. 16 (1916)

[139] Sears Roebuck & Co. v. FTC, 258 F. 307 (7th Cir. 1919)

[140] FTC v. Gratz, 253 U.S. 421

[141] a.a.O. S. 427

b) FTC v. Winsted Hosiery

Im Fall FTC v. Winsted Hosiery Co.[142] drehte es sich um die täuschende Bezeichnung, daß Unterwäsche aus Natur- bzw. Merinowolle bestehen würde, obwohl sie gerade nicht ausschließlich oder zumindest zum größten Teil aus Wolle, sondern aus Baumwolle bestand. Die verteidigenden Argumente des Klägers gegen die von der FTC erlassene „cease and desist order" wurden dann in zweiter Instanz vom Gericht zurückgewiesen. Danach drang der Kläger nicht mit den Behauptungen durch, daß zumindest als zweite Bedeutung der Merinowolle ein Handelsbrauch vorlag, der ein solches Produkt auch dann als Merinowolle bezeichnen würde, wenn nur ein kleiner Anteil von dem Merinoschaf beigefügt wäre[143]. Die Argumentation lief daher darauf hinaus, daß dies den Weiterhandel nicht täuschen würde und der Verbraucher gerade nicht unter den Begriff der „unfair competition" fallen würde[144]. Dagegen wandte sich das Gericht, indem es eine Täuschung der Öffentlichkeit bejahte. Dabei verwies es auf die fehlende Abwehrmöglichkeit der nicht täuschenden, ehrlichen Hersteller[145]. Aus diesem Grund heraus wurde das Verhalten unter den Tatbestand des sect. 5 FTCA subsumiert. Dabei wurden zumindest indirekt die Interessen des Verbrauchers berücksichtigt, denn nur über diesen Umweg war es möglich, auch die der anderen Hersteller zu schützen. Vom Beklagten wurde nämlich die Möglichkeit einer Klage nach dem „common law" verneint, da dem Mitbewerber kein Schaden entstanden sei. Auch für sect. 5 FTCA könne nichts anderes gelten in Hinblick auf das Gratz-Urteil. Das Supreme Court wies auch diesen Einwand zurück, indem es aufzeigte, daß den anderen Händler sehr wohl ein Schaden entstanden sei, auch wenn sich die Handlung des Beklagten nicht direkt gegen diese gerichtet habe. Damit setzte sich die Ansicht durch, die in sect. 5 FTCA eine eigene Anspruchsgrundlage sah, welche eben nicht mehr vom „common law" abhängig sei bezüglich der Tatbestandsvoraussetzungen. Dadurch war erstmals ein Konkurrentenschutz möglich, der die Verbraucher zumindest als Rechtsreflex schützte.

c) FTC v. Klesner

FTC v. Klesner[146] brachte eine Einschränkung zu dem vorangegangenen Urteil. Dabei ging es um die Bezeichnung zweier Geschäfte, wobei eines schon immer „Shade Shop" hieß, daß andere sich nach der Ausweitung seines Produktangebotes als „Shade Shop, Hooper & Klesner" nannte. Das Supreme Court lehnte das Begehren der FTC ab, daß Berufungsurteil aufzuheben. Die Voraussetzung des spezifisches und substantielles „public interest" waren nicht erfüllt, ohne dieses darf die Behörde aber nicht in den unlauteren Wettbewerb eingreifen. Als Beispiele eines solchen besonderen öffentlichen Interesses dienten der vorhandene und potentielle Wettbewerb, soweit Verluste so ernstzunehmen

---

[142] FTC v. Winsted Hosiery Co., 258 U.S. 483, 493 (1921)
[143] a.a.O. S. 492-493
[144] FTC v. Winsted Hosiery Co., 66 L.ed 729, 731 (1921)
[145] a.a.O. S. 734
[146] FTC v. Klesner, 280 U.S. 19 (1929)

sind, daß sie sich zu einer öffentlichen Angelegenheit entwickeln würden, des weiteren es sich um Unterdrückung der Schwachen durch die wirtschaftlich Stärkeren handeln würde oder sogenannte Kleinstschäden vorliegen würden, so daß eine einzelne Klage das betroffene Verhalten nicht beenden würde und die einzelnen Schäden einzuklagen unwirtschaftlich wäre[147].

Damit wurden zwei Problemkreise angerissen, nämlich ob ein Rechtsanspruch auf das Einschreiten der Behörde für den einzelnen Wettbewerber besteht, und inwieweit damit der einzelne Verbraucher als Schutzobjekt beachtet wurde. Die erste Frage wurde verneint, da gerade aus dem Erfordernis des „public interest" ein solcher Anspruch nicht bejaht werden könne. Da sect. 5 FTCA gerade kein Privatrecht[148] enthalte, sei damit auch ein subjektiver Anspruch ausgeschlossen[149]. Zusätzlich wurde der FTC bei der Bestimmung des „public interest" ein weiter Ermessensspielraum eingeräumt, der nur in seinen äußeren Grenzen durch das Gericht überprüfbar sei[150]. Dementsprechend gab es auch seither keine weitere Entscheidung der FTC, die wegen fehlenden „public interest" gekippt worden wäre.

Bezüglich des Verbraucherschutzgedankens stellt das Gericht fest, daß auch unter dem Gesichtspunkt der Verwirkung[151] kein verfolgbarer Anspruch mehr bestehen würde. Da das Gericht feststellte, daß die gleichen Bezeichnungen seit insgesamt mindestens 14 Jahren bestehen würden und erst nach 5 Jahren der Benutzung die ersten rechtlichen Schritte durch die FTC eingeleitet wurden, könne heute nicht mehr von einer Verwechslung ausgegangen werden. Damit brachte es erstaunlicherweise, wie auch die schon existierenden Rechtsprechung des Reichsgerichtes[152], den Gedanken der Verwirkung bei fehlendem öffentlichen Interesse (bzw. mangelndem „public interests") ein. Dabei muß darauf näher eingegangen werden, wann ein öffentliches Interesse für die Verfolgung des Wettbewerbsverstoßes besteht. Das RG hätte hier bei einer täuschenden Angabe eine Verwirkung nur dann nicht ausgeschlossen, wenn durch die Bezeichnung nur eine falsche Vorstellung über die Warenherkunft erweckt worden wäre, nicht aber wenn eine über die Herkunftsfunktion hinausgehende Gütevorstellung damit verbunden wäre[153]. In allen weiteren Fällen sollte das öffentliche Interesse so groß sein, daß der Einwand der Verwirkung gerade nicht einschlägig sei. Das Supreme Court schloß aber eine solche weitergehen-

[147] a.a.O. S. 27-28
[148] a.a.O. S. 26
[149] a.a.O. S. 26 „...sect. 5 FTCA does not provide private persons with an administrative remedy for private wrongs."
[150] a.a.O. S. 28
[151] a.a.O. S. 29
[152] seit RGZ 108, 272, 274; 128, 330, 340
[153] so auch Baumbach/Hefermehl, Einl. UWG Rn. 441

de Täuschung aus, da keine Qualitätsverluste vorgetragen wurden[154]. Vor allem wurde für die Öffentlichkeit keine Wettbewerbsverzerrung festgestellt. Allein das auch private Interessen in der Gemeinschaft beachtet werden sollten, löst danach eben noch nicht eine Verletzung des „public interests" aus. Weiterhin wurde damit festgestellt, daß eine mögliche Täuschung des Konsumenten kein Verstoß gegen sect. 5 FTCA auslösen muß. Dies beinhaltete eine Einschränkung des Gedankens des „public interest", dieser sollte nur dann zum Tragen kommen, wenn eines der 4 aufgezählten Einschreitmotive für die FTC gegeben war.

Anders als das RG nahm das Gericht die Einschätzung des Schutzzweckes vor, denn die Beschwerde der FTC sei nur dann gerechtfertigt, wenn „the purpose must be the protection of the public"[155] sei. Im Gegensatz dazu stehen die privaten Klagen der Mitbewerber, hier sei der Schutz der Öffentlichkeit inzident durch die Notwendigkeit eines Schadensnachweises iSd „passing off" Klage zu erreichen[156]. Daher müssen zwei Punkte deutlich getrennt werden, nämlich zum einen, daß die Entscheidung des RG im vorliegenden Fall gleich ausgefallen wäre und der rechtliche Grund für diese Gleichheit in der Entscheidung. Für das Supreme Court fehlte der Klage der FTC es am „public interest" im Anwendungsbereich des sect. 5 FTCA. Für das RG wäre der Anspruch aufgrund der bestehenden Verwirkung abzuweisen gewesen. Es muß berücksichtigt werden, daß gerade das öffentliche Interesse im deutschen Wettbewerbsrecht sich fast immer gegenüber dem Einwand der Verwirkung durchsetzt. In diesem Fall allerdings kann nicht auf dieses besondere öffentliche Interesse zurückgegriffen werden, da es in dem Sonderfall[157] eben nicht vorliegt. Trotzdem können „public interest" in sect. 5 FTCA und „öffentliches Interesse" innerhalb des Verwirkungseinwand gerade nicht miteinander verglichen werden, da zumindest in dieser Entscheidung für die FTC ein völlig anderer Schutzzweck bejaht wurde. Hier stand die Öffentlichkeit und damit auch der Verbraucher im Mittelpunkt der Entscheidung, da die Anspruchsvoraussetzungen der Wettbewerbsvorschrift berührt waren. Dagegen hätte das RG innerhalb der Anspruchsvoraussetzungen nur das Wettbewerbsverhältnis geprüft und dann eine Einschränkung innerhalb der Einwendungen vorgenommen. So wird der unterschiedliche Stellenrang des Verbrauchers innerhalb der beiden Vorschriften deutlich, zumindest was die Entscheidung des Supreme Court angeht. Innerhalb des Raladam-Urteils wurde dieser Standpunkt dann aber korrigiert.

---

[154] FTC v. Klesner, 280 U.S. 19, 28-29 „it is not claimed that the articel supplied by Klesner was inferior to that of Sammons, or the public suffered otherwise financially by Klesner's use of the words „Shade Shop"

[155] a.a.O. S. 27 bei Fn. 5

[156] a.a.O. S. 27 bei Fn. 4 „There (innerhalb der passing off Klage), protection of the public is an incident of the enforcement of an private right"

[157] vgl. vorheriger Abschnitt

d) FTC v. Raladam

Das Urteil FTC v. Raladam[158] war völlig überraschend und brachte einen klaren Schnitt zu der anscheinend gefestigten Rechtsprechung hinsichtlich der tatbestandlichen Anforderungen an Konkurrenten und Verbraucher. Der zugrunde liegende Sachverhalt drehte sich um eine täuschende Werbung, in welcher der Hersteller für ein Heilmittel gegen Fettleibigkeit warb. Dieses Mittel sollte effektiv sein, ohne Nebenwirkung und keinerlei Gefahr für die Gesundheit mit sich bringen. Problematisch war nicht, daß eine Täuschung oder zumindest eine mögliche Täuschung vorlag, sondern daß kein Wettbewerber als Konkurrent in der Beschwerdeschrift aufgeboten war, der durch diese Täuschung verletzt hätte werden können. Dies resultierte aus der Ansatzweise der FTC und der davor ergangenen Urteile, es wurde nämlich nicht mehr auf ein Wettbewerbsverhältnis abgestellt. Die FTC verfolgte in diesem Fall nur den Verbraucherschutzgedanken und hatte nicht mehr damit gerechnet, daß dieser Schutz sich noch nicht verselbstständigt hatte. Das Supreme Court nahm deshalb grundsätzlich Stellung zu den Anforderungen und der Auslegung von sect. 5 FTCA.

Dabei zeigte es auf, daß der Wettbewerb immer als Voraussetzung habe, daß zumindest potentielle Konkurrenten vorhanden seien. Ohne dies könne nie eine „unfair method of competition“ vorliegen, da diese eben nicht gleichbedeutend mit einer „unfair trade method“ sei[159]. Es fehlte an einer Erfüllung des Tatbestandes von sect. 5 FTCA. Das Gericht stellte dabei auf „competition in commerce“ ab. Allein die Behauptung, daß jede irreführende Werbung notwendigerweise einen Mitbewerber verletzen würde, wurde nicht mehr als ausreichend angesehen. Voraussetzung dafür waren demnach:

- Vorliegen einer unlauteren Handlung iSd „unfair competition“
- Verletzung eines Mitbewerbers
- Prüfung durch die FTC, ob die Geltendmachung im „public interest“ liegt[160]

Daraufhin wurde durch das Supreme Court die Aufhebungsentscheidung des Berufungsgerichts bestätigt. Damit machte das Gericht klar, daß der Schutz des Verbrauchers ausschließlich als Rechtsreflex vorhanden war. Dies wurde mit der Geschichte der Entstehung des FTCA begründet, daß dieser im selben Zug mit dem Clayton-Act 1914 verabschiedet wurde, um so den nicht mehr als ausreichend empfundenen Sherman-Act zu ergänzen. Daraus ergebe sich aber zwangsläufig, daß die drei Gesetze die Öffentlichkeit vor Mißbräuchen und Beschränkungen innerhalb des bundesstaatlichen und des Außenhandelswettbewerbs schützen wollten[161]. So wurde in diesem Urteil klar gemacht, daß das „public interest“ nicht die Zuständigkeit der FTC begründen, sondern im Ge-

[158] FTC v. Raladam, 283 U.S. 643 (1931)
[159] a.a.O. S. 649
[160] a.a.O. S. 646-647
[161] a.a.O. S. 647 a.E.

genteil, diese eingrenzen würde[162]. Dabei ging es in der Hauptsache darum, daß schon das Wort des Wettbewerbes potentielle oder tatsächliche Konkurrenten verlangen würde[163]. Damit stellte das Supreme Court eben nicht auf die Verletzungshandlung bezüglich der Verbraucher und Konsumenten ab, sondern auf die der Wettbewerber. Im Gegensatz zu dem Klesner-Urteil, bei dem zumindest ein Wettbewerber vorhanden war und dadurch sich das Gericht auf den Schutz des Verbrauchers berufen konnte, war hier nicht mehr vom Verbraucherschutz die Rede. Dabei muß hier verdeutlicht werden, daß dies vom Wortlaut zwar richtig ist, allerdings innerhalb der FTC gerade nicht mehr von einer Notwendigkeit eines Wettbewerbsverhältnisses ausgegangen wurde. Das Gericht stellte in seiner Urteilsbegründung fest, daß für die Auslegung des Wirkungskreises von sect. 5 FTCA ausschließlich das Gericht selbst zuständig sei, und nicht die FTC[164], und da auch dieses sich nicht für befugt hielt, den Anwendungsbereich der Vorschrift über den Wortlaut hinaus auszudehnen, könne das gerügte Verhalten nicht erfaßt werden. Auch wenn eine solche Vorgehensweise von Nutzen wäre, so wäre für eine Erweiterung der Befugnis der FTC ausschließlich der Kongress zuständig[165]. Da gerade aus den Gesetzesmotiven eine Betonung des Wettbewerbsschutz erkennbar sei, könne eine erweiternde Auslegung auch hier nicht weiterführen[166]. Ebenso wurde nochmals auf das Urteil Winsted Hosiery[167] bezug genommen, in dem die Verletzung der anderen Hersteller auch eine der Verbraucher darstellte und sich daher dort die hier abzuhandelnde Frage noch positiv beantworten ließ.

Durch dieses eindeutige Urteil war der FTC der Weg einer langsamen Ausweitung des Gedankens des Verbraucherschutzes verbaut worden. Die vorangegangenen Urteile hatten zwar genau diesen Eindruck vermittelt, doch in dem Fall, in dem es genau auf das Tatbestandsmerkmal ankam, versagten das Supreme Court eine darüber hinausgehende Auslegung. Es wurde eine Regelung durch die Legislative gefordert, da weder die Administration noch die Judikative eine solchen Änderung ohne eine ausdrückliche Gesetzesänderung vornehmen durften. Ab diesem Zeitpunkt kann daher der Regelungszweck von § 3 UWG und sect. 5 FTCA als wesentlich einheitlicher angesehen werden, auch wenn der Gedanke des Verbraucherschutzes in den USA sich bereits viel weiter entwickelt hatte. Die Notwendigkeit einer ausdrücklichen gesetzlichen Neuregelung wurde wesentlich ernster genommen als in Deutschland während dieser Zeit, sowie auch im Laufe der späteren Gesetzesnovellierungen.

---

162 a.a.O. S. 648-649
163 a.a.O. S. 649 a.E.
164 a.a.O. S. 648
165 a.a.O. S. 649
166 a.a.O. S. 650 oben
167 FTC v. Winsted Hosiery Co., 258 U.S. 483, 493-494

e) Wheeler-Lea-Amendment

Entgegen der relativ geringen Auswirkung im praktischen Bereich führte das Urteil doch zu einer verstärkten öffentlichen Diskussion die schließlich in dem Wheeler-Lea-Amendment[168] endete. In dem selben Zusammenhang ist auch zu sehen, daß eine weitergehende Intervention des Staates während der Depression von den meisten Bevölkerungsschichten für notwendig erachtet wurde. Dies bedeutete für den Kongress einen stärkeren Druck, so wurde 1936 der erste Gesetzesvorschlag in den 74sten Kongress eingebracht, der die Zusatzformulierung beinhaltete „and unfair or deceptive acts in commerce"[169]. Nach der Ansicht von Senator Wheeler[170] vergrößerte sich durch die Gesetzesnovelle nicht die Macht der FTC, sondern sollte die vorhandene besser anwendbar machen. Durch das Gesetz sollten die Probleme, welche Raladam für die FTC aufgeworfen hatte, beseitigt werden. Doch scheiterte der Gesetzesvorschlag und konnte erst im 75sten Kongress verabschiedet werden. Am 21.03.1938 wurde das Gesetz vom Präsidenten ausgefertigt. Der neue Teil der Formulierung lautete jetzt „...unfair methods of competition and unfair or deceptive acts or practises are hereby declared unlawful..."[171].

Die Auswirkungen dieser Gesetzesänderung sind trotz der Bemerkungen der Initiatoren[172] nicht nur in der Erleichterung für die FTC zu sehen, d.h. in der Befreiung von dem Tatbestandsmerkmal der Wettbewerbsbeeinflussung. Vielmehr wurde durch die Änderung auch und vor allem die Gewichte innerhalb der Verfolgungspolitik der FTC verschoben. Der jetzt direkt anzugehende Konsumentenschutz[173] wurde zu einem prägenden Merkmal in der Fallauswahl der Behörde. Dies wurde auch in einem kurz danach entschiedenen Fall verdeutlicht, in dem das Gericht wörtlich der FTC klar machte, daß „.... the Commission can now center its attention on the direct protection of the consumer...."[174]. Daher konnte nicht mehr nur von einer tatbestandlichen Erleichterung gesprochen werden. Zusätzlich erlangte die Behörde noch eine ganz neue Zuständigkeit, in sect. 12 FTCA[175] wurde ihr die Aufsicht über die Werbung in den Teilbereichen Nahrung, Medikamente, Gerätschaften und Kosmetik übertragen. Diese Machtanhäufung hatte aber noch andere Auswirkungen, zum ersten Mal konnte die FTC nicht nur „cease and desist orders" aussprechen, sondern hatte die eigene Möglichkeit auch Verfügungen bei einer vorsätzlichen Verletzung des FTCA zu erlassen, die Bußgelder beinhalteten.

---

[168] 52 Stat. 111 (1938) codified at 15 U.S.C. §§ 41, 44-45, 52-58 (1998)
[169] 80 CONG. REC. 6595 (1936)
[170] 80 CONG. REC. 6589 (1936)
[171] 15 U.S.C. § 45 (a)
[172] so auch Abgeordnete Lea, der meinte, bei der Gesetzesänderung würde es sich um eine „more or less procedural amendment about which there is no controversy" handeln, 83 CONG. REC. 391 und 393 (1938)
[173] John Geismar, Commercial Speech and the FTC, 16 New England L. R., 793, 795 (1981) Dean K. Fueroghne, Law & Advertising, S. 24
[174] Pep Boys-Manny, Moe & Jack, Inc. v. FTC, 122 F.2d 158, 161 (3d Cir. 1941)
[175] 15 U.S.C. §§ 52, 53 (a)

f) Federal Trade Regulation Rules[176]

Die nächste Stufe des Verbraucherschutzes fällt dagegen nicht mehr direkt unter sect. 5 FTCA, sondern wird durch sect. 6 (g) FTCA[177] und später sect. 18 FTCA erreicht. Es handelt sich um die sogenannten „Federal Trade Regulation Rules", welche von der FTC zum größten Teil im Sinne des Konsumentenschutz erlassen wurden. Diese verbindlichen Regeln, sie stellen nicht nur Verordnungen des deutschen Verwaltungsrecht dar, sondern sind von ihrem Regelungsumfang wie formelle Gesetzte anzusehen[178], wurden mit Beginn der 60er Jahre erlassen. Man erhoffte sich mit den Regelungen eine weiterreichende Wirkung im Gegensatz zu den Einzelfallentscheidungen, denn sie galten immer gleich für einen gesamten Industriezweig. Die erste „rule" war die „Cigarette Advertising Rule"[179]. Auch wenn die "Cigarette-Rule" bereits ein Jahr später durch ein Gesetz des Kongresses überholt wurde[180], so wollte dieses Gesetz weder die Kompetenz der FTC beschneiden, noch zweifelte es die Befugnis der Kommission an, solche verbindlichen „rules" zu erlassen[181]. Als Rechtsgrundlage diente sect. 6 (g) FTCA für den Erlaß der Regelung, inhaltlich stützte sie sich allerdings sowohl auf das „unfair" als „deceptive" Mandat des sect. 5 FTCA. Diese Regelungen unterschieden sich ganz deutlich von den davor schon bekannten „trade practice conferences"[182], diese galten zwar auch für Teilbereiche der Industrie, doch fehlte es ihnen an dem notwendigen verbindlichen Regelungsinhalt. Ebenso war in diesen „conferences" der Verbraucher nicht Schutzzweck der Regelung, sondern vorrangig sollte eine einheitliche Auslegungspraxis geschaffen werden, an der sich die Industrie ausrichten konnte. Diese höchst umstrittene Kompetenz zum Erlaß der „rules" (vor allem Seitens der Industrie) der FTC wurde durch die Gerichte bestätigt[183].

Doch der Hauptzweck der „rules" lag nicht in der Verhinderung von täuschenden Handlungen, sondern in der erhöhten Information des Verbrauchers. Dieses umfaßt vor allem drei Bereiche, nämlich Sicherheit, Wirksamkeit und die

---

176 vollständige Aufzählung aller rules bis 1980 bei Boyer „Phase II Report on the Trade Regulation Rulemaking Procedures of the FTC" in Administrative Conference of the United States, Recommendations and Reports, S. 128-164 (1980), neuere Zusammenfassung bei Lydia Parnes/Carol Jennings, Through the Looking Glass: A Perspective on Regulatory Reform at the FTC, Administrative L.R. 989, 994 (1997)

177 „make rules and regulations for the purpose of carrying out the provisions of this act"

178 so z. B. Cooling-off Period for Door-to-Door Sales, 16 F.C.R. § 429 die ein 3 tägiges Rücktrittsrecht dem Käufer einräumt und im Vergleich dazu § 1 HaustürWG mit seinem 1 wöchigen Rücktrittsrecht

179 29 Fed. Reg. 8324 (1964) ,Trade Regulation Rule, Unfair or Deceptive Advertising and Labaling of Cigarettes to the Health Hazard of Smoking

180 16 C.F.R. § 408.1 vgl. 15 U.S.C. §§ 1331-1340

181 vgl. 15 U.S.C. § 1336

182 diese waren seit 1919 bekannt, z.B. FTC Rules s. 2.27 CCH. Bd. II § 8037

183 erstmalige gerichtliche Bestätigung in National Petroleum Refiners Ass'n v. FTC, 482 F.2d 672 (D.C. Cir. 1973), cert. denied, 415 U.S. 951 (1974)

Preisangabe[184]. Dabei handelt es sich aber typischerweise um Handlungen, die unter die „unfairness“ Doktrine fallen, weswegen dieser Bereich auch nur am Rande gestreift wird. Als weiteres Beispiel soll dennoch die Oktan-Rule dienen, deren Ziel es war, die Käufer von Treibstoff über den Oktananteil aufzuklären[185]. Grund dafür waren unterschiedliche Meßmethoden, die nach Ansicht der FTC den Käufer verwirrten und deshalb vereinheitlicht werden mußten, um so den Verbraucher vor zu hohen Ausgaben (infolge von zu hochwertigem Sprit) zu schützen.

Der Erlaß der „rules“ wurde durch den Magnuson-Moss-Warrenty-FTC Improvement Act of 1975[186] noch auf eine ausdrückliche Rechtsgrundlage gestellt, sect. 18 FTCA. Mit dieser Änderung wurden auch die Beteiligungsrechte bei der Erstellung der betroffenen Parteien stark erhöht[187]. Doch stellte sich An-

---

[184] vgl. FTC Improvements Act of 1980, Pub. L. No. 96-252, 94 Stat. 378 (28.5.1980), codified at 15 U.S.C. § 57a (i)

[185] Posting of Minimum Octane Numbers on Gasoline Dispensing Pumps, Statement of Basis and Purpose, 36 Fed. Reg. 23,871, 23,877 (1971)

[186] Pub. L. No 93- 637, 88 Stat. 2193 (1975)

[187] Das vorherige Verfahren wurde durch § 553 des Administrative Procedure Act (APA 5 U.S.C. § 553 (1970)) sichergestellt. Die Behörde mußte nur dem Bundesregister Nachricht über den Verfahrensstand, die erlassende Behörde und die beabsichtigte Regelung geben. Dagegen konnten Einwendungen der betroffenen Gruppen geltend gemacht werden, wobei die Behörde dafür Schriftform anordnen konnte. Frühestens 30 Tage nachdem die endgültige Regelung veröffentlicht wurde, trat diese inkraft. Aber selbst diese Minimalanforderungen konnten in bestimmten Fällen noch ausgeschaltet werden. (5 U.S.C. § 553 (b) (3) (1970)).
Auch wenn der Vergleich mit einem normalen Gesetzgebungsverfahren hinkt, so wird doch die Disparität augenscheinlich. Durch den MMA wurden zahlreiche Erschwernisse aufgestellt, er gilt für „unfair and deceptive practices“, auch wenn die Regelung immer noch auf § 553 APA beruht. Die Information an das Bundesregister umfaßt nun auch die notwendigen Angaben für die Beteiligung der Interessengruppen (40 Fed. Reg. 15,237, bei § 1.12(b)-(c) (1975)). Für kleinere Firmen, die sich keine Rechtsvertretung leisten können wurde ein Ersatz der Anwaltsgebühren eingeführt, damit auch eine wirklich Beteiligung sichergestellt ist. (15 U.S.C. § 57a (h)(1) (1976)). Dadurch wurde erreicht, daß die nötigen Gegengewichte auch an dem Verfahren teilnehmen können, deren Einwände Teil der öffentliche Aufzeichnungen der informellen Anhörungen werden. Hier kann die im Vorverfahren vertretene Position erläutert werden, in einigen wenigen enumerativen Fällen hat die Kommission auch das Kreuzverhör zugelassen. Daraufhin wird eine Zusammenfassung der Beiträge gefertigt und eine Empfehlung an den FTC-Stab ausgesprochen. Erst 1994 wurde durch eine weitere Reform des 15 U.S.C. § 57a für den „rule“ Erlass die „hearings“ gestrichen, wenn keine Nachfrage danach besteht, dies gilt vor allem bei der Abschaffung einer alten „rule“, denn inzwischen erfolgt alle 10 Jahre eine Kontrolle, ob die „rule“ überhaupt noch Sinn macht oder nicht nur den Ablauf verkompliziert. Durch die zusätzliche Erleichterung des „public workshop conference“, an dem alle möglich Beteiligten teilnehmen, wurde hier ebenso eine Vereinfachung erreicht, erstmals 1992 in Trade Regulation Rule Persuant to the Telephone Disclosure and Dispute Resolution Act of 1992, 16 C.F.R. Part 308. Ebenso wurde die Ausnahmeklausel des § 553 (b)(3)(B) APA für nicht anwendbar erklärt. (Nelson, 8 Conn. L. R. 413, 441 (1976) stellt als weiteres Problem noch die fehlende Offenlegung des von der FTC gesammelten Materials dar)

fang der 80er Jahre heraus, nachdem die Machtfülle der FTC zum Erlaß dieser rules stark beschnitten wurde[188], daß die Schaffung immer neuer rules nicht die erwünschten Auswirkungen hatten und die Kapazitäten der Behörde ineffektiv banden,[189] so daß man zur Abschaffung dieser überging. Daher war der größte Teil dieser bereits am Ende des Jahrzehnts nicht mehr in Kraft[190]. Allerdings erreichen sie seit Anfang der 90er Jahre in einer abgewandelten Form eine Renaissance[191].

[188] FTC Improvement Act of 1980 Pub. L. No. 96-252, 94 Stat. 374 (1980) die zusätzlich noch ein Vetorecht beider Häuser und ein 3jähriges Moratorium für rules, die auf der unfairness Doktrin beruhten, vorsahen. Zwar wurde das Vetorecht als verfassungswidrig erklärt, doch war die Eingrenzung der Kompetenzen eindeutig. (Consumer Union of U.S. v. FTC, 691 F.2d 575 (D. C. Cir. 1982), aff'd, 463 U.S. 1216 (1983))

[189] Matthew Bender & Co, Antitrust Laws, Kalinowski, § 78.10

[190] Dee Pridgen, Consumer Protection, § 12.03; ABA, Report on the Role of the FTC, Trade Reg. Rep. (CCH) Nr. 46, 1989, S.70 Fn. 108, 109

[191] vgl. unten Kap. D I. 7.

III. Zusammenfassung und Anmerkungen

1. Auswirkungen der Unterschiede

Die stark abweichende Auslegung von sect. 5 FTCA mit seinem direkten Verbraucherschutz und § 3 UWG, der den Verbraucher zwar als Schutzzweck angibt, aber ihm nicht diesen ausdrücklichen und dezidierten Interessenschutz zubilligt, ist überraschend. Zwar wurde durch das Wheeler-Lea-Amendment eigentlich nur die Beweislast für die Beeinträchtigung des Wettbewerbs abgeschafft, doch sind die Folgen eben nicht nur im Prozeßrecht zu sehen. Es zeigt sich, daß diese eigentlich geringfügige Änderung stärkere Auswirkungen hatte, als angenommen wurde. Die Ausrichtung der Behörde hin zum Konsumentenschutz ist nicht zu übersehen[192]. Als Gegenteil dazu dient § 3 UWG, von dem nach h.M.[193] und Rsp. angenommen wird, daß er über den Wettbewerb die Interessen des Verbrauchers wahrt, ohne von einem reinen Rechtsreflex sprechen zu wollen. Problematisch dabei ist nur, daß außer dem Ausschluß der Verwirkung[194] keine wirklich weitreichenden Änderung eingetreten sind. Da immer noch zu stark auf die Wettbewerber geachtet wird, und der Verbraucher nur als „notwendiges Anhängsel" betrachtet wird um innerhalb von § 3 UWG überhaupt zu einem Wettbewerbsschutz zu kommen, findet keine tatsächliche Änderung der Rechtsprechung statt. Die Urteile des BGH's gleichen in diesem speziellen Teil denen des Reichsgerichts, worauf sich dieser ja auch beruft[195]. Demnach fand faktisch weder ein Hervortreten des Schutzzweckes mit praktischen Auswirkungen statt, noch wurde das Problem von der Legislative gelöst. Die Lösung aus den Anfängen des Wettbewerbsrechts als reinem Konkurrentengesetz[196] hin zu einer „sozialen Funktion"[197] ist in Wirklichkeit nicht besonders weit geraten[198].

2. Dogmatische Einordnung einer neuen, expliziten Normierung des Verbraucherschutzes

a) Auslegungsmöglichkeiten

Dementsprechend muß hier die Frage abgehandelt werden, ob der Verbraucherschutz systematisch durch eine Auslegung des Gesetzes überhaupt gewonnen werden kann oder ob genau wegen des systemimmanenten Fehlers eine wirkliche Berücksichtigung dieser Interessen nicht stattfinden kann. Der status quo wurde oben dargelegt, danach finden die Interessen der Konsumenten als ein Teil der Wettbewerbsgesamtheit auch ihre Gewichtung[199]. Dogmatisch ist al-

---

[192] das Bureau of Consumer Protection beansprucht 50 % der Finanzmittel der Behörde
[193] vgl. anstatt vieler Baumbach/Hefermehl, UWG Einl. Rn. 42
[194] seit RGZ 108, 272, 274
[195] ständige Rsp. des BGH seit BGHZ 5, 189 (Fischermännchen)
[196] vgl. Motive UWG von 1896 und 1909 unter Kap. A I. 1. a)+b)
[197] Baumbach/Hefermehl, UWG Einl. Rn. 42
[198] vgl. Ergebnis oben unter Kap. A. I. 3.
[199] so auch Schricker, Verbesserung des Schutzes der Verbraucher und des funktionsfähigen

lein problematisch, wie diese Ziele in ein Gesetz hineingelesen werden, welches bei Erschaffung solche Interessen zumindest nicht erwähnte, wenn nicht sogar ausschloß[200].

Das Ergebnis der Auslegung muß so beschaffen sein, daß es die richterliche Entscheidung determinieren kann[201]. Als Auslegungsvarianten sind nach h. M.[202] folgende anerkannt: die grammatikalische, logische, historische, und teleologische Deutung. Unstreitig kann hier der Verbraucherschutz nicht unter die historische Auslegung fallen. Die Begründung dafür ist, daß gerade ein solcher Schutz von den Gründern des UWG`s nicht vorgesehen wurde und sich deshalb der Schutzzweck ausschließlich auf den Konkurrenten beziehen sollte. Vom Wortsinn her ist die Deutung, welche die h.M. vertritt, grds. nicht ausgeschlossen. Eine Erwähnung des Wortes Verbraucher findet sich zwar in der gesamten Vorschrift nicht, doch wird der Wettbewerb erwähnt. Darunter können alle Marktbeteiligten fallen, demnach ist auch ein Eingehen auf den Verbraucher nicht von vornherein ausgeschlossen. Dagegen stellt die logische Auslegung, auch systematische genannt, auf die Stellung im Gesetz und ihren Zusammenhang mit anderen Vorschriften ab. Auch hieraus kann der Verbraucherschutz nicht in der angesprochenen, gleichrangigen Form hergeleitet werden, da auch der Rest der Bestimmungen gerade kein direkten Schutz des Verbrauchers erwähnen, mit Ausnahme des § 13 a UWG, welcher ein Rücktrittsrecht für diesen enthält. Da diese Vorschrift erst wesentlich später eingefügt wurde, könnte sie natürlich einen neuen Schutzzweck implementiert haben. Dies ist aber nicht der Fall da die Vorschrift sich im Kapitel der Klagebefugnis befindet und damit die Rechtsfolgen betrifft, kann sie keinen Ausfluß auf die Auslegung der Tatbestandsseite des § 3 UWG haben. Dazu kommt noch, daß die st. Rsp. gerade die §§ 1, 3 UWG nicht in Verbindung mit § 823 II BGB bringt, was einen deutlichen Rückschluß auf die Stellung des Verbrauchers in dem Gesamtgesetz zuläßt[203].

Die inzwischen wohl gebräuchlichste Methode, die teleologische, welche sich anerkanntermaßen auf den Sinn und Zweck der Regelung beruft[204], fragt nach der „sachgemäßen“ Auslegung. Es kommt also gerade nicht darauf an, daß sich der Gesetzgeber zur Zeit des Erlaß über diese Deutung bzw. Notwendigkeit bewußt war. Gerade da sich das UWG um die Regelung des gesamten unlauteren Wettbewerbs kümmert, und dazu auf Generalklauseln zurückgreift, werden

---

Wettbewerbes, ZHR 139 (1975), 208, 213

[200] vgl. Fn. 199

[201] Ingwer Ebsen, Gesetzesbindung und „Richtigkeit“ der Entscheidung, S. 34

[202] Karl Larenz, Methodenlehre und Rechtswissenschaft, Kap. 4. 2. (S. 320)

[203] BGH GRUR 75, 150 (Prüfzeichen) bei dem der BGH allerdings die Wettbewerbsvorschriften für vorrangig hielt und zur Schutzgesetzeigenschaft im Urteil selber keine Stellung nahm, anders dagegen in den Leitsätzen, in denen die Schutzgesetzqualität des § 3 UWG abgelehnt wird, vgl. unten Kap. D II. 1. b)

[204] Larenz a.a.O. Kap. 4, 2 d), S. 333

diese durch den gesamten Normbereich geprägt. Demnach geht es um „die sachliche Strukturiertheit des Normbereichs“[205]. Daher kann zumindest für die heutige Form des Verbraucherschutz eine Erklärung gefunden werden, wobei es um die Wandlung von Sinn und Zweck des Gesetzes und der Vorstellungen des Wettbewerbs geht. Von Schricker[206] wird ohne spezielle Begründung dieser Schutzzweck heute als allgemein anerkannt angesehen, er resultiere gleichermaßen aus dem Zusammenfließen sowohl der Interessen der Gewerbetreibenden als auch der Konsumenten im Schutz der Institution des funktionsfähigen Wettbewerbs. Auch das Reichsgericht[207] hat zuerst nicht begründet, warum die Interessen der Allgemeinheit überhaupt zu berücksichtigen sind, sondern lapidar behauptet, daß „in Wahrheit eben nicht nur die Interessen des Konkurrenten zu schützen sind, sondern - wie das ganze Wettbewerbsrecht - den Auswüchsen des Wettbewerbsrecht auch im öffentlichen Interesse entgegengetreten werden müßte“. Allein mit der in RGZ 128, 330/342-343 gegebenen Begründung, daß durch die Schaffung von § 13 I Unl.WG klar wird, daß auch das allgemeine Interesse geschützt werden muß, ist ein tatsächlicher Ansatzpunkt für eine Erklärung geliefert. Wenn man der Ansicht Fikentschers[208] folgt, wird die wirtschaftliche Betätigung als Teil der persönlichen Entfaltungsfreiheit geschützt, der damit das verfassungsrechtliche Auslegungskriterium betont. Dies muß zumindest immer dann gegeben sein, wenn der Wettbewerb als solcher gefährdet ist. Doch klar steht der „Schutz der einzelnen Marktbeteiligten gegen unlautere Wettbewerbshandlungen einzelner Konkurrenten im Vordergrund“[209]. Ein Gleichklang der verschiedenen Interessen, wie er von v. Gamm[210] festgestellt wird, ist nach den Entscheidungen des BGH`s[211] gerade nicht anzunehmen.

b) Auslegungsergebnis

Der Wortsinn ist keine wirkliche Hilfe, da er zumindest den Gleichrang von Verbraucherinteressen nicht wirklich nahelegt, da diese nur indirekt erwähnt werden, kann durch ihn keine Grenzbestimmung vorgenommen werden. Eine Rangfolge der Auslegungskriterien wird wohl von der h.M. abgelehnt[212], wobei auffällt, daß doch eine starke Minderheit für den Vorrang der historischen Auslegung kämpft, ohne die genannten anderen Kriterien unbeachtet zu lassen. Dabei darf nicht vergessen werden, daß der ursprüngliche Zweck des Gesetzgebers zwar heute nicht mehr opportun, aber ganz sicher nicht als unvertretbar erscheint. Es ergibt sich daraus zumindest ein gleich zu gewichtendes Gegenargument zur heute immer beliebter werdenden teleologischen Auslegung. Da

---

205 a.a.O. Kap. 4, 2 d), S. 334
206 Schricker ZHR 139, S. 208, 213 Fn. 22
207 RGZ 120, 47, 49
208 Fikentscher, Wettbewerb und gewerblicher Rechtsschutz, S. 223 ff.
209 Baumbach/Hefermehl, Allg. Rn. 88
210 v. Gamm, Wettbewerbsrecht, Kap. 4, Rn. 14
211 vgl. oben unter Kap. A. I. 2. + 3.
212 Larenz, a.a.O. Kap.4, 2 f), S. 345 bei Fn. 69

beide hier völlig konträre Ziele vertreten, ist die einzige sinnvolle Wertung m.E. eine Berücksichtigung der Verbraucherinteressen in dem tatsächlichen Umfang, wie das die Rsp. bis heute tut, doch kann dieser Schutzzweck sich nicht gegen den früher einzigen Konkurrentenschutz durchsetzen oder zumindest mit diesem gleich ziehen. Danach werden die Grenzen einer zulässigen Auslegung überschritten[213], wenn man einen stärkeren Verbraucherschutz fordert, der nämlich völlig unabhängig von den Zielen des Konkurrentenschutz definiert wird, und der sich in bestimmten Fallgestaltungen gegen diesen tatsächlich durchsetzen kann. Eine wie oben aufgezeigte Gewichtung der unterschiedlichen Interessen der Verbraucher ist somit in dem jetzigen Modell m.E. durch eine erweiternde Auslegung[214] nicht mehr erreichbar, auch wenn man bei der Auslegung beachtet, daß es sich bei § 3 UWG um eine Generalklausel handelt. Daß bei Generalklauseln eine enge Auslegung nicht förderlich ist, darf nicht darüber hinweg täuschen, daß es sich hierbei nicht um eine einzelne Fallgruppe dieser Generalklausel handelt, sondern es um den Schutzzweck der Norm geht, und dieser ist gerade nicht einer weiteren Auslegung zugänglich.

c) Verstärkter Verbraucherschutz über Rechtsfortbildung

Wichtigste Voraussetzung der Rechtsfortbildung von Rechtsergebnissen ist die Regelungs- oder Gesetzeslücke. Eine solche Lücke ist vom Standpunkt des Gesetzes selbst zu bestimmen, der ihm zugrunde liegenden Regelungsabsicht und des verfolgte Zwecks des gesetzgeberischen „Plans“[215]. Aus diesem Grund muß die betreffende Frage unbewußt nicht geregelt worden sein, d.h. es muß zwischen Fehler und Lücke des Gesetzes unterschieden werden. Danach kann eine Entscheidung, die damals völlig bewußt getroffen wurde, eigentlich nur als Fehler angesehen werden, nicht aber als planwidrige Lücke. Im Gesamtzusammenhang des Gesetzes gegen den unlauteren Wettbewerb fehlt es aber nicht an einer bestimmten Regelung der Verbraucherinteressen, sondern diese wurden bewußt und gewollt unter dem Aspekt des Rechtsreflex als mitgeregelt betrachtet. Auch die neueren Eingriffe des Gesetzgeber lassen nicht erkennen, daß durch die geschaffenen Veränderungen in § 13 II Nr. 3 UWG oder § 6 a UWG zugleich auch eine komplette Änderung des §§ 1, 3 UWG Schutzzweckes erreicht werden sollte, denn dann hätte genau aus diesem Grund eine nachträgliche Einfügung diese Zweckes in die betroffenen Paragraphen erfolgen müssen. Eine Rückwirkung ist nur in beschränktem Maße, wenn überhaupt, festzustellen[216]. Aus diesem Grund ist eine Rechtsfortbildung wegen der fehlenden Regelungslücke, im Gegensatz zum Fehler, abzulehnen. Aber auch aus einem

---

[213] anders wohl Tilmann, Zur Rechtsstellung des Verbrauchers bei Wettbewerbsdelikten, ZHR 141 (1977), 32, 59 der eine Erweiterung noch in Einklang mit der Soraya-Entscheidung des BVerfG sieht, BVerfG GRUR 73, 44, 47 (Soraya)

[214] Karl Engisch, Einführung in das juristische Denken, § 20 IV a)

[215] Larenz a.a.O. Kap. 5, 2 a), S. 373

[216] vgl. unter Kap. A. III. 2. a)

anderen Grunde heraus, der von Diederichsen[217] klar und deutlich benannt wurde, reicht es gerade nicht aus, daß die „Rechtsprechung Entscheidungen „contra legem“ erlassen darf, sofern diese nur auf einem zivilrechtlich diskutablen...Weg gewonnen wurden“[218], vielmehr muß gerade in solchen Fällen der Gesetzgeber aktiv werden, um so eine saubere und einheitliche Regelung durch die Legislative, dem ursprünglich zuständigen Organ, zu erreichen. Aus diesem Grund warnt Diederichsen bereits vor der großzügigen Verwendung von Generalklauseln[219], vielmehr muß vor einer Veränderung des früheren und damals einzigem Schutzzweck gewarnt werden. Daher wird von mir eine ausdrückliche Normierung dieses Schutzzweckes vertreten, damit würde eine Gleichstellung mit den anderen Schutzgedanken erreicht werden, ohne die zulässigen Grenzen von Auslegung oder Rechtsfortbildung zu sprengen. Es gilt nochmals in Erinnerung zu rufen, wann eine Gesetzeskorrektur in dem vorgeschlagenen Maße möglich ist, nämlich wenn:

(1) ohne die Berichtigung durch den Richter ein Zustand eintreten würde, durch den der Rechtsgedanke Schaden erlitte,
(2) der Rechtsnotstand evident sein und
(3) auf andere Weise unbehebbar sei, insbesondere dürfe nicht mit einem Eingreifen des Gesetzgebers zu rechnen sein[220].

Eine zukünftige Verbraucherschutzpolitik wäre dann aber nach diesen Grundsätzen eine Rechtsfortbildung „präter legem“, ohne die aufgestellten Voraussetzungen, insbesondere evidenter Rechtsnotstand und Ausschluß des Eingreifens des Gesetzgebers erfüllen zu können. Auch das oft zitiert Beispiel des § 13 a UWG, mit dem gleichsam der Verbraucherschutz in das gesamte UWG implementiert worden sei, kann vor den oben genannten Argumenten nicht bestehen, vielmehr wurde auch hier nur eine Einzelregelung getroffen[221]. Demnach ist als einzige Möglichkeit zur effizienten Verbesserung des Verbraucherschutzes dessen ausdrückliche Normierung in § 3 UWG notwendig, um auch die oben angeführten Interessenabwägungen vollständig durchführen zu können.

3. Resumée

Das gefundene Ergebnis wird ebenso an einem Vergleich zwischen den beiden Rechtsordnungen deutlich. Nachdem durch die Entscheidung Raladam I in den USA dieses Vakuum erkennbar wurde, daß der Schutz des Verbrauchers immer nur vom Wettbewerb abhängt und dadurch auch vom Konkurrenten, erfolgte

---

[217] Uwe Diederichsen, Die Flucht des Gesetzgebers aus seiner politischen Verantwortung, S. 14
[218] so aber BVerfG NJW 73, 1221, 1226 zur Problematik ob trotz der ausdrücklichen Beschränkung des § 253 BGB ein Ersatz weiterer immaterieller Schäden möglich sei
[219] Diederichsen, a.a.O., S. 21
[220] Larenz, a.a.O. Kap. 5, 2 e), S. 401
[221] Baumbach/Hefermehl, Einl. UWG Rn. 79, 135

das oben erläuterte Whealer-Lea-Amendment, welches eine gesetzliche Klarstellungsfunktion für die Interessen der Konsumenten übernahm. So wurde in der späteren Entscheidung In re Pfizer[222] die schon davor in Ansätzen erkennbare Substantiierungspflicht[223] eingeführt. Auch wenn hier nicht verkannt wird, daß diese in ihren Anfängen hauptsächlich auf dem „unfairness" Mandat ruhte, so ist zumindest für die Zeit nach dieser Entscheidung der größte Teil dieser Theorie auf täuschenden Handlungen aufgebaut worden[224]. Dies bedeutet einen ganz erheblichen Vorteil für die Verbraucher, da der FTC die Aufgabe erleichtert wurde, eine täuschende Handlung oder Praxis zu entlarven und somit die Verfolgungsintensität verstärkt werden konnte. Im Gegensatz zu einem Rechtsgebiet, in dem der Wettbewerber im Vordergrund steht, und bei dem nur Fallweise einzelne Beweispflichten überbürdet werden, kann hier durch die allgemeine Pflicht ein wesentlich höherer Schutz erreicht werden. Das kann aber nur erreicht werden, da der Verbraucher nicht nur als eher nachrangiger Schutzzweck anerkannt ist, sondern ganz explizit in sect. 5 FTCA erwähnt wird[225] und daher für ihn auch weiterreichende Regelungen geschaffen wurden. Allein aus dem Wettbewerbsgedanken heraus wird es schwer fallen, diese Pflicht nachdrücklich zu verlangen. Damit ist durch das Wheeler-Lea-Amendment eine Weiche gestellt worden, deren Veränderung zwar erst nach ungefähr 25 Jahren[226] sich als gravierender Unterschied herausstellte, doch ist aus diesem Grund auch eine Einbeziehung des Verbrauchers in den Wortlaut von § 3 UWG zu empfehlen, wenn man ähnliche Resultate auch in Deutschland erreichen will. Dabei geht es noch gar nicht mal um eine Substantiierungspflicht, davor wäre die Interessengewichtung in dem geschilderten Maße ein erster Weg, die wirklichen Bedürfnisse der Verbraucher herauszufinden und eine Vermischung mit den Zielen des Konkurrentenschutz zu verhindern. Dazu kommt noch, daß mit der ausdrücklich Normierung zumindest in den USA noch nicht über einen subjektiven Anspruch entschieden ist, so wird in sect. 5 FTCA ein direkter subjektiver Anspruch des Verbrauchers nicht anerkannt.

Im Gegensatz dazu ergeben sich Besonderheiten aus den unterschiedlichen Rechtsfolgen, die eine Verletzung von sect. 5 FTCA und § 3 UWG mit sich bringen. Auch wenn dies erst später im Detail erörtert werden soll, so muß in diesem Zusammenhang bereits darauf hingewiesen werden, daß die Art einer Wiedergutmachung (redress) zugunsten der getäuschten Kundschaft dem deutschen unlauteren Wettbewerbsrecht völlig fremd ist. Die Schaffung dieser besonderen Anspruchsgrundlage ist auch nur aus dem Zusammenhang mit sect. 5 FTCA und dessen Verbraucherschutz zu erklären. Durch die Verkoppelung von beiden Schutzgütern, Konkurrenten- und Verbraucherschutz als gleiche Para-

[222] In re Pfizer, 81 F.T.C. 23 (1972)
[223] vgl. unter Kap. C II.
[224] Dee Pridgen, Consumer Protection, § 11.02 (4)
[225] indem nämlich auf das Wettbewerbsverhältnis verzichtet wurde
[226] erstmals in Heinz W. Kirchner, 63 F.T.C. 1282, 1294 (1963), aff'd, 337 F.2d 751 (9th Cir. 1964)

meter wird eine Bewertung der Wettbewerbsverstöße besser einschätzbar. Damit wird aber zugleich auch die Abhängigkeit beider Kriterien voneinander für eine ausgeglichene Regelung des Wettbewerbs sichtbar. Dies fehlt § 3 UWG bis heute, da dieser den Verbraucherschutz nur in der Form der Irreführung kennt und weitere Interessen derselben bisher nicht oder nicht ausreichend berücksicht.

Kapitel B: Tatbestandliche Regelungen der irreführenden Werbung und mögliche Neunormierung von § 3 UWG

I. Die Täuschung gem. sect. 5 FTCA und die Entscheidungspraxis der FTC vor 1983.

1. Voraussetzungen für eine Täuschung

Der Wortlaut „..deceptive acts and practices...are hereby declared unlawful." des sect. 5 FTCA gibt für eine Wortauslegung zuwenig her. Durch die mannigfalte Rechtsprechung und Behördenentscheidungen haben sich allerdings im selben Maße, wie auch beim deutschen § 3 UWG, feste Tatbestandsvoraussetzungen gebildet, welche sich allerdings im Laufe der Zeit gewandelt haben. Für das Verständnis der umfassenden Reform von 1983 ist die Aufarbeitung des vorherige Rechtszustandes unerläßlich. Dazu steht in den Fällen der falschen bzw. irreführenden Werbung bei bestimmten Produktgruppen seit dem Wheeler-Lea-Amendment noch zusätzlich sect. 12[1] FTCA zur Verfügung, welcher immer zusammen mit der Hauptbestimmung des sect. 5 FTCA gebraucht wird und von deren Auslegung bestimmt wird.

a) Möglichkeit oder Tendenz der Täuschung[2]

Schon in der Entstehungszeit der FTC ging die Behörde, wie auch die Gerichte, davon aus, daß nicht eine tatsächliche Täuschung vorliegen mußte[3], sondern die Eignung bzw. die Möglichkeit einer solchen für die Erfüllung des Tatbestandes ausreichen würde[4], wenn eine Wettbewerbshandlung vorlag[5]. Auch hier wurde vom Sinn und Zweck der Bestimmung ausgegangen, welche dem Schutz der Verbraucher dienen sollte, auch wenn dies zu der Zeit, d.h. vor dem Whealer-Lea-Amendment[6] noch als Schutzziel nicht ausdrücklich in sect. 5 FTCA geregelt war. Versuche der betroffenen Hersteller vor Gericht nach einem tatsächlich getäuschten Käufer als Zeugen für die vorliegende

---

[1] niedergelegt als 15 U.S.C. §§ 52, 53 (a): It shall be unlawful for any person, partnership, or corporation to disseminate, or cause to be disseminated, any false advertisement:
1. By U.S. mails, or in having an effect upon commerce by any means, for the porpose of inducing, or which is likly to induce, directly or indirectly the purchase of food, drugs, devices, services, or cosmetics, or
2. By any means, for the purpose of inducing, or which is likley to induce, directly or indirectly, the purchase in or having an effect upon commerce of food, drugs, devices, services, or cosmetics

[2] weiterführende Hinweise und zusätzliche Rechtsprechung bei Matthew Bender & Co, Kalinowski, Antitrust Laws, § 78.12.(5)+(7)

[3] Winsted Hosiery Co., 258 U.S. 483, 494 (1922)

[4] Sears, Roebuck & Co. v. FTC, 258 F. 307, 311 (7th Cir. 1919); Trans World Accounts, Inc., v. FTC, 594 F.2d 212, 214 (9th Cir. 1979) oder Resort Car Rental Sys., Inc. v. FTC, 518 F.2d 962, 964 (9th Cir.), cert. denied, 423 U.S. 827 (1975)

[5] „..deceptive act or practice in or afflecting commerce..." sect. 5 FTCA nach dem Zusatz durch das Whealer-Lea-Amendment

[6] vgl. Whealer-Lea-Amendment, 52 Stat. 111 (1938) codified at 15 U.S.C. §§ 41, 44-45, 52-58 (1998)

Irreführung zu verlangen, wurden jeweils zurückgewiesen[7]. Das Gericht zeigte die Möglichkeit der FTC auf, entweder durch eine eigene Einschätzung der Annonce die Täuschungsgefahr zu bejahen, oder durch Hinzuziehung eines Sachverständigen, der die anvisierte Käuferschicht einschätzen konnte, dies feststellen zu lassen[8]. Der Hauptgrund dafür ist recht einleuchtend, da die dafür notwendigen Anzahl der Zeugen, die eine wirkliche Täuschung vor Gericht bestätigen müßten, ein teurer und komplizierter Vorgang wäre. Nicht einmal eine Zeugin, die vor Gericht aussagt, sie sei nicht getäuscht worden, kann die Annahme der FTC, daß eine solche vorliegen würde, hindern[9]. Die teleologische Reduktion auf die Irreführungsgefahr stellt eine Vereinfachung dar, die ja aus § 3 UWG hinlänglich bekannt ist. Die Auslegung dieser Rechtsfrage, ob eine Tendenz zur Irreführung besteht oder diese möglich ist, obliegt der FTC. Das Gericht kann dieses Ergebnis, zu dem die Behörde kommt, nur in einem sehr eingeschränkten Rahmen überprüfen[10]. Die normative Auslegung muß dabei die beabsichtigte Zielgruppe und deren Reaktion auf die Darstellung vorwegnehmen[11]. Als Täuschung wird auch eine mangelnde Substantiierung angesehen[12].

b) Täuschungsmaßstab

aa) Vor Beginn der FTC

Dieser Maßstab der Täuschung änderte sich in der amerikanischen Rechtsprechung mehrfach. Beginn des „reasonable man" Standards ist bereits im Jahre 1837 zu sehen, in der Entscheidung Vaughan v. Menlowe[13], bei der das Gericht schon vor Entstehen der FTC festgestellt hatte, daß die Anforderungen in dem Moment erfüllt seien, wenn eine Person die normale, durchschnittliche Vorsichtigkeit, selbigen Sinn und Fähigkeiten besitzen und danach handeln würde.

Erste Urteile der FTC gehen aber nicht mehr von diesem Begriff aus. Bereits im Jahre 1919 stellte das zuständige Gericht[14] fest, daß eine Täuschung schon dann vorliegen würde, wenn durch die Handlung die Möglichkeit oder Tendenz bestände, den Wettbewerber zu schaden, entweder direkt oder indirekt durch die Täuschung der Verbraucher. Dabei wurde der Konsument ersichtlich nur

---

[7] Charles of the Ritz Distributors Corp. v. FTC, 143 F.2d 676, 680 (2d Cir. 1944)
[8] a.a.O. S. 680 (9-11)
[9] Double Eagle Lubricants, Inc. v. FTC., 360 F.2d 268, 270 (10th Cir. 1965)
[10] diese Problematik wird ausführlich unter dem Aspekt der Beweisfrage abgehandelt Kap. C III.
[11] FTC v. Algoma Lumber Co., 291 U.S. 67, 78 (1934), wobei hier noch stärker auf subjektiven Vorstellungen eingegangen wurde, späteres Urteil wie FTC v. Colgate Palmolive, 380 U.S. 374, 384-86 (1965) und Entscheidung In re American Motors Corp., 100 F.T.C. 229 (1982)
[12] seit In re Pfizer, 81 F.T.C. 23 (1972), ausführliche Darstellung unter C Kap. II
[13] Vaughan v. Menlowe, 3 Bing. N. C. 468, 132 Eng. Rep. 490 (1837)
[14] Sears Roebuck & Co. v. FTC, 258 F. 307, 311 (7th Cir. 1919)

indirekt geschützt. Der Maßstab verschärfte sich mit der Entscheidung des Supreme Court[15] 18 Jahre später, d.h. 23 Jahre nach dem Entstehen der FTC. Hierbei handelte es sich um ein Kaufangebot einer Enzyklophädie und einer gleichzeitigen Abnahmeverpflichtung der Nachlieferungen für 10 Jahre. Das Berufungsgericht nahm an, daß kein vernünftiger Mensch der Werbungsaussage Glauben schenken würde, daß das Nachschlagewerk umsonst sei und nur die weitere Abnahmeverpflichtung etwas kosten würde und verneinte daher eine Täuschung. Dagegen befanden sowohl die FTC als auch das Supreme Court, daß eine Täuschung möglich war, auch wenn die Werbeaussage offensichtlich falsch war. Ausreichend war, daß die Werbung die Vertrauensvollen in die Irre führen konnte, da diese den Schutz aus sect. 5 FTCA am dringensten bräuchten[16].

In dem Urteil Gelb v. FTC[17] , bei der der Hersteller von seiner Haartönung als dauerhaft sprach, wurde festgestellt, daß eine Täuschung vorlag, da das nachwachsende Haar gerade nicht getönt wäre. Damit wurde jede möglichlicherweise nachweisbare Täuschung als unter sect. 5 FTCA fallend angesehen, auch wenn nur völlig minder Bemittelte dies so verstehen konnten. Ziel dieser recht engen Auslegung sollte ein erhöhter Schutz auch der Bevölkerungsgruppen sein, denen sonst kein Schutz angedeihen würde. Dementsprechend kam es deshalb nicht auf den durchschnittlichen Verbraucher an, sondern als maßgeblicher Konsument für die Auslegung diente das Niveau eines Hilfsschülers.

bb) Der „ignorant man“ Standard

Verschärft wurde diese Einschätzung durch Charles of the Ritz Distrib. Corp. v. FTC[18]. Diese Entscheidung beschäftigt sich mit der Herstellerfirma einer Kosmetika, welche von ihrer Creme behauptete, daß diese wundervoll verjüngend wirke und die Haut sauber sowie jugendlich erhälten würde. Diese Behauptungen waren nach wissenschaftlichen Tests der FTC nicht haltbar, worauf sie den Hersteller abmahnte, solche Werbung zu unterlassen. Daraufhin entgegneten die Klägerin, daß in der Anzeige gar keine Täuschung vorliege, da sowieso niemand an eine tatsächliche Verjüngung glaube. Diese Argument wies das Gericht mit der Bemerkung zurück, daß der Schutz des Gesetzes die breite Öffentlichkeit umfasse und nicht auf Fachleute abzustellen habe. Daher

---

[15] FTC v. Standard Education Soc. 302 U.S. 112 (1937)

[16] a.a.O. S. 116 führte Justice Black dort aus: „The fact that a false statement may be obviously false to those who are trained and expirienced does not damage its character, nor take away its power to deceive other less expierienced. There is no duty resting upon a citizen to suspect the honesty of those with whom he transacts buisness. Laws are made to protect the trusting as well as the suspicious“

[17] Gelb v. FTC 144 F.2d 580 (2d. Cir. 1944)

[18] Charles of the Ritz Distrib. Co. v. FTC, 143 F.2d 676 (2d Cir. 1944), ebenso Gulf Oil Corp. v. FTC, 150 F.2d 106, 109 (5th Cir. 1945),

sei auch Rücksicht auf die Leichtgläubigen, Ignoranten und unüberlegt Handelnden zu nehmen[19].

Dies wurde als der „ignorant man standard“[20] bezeichnet und hatte zur Folge, daß jetzt eigentlich fast jede Werbung, die nicht absolut der Wahrheit entsprach, oder auch nur falsch ausgelegt werden konnte, eine Täuschung darstellte[21]. Die Formulierung lautete „having a tendency or capacity to decieve a substantial number of consumers“[22]. Es kam also gar nicht mehr darauf an, ob die Täuschung noch nahvollziehbar war oder ob sie nahe lag, ausreichend war, daß zumindest eine bestimmte Anzahl von Personen getäuscht werden konnten, wobei an das intellektuelle Niveau dieser Personen wegen des erhöhten Schutzgedankens[23] keine besonderen Anforderungen gestellt wurden. Proteste aus der Literatur[24] gegen diesen sehr strengen Täuschungsstandard sind nur vereinzelt zu lesen, sie berufen sich auf eine ähnliche Auslegung wie in der „tort law“, und zeigen auf, daß hier auf den vernünftig Handelnden abgestellt wird.

Eine erste Veränderung findet sich in der Entscheidung „In the Matter of Coca-Cola“[25]. Das abweichende Votum von Kommissioner Jones verdeutlicht hier, warum nach seiner Ansicht gerade keine Täuschung vorliegt. Grundsätzlich geht er nicht mehr von einem hilflosen und dummen Verbraucher aus, sondern von einem eigenständigen und informierten Konsumenten, der dementsprechend schwerer zu täuschen ist. Dies hatte zwar keine Auswirkung auf die Entscheidung, doch brachte es einen neuen Denkansatz für die Bestimmung des Verbraucherbegriffs.

c) Wesentlichkeit der Täuschung bezüglich einer Tatsache

Die Irreführung oder Täuschung fällt nur dann unter sect. 5 FTCA, wenn sie wesentlich für die Kaufentscheidung ist[26]. Die Bestimmung dieses Kriteriums ist eigentlich nur im Einzelfall möglich, da für jeden Käufer unterschiedlich

---

19 so auch in Aronberg v. FTC, 132 F.2d 165, 167 (7th Cir. 1942)

20 m.w.N. bei Matthew Bender & Co, The Law of Advertising, Rhosen, § 18.02 (2)(b)

21 Matthew Bender & Co, Antitrust Laws, Kalinowski § 78.12 (7)

22 Sears, Roebuck & Co., 95 F.T.C. 406 (1980), aff'd, 676 F.2d 385 (9th Cir. 1982) bereits schon in Charles of the Ritz Distrib. Co. v. FTC, 143 F.2d 676, 679-80 (2d Cir. 1944) bzgl. des Schutzgedanken, für die Zahl der Getäuschten z.B. Benrus Watch Co. v. FTC, 352 F.2d 313, 319-20 (8th Cir. 1965) oder FTC v. Winsted Hosiery Co., 258 U.S. 483, 493 (1922) „a substantial part of the public will be misled by the deceptive practise“

23 FTC v. Sterling Drug, Inc. 317 F.2d 669, 674 (2d Cir. 1963)

24 G. Alexander, Honesty and Competition: False Advertising Law and Policy under FTC Admistration, S. 6-9 (1967), Millstein, The FTC and False Advertising, 64 Colum. L. Rev. 439, 458, 462 (1964)

25 In the Matter of Coca-Cola, 83 F.T.C. 746 (1973)

26 Dies ist in 15 U.S.C. § 53 (a) ausdrücklich für Nahrungsmittel und Medikamente niedergelegt „misleading in a material respect“; so auch In re Kirchner, 63 F.T.C. 1282, 1287 (1963), aff'd, Kirchner v. FTC, 337 F. 2d 751 (9th Cir. 1964)

Produkteigenschaften wichtig sind. Trotzdem kann die FTC durch ein ihr zustehendes Ermessen eine allgemeine Wertung vornehmen, wobei sie ausschließlich aufzeigen muß, daß ein Kauf unter dem Eindruck der Täuschung wahrscheinlicher ist[27]. Eine Tatsache ist demnach als wesentlich anzusehen, wenn sich auf sie das Vertrauen des Käufers stützt, welches wiederum die Kaufentscheidung beeinflußt. Dies bedeutet aber nicht, daß die Entscheidung allein auf diesem Punkt beruht muß[28]. Dabei kommt es auch gar nicht darauf an, daß einem gedachten Käufer ein Schaden entsteht[29]. Dasselbe gilt ebenso für eine vorgetäuschte Reduktion des „Normalpreises" (dieser ist rein fiktiv), auch wenn der danach verlangte Preis mit dem Wert des Produktes übereinstimmt[30]. Da die tatsächliche Entscheidungsfreiheit geschützt wird, reicht es aus, wenn die FTC nachvollziehbare Motive dafür schildert, daß die Kaufentscheidung anders ausgefallen wäre. Bereits in dem frühen Fall Algoma Lumber Co[31], bei dem es um die wörtliche gleiche Bezeichnung von Bauholz unterschiedlicher Qualität ging, entsprach das Supreme Court der Forderung der FTC und bejahte eine wesentliche Täuschung. Das Gericht führte aus, daß eine solche auch dann anzunehmen wäre, wenn die Wahl des Verbrauchers aus einer Laune, Mode oder sogar Ignoranz heraus getroffen wurde[32], wichtig sei allein die tatsächliche Abweichung. Als weiteres Beispiel dient auch Royal Milling Co.[33], hier bezeichnete sich ein Mehlhändler als Müllerei, obwohl er nur unterschiedliche Mehlsorten vermischte und abfüllte, nicht aber selber Mehl mahlte. Es wurde hier von einer wesentlichen Täuschung ausgegangen, denn es bestand für das Gericht kein Zweifel, daß die Wesentlichkeit vorläge, wenn eine Abweichung von dem beworbenen und dem verkauften Produkt bestehen würde und dies möglicherweise zu einer Versagung des Kaufabschluß geführt hätte[34].

d) Gesamteindruck

Dieser Punkt betrifft die Auslegung der Anzeige oder Werbung. Der Gesamteindruck ist das erste Wertungskriterium der FTC für das Vorliegen einer Irreführung[35]. Damit soll vermieden werden, daß einzelne Sätze oder Wörter aus ihrem Zusammenhang gerissen werden und so ein falsches Bild vermitteln. Es wird versucht, den Eindruck, den auch der oben geschilderte Verbraucher beim Lesen oder Ansehen der Werbung hat, nachzuvollziehen. Erst danach wird in einer zweiten Prüfung herausgefiltert, wodurch genau sich

---

27 In re Travel King, Inc., 86 F.T.C. 715, 774 (1975)
28 a.a.O. S. 715, 773-774
29 FTC v. Colgate-Palmolive Co., 380 U.S. 374, 387 (1965)
30 Spiegel Inc., v. FTC, 411 F.2d 481, 483 (7th Cir. 1969); FTC v. Mary Cater Paint Co., 382 U.S. 46 (1965)
31 FTC v. Algoma Lumber Co., 291 U.S. 67, 78 (1934)
32 a.a.O. S. 67, 78
33 FTC v. Royal Milling Co., 288 U.S. 212 (1933)
34 a.a.O. S. 212, 217
35 Beneficial Corp. v. FTC, 542 F.2d 611, 617 (3d Cir. 1976), cert. denied., 430 U.S. 983 (1977)

die Täuschung ergibt. Dabei werden letzlich die selben Fallgruppen gebildet, wie sie aus dem deutschen Recht bekannt sind. Darunter fallen demnach Halbwahrheiten, wie zum Beispiel die Werbung mit einem Testergebnis in Reader`s Digest[36], in dem die beworbene Zigarette als die mit dem geringsten Teergehalt in dieser Disziplin siegte. Doch was in der Werbung nicht veröffentlicht wurde, war der nur minimale, damals irrelevant erscheinende Unterschied zu den Konkurrenzprodukten. Weitere Fallgruppen sind z.B. versteckte Andeutungen[37], Auslassungen[38], Doppeldeutigkeiten[39] oder dem Wortsinn nach richtige Aussagen[40], die aber falsch verstanden werden.
Davon abgegrenzt werden muß dagegen das bloße „puffing“[41], was soviel bedeutet wie reine Werbeübertreibung (weisser als weis gewaschene Wäsche) oder sich als bloße und erkennbare verkäuferische Anbiederung der Ware darstellt. Auch allgemein gehaltene Überlegenheitsangaben können darunter fallen, falls keine eindeutigen Bezugsangaben genannt werden. Als Abgrenzungskriterium zu den normalen Werbeaussagen gilt die Glaubwürdigkeit, bzw. die Erkennbarkeit der Falschheit der zu untersuchenden Behauptung[42]. In einer Entscheidung aus dem Jahre 1946[43] stellte das Gericht dann auch gleich einem orbiter dictum fest, welche Begriffe typischerweise unter diese Gruppe fallen würden, so z.B. einfach, erstaunlich, wundervoll, exzellent, perfekt oder erstklassig. Auch wenn sich eine spätere, weitere Einschränkung der Begriffe innerhalb dieser Fallgruppe nicht bestreiten läßt, so zeigt sich daraus nur die weitere Verschärfung des oben beschriebenen Verbraucherbildes[44]. Dabei wird erkennbar, daß immer stärker die objektive Komponente auch in solchen Aussagen gesucht wird, und falls sie belegbar ist, kann nicht mehr von „puffing“ gesprochen werden. Ist dies nicht der Fall, d.h. die Voraussetzungen des „puffing“ liegen vor, so kann sich der Hersteller darauf berufen, daß die Beanstandung nicht mehr von sect. 5 FTCA gedeckt wird[45].

---

[36] P. Lorillard Co. v. FTC, 186 F.2d 52, 57-58 (4th Cir. 1950)
[37] National Bakers Services, Inc. v. FTC, 329 F.2d 365 (7th Cir. 1964)
[38] J.B. Williams Co., Inc. v. FTC, 381 F.2d 669, 675 (2d Cir. 1963)
[39] Country Tweeds, Inc. v. FTC, 326 F.2d 144 (2d Cir. 1964)
[40] z.B. Sebrone Co. v. FTC, 135 F.2d 52 (4th Cir.); für einen Überblick bezüglich allen angesprochenen Täuschungsarten Matthew Bender & Co, Antitrust Laws, Kalinowski, § 78.07(2) m.w.N.
[41] instruktiv und weiterführend Ivan L. Preston, The Great American Blow-up: Puffery in Advertising and Selling, 1975
[42] Statement of Basis and Purpose of the Trade Regulation Rule, Unfair or Deceptive Advertising and Labeling of Cigarettes in Relation to the Health Hazard of Smoking, 29 Fed. Reg. 8324, 8351 (1964)
[43] Carlay Co. v. FTC, 153 F.2d 493, 496 (7th Cir. 1946)
[44] In re Dannon Milk Products, Inc., 61 F.T.C. 162, 175 (1962)
[45] Ostermoore & Co. v. FTC, 16 F.2d 962 (2d Cir. 1927)

e) Vorsatzerfordernis

Im Gegensatz zum common law bedarf es für die Verletzung des sect. 5 FTCA keinen Vorsatz, dies erweitert den Anwendungsbereich[46]. Da die Vorschrift den Schutz des Konsumenten im Auge hat und nicht strafrechtlich verfolgen will, ist es für den Verbraucher irrelevant, ob seine Täuschung vorsätzlich oder fahrlässig verursacht wurde[47]. Anders dagegen ist dies bei den Rechtsfolgen bei einer Verletzung, diese können wie im deutschen Recht stark differieren.

f) Interstate-Commerce

Das Vorliegen eines zwischenstaatlichen Handel sollte von Anfang dafür sorgen, daß die FTC sich nicht um nur begrenzte und dadurch weniger wichtige Problemfälle kümmerte. Die Orginalfassung des Wortlautes von sect. 5 FTCA sprach zwar ausschließlich von Handel („in commerce")[48], bezog sich aber ohne jeden Zweifel auf die Definition aus sect. 4 FTCA[49], welcher eine Erläuterung dieses Handels enthält und damit nur den grenzüberschreitenden Handel zwischen den Einzelstaaten meint. Daher wurde das Tatbestandsmerkmal anfänglich sehr restriktiv ausgelegt. So wurde es bereits abgelehnt, wenn sowohl Verletzungshandlung als auch Verkauf der Ware in einem und dem selben Staat stattfanden, auch wenn die Herstellung der Waren bzw. des Produktes in einem anderen Staat vorgenommen wurden und dadurch ein „grenzüberschreitender Handel" vorlag[50]. Da es sich aber damit um ein nur innerstaatliches Problem handelte, fehlt es an einer Zuständigkeit der FTC[51]. Der Versuch einer Ausweitung dieses Tatbestandsmerkmals ging dann auch fehl in dem Fall FTC v. Bunte Brothers[52], als die Kommission einen Süßwarenhersteller des „unfair trade" bezichtigte, da dieser in seinen Süßigkeiten noch ein Gewinnspiel eingepackt hatte. Da dies vor allem die „leichtgläubigen" Kinder treffen und zum Wetten oder dem Nachkaufen verlocken würde, lag nach Ansicht der FTC eine Irreführung vor. Doch fehlte es an dem staatsüberschreitenden Handel, da der Hersteller ausschließlich in einem Bundesstaat tätig war. Eine Ausweitung durch eine Analogie des Tatbestande wurde durch das Supreme Court nicht hingenommen. Begründung dafür war, das dem Wortlaut gerade nicht zu entnehmen sei, daß nur ein „Berühren" dieses „zwischenstaatlichen Handels" ausreichen würde und eine Regelungslücke vom Wortlaut her nicht erkennbar sei. Anders dagegen wurden lokale Werbungsanzeigen beurteilt, die sich auf den gesamten

---

[46] FTC v. Algoma Lumber Co., 291 U.S. 67, 81 (1934)

[47] Montgomery Ward & Co. v. FTC, 379 F.2d 666 (7th Cir. 1967); Gimbel Bros., Inc. v. FTC, 116 F.2d 578, 579 (2d Cir. 1941)

[48] 38 Stat. 717 (1914)

[49] „commerce among the several states or with foreign nations..."

[50] Winslow v. FTC 277 F. 206, 209 (4th Cir. 1921), cert. denied, 258 U.S. 618 (1922)

[51] Canfield Oil Co. v. FTC 274 F. 571 (6th Cir. 1921) und auch Callman, Unfair Competition and Trademarks, § 94.3 (b)

[52] FTC v. Bunte Brothers, Inc., 312 U.S. 349, 355 (1941)

zwischenstaatlichen Handel auswirken sollten[53]. Trotzdem war die Verfolgung gerade von einzelstaatlichen Anzeigenkampagnen äußerst schwierig, da der Nachweis der beabsichtigten Auswirkung auf den Staatenhandel recht schwierig war.

Erst mit dem Magnusson-Moss-Warrenty-FTC Improvement Act[54] wurde der Wortlaut von sect. 5 FTCA umgestellt, so daß jede Handlung „in or afflecting commerce" unter die Zuständigkeit der FTC fallen sollte. Die Beschränkungen, die die Bunte Brothers-Entscheidung geschaffen hatte wurden so durch den Gesetzgeber aufgehoben. Damit wurden auch Werbungen mit nur regionaler Verbreitung von der Jurisdiktion der FTC umfaßt. Trotz dieser Änderung im Gesetzestext ist der Hauptschwerpunkt der Regelungstätigkeit der Behörde immer noch in der Verfolgung von landesweiten Anzeigenkampagnen. Auch aus Gründen der Effektivität wird nicht nur im rein regionalen Bereich gearbeitet. Dadurch wurde ein weitere Ausdehnung des Anwendungsbereich von sect. 5 FTCA erreicht, wobei die Auswirkungen für die Praxis doch eher in der Vereinfachung der Anwendung liegen und weniger eine tatsächliche Ausdehnung der tatbestandlichen Voraussetzungen brachten.

g) Anwendungsbereich

Grundsätzlich ist die FTC für die Regelung jeder „unfair competition" zuständig, es liegen allerdings einige Bereichsausnahmen vor. Grund für diese Ausnahmen ist, daß dort in aller Regel noch speziellere Regelungen und Zuständigkeiten vorhanden sind. Die gesetzliche Normierung dieser Fälle ist in sect. 5 (a) (2) FTCA[55] verortet. Hauptfälle sind die Banken, wegen der eigenständigen und spezielleren Federal Reserve Board; Fluglinien wegen des Department of Transportation; Beförderungsdienstleistungen werden vom Interstate Commerce Commission reguliert und für die fleischabpackende Industrie und für Fleischhändler gilt die gesetzlich Sonderbestimmung des „Packers and Stockyard Act"[56].

Einen weiteren Bereich, in welchem die FTC grds. keine Kompetenz besitzt, ist der Versicherungsbereich. Durch den McCarran-Ferguson Act von 1945[57] wurde klargestellt, daß ein Eingriff durch die FTC nur dann noch möglich ist, wenn keine einzelstaatliche Regelungen im Versicherungsgewerbe vorhanden ist. Da die FTC diese Beschränkung nicht so ernst nahm und im Laufe der 70er Jahre mehrere Studien[58] über das Versicherungsgewerbe aufstellte, wurde ihre

---

[53] General Motors Corp. v. FTC, 114 F.2d 33 (2nd Cir. 1940), cert. denied., 312 U.S. 682 (1941)
[54] Pub. l. No. 93-637, 88 Stat. 2193 (1975)
[55] 15 U.S.C. § 45 (a) (2)
[56] 42 Stat. 159 (15.8.1921)
[57] 15 U.S.C. §§ 1011, 1012
[58] Bureau of Consumer Protection & Bureau of Economics, Life Insurance Cost Disclosure, Staff

jede weitere Datenerhebung ohne ausdrückliche Aufforderung durch den Kongress verboten[59]. Seit dem Griffin-Fall[60] ist jetzt eigentlich eine gangbare Regelung gefunden worden, die auch einfach zu handhaben ist. Die FTC kann nur dann nicht tätig werden, solange ein rein versicherungstechnisches Produkt vorliegt und zusätzlich auch eine einzelstaatliche Regelung vorhanden ist. Demnach ist immer bei einer Lücke oder den Randbereichen des Versicherungsbereiches eine automatische Zuständigkeit der FTC gegeben.
Für nicht kommerzielle Vereinigungen fehlt es ebenso an einer Befugnis der Behörde, da laut Wortlaut sect. 5 (a) (2) FTCA „persons, partnerships or corporations" als Tatbestandsmerkmale dienen und ganz selbstverständlich davon ausgegangen wird, daß es sich hierbei um gewerbliche Vereinigungen mit Gewinnerzielungsabsicht handelt[61]. Falls keine solcher Gewerbebetriebe vorliegt, muß trotzdem noch überprüft werden, ob nicht doch ein Zuarbeiten oder die Vertretung kommerzieller Interessen[62] vorliegt, denn dann gilt dieser Ausnahmefall nicht mehr und die FTC ist handlungsbefugt.

Als weiterer wichtiger Ausnahmebereich ist die FDA[63] zu nennen. Die Behörde ist grds. für die Verpackungsbeschriftung bzw. die Inhaltsangaben zuständig. Seit einer neueren Vereinbarung von 1994[64] läßt sich deren Tätigkeitsgebiet besser zu dem der FTC abgrenzen. Die FTC regelt im Nahrungsmittelbereich die Werbung, die FDA dagegen die Inhaltsangaben auf den Nahrungsmitteln, bei Arznei muß zwischen rezeptpflichtigen (alleinige Kompetenz der FDA) und den rezeptfreien (Werbung FTC, Angaben FDA) Medikamenten unterschieden werden.

2. Commission's Deception Policy Statement

Eine durchgreifende Änderung kam allerdings erst mit dem 1983 veröffentlichten „FTC Policy Statement on Deception"[65]. Vorab war eine Anfrage vom „House Energy and Commerce Committee" gestellt worden, die die Kommission aufforderte, den Täuschungsbegriff näher zu erläutern. Die

---

Report of the FTC (Juli 1979)

59 15 U.S.C. § 46 (f) (1998), Pub. L. No. 96-2522, 94 Stat. 374 (18.5.1980)

60 In re Griffin Sys., Inc., F.T.C. (Final Order, Dkt. 9249, 29.4.1994)

61 15 U.S.C. § 44 mit einer Definition, was unter Corporation zu verstehen ist: „incorporated or unincorporated, without shares of capital or capital stock or certificates of interests, exept partnerships, which is organized to carry on buisness for its own members"

62 In re American Med Ass'n, 94 F.T.C. 701, 983-984 (1980), aff'd 638 F.2d 443 (2d Cir. 1980),aff'd by an equally divided court, 455 U.S. 676 (1981)

63 Federal Food and Drug Administration

64 FTC Food Advertising Policy Statement, 59 Fed. Reg. 28388 (1.6.1994), davor FTC-FDA Liasion-Agreement for Advertising of Over the Counter Drugs, 36 Fed. Reg. 18539 (19.9.1971)

65 FTC Policy Statement on Deception, reprintet in 45 Antitrust & Trade Reg. Rep. (BNA) 689, (14.10.83)

daraufhin veröffentlichte Stellungnahme wurde im Kommittee so kontrovers diskutiert, daß sich noch nicht einmal ein kleinster einheitlicher Minimalkonsens bilden ließ, daher wies der Vorsitzende die gesamte Stellungnahme zurück und erklärte sie für null und nichtig[66].

Entscheidend für den Kurswechsel innerhalb der Behörde war, daß 1981 Reagan zum Präsidenten gewählt wurde, und dieser seinen Wahlkampf unter dem Motto der Deregulierung und dem Rückzug des Staates aus dem gesamten wirschaftlichen Bereich geführt hatte[67]. Mit seiner Wahl ist auch die Nominierung von James Miller III[68] als Chairman der FTC verbunden. Erklärtes Ziel dieser Administration war es nicht mehr, den Verbraucherschutzgedanken im Sinnes eines stärkeren Schutzes durch gesetzliche und administrative Maßnahmen auszubauen. Vielmehr sollte der Verbraucherschutzgedanke, soweit dies nur möglich war, durch einen schärferen Wettbewerb der Konkurrenten erreicht werden, wobei Grundvoraussetzung dafür gerade ein nicht mehr staatlich gelenkter, sondern sich selbst regulierenden Wettbewerb war [69].

a) Voraussetzungen

Mit der Rückkehr zum „reasonable man standard" innerhalb des „policy statements" wurde also gar keine neue Auslegung herbeigeführt, sondern eine bereits bekannte wieder zu Leben erweckt[70], da nach Ansicht der Mehrheit der Kommission damit eine neue Klarheit, Sicherheit und Vereinfachung des Standards einherging[71]. Dies hatte zum tieferen Sinn, daß wahre und klare Aussagen, auch wenn sie von bestimmten Personengruppen falsch verstanden werden konnten, nach Ansicht der FTC der Industrie nicht nicht zum Nachteil gereicht werden durften[72]. Voraussetzung für die Verletzung von sect. 5 FTCA war demnach[73]:

---

66 45 Antitrust & Trade Reg. Rep. (BNA) No.1137, 664 (14.10.1983)

67 Rudolph J.R. Peritz, Competition Policy in America 1888-1992, Historic, Rethoric, Law S. 266 1. und 2. Abschnitt

68 Vereidigung am 30.09.1981; weitere Ernennungen in 105 und 108 F.T.C. Appendix II

69 Roger E. Schechter, A Retrospective on the Reagan FTC: Musings on the Rolle of an Administrative Agency, 42 Administrative L. R. 489, 490 (1990)

70 Dean K. Fueroghne, Law and Advertising (1995)

71 Thomas Sullivan/Brian Marks, The FTC Deceptive Advertising Policy: A Legal and Economic Analysis, 64 Oregon L. Rev. 593, 605 (1986)

72 Heinz W. Kirchner, 63 F.T.C. 1282, 1290 (1963)

73 FTC Policy Statement: First, there must be a representation, omission or practice that is likley to mislead the consumer... Second, we examine the practise from the perspective of a consumer acting reasonably under the circumstances.... Third, the representation, omission or practice must be a „material" one. The basic question is whether the act or practice is likley to affect the consumers conduct or decision with regard to a product or service. 103 F.T.C. 110, 164 ff.

aa) Handlung, Darstellung oder Auslassung muß wahrscheinlich den Verbaucher täuschen

Als problematisch stellte sich der Übergang von „tendency or capacity to deceive" zu „likely to mislead" dar. Da aber auch hier keine aktuelle Täuschung benötigt wurde, ging es nur darum, ob eine erhöhte Wahrscheinlichkeit gegeben sein mußte im Vergleich zu der alten Definition. Dieser Standard wurde bereits vor der Änderung in einigen Fällen durch Gerichte eingesetzt, hatte dort aber keinen Einfluß auf eine erhöhte Wahrscheinlichkeit, die für eine Täuschung notwendig war[74]. Die Frage, wann denn eine „probable deception" vorliegen würde, wurde zahlenmäßig ganz klar mit der Hälfte der Verbraucher beantwortet, im Gegensatz zu den vorangegangenen Urteilen[75]. Berücksichtigt werden muß allerdings, daß die Täuschung durch das Ermessen und die Auslegung der FTC festgelegt werden. Aus diesem Grund ergab sich, daß durch diese neue Formulierung erhöhte Anforderungen an das Vorliegen einer Täuschung gestellt werden würden[76]. Dies darf aber nicht damit verwechselt werden, daß die FTC ab diesem Moment nicht mehr ihre eigenen Einschätzungen und Analysen für die Täuschungseignung benutzen durfte. Eine Notwendigkeit auf Meinungsumfragen zurückzugreifen bestand auch nicht unter der neuen Definition.

bb) Beurteilung aus dem Blickwinkel des vernünftigen agierenden Verbrauchers[77]

Dabei handelt es sich um den typischen, vernünftig handelnden Durchschnittsmenschen. Die Bestimmung des Durchschnittsbürger wird, wie auch im deutschen § 3 UWG, durch die Zielgruppe, welche durch die Werbung angesprochen werden soll, erreicht[78]. Erstmals wurde dieser Standard bei der FTC in der wichtigen Entscheidung Warner-Lambert[79] angewandt, dabei wurde eine erhöhte Vorherseh- und Einschätzbarkeit festgestellt. Was unter einem Verbraucher demgemäß zu verstehen ist, der vernünftig unter den gegeben Umständen handelt, ist letztlich wiederum Auslegungssache und kann nur anhand der einzelnen Fälle bestimmt werden. Dabei geht die FTC aber nicht

---

74 Beneficial Corp. v. FTC, 542 F.2d 611, 617 (3. Cir. 1976), Feil v. FTC, 285 F.2d 886, 896 (9th Cir. 1960), durch die FTC in Heinz W. Kirchner, 63 F.T.C. 1282, 1290 (1963)

75 Matthew Bender & Co, The Law of Advertising, Rhosen, § 18.02.(3)(c) und § 18.02(1)(b)

76 Sullivan/Marks, The FTC`s Deceptive Advertising Policy: A Legal and Economic Analysis, 64 Oregon L. Rev. 593, 614 (1986), ebenso das Gericht in Southwest Sunsites, Inc. v. FTC, 785 F.2d 1431, 1436 (9th Cir. 1986)

77 zuerst allerdings lag die Betonung noch auf dem „reasonable consumer" 103 F.T.C. 110, 177 in der Überschrift Teil III, danach Schwerpunkt zugunsten folgender (auch dort schon vorkommender Definition):„a deceptive communication is one that is likly to mislead the consumers acting reasonably under the circumstances" in Cliffdale Assoc., 103 F.T.C. 110, 165-166

78 Matthew Bender & Co, The Law of Advertising, Rhosen, § 18.02 (2)(c)

79 Warner Lambert Co., 86 F.T.C. 1398, 1415 (1975)

von einem skeptischen, übervorsichtigen und mißtrauischen Käufer aus, der eigentlich alles erstmals prüft, bevor er eine Kaufentscheidung fällt[80]. Der damalige Chairman Miller III meinte dann auch bezüglich diese Kriteriums, daß es nicht darauf ankommen würde, ob der Verbraucher die Behauptung vernünftigerweise glauben würde, sondern wie er die Anzeige vernünftigerweise verstehen mußte[81]. Damit wollte er eine erhöhte Vorhersehbarkeit für „wahrscheinliche Irreführungen" schaffen, um so den Werbenden einen besseren Rahmen für die Abschätzung ihrer Anzeigen zu verschaffen.

cc) Wahrscheinliche Verletzung der Verbraucherinteressen oder wesentliche Tatsachentäuschung[82]

Dabei war am Anfang nicht klar erkennbar, ob das Kriterium der Wesentlichkeit zulasten einer Verbraucherverletzung aufgegeben werden sollte, die natürlich auch hier keine tatsächliche Verletzung forderten. Die Vorläufer[83] dieses Statement hatten nämlich zum Hauptkriterium die Verletzung der Verbraucherinteressen enthalten, wobei dies im später veröffentlichten Text dann nur noch als ein Indiz für die geforderte Wesentlichkeit galt. Für die Mehrheit der Kommissioners allerdings handelte es sich um ein und das selbe Problem, denn wenn eine Tatsache wesentlich sei, würde sie auch die Konsumenteninteressen wahrscheinlich verletzen und umgekehrt[84]. Innerhalb des Statements kam es jetzt zuerst darauf an, ob die Täuschung explizit oder nur indirekt erfolgte[85], bei ersterem ist seither die Wesentlichkeit immer zu bejahen, bei letzterem bedarf es zusätzlich einer Gesamtbetrachtung.

b) Ausnahmen der Prüfungskompetenz

Durch das Policy Statement wurden auch bestimmte Werbeaussagen von der Überprüfung durch die FTC ausgenommen. Dies traf auf subjektive Aussagen wie Geschmack, Geruch und Empfindungen zu[86]. Ebenso sollte sich die Kommission nur in Ausnahmefällen mit Werbung über Waren beschäftigen, die durch den Konsumenten leicht selber eingeschätzt werden können, von ihm oft gekauft werden und nicht teuer sind[87]. Die Gründe für die Ausnahme bei bestimmten Warengruppen ergaben sich aus zwei Gesichtspunkten. Zum einen fehlte hier ein erhöhtes Schutzbedürfnis des Verbrauchers, zum anderen kann ein Hersteller nur durch die ständig wiederholenden Verkäufe an der Ware

80 Dee Pridgen, Consumer Protection and the Law, § 10.04(3)
81 abgedruckt in 103 F.T.C. 110, 174, vgl. auch Ivan Preston, A Role for Consumer Belief in FTC and Lanham Act Deceptive Advertising Cases, 31 American Business L.J. (1993), 1, 5
82 Policy Statement 103 F.T.C. 175-176
83 Hearing H.R. 2970, 98th Cong., 1st. Sess. (1983)
84 Policy Statement 103 F.T.C. 176 ff.
85 Stouffer Foods Corp., 5 Trade Reg. Rep. (CCH) ¶ 23,686, bei 23,448-449
86 Policy Statement, a.a.O. S. 181
87 a.a.O. S. 181

Gewinn machen und hat dadurch ein legitimes eigenes Interesse an einer ehrlichen Werbung. Die Ausnahmen für das oben genannte „puffing" galten sinngemäß weiter, solange diese auch als solches erkennbar waren.

c) Reaktionen innerhalb der FTC

Diese Entscheidung hin zu einem verwässerten Standard[88] war in der Kommission keinesfalls unumstritten. Die beiden Mitglieder Bailey und Pertschuk[89] dagegen stellten nicht auf den vernünftigen Verbraucher ab, sondern hielten den alten Standard mit seiner Ergebnisorientiertheit für zutreffender. Danach war eine Täuschung schon zu bejahen, wenn eine wesentliche Anzahl von Konsumenten[90] in einem wesentlichen Aspekt getäuscht wurden. Ob es sich dabei um eine vernünftige oder nachzuvollziehende Reaktion der Konsumenten handelte, war völlig unwichtig, abzustellen war auf die Anzahl der tatsächlich Getäuschten[91]. Die Abänderung des Maßstabes zulasten der Leichtgläubigen und zugunsten der vernünftig agierenden Verbraucher stellte nach ihrer Ansicht die Verletzung einer Schutzpflicht der Behörde dar. Gerade der Schutz dieser besonders schwachen, verletzbaren und anfälligen Menschen war daher die eigentliche Aufgabe der Behörde. Das durchschnittlichen Bevölkerungsniveau konnte deshalb nicht der Ausgangspunkt der Definition sein[92]. Zusätzlich wurde auch noch die Bestimmbarkeit des neuen „reasonable consumer" bzw. „consumer acting reasonably under the circumstances" angegriffen, der nach Ansicht von Pertschuk keinerlei objektive Komponente in sich beinhaltet und damit zu ad hoc Entscheidungen führen würde in Fällen, bei denen es gerade auf dieses Kriterium ankommen würde[93]. Schwer kritisiert wurde von Pertschuk auch, daß es jetzt einer Verbraucherverletzung bedürfe, um eine Täuschung annehmen zu können. Gerade dieses Kriterium einer tatsächlichen Verletzung setzte sich dann auch nicht innerhalb der neuen Definition durch.

3. Cliffdale Associates

Die Kommission ließ sich allerdings nicht durch die abweisende Stellungnahme des Ausschusses irritieren und bereits knapp ein Jahr später hatte sie die Möglichkeit, diese neue Definition in In Re Cliffdale[94] anzuwenden, da ihre 3/5 Mehrheit innerhalb der Kommission dafür ausreichte. Diese Entscheidung zeigt wiederum die Ausnahmestellung der FTC auf, so

---

88 d.h. eines Standards, der eine Täuschung nicht so schnell bejaht

89 diese wurden noch unter Präsident Cater eingesetzt, Pertschuk war auch vor Miller Chairman gewesen

90 „substantial number of consumer mislead in an material way" vgl. FTC v. Colgate-Palmolive Co., 380 U.S. 374 (1965)

91 Bailey and Pertschuk, The Law of Deception: The Past as Prologue, 33 Am. U. L. Rev. 849 (1984) und mit selben Inhalt, Analysis of the Law of Deception, 46 Antitrust & Trade Reg. Rep. (BNA) No. 1154 S. 372, 374 (1.3.1984)

92 Policy Statement 103 F.T.C. 110, 186 (1984)

93 103 F.T.C. 110, 187 (1984)

94 In re Cliffdale Assoc., 103 F.T.C. 110 (1984)

handelt es sich um ein gespaltenes Votum einer Behörde. Dies gleicht gerichtlichen Urteilen, nicht aber Verwaltungsentscheidungen, die normalerweise nach dem Hierachieprinzip gefällt werden[95]. In der Sache ging es um ein Behauptungen eines Ventilherstellers, durch den Gebrauch seiner „Ball-Matic" Ventile für Autos würden diese bis zu 20% Sprit einsparen. Diese Behauptungen waren falsch und täuschend in mehrfacher Hinsicht, worüber auch keinerlei Zweifel innerhalb der Kommission herrschte[96].

a) Rechtliche Wertungen

Die Lösung diese Falles brachte auch unter der neuen Definition kein anderes Ergebnis, da die Täuschung so eindeutig war, doch eine andere Begründung. Dabei wurde nochmals in geringem Umfang die Definition verändert, es kam jetzt nur noch auf den Verbraucher an, der vernünftig unter den gegeben Umständen handelte und nicht den „vernünftigen Verbraucher" an sich. Geändert hatte sich nicht die Bedeutung der Wahrscheinlichkeit einer Irreführung, hier verwies die Mehrheit jetzt ausdrücklich darauf hin, daß damit gerade keine Verschärfung erreicht werden sollte[97], sondern nur aufgezeigt wurde, daß keine tatsächliche Täuschung notwendig war[98]. Rein tatsächlich stellt sich dies allerdings als eine solche dar, so ging die alte Definition nach den Kommissioners Bailey und Pertschuk von einem variablen Anteil von 15-25 %[99] der Getäuschten aus, die neue nahm eine solche erst bei 25 %[100] an. Die beiden Kommissioners[101] machten nochmals innerhalb ihrer abweichenden Voten klar, warum die eingeschlagene Verengung des Täuschungsbegriffes falsch war. Demnach kann aus sect. 5 FTCA gerade kein Kriterium der Vernünftigkeit des Handelns für Verbraucher entnommen werden, der Schutzentzug für die Personen, die nicht darunter fallen, sei daher nicht rechtmäßig[102]. Zusätzlich wurde von Pertschuk angegriffen, daß eine Täuschung nicht erst dann wesentlich ist, wenn diese kausal für den Kauf der Ware ist[103]. Dabei ist nach der Ansicht der Mehrheit erst dann ein Verstoß

---

95 Hartmut Maurer, Allgemeines Verwaltungsrecht, § 24 Rn. 5, 1995

96 vgl. auch Votum Bailey 103 F.T.C. 110, 189-190 (1984)

97 mit dem Argument auch in dem Fall Exposition Press, Inc. v. FTC, 295 F.2d 869, 872 (2d Cir. 1961), cert. denied, 370 U.S. 917 (1962), wo eine Mehrheit der getesteten Kandidaten eine „substantial portion" an getäuschten Verbrauchern ergeben sollte

98 FTC v. Clifffdale Ass'n, a.a.O. S. 165

99 Bailey and Pertschuk, The Law of Deception: The Past as Prologue, 33 Amer. U. L. R. 849, 890-891 (1984)

100 so auch E. Thomas Sullivan, The FTC's Deceptive Advertising Policy: A Legal and Economic Analysis, 64 Oregan Law Review, 1986, S. 593, 610-611 bei Fn. 91, die 50 % bei Rosden, Law of Advertising, § 18.02 (1) kann nur auf des „Likley to Confuse", nicht aber auf die allgemeine Täuschungszahl angenommen werden, da auch nach dem Policy Statement (bei Fn. 62) eine Täuschung zu bejahen ist, wenn eine signifikante Minderheit der Verbraucher darunter fällt

101 Bailey and Pertschuk, a.a.O. S. 849 ff.

102 103 F.T.C. 110, 185 vor Fn. 3

103 103 F.T.C. 110, 188 Fn. 15, 189 (1984) vgl. Firestone Tire & Rubber Co, 81 F.T.C. 398, 451 (1972)

gegen sect. 5 FTCA gegeben, wenn eine wesentliche Täuschung vorliegt, denn erst dann erleidet der Verbraucher zumindest wahrscheinlich einen Schaden[104]. Berücksichtigt werden muß allerdings, daß durch die letztlich doppelt hypothetische Auslegung sowohl des vernünftig agierenden Verbrauchers als auch bei der Ermittlung der wahrscheinlichen Irreführung der Behörde ein sehr großes Ermessen zukommt. Wegen dessen ausdrücklicher Normierung setzt die Behörde dieses dann auch im Sinne des Verbrauchers ein[105].

b) Stellungnahme

Die Differenzen zwischen beiden Ansichten erscheinen auf den ersten Blick recht groß zu sein. Der Vergleich zwischen beiden Meßmethoden zeigt aber, daß es zuerst auf die Prozentzahl der getäuschten Verbraucher ankommt. Erst diese läßt dann eine Einschätzung zu, wieweit die beiden Definitionen auseinander liegen[106]. Danach hatte sich innerhalb der letzten 25 Jahre diese Zahl von 9%[107] über 14%[108] bis hin zu einer einzelnen Entscheidung von 33%[109] gesteigert, die als wesentlich im Sinne der alten Definition angesehen wurden. Ausnahmen wie Coca-Cola[110] stellten auch damals keine Grundlage dar und waren nur Ausreißer nach unten. Danach sind die Unterschiede rein tatsächlich gar nicht so groß, wie die dogmatisch andersartigen Ansätze dies erwarten lassen[111]. Auch der Einwand von Pertschuk, daß die neue Formel keinerlei objektives Kriterium besitzt, ist teilweise zwar richtig[112], doch fehlte dieses auch der alten, was an den völlig unterschiedlichen Prozentzahlen klar erkennbar wird. Sicher ist allerdings, daß durch diese Änderung auch ein gewisses Abrücken von den früheren Zielen[113] des Verbraucherschutzes zu sehen ist und eine Erleichterung auf Seiten der Hersteller und der Werbeindustrie damit verbunden war.

---

104 103 F.T.C. 110, 165-66

105 vgl. nur Thomson Medical Co., 104 F.T.C. 648 (1984), aff'd, 791 F.2d 189 (D. C. Cir. 1986), cert. denied, 479 U.S. 1086 (1987) und der Aufhebung der Entscheidung des ALJ in Southwest Sunsites, 105 F.T.C. 7, 99

106 ausführliche Auflistung aller wichtigen Entscheidungen bei Preston & Richards, Consumer Miscomprehension as a Challenge to FTC Prosecutions of Deceptive Advertising, 19 John Marshall L. R. 605, 610 ff (1986)

107 Rhodes Pharmacal, 49 F.T.C. 263, 2283 (1952), reversed on other grounds, 208 F.2d 382 (7th Cir. 1953), cert. denied, 348 U.S. 940 (1955)

108 Benrus Watch, 64 F.T.C. 1018, 1029 (1964), aff'd, Benrus Watch v. FTC, 352 F.2d 313 (8th Cir.), cert. denied, 384 U.S. 939 (1968)

109 zwischen 14-33% vgl. 85 F.T.C. 688, 744 (1974) dismissed, 15 % bei Firestone Tire & Rubber Co. v. FTC, 481 F.2d 246, 249 (6th Cir.), cert. denied, 412 U.S. 1112 (1973)

110 In the Matter of Coca-Cola, 83 F.T.C. 746, 816 (1973) dismissed, mit nur 1,4% erwies sich als nicht representative Umfrage

111 vgl. Preston, Defenition of Deceptivness in Advertising and other Commercial Speech, 39 Catholic University L. R. 1035, 1045 Fn. 49

112 die Bestimmung der einzelnen Kriterien ist als solches auch nur der Auslegung anheim gestellt

113 die nur im staatlichen Schutz gesehen wurden und nicht im Gewinn des Verbrauchers durch einen freien Wettbewerb

Dabei kann und muß trotz allem festgehalten werden, daß die FTC durch die Änderung sich selbst eine erschwerte Feststellung für die Annahme einer Täuschung zugemutet hatte[114]. Auch wenn sich im Laufe der Jahre herausgestellt hat, daß die Behörde diese Verpflichtung zumindest hinsichtlich der anderen Beweismethoden[115] nicht so ernst nahm[116], war der damalige Eindruck der Verschärfung ein anderer und bestätigte die Abkehr vom Gedanken des uneingeschränkten Schutzes des Konsumenten, und zwar auch vor sich selbst. Die „neue“ FTC unter Chairman Miller sah ihre Aufgabe hauptsächlich im Sinne einer Deregulierung, die durch eine marktfähigere Wirtschaftspolitik und Verschärfung des Wettbewerbes dem Verbraucher automatisch weiterhelfen würde[117]. Daß die anfänglich Unterschiede der Definitionen in der Praxis trotzdem teilweise zusammenschrumpften, war bei Veröffentlichung des Policy Statements nicht erkennbar. Dies war wohl auch der Anlaß für die recht erbitterte Schlacht um die Bestimmung der neuen Definition. Der wirkliche Fortschritt des neuen Statements ist daher nicht in erhöhten Irreführungszahlen (die Abweichungen können wegen fehlender Meinungsumfragen auch später nur schlecht bestimmt werden) sondern vielmehr in seiner besseren Vorhersehbarkeit zu sehen die aus dem hypothetischen Verbraucherbegriff resultiert und eines Schutzbereichs, der beschränkt wurde auf den Bereich, in dem er für den Konsumenten wirklich wichtig ist[118].

4. Weiterentwicklung der Täuschung

Die Verfestigung dieser Definition innerhalb der darauf anstehenden Entscheidungen erfolgte recht schnell. Dabei wurde im Fall Thomson Medical Co.[119] nochmals auf die in Cliffdale festgelegten Prinzipien verwiesen und ausdrücklich festgehalten, daß die Werbenden nicht in ständiger Furcht vor einer potentiellen Täuschung leben müßten, die nur auf unvernünftigen Auslegungen von Konsumenten beruhten[120]. In dem Fall selbst lag dagegen eine Täuschung vor, die auch unter die neue Irreführungsdefinition fiel. Da sie ein Schmerzmittel als Aspercreme bezeichnete, obwohl diese kein Aspirin beinhaltete, konnte der normale, unter den gegebenen Umständen handelnde Verbraucher gerade wegen der Namensähnlichkeit zurecht annehmen, daß der

---

[114] Sullivan/Marks, The FTC's Deceptive Advertising Policy: A Legal and Economic Analysis, 64 Oregon L. Rev. 593/614 (1986), so auch in Southwest Sunsites Inc. v. FTC, 785 F.2d 1431 (9th Cir. 1986)

[115] Auslegung des vernünftigen Verbrauchers durch Meinungsumfragegutachten, d.h. mit einem „extrinsic evidence“

[116] vgl. Kraft, Inc. v. FTC, 970 F.2d 311(7th Cir. 1992), cert. denied, 507 U.S. 909 (1993)

[117] J. Miller, The Economist as Reformer: Revamping the FTC, 1981-1985, S. 97, 98

[118] Matthew Bender & Co, The Law of Advertising, Rhosen, § 18.02 (3)(b)+(c)

[119] Thomson Medical Co., 104 F.T.C. 648 (1984), aff'd, 791 F.2d 189 (D. C. Cir. 1986), cert. denied, 479 U.S. 1086 (1987)

[120] a.a.O. S. 648, 788 bei Fn. 5

Hauptwirkstoff der Creme Aspirin sei[121] und die damit verbundenen Wirkstoffe auch hier helfen würden. Zusätzlich wurden noch Überlegenheitsaussagen gegenüber Aspirin getroffen, welche klinisch bewiesen seien, ohne daß eine solche Substantiierung gegeben war. Gerade bei Annahme einer Täuschung wurde scharf zwischen ausdrücklichen und indirekten Behauptungen unterschieden, was für die Bestimmung der Wesentlichkeit der Täuschung von Bedeutung ist[122]. Bei ausdrücklichen Aussagen, z.B. wie die Überlegenheitsangabe wird diese Tatsache als wesentlich im Sinne der Täuschung angesehen, bei der indirekten dagegen bedarf es weiterer Nachforschung, inwieweit der Konsument davon betroffen ist.

a) International Havester

Im Fall International Havester Co.[123] schließlich wurde darüber hinausgehend festgestellt, daß ein reines Unterlassen nicht mehr als täuschend angesehen wird. Der Hersteller von Traktoren hatte es unterlassen, seine Kunden darauf hinzuweisen, daß nach längerer Laufzeit des Traktors der Dieselkraftstoff bei der erneuten Befüllung wie ein Geysier aus dem Tank schießen konnte, da der Tank zu nah am Motor montiert war[124]. International Havester wurde aus diesem Grund nicht der Täuschung bezichtigt. Eine Täuschung wurde nur für den Fall angenommen, in dem tatsächlich zumindest eine Andeutung vorhanden war und daher nur eine Halbwahrheit berichtet wurde, nicht aber dann, wenn ausschließlich eine Auslassung vorlag und auch das Schweigen keine Bedeutung hat. Es fehlte an der Fehldarstellung für die Täuschung[125]. Dieses Verhalten unterliegt nicht dem Bereich der Irreführung, sondern dem der Unlauterbarkeit (unfair competition)[126]. Zusätzlich sollte eine Täuschung erst dann bejaht werden, wenn die Verletzung der Verbraucherinteressen nicht von einem gegenläufigen Vorteil aufgewogen werden würden[127]. So sollte eine ökonomische Komponente eingeführt werden, die eine weitere Interessenabwägung zwischen Vorteilen und den Nachteilen für den Verbraucher zur Folge gehabt hätte[128]. Damit sollte eine Fortsetzung des vernünftigen Verbrauchers vorangetrieben werden. Genau dies wurde von Kommissioner Bailey[129] nicht anerkannt, sie sah in der vorhandenen Kenntnis des Herstellers von der Geysiergefahr eine Täuschung unter dem alten Täuschungsmaßstab. Daß die Täuschung zusätzlich über eine Kosten-Nutzen Rechnung geprüft werden sollte, hielt sie für eine völlige Verkennung der

---

[121] a.a.O. S. 791 und vgl. Kap. C III. 11.
[122] a.a.O. S. 816, 820-21
[123] International Havester Co., 104 F.T.C. 949 (1984)
[124] a.a.O. S. 950
[125] a.a.O. S. 1063
[126] a.a.O. S. 1057-1058
[127] a.a.O. S. 1050-1051
[128] genau diese gefundene Abwägung wurde im Bereich des unlauteren Handelns 1994 durch ein Amendment gesetzlich verankert, Pub. L. No. 103-312, 108 Stat. 1691, 1695 (1994), niedergelegt in 15 U.S.C. § 45 (n), d.h. sect. 5 (n) FTCA
[129] a.a.O. S. 1077

Voraussetzungen von sect. 5 FTCA. Da innerhalb des Wesentlichkeitskriterium kein Schaden notwendig sei, könne die FTC auch nicht über diese profitorientierte Rechnung eine Täuschung ablehnen. Desweiteren begründete sie die Täuschung zumindest mit einer indirekten Garantie, die den Traktoren anhaften würde und über die in die Irre geführt worden wäre. Damit kam es zum ersten Mal zu einer Verschiebung und tatsächlichen Abweichung zwischen beiden Ansichten, hier stellte sich der Unterschied als gravierend heraus, da von der Mehrheit der Kommission nur eine unlautere Handlung angenommen wurde. Das dies zumindest im Ergebnis trotzdem zu einem Verstoß gegen sect. 5 FTCA führte, kann hier nicht berücksichtigt werden.

b) Southwest Sunsite

Eine erste Bestätigung gerichtlicher Art wurde in Southwest Sunsite, Inc.[130] erreicht. Dabei wurde noch nicht erschlossenes Land fälschlicherweise als Bauerwartungsland angepriesen, das innerhalb der nächsten Jahre eine starke Wertsteigerung erfahren sollte[131]. Dies wurde mit einem möglichen Bau eines Kernkraftwerkes und der Suche von Ölförderfirmen nach weiteren Quellen in der Gegend begründet. Diese ausdrücklichen Gewinnerwartungschancen bestanden aber nicht. Nachdem die Entscheidung des Administrative Law Judge[132] durch die Kommission aufgehoben wurde, da dieser hierin nach dem neuen Standard keine Täuschung sah, entschied diese einstimmig für das Vorliegen einer solchen. Innerhalb der Begründung verwies Kommissioner Bailey nochmals auf die ihrer Ansicht nach falsche Cliffdale-Begründung und subsumierte die Täuschung unter den alten Standard „der Möglichkeit oder Tendenz einer Täuschung einer wesentlichen Anzahl von Konsumenten“[133]. Wichtiger aber noch als die einzelne Überprüfung des Falles an sich durch das Gericht[134] war die Bestätigung des Policy Statement dar. Es war ohne Verletzung des APA[135] zustande gekommen und demnach voll anwendbar. Eine Täuschung sollte daher nur angenommen werden, wenn diese zu einem wahrscheinlichen Schaden des vernünftig agierenden Verbrauchers führen würde. Das Gericht hielt diese Formulierung einer wahrscheinlichen Irreführung für restriktiver[136] als die Fassung innerhalb der alten Definition.

---

[130] Southwest Sunsites, Inc., 105 F.T.C. 7 (1985), aff'd, 785 F.2d 1431 (9th Cir. 1986), cert. denied, 479 U.S. 828 (1987)

[131] a.a.O. 105 F.T.C. 7, 21-22

[132] a.a.O. S. 99

[133] a.a.O. S. 147

[134] Southwest Sunsite Inc. v. FTC, 785 F.2d 1431 (9th Cir. 1986)

[135] Administrative Procedure Act

[136] a.a.O. S. 1435, es reichte nicht mehr die „tendency to deceive“, sondern „material deceptions are only those, that are likley to cause injury to a reasonable relying consumer “

c) Figgie Int`l, Inc.

In re Figgie Int`l, Inc.[137] ging es um den Verkauf von Hitzedetektoren, welche als erfolgreicher und sicherer als Rauchmelder angepriesen wurden. Da sie auf Hitze reagieren, würden sie auch schneller als die Rauchmelder Alarm schlagen.[138] Aufgrund fehlender Substantiierung wurden die Werbeaussagen als täuschend angesehen. Auffallend war allerdings, daß bei dem Täuschungsbegriff zwar auf die vorhergegangenen Entscheidungen verwiesen wurde, das Kriterium der Wesentlichkeit bezüglich der Tatsachentäuschung aber ganz anders ausgelegt wurde. Hier wurde festgestellt, daß sich auch aus wichtigen Bestandteilen, die im Bezug zu der verkauften Sache stehen, Rückschlüsse über die Wesentlichkeit ziehen lassen. Damit aber rückte die Kommission davon ab, daß reine Auslassungen nicht täuschen könnten. Durch die Erweiterung dieses Aspektes fiel jetzt auch ein solches Verhalten unter den neuen Standard[139].

d) Kraft

Eine wirkliche Weiterentwicklung des Täuschungsbegriffs fand aber erst in Kraft[140] statt, hier wurde die Wesentlichkeit der Tatsachentäuschung genauer erläutert. Diese war gegeben, wenn wichtige Informationen für den Verbraucher falsch dargestellt wurden oder diese wahrscheinlich die Kaufentscheidung beeinflußten. Desweiteren konnte jetzt innerhalb bestimmter Fallgruppen[141] immer von einer solchen Wichtigkeit ausgegangen werden. Darunter fallen Behauptungen über die Sicherheit[142], Gesundheitsverträglichkeit[143], Wirksamkeit[144] und Qualität[145] des Produktes, egal welche Form der Täuschung vorliegt[146]. Zusätzlich wurde diese Annahme der Wesentlichkeit ganz allgemein für die ausdrücklichen und für indirekt irreführende Behauptungen, welche nachweislich beabsichtigt waren,

---

[137] In re Figgie International Inc., 107 F.T.C. 313 (1986), aff'd, 817 F.2d 102 (4th Cir. 1987), wegen Verletzung dieser „order" das spätere Verfahren in 994 F.2d 595, 603 (9th Cir. 1993), cert. denied, 114 S. Ct. 1051 (1994)

[138] a.a.O. 107 F.T.C. 313, 320

[139] neuere Fälle dazu North American Philips Corp., 111 F.T.C. 206 (1988), Campell Soup Co., Docket No. 9233 (final consent order) (18.9.92)

[140] Kraft Co. v. FTC, 970 F.2d 311 (7th Cir. 1992), cert. denied, 507 U.S. 909 (1993)

[141] (FTC Complaints and Orders 1987-93 Transfer Binder), Trade Reg. Rep. (CCH) ¶ 22,937, bei 22,632

[142] z.B. European Body Concepts, Inc., Docket No. 932-3321 (31.10.1994) (consent order) North Am. Philips Corp., 111 F.T.C. 139 (1988) über Wirksamkeit von Filteranlagen

[143] Global World Media Corp., FTC File No. 962-3210 (29.7.97) (consent agreement)

[144] Removatron Int`l Corp., 111 F.T.C. 206 (1988), Johnson & Johnson Consumer Prods., 5 Trade Reg. Rep. (CCH) ¶ 23,909 (FTC 18.1.1995) (consent order) über Fehlerhäufigkeit bei Kondomen

[145] Southwest Sunsites, Inc., 105 F.T.C. 7 (1985) bzgl. Aussagen über noch nicht erschlossenes Land

[146] d.h. ausdrückliche und indirekte Behauptungen werden in diesen Fallgruppen gleich behandelt

angenommen[147]. Auch wenn in der später darauf folgenden Entscheidung Pantron I[148] nicht die gesamte Kommission die Entscheidung teilte[149], so wurde eine weitere Auflösung des Wesentlichkeitskriteriums erreicht, nachdem das Gericht festhielt, daß es dafür ausreichen würde, wenn die Kaufentscheidung des Verbrauchers möglicherweise dadurch beeinflußt werden könnte[150].

e) Patriot Alcohol Testers[151]

In der Entscheidung ging es um Alkoholprüfgeräte, die an Bars und Gaststätten verkauft wurden, um eine Selbstkontrolle der Gäste zu ermöglichen. Dadurch sollten die Versicherungsprämien dieser Läden zurückgestuft werden. Dafür gab es allerdings weder eine Substantiierung noch ein Beweis. Innerhalb des Urteils ist nochmals deutlich bestätigt worden, daß eine Täuschung nur dann angenommen wird, wenn dadurch ein Verbraucher, der unter den Umständen vernünftig handelt, irregeführt wird. Damit wurde die Linie, die in FTC v. US Sales Corp.[152] gefunden wurde, bestätigt. Hier nahm man an, daß eine Irreführung nicht schon dann angenommen werden kann, wenn sie möglich ist, sondern sie muß wahrscheinlich sein. Es galt auch hier die Voraussetzung, daß der Verbraucher unter den gegebenen Umständen vernünftig handeln muß.

5. Zusammenfassung

Als Schlußfolgerung dieses Änderungsprozeßes kann m.E. nur angenommen werden, daß zwar kurz nach der Veröffentlichung des Policy Statements ein Abrücken von den alten Zielen des Verbraucherschutz[153] bestätigt werden muß, da vor allem die wirschaftliche Ausrichtung der gesamten Behörde geändert wurde. Doch in den späteren Entscheidungen wird klar, daß in der Rechtsrealität die Unterschiede zwischen den beiden Definitionen teilweise eher kleiner als größer wurden. Als Beleg dafür dient das Kraft-Urteil, bei dem das Wesentlichkeitskriterium fast genauso ausgelegt wird wie noch vor 1983. Auch von der anfänglichen „wahrscheinlichen Verletzung" der Verbraucherinteressen ist nicht mehr viel übrig geblieben, dies ist heute nur noch als zusätzliches Kriterium (gleich einem Indiz) übrig geblieben, hat aber keinerlei darüber hinausgehende Rolle. Die innerhalb der Havester Entscheidung[154] vertretenen Kosten-Nutzen Rechnung stellte sich ebenso als

---

147 Kraft, Inc. v. FTC, 970 F.2d 311, 322 (7th Cir. 1992)

148 FTC v. Pantron I Corp., 33 F.3d 1088 (9th Cir. 1994), cert. denied, 111 S. Ct. 1794 (1995)

149 Jack Karns, The FTC Deception Policy in the next Millennium: Evaluating the Subjective Impact of Cliffdale Associates, 74 North Dakota Law Review (1998), S. 441, 475 ff.

150 FTC v. Pantron I Corp., 33 F.3d 1088, 1096 bei Fn. 20 (9th Cir. 1994)

151 FTC v. Patriot Alcohol Testers, 798 F. Supp 851 (DC Mass) (1992), 1994-2 CCH Trade Cases 70792 (DC Mass)

152 FTC v. US Sales Corp., (ND Ill) 785 F. Supp 737, 1992-1 CCH Trade Cases ¶ 69702

153 Schutz desselben unter allen Bedingungen, auch wenn möglicherweise weniger Schutz für den Verbraucher positive Auswirkungen hat

154 In re International Havester Co., 104 F.T.C. 949, 1050-1051, im Gegensatz zur Normierung bei

ein Einzelfallentscheidung heraus und wurde dementsprechend nicht mehr erwähnt. Dabei hatte Kommissioner Bailey mit der von ihr vertretenen Meinung einen entscheidenden Anteil, denn durch die fehlende Schadensbezogenheit des Wesentlichkeitskriteriums war ein solches Kriterium nicht mehr vertretbar. Um den heutigen Täuschungsstandard wiederzugeben bedurte es daher sowohl der Entwicklung vor 1983 als auch den Entscheidungen, die folgten. Dabei hat sich gezeigt, daß die formelhaft in Cliffdale normierten Voraussetzungen auch in neueren Fällen angewandt werden, gerade aber beim Wesentlichkeitskriterium eine Zuwendung zu dem alten Standard zu bemerken ist. Allein bei dem „reasonable-man“ Maßstab und der wahrscheinlichen Irreführung ist eine klare Veränderung eingetreten. Es wurde seit dem Cliffdale-Fall und der damit festgeschriebenen neueren Linie kein Abweichen in größerem Umfang beobachtet, vielmehr dient der US Sales Corp.[155] Fall als Beleg für ein weiteres Festhalten an diesem Standard. Daß inzwischen immer weniger absolute Täuschungszahlen als soche zum Vergleich vorhanden sind, hängt m.E. mit den Beweismöglichkeiten der FTC[156] zusammen. Da sie ihre eigene, hypothetische Auslegung aus der Sicht des vernünftigen Verbrauchers als Täuschungsbeweis anbieten kann, hat sie eine normative Ermittlungsmethode. Daher sind Meinungsumfragen bezüglich der Verbraucher nur noch selten zu finden.

Die wirkliche Weiterentwicklung des Täuschungsstandards hat eigentlich auf einer anderen Ebene stattgefunden, indem man dem Verbraucher mehr Verantwortung zugestand, erreichte man eine stark erhöhte Aufmerksamkeit. Durch die nicht ganz so restriktive Auslegung des Täuschungsstandards wurde aber auch die Souveränität der Konsumenten stark verbessert, die Vorteile liegen in einem erhöhten Wettbewerb und dadurch geringeren Preisen sowie einer erhöhten Marktallokation[157].

---

den „unfair practises“ seit dem 1994 Amendment, sect. 5 (n) FTCA

[155] FTC v. US Sales Corp., (ND Ill) 785 F. Supp 737, 1992-1 CCH Trade Cases ¶ 69702

[156] vgl. unter Kap. C III.

[157] so auch Beales, Craswell & Salop, The Efficient Regulatition of Consumer Information, 24 J.L. & Econ. 491, 492, 509 bei Fn. 133 (1981) und Schechter, Letting the Right Hand Know What the Left Hand`s Doing: The Clash of the FTC`s False Advertising and Antitrust Policy, 64 B.U.L. Rev. 265 (1984)

II. Deutsche Regelung des § 3 UWG

Voraussetzung für die Anwendbarkeit ist das Vorliegen einer Wettbewerbshandlung. Das Tatbestandsmerkmal des geschäftlichen Verkehrs ist im weitesten Sinne auszulegen, nicht darunter fällt der Letztverbraucher, öffentlich-rechtliche Körperschaften sowie der Staat selber[158]. Allgemein wird ein Verstoß gegen § 3 UWG dann angenommen, wenn eine Divergenz zwischen Bedeutungsvorstellung und Wirklichkeit besteht, die Angabe zu Zwecken des Wettbewerbes gemacht wurde[159], und dadurch „ein nicht völlig unerheblicher Teil der beteiligten Verkehrskreise"[160] irregeführt wird. Auch hier stellt sich die Frage der Verkehrsauffassung, es kommt daher auf das Verbraucherleitbild an. Dabei ist auch dem deutschen Recht der 3er Schritt zur Ermittlung der Bedeutung einer Werbebehauptung nicht unbekannt. Als erste Maßnahme erfolgt die Bestimmung, an welche Verkehrskreise sich denn die Werbung richtet, danach wird ermittelt, was denn gerade diese Kreise unter der Werbung verstehen, es ist der durchschnittliche Betrachter der angesprochenen Verkehrskreise und dessen übliche, oberflächliche Betrachtung maßgebend[161]. In diesem Teil kommt es daher auf das Verbraucherbild der Gerichte an. Zum Schluß wird ermittelt, ob diese zugebilligte Bedeutung auch in der Wirklichkeit so verstanden wird und keine Fehlvorstellungen auftreten, oder besser, ob nicht ein völlig unerheblicher Teil der angesprochenen Verkehrskreise in die Irre geführt wird[162]. Ein Verschulden ist innerhalb von § 3 UWG nicht erforderlich.

1. Ermittlung der betroffenen Verkehrskreise

a) Gruppeninteressen

Die Werbeaussage richtet sich immer entweder an das breite Publikum oder ganz gezielt an einen besonderen Bevölkerungsteil oder eine spezielle Gruppe. Dies wird dem Zweck und Inhalt der Werbung entnommen, es kommt auf die angesprochenen Verkehrskreise an[163], d.h. die erwarteten Empfänger der Erklärung[164]. Dabei wird auf das tatsächliche Verständnis abgehoben[165]. Aus diesem Grund muß auch eine Behauptung nicht irreführend für den anvisierten

---

[158] Emmerich, § 4. a), S. 19 ff.

[159] GK UWG, Lindacher, § 3 UWG Rn. 98, 102; Köhler/Piper, § 3 Rn. 97; v. Gamm, Wettbewerbsrecht, Kap. 36 Rn. 22, 24; Baumbach/Hefermehl § 3 UWG Rn. 22 m.w.N.; BGH GRUR 55, 37/40 (Cupresa Seide)

[160] BGH GRUR 95, 354/357 (Rügenwalder Teewurst II), in neuerer Zeit auch „nicht unbeachtlicher Teil" ankomme, BGH GRUR 92, 874/876 (Hyanit), BGH WRP 96, 729/731 (Der meistverkaufte Europas)

[161] Emmerich, Der unlautere Wettbewerb, § 14. 5a)

[162] Beispielhaft: BGHZ 13, 244, 253 (Cupresa); BGHZ 42, 134, 136 (Empfohlener Richtpreis)

[163] Wolfgang Gloy, Handbuch des Wettbewerbsrecht, Helm, § 48 Rn. 36,

[164] Stephan Vogt, Lexikon des Wettbewerbsrechts, S. 351

[165] seit RGZ 99, 23, 29 (Treuhändler); RG GRUR 39, 627, 629 (Aloxieren)

Fachspezialisten sein, während dies für die Allgemeinheit völlig anders aussehen würde[166]. Dabei kann als beispielhaft für diese Rechtsprechung der „Sauerteigfall“[167] dienen, der sich mit der Werbung eines Backmittelherstellers beschäftigte. Diese war allerdings nur für Bäcker als weiterverarbeitende Betriebe bestimmt und eben nicht für den Endverbraucher. Daher war der Vergleich der synthetischen Backhilfe mit dem Sauerteig zulässig. Um eine Irreführung des Verbrauchers aber bejahen zu können, muß durch das Tatsachengericht festgestellt werden, das die Werbung auch auf die Gruppe der Endverbraucher abzielt oder sie erreicht[168]. Dies ist dann der Fall, wenn die Werbeangabe ohne Änderung bei den Verkaufsverhandlungen mit dem Letztverbraucher eingesetzt werden[169]. Problematisch wird es erst dann, wenn zwei unterschiedliche Verkehrskreise[170] mit der Werbung zu tuen haben. In diesem Fall gibt es eben gerade keine einheitliche Auffassung, z.B. bei Zwischenhändler und dem Endverbraucher[171]. In diesem Fall hat die Rechtsprechung entschieden, daß es allein ausreicht, daß eine dieser Gruppen getäuscht wird, und gerade nicht eine gemeinsame Obergruppe gebildet sondern seperat eine Irreführung geprüft wird.

Damit wird natürlich der Verschiebung von Gruppeninteressen entgegengewirkt. Dies läßt sich nur mit dem erhöhten Schutzbedürfnis einer der Gruppen begründen, welches vor die Interessen der Werbenden gesetzt wird. Dabei kommt es immer darauf an, wie der Endverbraucher mit der Werbung in Kontakt gerät. Sollte es sich dabei mehr um ein Zufallsprodukt handeln, kann seine Meinung und Ansicht vernachlässigt werden, ganz anders dagegen, wenn die Werbung sowohl für die Händler als auch für den Verbraucher hergestellt wurde und auch zum Verkauf innerhalb beider Gruppen dient[172].

b) Differenzierungen

Weitere Beispiele dafür sind die Bestimmung des Lesekreis einer Fachzeitschrift[173], hier wurde ebenfalls festgestellt, daß auch normale Verbraucher solche Magazine lesen und daher ebenso auf ihre Erwartungen und Wissensstand eingegangen werden müßte. Es besteht nicht die Vermutung, daß ausschließlich versierte Spezialisten diese Werbung zu Gesicht bekommen würden. Gleiches gilt auch für Medikamente, die verschreibungspflichtig sind[174]. Hier wird durch die Rechtsprechung meist wegen einer fehlenden

[166] BGHZ 27, 1, 4 (Emaillelack); BGH GRUR 84, 376 (Johannisbeerkonzentrat);
[167] BGH GRUR 83, 256 (Sauerteig)
[168] a.a.O. S. 256 rechte Spalte mitte mit weiteren Nachweisen
[169] Gloy, Handbuch des Wettbewerbsrecht, Helm, § 48 Rn. 36
[170] BGH WRP 69, 241, 242 (Kaltverzinkung); BGH GRUR 88, 700, 702 (Meßpuffer)
[171] BGH GRUR 68, 200, 201 (Acrylglas)
[172] BGH GRUR 61, 545, 547 (Plastic-Folien)
[173] RG MuW 31, 9; LG Frankfurt WRP 93, 431, 432
[174] BGH GRUR 57, 339, 340 (Venostasin)

Trennbarkeit (im Sinne nur der Fachleute und Spezialisten) dieser Gruppen ebenso der Verbraucher mit einbezogen, auch wenn die Arzneimittel nur durch den Arzt verschrieben werden können. Dennoch ist eine Beeinflussung bei der Verschreibung eines Medikament durch den Patienten nicht abwegig, wenn dieser davor durch die Werbung sensibilisiert wurde. Als eingrenzendes Beispiel sei noch am Rande erwähnt, daß selbst bei einer Erklärung, die sich eigentlich an alle Verkehrskreise richtet, eine weitere Differenzierung möglich ist. So z.B. bei einer Seifenwerbung[175], die sich an einen bestimmten, eng begrenzten Abnehmerkreis richtet, ist daher gerade nicht auf die Allgemeinheit abzustellen, sondern nur auf diesen Verkehrskreis. Demnach sind die Adressaten der unterschiedlichen Behauptungen vorsichtig und genau zu ermitteln[176], denn ein Fehler in diesem Bereich hat Auswirkungen, die wesentlich größer sind, als bei einer Bestimmung der Prozentzahl bezüglich der Erheblichkeit der Irreführung. Allein die Festlegung der angesprochenen Kreise berührt die Basis der Umfragen und zusätzlich noch, wer dann als durchschnittlicher Verbraucher angesehen wird.

2. Bestimmung und Auslegung der Werbeangabe

a) Angabe

Nachdem jetzt der entsprechende Kreis ermittelt wurde, an welchen sich die Angabe richtet, muß deren Bedeutung für den Zielkreis ausgelegt werden. Als erstes muß es sich um eine Angabe, Auslassung oder Tatsache handeln, d.h. sie muß einem Beweis zugänglich sein[177]. Daher ist eine Tatsache jeder äußere oder innere Vorgang, der objektiv nachprüfbar ist, da sonst auch die Unrichtigkeit der Aussage nicht festgestellt werden kann[178]. Dies ist gerade bei einem Werturteil nicht mehr gegeben, dieses entzieht sich einer Nachprüfbarkeit und stellt eine subjektive Meinung dar[179]. Problematisch wird es erst dann, wenn sich beide Gebiete vermischen, demnach Werturteile mit einem gewissen Kern von Tatsachenbehauptungen entstehen. Danach ist eine Angabe iSd § 3 UWG nur für den reduzierten, sachlichen Kern anzunehmen. Die Rechtsprechung legt den Angabenbegriff sehr weit aus, um so den Schutzbereich des § 3 UWG für den Verbraucher zu erhöhen[180].

b) Zu Zwecken des Wettbewerbs

Wie auch innerhalb der großen Generalklausel § 1 UWG bedarf es auch hier zur Eröffnung des Schutzbereiches der Wettbewerbshandlung. Dieses Tatbestandsmerkmal ist weit auszulegen, Ausnahmen sind nur der Endverbraucher, öffentlich-rechtliche Körperschaften und der Staat. Dadurch

---

175 BGH GRUR 82, 672, 674 (Aufmachung von Qualitätsseifen) zu § 25 WZG

176 Otto-Friedrich Freiherr v. Gamm, Wettbewerbsrecht, Kap. 7 Rn. 10

177 Hans Freiherr v. Godin, Wettbewerbsrecht, § 3 Rn. 7

178 BGH GRUR 75, 89, 91 ff. (Brüning Memoiren I)

179 Gloy, Handbuch des Wettbewerbsrecht, Helm,§ 48 Rn. 30

180 Emmerich, Das Recht des unlauteren Wettbewerbs, § 14. 4a) Fn. 30

wird deutlich, wo der eigentliche Zweck und Schutz des § 3 UWG hinführt, nämlich erst zum Schutz des Mitbewerbers und in diesem Rahmen kann dann der Schutz der Allgemeinheit bzw. des Einzelnen erfolgen[181]. Eine Wettbewerbshandlung muß daher abgelehnt werden, wenn es sich um ein Privatgespräch[182] handelt oder die Handlung innerhalb eines Unternehmens selbst stattfindet. Dagegen ist nicht erforderlich, daß die Tätigkeit auf den Erwerb ausgerichtet ist[183]. Subjektiv bedarf es der Wettbewerbsabsicht[184], die aber in aller Regel bei einem Handeln zu Zwecken des Wettbewerbs gegeben ist.

c) Verständnis der Werbeaussage

Danach stellt sich die Frage, wie durfte diese Werbeangabe ungezwungen verstanden werden, wobei schon die Auffassung eines nicht völlig unbeachtlichen Teil ausreicht[185]. Hierbei handelt es sich nicht um eine Rechts- sondern um eine Tatsachenfrage[186]. Dabei ist sowohl auf die Art der Werbung als auch auf den Personenkreis abzuheben. Sollte das breite Publikum angesprochen werden, so ist auf eine flüchtige, unkritische Betrachtungsweise abzuheben, die längere Werbetexte nicht zu Ende ließt und diese auch keiner genauen, vollständigen und kritischen Würdigung unterzieht[187]. Entscheidend ist immer der Gesamteindruck einer Anzeige[188], die einzelnen Aussagen werden nicht seperat betrachtet. Aus diesem Grund erfolgt eine Gesamtwürdigung der Anzeige[189], d.h. konkreter Zweck, Anlaß des Wettbewerbsverhaltens, verwendete Werbemittel, Begleitumstände und Auswirkungen werden gewürdigt[190]. Dadurch sollen auch Werbebehauptungen herausgefiltert werden, die nur auf den ersten Eindruck täuschend sind oder zumindest mißverständlich. Selbst wenn sich diese Unsicherheit beim genaueren Lesen aufklärt, so liegt doch eine Irreführung vor, die unter den Tatbestand des § 3 UWG fällt.

d) Verbraucherinteressen

Wie in der ökonomischen Analyse über die Bedeutung von Informationen und Konsumentenschutz von van den Bergh/Lehmann[191] eindrucksvoll bewiesen

---

[181] v. Gamm, Gesetz gegen den unlauteren Wettbewerb, § 1 Rn. 19, Baumbach/Hefermehl § 3 UWG Rn. 6

[182] BGH GRUR 60, 384, 386 (Mampe Halb und Halb)

[183] BGH GRUR 53, 446, 447 (Verein der Steuerberater)

[184] bereits seit BGHZ 3, 270, 276 (Constanze I)

[185] Baumbach/Hefermehl, § 3 UWG Rn. 30

[186] BGHZ 13, 244, 256 (Cupresa); BGH GRUR 60, 567, 570 (Kunstglas)

[187] st. Rsp. seit BGH GRUR 59, 365, 366 (Englischer Lavendel); BGH GRUR 82, 564, 566 (Elsässer Nudeln)

[188] st. Rsp. BGH GRUR 96, 983 (Preistest)

[189] BGH GRUR 73, 532, 533 (Millionen trinken)

[190] BGH GRUR 88, 459, 460 (Teilzahlungsankündigungen)

[191] Roger van den Bergh/Michael Lehmann, Informationsökonomie und Verbraucherschutz im Wettbewerbs- und Warenzeichenrecht, GRUR Int. 92, 588

wurde, kann und darf der Verbraucherschutz aus eigenen wirtschaftlichen Interessen des Verbrauchers nicht an dem schwächsten Konsument[192] der Gesellschaft festgemacht werden[193]. Falls dies doch der Fall sein sollte, wird damit ein hoher Preis bezahlt, es kommt zu Effizienzverlusten. Da eine ausreichende Versorgung mit Informationen nicht erreicht wird, führt dies wiederum zu erhöhten Suchkosten der Marktbeteiligten (hierunter versteht man denjenigen Anteil, den der Verbraucher zu entrichten hat für die Suche des günstigsten und besten Produktes, dies hat demnach primär nichts mit dem Händlerpreis zu tuen). Die Folge ist daraufhin ein Abnehmen des Qualitätsstandards wie auch der günstigen Angebote, die sich nur in einem wirklichen und freien Wettbewerb entwickeln können. Demnach kann und darf der Verbraucherschutz nicht nur in dem Ausschluß jeder Täuschungsgefahr gesehen werden, sondern muß dieser ebenso berücksichtigen, daß die Masse der Konsumenten durch eine erweitert zugelassene Werbung Vorteile in einem Maße zur Verfügung stehen, die die tatsächlichen Nachteile bei weitem überwiegen. Demnach besteht ein unbestreitbarer Zusammenhang zwischen dem Informationsstand des Verbrauchers und der Optimierungsfunktion des Wettbewerbs, die sich daraus ergebende Komponente stellt die Markttransparenz dar. Nach van der Bergh/Lehmann[194] darf es erstaunlicherweise nicht zu einer totalen Markttransparenz kommen, denn dies würde nicht mehr zu einer Optimierung des Marktes und der Verbraucherinteressen führen, da hier keinerlei Anreiz mehr bestände, die preiswertesten und besten Waren herzustellen, was wiederum zu einem einheitliche Absinken des Niveaus führen würde.

Einen zusätzlichen Aspekt, der auch bei Köhler[195] angeschnitten wird, ist die Wettbewerbsverzerrung, die durch einen zu strengen Schutz vor Irreführung erreicht wird, welcher zwangsläufig das Hervortreten bzw. eine Marktetablierung von neuen Firmen und deren Produkten verhindert. Daß diese These ihre Berechtigung hat, zeigt sich ganz deutlich an dem Kippdeckeldosenfall[196]. Dabei erfand der Hersteller eine neue Dose für Schuhfett, die sich einfacher und ohne Verschmutzung für die Finger öffnen ließ. Da sie aber größer war und trotzdem nur den selben Inhalt hatte, nahm der BGH ein Irreführungsgefahr an und stellte das sog. Fortschrittsinteresse in den Hintergrund. Nicht bedachte er dabei, daß hiermit wiederum ein verschärfter Wettbewerb entsteht, der sich nach den obigen Theorien nur positiv für den Verbraucher auswirkt.

---

[192] a.a.O. S. 588, 597 re. Spalte
[193] so auch Schäfer/Ott, Lehrbuch der ökonomischen Analyse des Zivilrechts, S. 299 ff. und erstmals Stigler, The Economics of Information, Journal of Political Economy, 1961 S. 213 ff.
[194] van der Bergh/Lehmann, GRUR Int. 92, 588, 590
[195] Helmut Köhler, EG-Recht, nationales Wettbewerbsrecht und Verbraucherschutz, JuS 93, 447
[196] BGH GRUR 82, 118 (Kippdeckeldose)

Der von Doepner[197] angesprochene Gedanke, der homo oeconomicus, der den Gedankenmodellen der Konsumentensouveränität und dem Informationsmodell zugrunde liegt, sei weder sozialwissenschaftlich noch rechtlich abgesichert, ist so nicht haltbar. Seiner Vorstellung liegt ein falsches Axiom zugrunde, nämlich daß Voraussetzung für den homo oeconomicus ein genaues und vollständiges Wissen über die eigenen Bedürfnisse und das Güterangebot sei. Wie oben dargelegt wurde, würde die totale Markttransparenz genau zu dem umgekehrten Effekt führen, es würde zur Verschlechterung der Wettbewerbsseite kommen. Es bedarf weder der angesprochenen gesamten Resourcen des Verbrauchers für die Informationsaufnahme und deren Verwertung, sondern nur soviel, wie durch die Suchkosten begründet sind, und diese nehmen in einem transparenten Markt eben ab.

e) Verbraucherbild

Im Vordergrund steht die Frage, welches Bild sich die Rechtsprechung vom Verbraucher macht. Grundsätzlich gilt ein Durchschnittsmaßstab bezüglich des einzelnen Verkehrskreises[198]. Sobald sich eine Werbung aber an die breite Öffentlichkeit richtet, steht der Schutz der Personen mit weniger Erfahrung und weniger Intelligenz im Vordergrund[199], wobei auch hier gewisse Elementarkenntnisse vorausgesetzt werden[200]. Einzelne Gruppen oder Verkehrskreise sind natürlich noch stärker zu schützen, wie dies bei Kindern und Jugendlichen oder Kranken leicht ersichtlich ist. Der Ausgangspunkt eines schutzwürdigen Verbrauchers stellt sich daher als ein Verbraucher dar, der einer Werbebehauptung unkritisch gegenüber steht und daher von der Rechtsprechung ein erweiterten Schutz erfährt, indem sie ihm diese Auslegung zugesteht. Daher fallen auch Minderheiten in diesen Bereich, solange deren Fehlvorstellungen nicht unbeachtlich klein sind[201]. Die Gerichte wollen damit einen erhöhten Schutzlevel des § 3 UWG erreichen. Dies führt nach Emmerich[202] dazu, daß die Gerichte in § 3 UWG von einem „Leitbild eines an der Grenze zur Debilität verharrenden, unmündigen, einer umfassenden Betreuung bedürftigen Verbrauchers ausgehen“. Dies wurde auch schon durch Sprengler[203] in frühen Jahren der BGH-Rechtsprechung bestätigt, der davon ausgeht, daß der Schutz auch dem „einfältigsten und vertrauensseligsten Kunden“ gilt. Das Bild eines solchen Verbrauchers, der eine Werbeaussage nur äußerst flüchtig und oberflächlich ließt und sich trotzdem darauf verläßt, wird nur noch zum Teil in der Realität entsprochen. Gleichzeitig wird damit dem

---

[197] Ulf Doepner, Verbraucherleitbilder zur Auslegung des wettbewerblichen Irreführungsverbotes, WRP 97, 999

[198] Baumbach/Hefermehl, § 3 UWG Rn. 32

[199] BGH GRUR 83, 512, 514 (Heilpraktikerkolleg)

[200] BGH GRUR 68, 433, 436 (Westfalen-Blatt II)

[201] Gloy, Handbuch des Wettbewerbsrecht, Helm, § 48 Rn. 3

[202] Emmerich, Das Recht des unlautere Wettbewerb, § 14. 2b)

[203] Sprengler, Der Wettbewerb, Recht und Schranken, S. 112, 1957

Konsumenten die eigene Verantwortung abgesprochen. Keilholz[204] schließt sich dieser Kritik an, indem er auf die Einheitlichkeit der Rechtsordnung abhebt und es für widersprüchlich hält, den am Rechtsleben teilnehmenden Bürger als „gespaltene Persönlichkeit" aufzufassen. Trägner[205] dagegen schließt sich der Rechtsprechung an, ohne die geäußerten Bedenken wirklich argumentativ zu entkräften und verweist in diesem Zusammenhang auf die dann ausgrenzbare Minderheit, welche darunter zu leiden hätte[206]. Kisseler[207] vertritt dagegen die Ansicht, daß daß die Rechtsprechung richtig liege, wenn sie auf den flüchtigen Verbraucher abhebt, da nur dieser Maßstab der Realität entspreche.

Dem muß widersprochen werden, denn was für einen kleinen Teil der Bevölkerung gelten mag, muß und kann nicht zum Maßstab für die Gesamtbevölkerung herangezogen werden. Die Verengung auf eine, zugegebenerweise schutzbedürftige Gruppe, die nur einen kleinen Anteil an der Gesamtbevölkerung ausmacht dann noch mit dem Verbraucherschutzgedanken[208] zu begründen, der ja schon in den Motiven des UWG`s von 1896 nur als Rechtsreflex erwünscht war, ist m.E. kein tragfähiges Argument. Wie oben schon dargelegt, ist der Ausfluß des Schutzzwecks auch heute im materiellen Recht kaum weiterentwickelt als damals, und sollte eben nicht dafür dienen, einen vernünftigen Verbraucher als Betrachtungsbild auszuschließen. Doch fehlt es hier an einer Rückbesinnung, inwieweit gerade durch diesen strengen und engen Verbraucherschutz auch Vorteile im Informationsfluß aufgegeben werden, die dann zu wesentlich schwerwiegenderer Schäden beim Konsumenten führen.

f) Ausfluß des EuGH-Verbraucherbild

Eine Änderung dieser Gerichtspraxis ist auch unter dem Einfluß der europarechtlichen Rechtsprechung und dessen „vernünftigen" Verbraucherbild bisher nur für Sachverhalte mit Auslandsbezug gegeben[209]. Sack[210] vergleicht innerhalb seiner Besprechung das Bild, welches der EuGH in seiner Entscheidung „Gut Springenheide"[211] gezeichnet hat und dabei wiederum vom „verständigen Verbraucher" sprach mit dem Ausgangspunkt des BGH`s. Dabei ist die von ihm vertretene Meinung, daß zwischen den beiden Verbraucherleitbildern des EuGH und dem des BGH als flüchtigen bzw.

---

[204] Keilholz in FS Simon, S. 681, 686 f., derselbe in GRUR Int. 87, 390, 393

[205] Werner Trägner, Das Verbot irreführenden Werbung nach § 3 UWG im Europäischen Binnenmarkt, S. 140-141

[206] a.a.O. S. 139

[207] Marcel Kisseler, Das deutsche Wettbewerbsrecht im Binnenmarkt, WRP 94, 1, 4 ff.

[208] a.a.O. S. 1, 6 re. Spalte

[209] eingehende Besprechung bei Fezer, GRUR 95, 671; Köhler, GRUR Int. 94, 396; Tilmann in FS für Piper S. 481 und Doepner in FS für Lieberknecht, S. 165

[210] Rolf Sack, Die Präzisierung des Verbraucherleitbildes durch den EuGH, WRP 99, 399

[211] EuGH WRP 98, 848 (Gut Springenheide) und EuGH WRP 99, 307 (Verbraucherschutzverein/Sektkellerei Kessler)

oberflächlichen Verbrauchers eigentlich gar keine großen Unterschiede seien, bzw. eine gegenseitige Annäherung stattgefunden habe, falsch. Er begründet dies damit, daß sich der EuGH in den beiden Entscheidungen nicht eindeutig auf ein Verbraucherbild eingelassen habe. Dies kann m.E. so nicht vertreten werden, da gerade mit dem verständigen Verbraucher ein wiederholtes, klares Profil gezeichnet worden ist. Allein, daß der EuGH bei der Ermittlung der Prozentzahlen und der normativen Auslegung oder Befragung den innerstaatlichen Gerichten weiteren Spielraum in Ausnahmefällen gegeben hat, führt nicht zu einer Veränderung des Verbraucherleitbildes[212]. Auch wenn tatsächlich eine Annäherung des BGH`s an das Verbraucherbild des EuGH`s stattgefunden hat[213], so hat sich dagegen der EuGH gerade mit seiner Ansicht nicht bewegt. Diese Auslegung widerspricht zudem dem eindeutigen Wortlaut des Urteils, ohne das Anhaltspunkte für Zweifel zu finden sind. In die selbe Richtung argumentiert auch Ahrens[214], der darauf hinweist, das in besagtem Urteil „Gut Springenheide" gerade eben ein Ausnahmefall einschlägig ist, und nur deswegen keine normative Bestimmung der Irreführung möglich ist[215]. Insoweit wird davon ausgegangen („Es steht außer Frage...")[216], daß als Maßstab ein normal aufmerksamer und verständiger Durchschnittsverbraucher heranzuziehen ist und dieser Maßstab noch keine Allgemeingültigkeit für den BGH hat[217].

Die Unterschiede liegen daher zum einen in dem Verbraucherleitbild als auch in der Bestimmung der Auslegung. Daher ist eine Änderung des „hohen Schutzniveau" des UWG`s hin zu einem wirklichen Durchschnittsbürger, welcher ganz unzweifelhaft bei größeren Entscheidungen nicht nur „oberflächlich und flüchtig" die Werbung betrachtet, sondern sich über diese auch Gedanken macht, unvermeidlich[218]. Eine Änderung der BGH-Rechtsprechung ist zwar erst in Ansätzen zu erkennen, doch wird dies durch erhöhte Quoten[219] und einer strikteren Auslegung des Relevanzkriteriums erreicht[220]. Die Kritik, die sich daran festmacht, wäre mit einer direkten Auslegung im europarechtlichen Sinne als überholt anzusehen, da diese Methode gerade von einer Bestimmung durch den Richter in der Rolle des vernünftiger Verbraucher ausgeht und damit eine Inländerbenachteiligung aufgibt.

---

[212] so auch Scherer, WRP 99, 991, 992-993

[213] BGH WRP 96, 1156, 1158 (PVC-frei); so auch Doepner, Anmerkungen zu BGH GRUR 96, 910 ff.; und Reese, Das „Sechs-Korn-Eier" Urteil des EuGH - Leitentscheidung für ein Leitbild WRP 98, 1035, 1040

[214] Sönke Ahrens, Der Irreführungsbegriff im deutschen Wettbewerbsrecht, WRP 99, 389

[215] a.a.O. S. 389, 393 rechte Spalte

[216] a.a.O. S. 389, 394 unter 4.b.aa.

[217] a.a.O. S. 389, 398 unter IV.

[218] so auch Otto Teplitzky, Wettbewerbsrechtliche Ansprüche, Kap. 21 Rn. 20

[219] BGH GRUR 94, 519, 521 (Grand-Marnier) weiterer Nachweis für notwendige Quorumsannäherung bei Streinz/Leible, ZIP 95, 1236, 1241 Fn. 69

[220] BGH GRUR 95, 612, 614 (Sauerstoff-Mehrschritt-Therapie)

g) Feststellung der Verkehrsauffassung

Da es sich hierbei nach dem BGH um eine Tatsachenfrage handelt, sind die allgemeinen Beweismittel und als Sonderform des Sachverständigenbeweis das Umfragegutachten zugelassen. Das Mittel der Meinungsumfragen ist seit Ende der 50er Jahre bekannt[221]. Die davor benutzten Mittel wie sachkundige Zeugen[222] und Institutionen wie die Handelskammer[223] traten demgegenüber immer weiter in den Hintergrund. Die daraufhin folgende Bärenfang[224]-Entscheidung beseitigte dann noch die letzten Zweifel an einer möglichen Unzulässigkeit dieses Beweismittel, indem der BGH detaillierte Leitlinien aufstellte, wie denn diese Umfragen gestaltet werden müßten, um vor Gericht stand zu halten. Dabei wurde von ihm noch zwischen der sog. offenen (der Befragte wird nach seinem Eindruck gefragt) und geschlossenen (Befragte hat Auswahlmöglichkeit unter mehreren Antworten) Fragestellung[225] unterschieden. Zwar sind die offenen Fragestellungen[226] gegenüber dem Suggestiveffekt nicht anfällig, doch zeigte sich, daß diese zur Beurteilung nicht ausreichen und nur einen indiziellen Wert haben. Die gestützte (geschlossene) Fragestellung[227] dagegen hat eine wesentlich größere Genauigkeit, doch kommen hier oft die falschen Fragestellungen zum Einsatz und machen damit das Gutachten wertlos[228].

Aber auch hier hatte sich bereits Anfang der 70er Jahren nach Änderung des UWG's die Auslegung durch einen normativen Verbraucherbegriff als Alternative angeboten[229]. Danach sollte eben nicht durch Umfragen die Bedeutung einer Werbeaussage ermittelt werden, sondern durch das Gericht bestimmt werden, wie diese nach Treu und Glauben und zumutbarer Sorgfalt auszulegen sei. Dem hielt Bungeroth[230] entgegen, daß weder aus dem Wortlaut noch aus teleologischen Gründen eine solche Auslegung geboten sei. Vielmehr müßte gerade aus den Motiven des Gesetzes der Gegenschluss gezogen werden und jede Irreführung vermieden werden. Dazu sei aber eine normative Auslegung gerade der falsche Weg[231]. Die von Bungeroth vertretene Meinung

---

221 BGH GRUR 57, 285, 287 (Erstes Kulmbacher) für § 3 UWG
222 RG GRUR 31, 527 f. (Alpina),
223 BGH GRUR 57, 88 (Ihr Funkberater) und Baumbach/Hefermehl § 3 UWG Rn. 117 m.w.N.
224 BGH GRUR 63, 270, 273 (Bärenfang)
225 ausführlich Baumbach/Hefermehl § 3 UWG Rn. 118 a, b
226 BGH GRUR 90, 461, 462 (Dresdner Stollen II), Teplitzky, WRP 90, 145, 148, Tilmann, Die Verkehrsauffassung im Wettbewerbs- und Warenzeichenrecht, GRUR 84, 716, 721
227 BGH GRUR 91, 680, 681 (Porzellanmanufaktur); BGH WRP 96, 729, 731 (Der meistverkaufte Europas)
228 BGH GRUR 89, 440, 442 (Dresdner Stollen I) wegen des Suggestiveffektes
229 vom Stein, Zur Beurteilung irreführender Werbung ohne demoskopische Gutachten, WRP 70, 332
230 Bungeroth, Zur Feststellung des irreführenden Charakters einer Angabe im Sinne von § 3 UWG n.F., GRUR 71, 93
231 a.a.O. S. 94

entsprach und entspricht der Linie des BGH`s. In die selbe Richtung geht auch Gloy[232], der in seinem Aufsatz es gerade als Stärke des deutschen Wettbewerbsrechts ansieht, daß keine normative Bestimmung erfolgt, sondern es auf den tatsächlichen Einschätzungszustand des Verbrauchers ankomme. Deswegen sei die Gefahr von „fiktiven Kunstfiguren" seitens des Gerichtes ausgeschlossen[233]. Zusätzlich wird auch hier die Linie vertreten, daß der Schutz des Verbrauchers gerade in der Irreführung besonders hoch zu schätzen sei[234].

Entgegen der in diesen Artikeln verdeutlichten Unterscheidungen zwischen den verschiedenen Ansätzen gilt es festzuhalten, daß die tatsächliche Ermittlung auch im deutschen Recht weniger empirisch erfolgt, als weithin angenommen wird[235]. Die tatsächliche Bestimmung des Aussagegehaltes wird durch Meinungsumfragen oder richterrechtliche Festlegung getroffen. Dabei ist die letztere Methode die viel öfters angewandte, da der Tatrichter, wenn er selber zu dem angesprochen Verkehrskreis gehört, immer eine positive Irreführung bejahen kann ohne eine Umfrage in Auftrag geben zu müssen[236]. Die dazu notwendige eigene Sachkunde setzt heute voraus, daß die Richter zum angesprochenen Adressatenkreis gehören. Dies trifft vor allem bei Werbung für Leistungen und Gegenstände des allgemeinen Bedarfs zu und wenn keine besonderen Umstände des Einzelfalles vorliegen, die ernstliche Zweifel an der eigenen Sachkunde des Gerichts aufkommen lassen[237]. Eine Ablehnung einer solchen Umfrage allein der erhöhten Kosten[238] wegen ist allerdings nicht möglich[239], außer andere Methoden sind gleichwertig[240]. Dadurch wird zwar nicht zum normativen Modell übergegangen, doch wird faktisch eine Auslegung im Namen des „Richter-Verbrauchers" durchgeführt, die gerade nicht mehr auf einer Meinungsumfrage basiert[241] im Gegensatz zu dem Fall, indem das Richtergremium eine Täuschung verneinen will. Hier kann, da es sich um eine Tatsachenfrage handelt, nicht der umgekehrte Schluß gezogen werden, da es ja auf die Auffassung sämtlicher von der Werbung angesprochenen Verkehrskreise ankommt[242].

---

[232] Wolfgang Gloy in FS für Vieregge, S. 297, 313, 1995
[233] a.a.O. S. 314
[234] so auch Tilmann in FS für H. Piper, S. 481, 492, 1996
[235] Emmerich, Das Recht des unlauteren Wettbewerbs, § 14. 5a) bei Fn. 46; wohl abweichende Meinung, Schricker, Die Bekämpfung der irreführenden Werbung in den Mitgliedsstaaten der EG, GRUR 90, 112, 121 unter XIV
[236] BGH GRUR 63, 270, 273 (Bärenfang)
[237] st. Rsp. BGH GRUR 92, 406, 407 (Beschädigte Verpackungen); BGH WRP 92, 380, 382 (Beitragsrechnung); BGH GRUR 90, 1024, 1025 (Lohnsteuerhilfeverein IV)
[238] gute Zusammenfassung dieser bei Trägner, S. 23 Fn. 98, zwischen 15000-100000 DM
[239] BGH GRUR 63, 270, 273 (Bärenfang)
[240] Baumbach/Hefermehl, § 3 UWG Rn. 117
[241] Baumbach/Hefermehl, Einl. UWG Rn. 476
[242] BGH GRUR 87, 444 (Laufende Buchführung); BGH GRUR 85, 140, 141 (Größtes Teppichhaus der Welt); Gerhard Speckmann, Die Wettbewerbssache, 1. Teil Rn. 244-245, 2. Auflage, 1995 Köln

3. Übereinstimmung von Werbebehauptung und Wirklichkeit

In diesem Schritt wird ermittelt, inwieweit sich die beiden Punkte miteinander decken. Eine Irreführung wird schon dann bejaht, wenn ein nicht völlig unerheblicher Teil der angesprochenen Verkehrskreise die Werbeaussage so versteht, daß diese nicht mehr mit der Wirklichkeit übereinstimmt[243]. Es bedarf also nicht der Eignung zur Irreführung eines wichtigen oder bedeutenden Teils des Verkehrskreises, sondern nur einer Minderheit[244]. Damit wird nochmals verdeutlicht, daß es sich bei § 3 UWG um einen Gefährdungstatbestand handelt, der nicht einer tatsächliche Täuschung bedarf[245]. Dabei ist die Ermittlung dieser Eingrifsschwelle eine normative Festlegung[246]. Die mehr oder weniger entscheidende Frage stellt sich also an dem Punkt, ab welcher Prozentzahl nicht mehr von einem „völlig unerheblichen Teil" gesprochen werden kann. Dabei muß immer berücksichtigt werden, daß ungefähr zwischen 5-8% der Bevölkerung auf Hilfsschülerniveau sind[247] und damit eine Irreführung sehr schnell erreicht werden kann, wenn nur eine Prozentzahl von 10% zur Irreführung ausreicht. Dem gegenüber steht ein erhöhtes Informationsbedürfnis der Verbraucher. Wenn jede weitere Angabe allerdings die Gefahr einer Täuschung in sich birgt, so kann es passieren, daß nur noch das Allerwesentlichste veröffentlicht wird. Aus diesem Grund wird die zu geringe Prozentzahl bei einer Täuschung als negativ und abänderungsbedürftig angesehen. Eine Einschränkung der Werbung wegen einigen wenigen Personen führt zu einem Informationsverlust auf Seiten der normalen Verbraucher, die einer solchen Irreführung nicht unterliegen[248].

a) Irreführungsquoten

Die Rechtsprechung hat sich inzwischen darauf eingelassen, daß nicht mehr allein die Prozentzahl ausschlaggebend sein soll, sondern es auch davon abhängt, über was denn geworben wurde[249]. Allerdings bedarf es in bestimmten Fällen gerade nicht der Bestimmung einer Quote, wenn schon nach der Lebenserfahrung die beanstandete Werbeaussage für die Kaufentscheidung eines nicht unbeachtlichen Teiles des Verkehrs von Bedeutung ist[250]. Danach gehören starre Zahlen allein sicher zum „alten Eisen"[251] zur Bestimmung der

---

[243] st. Rsp. BGHZ 13, 244, 253 (Cupresa-Kunstseide); BGH GRUR 61, 356, 357 (Pressedienst); BGH GRUR 69, 422 (Kaltverzinkung)
[244] Gloy, Handbuch des Wettbewerbsrecht, Helm, § 48 Rn. 40
[245] BGH NJW-RR 91, 1186 (Notarieller Festpreis)
[246] Sosnitza a.a.O. S. 203 E. I.
[247] Klette, NJW 86, 359, 360; OLG München WRP 88, 486, 488
[248] Emmerich, a.a.O. § 14 5a) Fn. 52
[249] Teplitzky in FS für Vieregge, S. 853, 1995
[250] Baumbach/Hefermehl § 3 UWG Rn. 28
[251] zumindest seit sich der BGH GRUR 87, 171, 172 (Schlußverkaufswerbung) explizit dagegen ausgesprochen hat: „...nicht unbedenklich erscheint es...die Annahme der Irreführung eines nicht ganz unerheblichen Teils des Verkehrs darauf zu stützen, weil die 9% der nach dem Gutachten Irregeführten nur knapp unter dem Wert von 10% liegen würden, bei dem eine Irreführung im allgemeinen angenommen werden könnte.....(Die

Abweichung, vielmehr stehen jetzt im Vordergrund die einzelnen Abwägungskriterien[252]. So spricht dann auch die Rsp. immer davon, daß es auf die Umstände des Einzelfalles ankommen würde[253], trotzdem haben bei normalen Täuschungen Irreführungsquoten von 10-15% einen indiziellen Wert[254]. Danach kann, wenn eine Angabe der Wahrheit entspricht und trotzdem irreführt, eine höhere Quote der Abweichung möglich sein als bisher angenommen[255]. Diese Ansicht wurde bereits im Jahre 1968 von Bauer[256] vertreten, allerdings mit einer anderen Begründung. Von ihm wurde der Täuschungsschutz innerhalb des § 3 UWG als nur einer von mehreren Zwecken angesehen, auch wenn dieser sicherlich einen Hauptzweck darstellt. Dabei darf aber § 3 UWG die weitere Fortentwicklung der deutschen Sprache[257] nicht verhindern, so dürfen neue Worte wie „Kunstfurnier", die eindeutig sind, aber noch nicht bekannt und dadurch auch zu einer Täuschung in der Anfangszeit führen können, nicht verhindert werden. Da die Täuschungsgefahr nur eine temporäre Erscheinung darstellt, ist sie aus diesem Grund kurzzeitig hinzunehmen und § 3 UWG aus diesem Grund zu verneinen.

aa) Regelfälle

Durch die Urteile[258] des BGH im letzten Drittel der 80er Jahre wurde der oben angesprochene Trend ausgelößt. Dabei ist gut zu erkennen, daß die Interessen der Mitbewerber und damit auch die der Allgemeinheit jetzt anders gewichtet wurden[259]. Hier wurden in allen drei Urteilen die Freihaltungsbedürftigkeit eines Gattungsbegriffs mit der sich ändernden Bedeutung des Begriffes abgewogen. Eine Täuschung wurde dann abgelehnt, wenn nur eine beachtliche Minderheit an eine geänderte Bedeutung glaubte. Auch wenn es sich hierbei um einen Sonderfall im unlauteren Wettbewerb handelte, ist die veränderte Einschätzung des BGH`s unverkennbar[260]. Diese beachtliche Minderheit wurde ganz eindeutig über den alten Irreführungszahlen[261] angesiedelt, z.B. 13,5% beim Dresdner Stollen[262] wurden als nicht ausreichend angesehen[263]. Eine

---

Irreführungsquote des)..§ 3 UWG kann nur unter Berücksichtigung aller Umstände des Einzelfalles ermittelt werden ....und (es können) sich unterschiedliche Grenzen ergeben"

252 erste Ansätze der sich ändernden Rechtsprechung in BGH GRUR 87, 171, 172 (Schlußverkaufswerbung)

253 Baumbach/Hefermehl, § 3 UWG Rn. 28 m.w.N.

254 Winfrid Tilmann/Hans-Jürgen Ohde, Mindestirreführungsquoten im Wettbewerbsrecht, GRUR 89, 229, 230

255 Teplitzky in FS für Vieregge, S. 853, 856

256 Kurt Bauer, Zur Bedeutung der Verkehrsauffassung bei der Auslegung des § 3 UWG, GRUR 68, 248, 249

257 a.a.O. S. 250

258 BGH GRUR 86, 479, 480= WRP 86, 322 (Stangenglas); BGHZ 98, 65, 67= GRUR 86, 822 (Lakritz-Konfekt) und BGHZ 106, 101= WRP 89, 608 (Dresdner Stollen I)

259 so z.B. BGHZ 98, 65, 68 a.E. (Lakritz-Konfekt)

260 a.a.O. S. 69 und Verweis auf BGH GRUR 86, 480 (Stangenglas II)

261 anders noch Baumbach/Hefermehl in der 16. Auflage 1990, § 3 UWG Rn. 28 bei 5-6%

262 BGHZ 106, 101, 107 (Dresdner Stollen I)

Ausweitung dieser Zahlen und Rechtsprechung fand knapp 10 Jahre später statt in Hinblick auf eine veränderte europarechtliche Rechtsprechung. Für die Werbung mit richtigen Angaben hat der BGH seit längerem eine höhere Irreführungsquote gefordert[264], da die Interessen der Mitbewerber wie des Verbrauchers nicht in einem solchen schutzwürdigen Maße betroffen werden. So wurde auch im Napoleon IV Urteil[265] eine Täuschung von 12-18% der Befragten als rechtlich unbeachtlich angesehen. Die Gründe für die unterschiedliche Behandlung und dementsprechend erhöhten Irrtumszahlen sind sehr einleuchten, da in dem Fall gerade nicht das Primärziel des § 3 UWG berührt wird, wonach jede falsche Werbung zuerst unterschiedslos zu beanstanden ist, da diese immer irreführen kann. Dies ist aber in der Konstellation gerade nicht Fall, hier tritt zusätzlich eine nicht vom Hersteller verursachte Fehlvorstellung hinzu, welche nicht mit dem selben Maßstab meßbar ist wie eine an sich falsche Angabe. Dasselbe gilt für die oben geschilderten Fälle des Freihaltebedürfnis, bei denen es um den Bedeutungswandel von Angaben geht[266]. Ob es eine Fallgruppe des wertvollen Besitzstandes gibt, wird durch die Rechtsprechung nicht eindeutig beantwortet, da sehr unterschiedliche Ergebnisse erzielt wurden[267]. Dabei darf aber auch hier nicht vergessen werden, daß es sich bei diesen 2 Fallgruppen nicht um die normale Auslegung des Täuschungsbegriffs handelt, vielmehr wird hier durch die Rechtsprechung ein Sonderfall gebildet. In den normalen Fällen in denen eine Angabe falsch ist, wird die Irreführungsgefahr über alle anderen Interessen gestellt und es findet gerade keine ausreichende Abwägung statt[268].

bb) Ausnahmen

Im Gegensatz dazu stehen die Einschränkungen, die die Rechtsprechung vor allem innerhalb der Themengebiete Gesundheit[269] und Umwelt[270] macht, obwohl deren Hauptschwerpunkt innerhalb von § 1 UWG liegt. Hier gelten erhöhte Anforderungen für den Werbenden, aus diesem Grund reichen bereits schon Quoten um und unter 10%[271]. Die Grundsätze der umweltbezogenen

---

263 alte Täuschungsquoten: BGH GRUR 79, 716, 718 (Kontinent Möbel 10%), BGH GRUR 63, 589, 592 (Lady Rose 10% bzw 12%)

264 BGH GRUR 92, 66 = WRP 91, 473 (Königl. Bayrische Weisse); BGH GRUR 91, 852, 855 = WRP 93, 95 (Aquavit); BGH GRUR 92, 70, 71 (40% weniger Fett); BGH GRUR 92, 66, 68 (TÜV-Prüfzeichen); BGH WRP 93, 239 (Sofortige Beziehbarkeit); BGH WRP 94, 256, 259 (Mozzarella I); BGH WRP 95, 183, 185 (Editorial I)

265 BGH WRP 95, 9, 11 (Napoleon IV)

266 Klette, GRUR 86, 794, 795, a.A. Droste, GRUR 72, 281

267 Hösl, a.a.O. S. 246 ff., v. Gamm, Kap. 36 Rn. 47 ff. und BGH GRUR 66, 267, 271 (White Horse); BGH GRUR 81, 666, 668 (Ungarische Salami)

268 vgl. nur irreführende Angaben über den Besitz von Auszeichnungen oder über den Betrieb, Baumbach/Hefermehl, § 3 UWG Rn. 355 ff. und Rn. 367 ff. wo andere Kriterien in den allermeisten Fällen gar nicht angesprochen werden

269 BGHZ 47, 259 (Gesunder Genuß)

270 seit BGHZ 105, 277 (Umweltengel)

271 GK UWG, Lindacher, § 3 UWG Rn. 112 m.w.N.

Werbung sind mit denen der Gesundheitsprodukte vergleichbar[272]. Es bestehen in beiden Teilbereichen strenge Anforderungen[273] und weitgehende Aufklärungspflichten[274]. Diese ergeben sich aus der verstärkten Beachtung der Umwelt als schutzwürdigem Gut. Aus diesem Grund wird so eine verstärkte emotionale Bindung zum Produkt geschaffen, demnach ist die Irreführungsgefahr gerade hier sehr groß. Dabei sind ein Großteil der Produkte nur in Teilbereichen umweltgerecht, umso mehr besteht ein Bedürfnis einer erhöhte Aufklärung um eine Irreführung zu vermeiden. Auch die Trennung zwischen relativen und absoluten[275] Umweltaussagen ist hierbei zu beachten. Gleiches ist auch für den Gesundheitsbereich[276] anerkannt, dieses Gut ist noch in stärkerem Maße schützenswert. Deshalb dürfen Produkte, die nicht erwiesenermaßen eine heilende Wirkung entfalten, nicht mit Andeutungen oder gesundheitsfördernden Zusätzen versehen werden[277]. Ausnahmen der Rechtsprechungen ergeben sich nur dann, wenn klar erkennbar wird, daß keine direkte Werbung vorliegt, sondern eine negative[278] und wahre Beschaffenheitsangabe[279].

---

272 BGHZ 105, 277, 280 (Werbung mit Umweltzeichen) unter 2.a)

273 BGH GRUR 91, 546, 547 (Aus Altpapier); BGH GRUR 91, 550, 551 (Zaunlasur)

274 Baumbach/Hefermehl § 1 UWG Rn. 183a

275 diese sind eigentlich praktisch ausgeschlossen, gemeint sind nach dem derzeitigen Stand uneingeschränkt umweltfreundliche Produkte

276 BGH GRUR 80, 797 (Topfit Boonekamp)

277 BGHZ 47, 259, 265-266 (Gesunder Genuß)

278 d.h. Behauptung das bestimmte Stoffe nicht in dem Produkt enthalten sind

279 BGH WRP 96, 1156, 1157 (PVC-frei) mit weiterem Verweis auf BGH GRUR 94, 828, 829 = WRP 94, 615 (Unipor-Ziegel)

b) Interessenabwägung[280]

aa) Rechtliche Einordnung

Die Schlußfolgerung aus beiden oben genannten Ansichten kann nur in der Aufspaltung der einzelnen Möglichkeiten der Interessen liegen und in deren Gewichtung. Dabei wurde durch Teplinsky[281] nachgewiesen, daß der BGH inzwischen bei der Interessensabwägung die Ermittlung des notwendigen Quorums an allererste Stelle setzt und dadurch die Einzelprobleme grundsätzlich gesondert gewichten kann. So regte Schricker[282] bereits 1975 eine Abwägung der einzelnen, zum Teil gegengelagerten Interessen an, um so besser das Informationsbedürfnis der Verbraucher berücksichtigen zu können. Die erstmals durch Borck[283] einzeln aufgezählten Interessen umfassen das Absatzförderungs-, Informations-, Fortschritts- und Erhaltungsinteresse. Da diese nicht allein einer Seite (Verkäufer oder Verbraucher) zuzuordnen sind, fanden sie als Fallgruppen in der weiteren Rechtsprechung des BGH auch keine Berücksichtigung.

Vielmehr hat dieser, wie oben bereits festgestellt, den Einfluß der rechtlich beachtlichen Interessen für die Quotenbestimmung zugelassen, wobei diese auch nur in den beiden angesprochenen Fallgruppen konsequent gegen die Irreführungsgefahr abgegrenzt werden. Bei einer Abwägung zwischen einer geringen Verletzung der Interessen der Allgemeinheit (inklusive einer dementsprechenden Irreführungsgefahr) gegenüber der Vernichtung eines wertvollen Besitzstandes kann dies zur Hinnahme derselben Gefahr verpflichten[284]. Das führt automatisch zu einer höheren Irreführungsquote in den oben angesprochenen Fällen der objektiv richtigen Aussagen, da hier die Schutzbedürftigkeit wesentlich niedriger einzuschätzen ist und keine schwerwiegenden Verletzungen der Kosumenten vorliegen können. Eine allgemeine Definition für die Interessenabwägung ist schwierig herauszufiltern, es muß allerdings immer ein Überwiegen des Einzel- oder Allgemeininteresse vorliegen, die die Hinnahme der Irreführungsgefahr rechtfertigen. Das Allgemeininteresse[285] als solches besteht in der Regel darin, nicht über geschäftliche Verhältnisse irregeführt zu werden mit einer Regelausnahme, nämlich bei der Verwendungen von gesetzlich vorgeschriebenen Bezeichnungen.

---

280 ein fast allumfassenden Nachweis bei Spliethoff, Hans Peter, Verkehrsauffassung und Wettbewerbsrecht: ein Beitrag zu Begriff, Ermittlung und Relevanz eines lauterkeitsrechtlichen Zentralbegriffs, S. 181 ff.

281 Teplitzky in FS für Vieregge, S. 857

282 Gerhard Schricker, Möglichkeiten zur Verbesserung des Schutzes der Verbraucher und des funktionsfähigen Wettbewerbs im Recht des unlauteren Wettbewerbs, ZHR 139 (1975), 208, 225-226

283 Hans-Günther Borck, Die Interessenabwägung bei irreführender Werbung, WRP 85, 63

284 v. Gamm, Wettbewerbsrecht, § 36 Rn. 47

285 Baumbach/Hefermehl, § 3 UWG Rn. 107 m.w.N.

aaa) Fallgruppen[286] des Allgemeininteresses:

(1) **Markttransparenz**[287], hierunter versteht man den Verlust an sachbezogenen Informationen durch eine Überregulierung des Wettbewerbs

(2) **Technischen Fortschritt**[288], als Antrieb des funktionierenden Wettbewerbs kann dementsprechend eine gewisse Irrtumsgefahr, die nicht durch Zusätze ausgeräumt werden können, überwinden

(3) **Marktoffenheit**[289], Schutz des potentiellen Wettbewerbs und der Offenhaltung der Märkte, Verhinderung von Monopolisierungstendenzen

(4) **Freier innerkommunitärer Waren- und Dienstleistungsverkehr**, bezieht sich auf den funktionsfähigen Gemeinschaftsmarkt[290]

(5) **Freihaltebedürfnis**[291], als Unterscheidung von Gattungsbegriffen und Herkunftsangaben

(6) **Umweltschutz**, als legitimes Ziel der Gesellschaft an der Umstellung von umweltschädlicheren auf umweltfreundlichere Produkte

Gründe für das Überwiegen eines Einzelinteresses kann das Bestehen eines schutzwürdigen und wertvollen Besitzstand[292] sein. Dabei unterteilten sich diese als zusätzliche Abwägungskriterien in folgende Untergruppen:

bbb)Fallgruppen des Besitzstandes

(1) **Besitzstand an einer Individualkennzeichnung**
Die leitenden Gedanken dieser Fallgruppe wurde durch den BGH folgendermaßen festgelegt. Eine jahrelange Falschbezeichnung eines Produktes oder einer Firma allein ist nie schutzwürdig und gründet auch keinen Besitzstand, da die angesprochenen Verkehrskreise irregeführt werden und damit wesentliche Interessen der Allgemeinheit verletzt werden. Eine Verwirkung ist grds. auszuschließen, außer die Belange der Allgemeinheit

---

[286] ausführliche Darstellung in GK UWG, Lindacher, § 3 Rn. 278 ff. sowie derselbe FS. R. Nirk, S. 587 ff.; Fritz Traub in FS R. Nirk, S. 1017, 1023 ff.
[287] BGH GRUR 65, 96, 99 (20% unter dem empfohlenen Richtpreis)
[288] BGH GRUR 82, 118 (Kippdeckeldose)
[289] BGH GRUR 57, 278, 279 (Evidur)
[290] EuGH GRUR Int. 91, 215 (R im Kreis), wird vom BGH auch unter dem Aspekt des Art. 30 EGV berücksichtigt, vgl. BGH WRP 96, 729 (Der meistverkaufte in Europa)
[291] BGH GRUR 86, 822 (Lakritz-Konfekt)
[292] Baumbach/Hefermehl, § 3 UWG Rn. 101 ff.

werden kaum beeinträchtigt[293]. Ein solcher Besitzstand kann sich aber daraus ergeben, daß eine erlaubte Bezeichnung einen Bedeutungswandel[294] erfuhr und mit der Zeit eine Irrreführungsgefahr begründet.

(2) Besitzstand an einer Bezeichnung mit Doppelbedeutung

Die oftmals vorkommenden Doppelbedeutungen[295] sind in aller Regel mit den geographischen Herkunftsangaben verbunden. An diesen unmittelbaren Herkunftsangaben besteht ein Freihaltungsbedürfnis im Gegensatz zu nur mittelbaren Angaben wie einer Verpackung oder einer besonderen Form[296], hier ist auf die historisch kulturelle Entwicklung abzuheben[297].

(3) Besitzstand Bezeichnung in Fachkreisen hat bestimmte Bedeutung

Diese Interessenabwägung wurde erstmals in dem Emaillelack-Fall[298] angewandt, mit dem Ergebnis, daß die Lackindustrie innerhalb der Fachkreise einen wertvollen Besitzstand begründet hatte und eine Änderung der Bezeichnung einen schweren Verwirrungsschaden anrichten würde und eine Verwendung gegenüber den Endverbrauchern nur in sehr geringem Umfang stattfand. Deswegen wurde die Irreführungsgefahr der Allgemeinheit hingenommen.

ccc) Wertung

Was an dieser stichwortartigen Auflistung (aaa + bbb) verwundert, welche die unterschiedlichen Gesichtspunkte bei der Interessenabwägung aufzählt, daß die Verbraucherinteressen als solche nur unter dem Aspekt der Markttransparenz und der damit zusammenhängenden Problematik der Irreführung aufgeführt sind. Dies rechtfertigt ein weiteres mal die Frage, wie weit es denn wirklich mit dem dritten Schutzzweck des UWG gekommen ist, wenn von knapp 10 Abwägungskriterien nur eines, und das indirekt, dem Schutz der Verbraucher dient und eine Differenzierung dieses Gedanken als überflüssig empfunden wird. Danach muß den Sorgen, die bei einer möglichen normativen Auslegung des Verbraucherbegriffes geäußert werden, recht gegeben werden. Diesen Befürchtungen kann nur dann abgeholfen werden, wenn der Verbraucher selbst zum direkten Bestandteil des § 3 UWG wird und damit eine stärkere Berücksichtigung und Differenzierung seiner Interessen erfolgen kann. Daß diese Interessen eben nicht immer nur in der Irreführungsgefahr liegen, nimmt inzwischen auch Hefermehl[299] an, der als zusätzliches Interesse die

---

[293] BGH GRUR 57, 285, 287 (Erstes Kulmbacher); BGH GRUR 77, 159, 161 (Ostfriesische Teegesellschaft)

[294] v. Gamm, Wettbewerbsrecht, § 36 Rn. 54

[295] Speckmann, 1. Teil Rn. 248-249

[296] typische Fälle wie BGH GRUR 79, 415, 416 (Cantil-Flasche) oder BGH GRUR 71, 313, 315 (Bocksbeutelflasche)

[297] GK UWG, Lindacher, § 3 Rn. 261

[298] BGHZ 27, 1 (Emaillelack)

[299] Baumbach/Hefermehl § 3 UWG Rn. 98 mit Verweis auf die BGH GRUR 65, 96 (20% unter dem empfohlenen Richtpreis)

Verbraucheraufklärung aufzählt. Dem ist zuzustimmen. Innerhalb dieser eigenen Interessen, die immer unter dem Kennwort Verbraucherschutz zusammengefaßt werden, muß aber differenziert werden. Darunter fallen demnach[300]:

(1) **Irreführungsschutz**, dieses Ziel erfaßt in seiner Idealvorstellung jede Irreführung, sei sie auch noch so klein oder für den Käufer eigentlich nicht kaufentscheidend

(2) **Verbraucheraufklärung**, dies dient der Schaffung eines aufgeklärten Verbrauchers, der durch sein Wissen die jeweiligen Angebote besser bewerten kann und auch mögliche Irreführungen selber erkennt, vor allem der seine eigenen Entscheidungen treffen kann

(3) **Verbraucherinformation**, die Grundvoraussetzung um überhaupt eine Produktunterscheidung zu ermöglichen, sie ist auch ein wichtiger Bestandteil der Markttransparenz

(4) **Preiswettbewerb und Angebotsüberfluß**, dieser kann als Rechtsreflex der vorgenannten Interessen gelten, denn erst wenn durch einen aufgeklärten, informierten Käufer die Unterschiede zwischen den einzelnen Produkten sichtbar sind, wird sich auch ein wirklicher Wettbewerb entfalten können, der zu einem erhöhten Angebot führt und damit wieder auf das Preisgefüge der Anbieter Druck ausübt, d.h. billigere Preise bei gleicher oder besserer Qualität. Darunter versteht man das Prinzip der Konsumentensouveränität.

Wenn im konkreten Fall diese unterschiedlichen und teilweise gegenläufigen Ziele alle „unter einen Hut gebracht" werden sollen, kann dies nur funktionieren, wenn keinem dieser Ziele ein eindeutiges Übergewicht eingeräumt wird. Da dies bisher immer für den Irreführungsschutz zutraf, vor allem auch wegen dessen Andockungspunkt für den Konkurrentenschutz, der gerade in diesem Fall immer den Verbraucherschutz vorschob, kann eine sinnvolle Regelung nur über die Trennung der einzelnen Schutzziele erreicht werden[301].

bb) Neuere Rechtsprechung zur Interessenabwägung

Diese Rsp. wurde in neuerer Zeit durch den BGH in „Schlußverkaufswerbung"[302] und später in „Grand Marnier"[303] explizit

---

[300] freie Zusammenfassung von Eike von Hippel, Verbraucherschutz, § 3 der unlauteren Werbung, 3. Auflage, 1985 und der Rede von John F. Kennedy über die Notwendigkeit von Verbrauchergrundrechten, abgedruckt bei v. Hippel, S. 281

[301] vgl. oben Kap. A III. 2.

[302] BGH GRUR 87, 171, 172 (Schlußverkaufswerbung)

[303] BGH WRP 94, 519, 521 (Grand Marnier)

bestätigt. Es wird auch hier verdeutlicht, daß die Interessenabwägung immer erst die Voraussetzung einer Quotenbestimmung sei, wenn nämlich alle jeweiligen Besonderheiten des entsprechenden Falles berücksichtigt seien[304]. Ebenso wurde in dem im Urteil „Der meistverkaufte in Europa“[305] festgestellt, daß keine Täuschung über eine Spitzenstellung vorliegt, wenn zwar in Deutschland gerade nicht der Spitzenplatz erreicht wird, aber der inländische Marktanteil nicht unbedeutend ist und zugleich die behauptete Stellung in Europa gegeben ist. Dabei faßte der BGH nochmals ausdrücklich die Erleichterung bei dieser Werbung zusammen, indem er sowohl die Irreführungsquote höher ansetzte als auch eine Interessenabwägung forderte, die die „Auswirkungen eines Verbotes einer objektiv richtigen Aussage in die Erwägungen mit einbezieht“[306]. Dies wurde dann auch innerhalb der einzelnen Wertungsgesichtspunkte deutlich. Hier stellte der BGH darauf ab, daß sich gerade zwischen einem veränderten europäischen Markt und der Schutzbedürftigkeit der Irregeführten eine Abwägung stattfinden müsse. In der Urteilsbesprechung von Martinek[307] wird zwar das Ergebnis als politisch korrekt bezeichnet[308], doch kritisiert er an dem Urteil, daß der BGH, dem außer dem Privatgutachten keine weitere demoskopische Umfrage zur Verfügung stand, nicht die Einholung eines gerichtlichen Gutachten verfügte. Nur dieses hätte Sicherheit bezüglich der tatsächlich Irregeführten gebracht, da das Privatgutachten wegen einer Suggestivfragestellung als nicht brauchbar abgelehnt worden war. Dabei wird hier nicht berücksichtigt, daß der BGH dies gar nicht mehr brauchte, da er eine andere Ermittlungsmethode vornahm. Diese allerdings wird auch in dem vorliegenden Urteil nicht angesprochen, doch wenn eine Irreführung ohne relevantes Umfrageergebnis abgelehnt wird, so muß von einer teilweisen normativen Ermittlung ausgegangen werden[309].

Letztlich stellte das Urteil eine ausdrückliche Bestätigung des Artikels von Borck dar, auch wenn die einzelnen Interessen nicht wie bei diesem in einzelne Fallgruppen eingeteilt wurden. Auch in dem nachfolgenden Urteilen „Großimporteur“[310] und „PVC-frei“[311] wurde die Beurteilung der Wettbewerbsfolgen mit der Inbezugsetzung des Werbeverstoß bestätigt. Gerade in letzterem wird durch das Gericht verdeutlicht, daß die Interessenabwägung als solches ein integraler Bestandteil der Bestimmung des „nicht unerheblichen Teils“ ist. Als eines der Kriterien wird die Gefährlichkeit der Auswirkungen der Fallgruppe der objektiv richtigen Angaben aufgeführt, die durch die Fehlvorstellungen erfolgen. Zum anderen hätte aber zusätzlich das

---

[304] a.a.O. S. 521 unter III 2.
[305] BGH WRP 96, 729 (Der meistverkaufte in Europa)
[306] a.a.O. S. 731
[307] Michael Martinek, Der deutsche Konsument als europäischer Marktbürger, NJW 96, 3136
[308] a.a.O. S. 3138
[309] vgl. unten ausführlich Kap. B III. 5. a)
[310] BGH WRP 96, 1102, 1105 (Großimporteur)
[311] BGH WRP 96, 1156, 1158 (PVC-frei)

Aufklärungs- und Informationsbedürfnis stärker gewichtet werden müssen, gerade bei einem Stoff (PVC), der stark in der wissenschaftlichen und öffentlichen Disskussion um seine Umweltgefahren steht. Damit wäre das Urteil noch eindeutiger ausgefallen. Innerhalb der Gesamtwürdigung wird dann auch von einer deutlich erhöhten Irreführungsquote gesprochen[312]. Klarzustellen ist hier, daß der BGH eine für ihn breite Interessenabwägung so bisher nur in diesen beiden angesprochenen Fallgruppen vornimmt.

Der instruktive Artikel von Traub[313] verweist darauf, daß eine weitere Ausdehnung der Interessenabwägung[314] notwendig sei. Da er diese aber tatbestandlich verortet sieht[315], lautet die logische Schlußfolgerung oder Frage, falls eine tatsächliche Ausweitung durch die Rechtsprechung auf alle Irrtumsfälle stattfindet, daß auf diesem Umweg eine vollständige normative Komponente eingeführt, die so bisher nicht bekannt war und dem Ziel einer Rechtsauslegung der Irreführung in § 3 UWG immer näher kommt. Dies ist zu unterstützen, auch wenn unter einer ausdrücklichen Normierung des Verbrauchers die normative Komponente dogmatisch sauberer erreicht werden kann.

c) Wettbewerbliche Relevanz

Als weiterer Punkt muß die Irreführung die Kaufentscheidung in wettbewerblich relevanter Weise beeinflussen[316], d.h. es muß ein Zusammenhang zwischen beiden bestehen[317]. Ein Verschulden ist dagegen keinesfalls notwendig. In der Entscheidung Emilio Adani II[318] stellte der BGH fest, daß sich allein aus den ermittelten Prozentzahlen noch keine Irreführung ergeben würde, es seien immer zwei zusätzliche Punkte zu beachten, nämlich die richtige Fragestellung in den Verbraucherbefragungen und ob überhaupt schutzwürdige Interessen betroffen seien, was im Erfordernis der wettbewerbsrechtlichen Relevanz zum Ausdruck komme[319]. Diese Relevanz wurde ausführlich im Aquavit-Urteil[320] besprochen mit dem Ergebnis, daß auch Fehlvorstellung hinzunehmen seien, wenn diese weder schutzwürdige Interessen der Mitbewerber noch der Verbraucher verletzen würden. Dabei wies das Gericht darauf hin, daß ein Irrtum, welcher keine besondere Produkteigenschaft betreffe, per se unbeachtlich sei, da er ungeeignet ist, den Kaufentschluß maßgeblich zu bestimmen[321].

---

[312] a.a.O. S. 1159
[313] Fritz Traub in FS R. Nirk, 1017 ff.
[314] a.a.O. S. 1017, 1023 unter V
[315] a.a.O. S. 1017, 1028 mit Verweis auf Hösl, der dies ebenso sieht
[316] so auch schon BGH GRUR 73, 206, 207 (Skibindungen)
[317] BGH GRUR 70, 467, 412 (Vertragswerkstatt); BGH GRUR 81, 71, 73 (Lübecker Marzipan)
[318] BGH WRP 93, 752 (Emilio Adani II); BGH GRUR 92, 70, 72 (40% weniger Fett)
[319] a.a.O. S. 755 linke Spalte mitte mit Verweis auf BGH GRUR 91, 852, 855 (Aquavit)
[320] BGH GRUR 91, 852 = WRP 93, 95 (Aquavit)
[321] a.a.O. WRP 93, 95, 99 linke Spalte (Aquavit)

Soweit innerhalb des Urteils dagegen Fehlvorstellungen bezüglich der Qualität des Produktes betroffen seien, so würden diese auf eigenen Fehlvorstellungen des Verbrauchers beruhen, die nicht mit der Werbung in Zusammenhang stehen würden. Eine Unbeachtlichkeit ergebe sich aber gerade aus diesen Qualitätsvorstellungen, da sie zwar auf einem anderen Weg, aber im Ergebnis trotzdem durch den Hersteller erfüllt wurden. Aus diesem Grund sei keine wettbewerbliche Relevanz anzunehmen[322]. Damit ergibt sich aus rein rechtlichen Gründen eine Einschränkung der Irreführungszahlen, diese müssen immer in maßgeblichen Bezug zu der Kaufentscheidung stehen. So wird auch in der Entscheidung Editorial I[323] darauf hingewiesen, das die Angabe „bei ungezwungener Auffassung geeignet sein muß, die Kaufentscheidung des Publikums - im Sinne allgemeiner Wertschätzung - zu beeinflussen". Zusätzlich wird nochmals verdeutlicht, daß der Schutz des § 3 UWG nicht allgemein irreführende Werbung verbieten würde, sondern vielmehr immer eine Verletzung der schutzwürdigen Interessen der Mitbewerber oder Verbraucher verlange. So war es dann auch in der Skibindungsentscheidung[324], in der das Gericht feststellte, daß die durch die Werbung verglichene Rennbindung eine andere Federstärke aufwies. Dies sei für den Käufer kein entscheidendes Kriterium, da sie immer persönlich eingestellt werden müßte, und der Normalfahrer gerade eben keine solchen hohen Einstellwerte benötige wie ein Rennläufer. Damit wurden ebenso rein subjektive Vorstellungen, nämlich genau die selbe Bindung wie ein Rennläufer zu besitzen, als nicht relevant für den Kaufabschluß angesehen, auch wenn dies möglicherweise im Einzelfall tatsächlich genau so war. Auch hier zeigen sich die richtigen Ansätze der Rechtsprechung, doch die wenigen Ausnahmen allein und die nicht ausreichend vorhandene Differenzierung der Verbraucherinteressen macht möglicherweise eine Neuregelung notwendig.

---

322 a.a.O. WRP 93, 95, 99 linke Spalte a.E./rechte Spalte
323 BGH WRP 95, 183, 185 rechte Spalte (Editorial I)
324 BGH GRUR 79, 206, 207 (Skibindungen)

III. Vergleich der beiden Regelungen

1. Verkehrskreisbestimmung

Bei der Auswahl der Verkehrskreise ist eigentlich eine ganz ähnliches Vorgehen bei beiden Normen zu beobachten. So wurde in der Entscheidung Removatron Int'l Corp.[325] ein Epiliergerät an Beauty-Salons verkauft, die Werbung war auf diese Zielgruppe ausgerichtet. Doch wurden dann von vielen dieser Abnehmer wiederum dieselben Werbungsaussagen gegenüber ihren Kunden benutzt. Die FTC stellte daraufhin fest, daß damit nicht mehr die Fachsalons ausschlaggebend seien für den zu ermittelnden Verkehrskreis, sondern deren Endabnehmer, die Käufer der Geräte[326]. Diese Methode ist dem deutschen Recht erstaunlich ähnlich, der Vergleich zu Emaille-Lack[327] und dem darin festgemachte Unterschied, daß gerade der Endverbraucher nicht durch die Werbung betroffen ist, bestätigt dies.

2. Ermittlung der Verkehrsauffassung

Spontan fällt auf, daß bei beiden gesetzlichen Bestimmungen in dem Verbraucherbild, welches der Täuschung als solcher unterliegt, wie auch bei der Ermittlung desselben sich zumindest dogmatisch stark voneinander unterscheiden. Dabei ist durch das Policy Statement im Jahre 1983 ein Veränderung vorgenommen worden, die dem deutschen Recht in der Deutlichkeit möglicherweise noch bevorsteht. Man wandte sich gerade von der reinen zahlenmäßigen Festsetzung für eine Täuschung (substantial number of consumer) ab, und ging zu einem vollständig normativen Modell über. Durch dieses kann die FTC eine Irreführung in aller Regel ohne aufwendige Meinungsgutachten erkennen, diese dienen dann nur noch der Unterstützung der vertretenen Position vor Gericht. Berücksichtigt werden muß allerdings auch, daß Teile der Behörde ausschließlich mit diesen Aufgaben befaßt sind[328] und damit natürlich einen erhöhten Sachverstand angehäuft haben, um eine solche Verletzung auch beurteilen zu können. Auch wenn die Diskussionen nach der Veröffentlichung des Policy Statement sehr kontrovers geführt wurden, so bleibt nach fast 17 Jahren als Resultat festzuhalten, daß die Änderungen, die sich durchgesetzt haben, wegen ihres Erfolges nicht mehr rückgängig zu machen sind, auch unter einer heute „demokratischen" Mehrheit der Kommissioners in der FTC[329].

---

[325] Removatron Int'l Corp. v. FTC 884 F.2d 1489 (1st. Cir. 1989)

[326] a.a.O. S. 1489, 1492

[327] BGHZ 27, 1, 4 (Emaille-Lack); BGH GRUR 83, 256 (Sauerteig)

[328] dabei handelt es sich eher um Wirtschaftswissenschaftler denn um Juristen, es geht hier auch um die Auswirkungen auf die Gesamtwirtschaft

[329] so fand beim letzten Amendment 1994 unter der Clinton-Administration gerade keine Änderung des Täuschungsbegriffs statt, sondern nur eine Festschreibung für „unfair acts and practices"

Der weitere Vorteil liegt m.E. auch in der besseren Vorhersehbarkeit für den Werbenden[330]. Dieser kann so mit einer wesentlich höheren Gewißheit[331] seine Werbekampagne starten, ohne einen überraschenden Abbruch wegen Verletzung der Wettbewerbsvorschriften befürchten zu müssen. Zusätzlich erlaubt dieser gedachte Verbraucher, der unter den gegebenen Umständen vernünftig handelt, eine bessere Versorgung der Bevölkerung mit Informationen über die Produkte. Der Werbende muß nicht zusätzlich befürchten, eine wahre, aber möglicherweise irreführende Werbung veröffentlicht zu haben und um dieser Gefahr auszuweichen weitere Angaben erst gar nicht zu veröffentlichten[332].

3. Interessenabwägung als Beginn eines normativen Modells

a) Auslöser der Änderung der Rsp. des BGH

Die durch den BGH durchgeführte Interessenabwägung[333] ist dem System der FTC in dieser Form nicht bekannt, hier zeigen sich die teilweise unterschiedlichen Denkansätze. Da die deutsche Rsp. sich bei der Ergebnisfindung in den meisten wichtigen Fällen[334] durch Meinungsumfragen absichert oder auf diese aufbaut, bedarf es noch einer letzten rechtlichen Beurteilungsinstanz[335]. Schließt man sich den Meinungen von Traub oder Hösl[336] an, so ist die Interessenabwägung bereits auf der tatbestandlichen Seite zu verorten und führt noch vor der Quotenbildung zu einer Einschätzung der rechtlichen Situation. Die hier einfließenden Erwägungen[337] können nicht durch eine solche Umfrage ersetzt werden, vielmehr machen sie erst das Ergebnis dieser für das Gericht verwertbar[338]. Dieser erst seit kürzerer Zeit[339] wieder verstärkt zu beobachtende Schritt ist an sich zu begrüßen, was aber dazu führt, daß sich der BGH wohl einer ausschließlich normativen Auslegung

---

330 so auch Metthew Bender & Co, The Law of Advertising, Rhosen, § 18.02 (b)+(c) m.w.N.

331 Da die Umfragen in diesem Fall nicht repräsentativ waren, konnten sie auch nicht die erhoffte Vorhersehbarkeit bringen Kraft, Inc. v. FTC, 970 F.2d 311 (7th Cir. 1992), cert. denied, 122 L. Ed. 2d 652 (1993)

332 vgl. Schricker, ZHR 139 (1975), 208, 225 über das Problem eines erhöhten Informationsbedarfs

333 früher als Schutzzwecküberlegungen bezeichnet in BGH GRUR 58, 444, 447 (Emaille-Lack), BGH GRUR 63, 36, 39 (Fichtennadelextrakt) mit Zusammenfassung bei Schricker, ZHR 139 (1975), 208, 226-228

334 schon allein durch die Kosten, vgl. auch GK UWG, Lindacher, § 3 UWG Rn. 1006

335 Der Richter ist in seiner Beweiswürdigung frei gem. § 286 ZPO, Traub, Probleme der Interessenabwägung bei der Anwendung des § 3 UWG, FS für R. Nick, 1992, S. 1017, 1027

336 vgl Fn. 286, 334

337 vgl. oben unter Kap. B II. 3. b)

338 in neuerer Zeit will der BGH auch verstärkt eine besondere Wertung der Sachverständigen bzgl. des „reinen Zahlenmaterials", BGH GRUR 90, 461, 462 (Dresdner Stollen II) und BGH GRUR 89, 440, 442 (Dresdner Stollen I)

339 Beginn schon in BGH GRUR 58, 496 (Eispralinien); BGH GRUR 57, 285 (Erstes Kulmbacher); GK UWG, Schünemann, Einl. Rn. D 263 m.w.N.

widersetzten wird, wie sie die FTC vornimmt. Ohne diese neuere Abwägung könnte er nämlich schwerlich zu den Ergebnissen kommen, die auch vor dem EuGH bestand hätten. Dabei steht immer eine möglichen Verletzung von Art. 30, 34, 36 EGV im Raum. Die zeitliche Komponente bestätigt diesen Zusammenhang, die ersten Urteile des EuGH[340] und seiner Politik des „vernünftigen Verbrauchers" war der Anlaß des BGH`s[341] wieder verstärkt auf diesen schon früher bekannten Gedanken zurückzugreifen. Die bisher vom BGH am weitesten berücksichtigte Fallgruppe der Interessengewichtung ist die der objektiv richtigen Angaben, welche trotzdem eine Irreführung auslösen[342]. Gerade aber bei den anderen Fallgruppen wird die Interessenabwägung meist allein auf die Irreführungsgefahr beschränkt, was gerade als nicht ausreichend anzusehen ist.

Dabei führt die Methode der FTC diese Abwägung bei der Bestimmung des vernünftigen Verbrauchers bzw. dem Verbraucher, der unter den gegebenen Umständen vernünftig handelt, aus. Indem man sich nur in Ausnahmefällen Meinungsumfragen bedient, kann man die Wertungen schon in dem Prozeßstadium der normativen Auslegung einbringen und antezipieren. Daher bedarf es nicht einer Ergebniskorrektur bzw. Nachgewichtung des Umfrageergebnisses wie dies in den anderen Fallgruppen der deutschen Rechtsprechung[343] vorgenommen wird. Letztlich gilt dies auch für die Ansicht, welche die Interessenabwägung bereits vor der Meinungsumfrage durchführt, da durch die unterschiedlichen Ergebnisse dieser Befragungen sich immer Verschiebungen ergeben durch die unterschiedliche Höhe der Irregeführten. Da es sich bei der amerikanischen Methode um eine Rechts[344]- und nicht um eine Tatsachenfrage handelt, geben die gesamten Erwägungen im vornherein den Ausschlag. Daher kann schneller, billiger und effektiver in diesem Abschnitt[345] des Verfahrens gehandelt werden (wie dies auch im einstweiligen Rechtschutz der Fall ist, aber mit dessen Glaubhaftmachungsmittel des § 294 ZPO) und den rechtlichen Gewichten des Verbraucherschutz ein größeres Gewicht verliehen werden, als dies bei uns der Fall ist. Als Beispiel dafür dient der oben

[340] Beginn mit vorsichtigen Andeutungen: Cassis, EuGH 20.2.1979, Rs. 120/78, Sgl. 649, 662 Rz. 8 Bocksbeutel, EuGH GRUR Int. 84, 291 GB/INNO, EuGH 7.3.1990, Rs. C-362/88, Slg.I-667 Pall/Dahlhausen, EuGH 13.12.1990, Rs. C-126/91, GRUR 93, 747

[341] BGH GRUR 86, 469, 470 (Stangenglass II) und BGHZ 98, 65, 67 (Lakritz-Konfekt)

[342] vgl. oben unter Kap. B II. 3. b)

[343] auch wenn die Interessenabwägung in BGH GRUR 94, 519, 521 (Grand Marnier) vor die Meinungsumfrage gezogen wurde, so ging es doch letztlich um die Bestimmung der Irreführungsquote

[344] für das deutsche Recht nimmt Schünemann, Wettbewerbsrecht, S. 138 Fn. 52, 1989, das Gegenteil an, hält aber eine Änderung für unbedingt erforderlich

[345] dies gilt wirklich nur für diesen Teil, sonst dauern Verfahren der FTC zum Teil länger als im deutschen Wettbewerbsrecht, vgl. den Klassiker Caters Littel Liver Pills mit 16 Jahren Dauer bis zur Beseitigung des Verstoßes, heute aber durch veränderte Sanktionsmethoden wesentlich schneller, vgl. Cater Products, Inc. v. FTC, 268 F.2d 461 (9th Cir. 1958), cert. denied, 361 U.S. 884 (1959) und unten Kap. D. I. 8.

besprochene Fall „der meistverkaufte in Europa". Hier mußte erst ein Meinungsumfragegutachten in Auftrag gegeben werden, danach bedurfte es einer Interpretation dieser Ergebnisse. Diese stellten die Unbeachtlichkeit der ermittelten Täuschungsrate fest, da dem Verbraucher kein vergleichbarer Nachteil entstehen würde und somit eine Relevanz abgelehnt wurde. Damit wird letztlich aber nichts anderes als eine normative Komponente bzw. Korrektur[346] eingeführt, wobei das Umfrageergebnis zuerst einmal hinter diese Wertung zurücktritt[347]. Problematisch ist allerdings, daß diese Komponente lediglich in der Gruppe der wahren Aussagen Beachtung findet.

b) Einwände gegen eine normative Ermittlung

Bezüglich des Einwandes der FTC-Kommissioners Bailey und Pertschuk (die insoweit der Änderung 1983 heftig widersprochen haben) bleiben zwei Punkte festzuhalten. Zum einen ist die Auslegung einer normativen Bestimmung nie ganz frei von der Gefahr einer Fehlinterpretation, doch genau die selben Probleme ergeben sich bei einer Meinungsumfrage, auch diese hat ihre Toleranzgrenzen und vermittelt nur ein teilweise scharfes Bild. Hier wird dann mit Problemen der offenen und geschlossenen Fragestellung gekämpft[348], welche in den Auswirkungen zum Teil noch wesentlich stärker abweichen als eine möglicherweise falsche normative Auslegung. Demnach ist eine Abweichung in beiden Ermittlungsmethoden nicht auszuschließen. Mit ganz ähnlichen Argumenten hat auch Gloy[349] in seinem Beitrag vor dem europäischen Verbraucherbild gewarnt, daß in seiner Auslegung und Bestimmung dem der FTC doch sehr stark entspricht. Ohne die angesprochenen Gefahren verharmlosen zu wollen, besteht immer noch die Möglichkeit, daß falls eine normative Auslegung nicht möglich ist, auf das Mittel der Meinungsumfrage zurückzugreifen[350].

Dies wird auch von Büttner[351] so gesehen, der sich für das bestehende Modell ausspricht und eine völlige Abschaffung der Befragungen für rechtlich nicht möglich hält. In diesem Punkt kann ihm m.E. auch nicht widersprochen werden, doch zieht er nicht ernsthaft die bestehende Alternative in Betracht, den Regelfall (egal ob Bejahung oder Verneinung der Irreführungsgefahr) normativ und nur den Ausnahmefall demoskopisch zu bestimmen. Denn die von ihm allgemein vorgeschlagene Anhebung der Quoten auf 15% für Umwelt- und Gesundheitsschutz und ab 20% für die anderen nicht so schutzwürdigen

---

[346] so der BGH ausdrücklich in WRP 96, 729, 734 (Der meistverkaufte Europas)

[347] so in Ansätzen auch schon in BGH GRUR 87, 171 (Schlußverkaufswerbung)

[348] Grundlegend zu den Problemen der Meinungsumfragen und Fragestellungen BGH GRUR 63, 270, 273 (Bärenfang); BGH WRP 93, 752, 754 (Emilio Adani II); BGH GRUR 92, 70 (40% weniger Fett) sowie Baumbach/Hefermehl § 3 UWG Rn. 118c m.w.N.

[349] Wolfgang Gloy, FS für Vieregge, S. 297, 313, 1995

[350] genauso wird dies jetzt vom EuGH bei der Vorlage des BVerwG beantwortet, EuGH GRUR 98, 795 ff.

[351] Hermann Büttner, Die Irreführungsquote im Wandel, GRUR 96, 533, 539 unter 2.

Gruppen bringt für die besondere Gewichtung der wirklichen Verbraucherinteressen keine Veränderung und kann daher nicht als Gradmesser des Wettbewerbsverstoßes dienen. Dabei geht die Annahme fehl, daß eine normative Bestimmung des Verbraucherbildes automatisch zu einer Verleugnung anderer Schutzzwecke des § 3 UWG führen wird[352] und nur noch den Verbraucherschutz zuläßt. Vielmehr ist es so, daß dadurch eine neue Gewichtung eintreten wird, die die Interessen der Konkurrenten nicht mehr im Vordergrund stehen lassen und so eine wirkliche Gleichstellung erreicht werden kann. Denn auch wenn es am empirischen Modell fehlt, können diese Interessen weiter berücksichtigt werden. Auch bei der jetzigen Rechtslage kann nur indirekt über empirische Erhebungen der Konkurrentenschutz erreicht werden. Bei einer allgemeinen Betrachtung fällt aber auf, daß hier eher auf die Interessen der Mitbewerber abgehoben (Relevanzkriterium immer noch weit gefaßt) wird, als auf die der Konsumenten. Durch eine normative Bestimmung allein erfolgt in gleicher Weise nur ein indirekter Schutz, doch wird dieser wesentlich stärker von tatsächlichen Verbraucherinteressen bestimmt.

c) Dogmatische Probleme

Zurecht wird von Schünemann[353] kritisiert, daß die heutige Ermittlung, die vom BGH vertreten wird, so dogmatisch nicht sauber erfolgt, da nämlich Rechts- und Tatsachenfragen miteinander vermischt werden. Die Ermittlung nach der normativen Methode würde hier eine bis heute nicht erreichte Klarheit bedeuten. Indem die Rsp. wie die FTC diese Problematik, die den Tatbestand der Irreführung her eindeutig als Rechtsfrage behandelt, innerhalb des § 3 UWG als Rechtsfrage ansehen würde, würde eine Vermischung beider Systeme entfallen. Dies führt zu einer klaren Vereinfachung und bringt die notwendige Vorhersehbarkeit, sowohl für Werbende wie die Gerichte. Auch das weitere Argument von ihm ist zutreffend, da für § 4 UWG, auch wenn dies eine Strafbestimmung darstellt, sowieso wegen Art. 103 II GG und der erforderlichen Eindeutigkeit eine normative Bestimmung erfolgen muß, so erscheint für die zivilrechtliche Vorschrift des § 3 UWG eine solche ebenso möglich. Dadurch wird das ganze System geschlossener. Auf die Unterscheidung zwischen Tatsachen- und Rechtsfrage muß deshalb noch etwas näher eingegangen werden, da hier zumindest begründete Zweifel an der Ansicht des BGH`s gegeben sind. Eine Tatsache ist grds. dem Beweis zugänglich[354] und da die Irreführung durch ein Meinungsumfragegutachten festgestellt werden kann, scheint der BGH auf den ersten Blick völlig zurecht dies als Tatsachenfrage zu behandeln. Doch stellt sich hier das Problem, das die Tat- und Rechtsfrage so nahe zusammen liegen[355], daß eine Trennung in der Praxis sich zumindest als schwierig darstellt. Allein das Wort der Irreführung stellt sich als problematisch dar. Soweit man dies als reine Tatsache im Sinne

[352] a.a.O. S. 533, 534 unter II.1.
[353] GK UWG, Schünemann, Einl. Rn. D 268
[354] Karl Larenz, Methodenlehre der Rechtswissenschaft, Kap. 3, 5 b), S. 307
[355] Larenz, a.a.O. S. 308

einer Verletzung ansieht, kann der Ansicht der wohl noch h.M. nicht widersprochen werden, doch steckt m.E. bereits in dem Tatbestandsmerkmal wiederum eine rechtliche Wertung, und diese kann durch den Beweis gerade nicht gewonnen werden. Denn der durchschnittliche Verbraucher ist eben nur ein juristisches Kunstgebilde und ist gerade nicht tatsächlich als Individum anzutreffen. Deshalb spricht für eine Auslegung als Rechtsfrage nicht nur die gezwungenerweise mit einzubringende rechtliche Wertung, um überhaupt von einer Irreführung ausgehen zu können, sondern auch, daß der BGH selbst seine eigene Ansicht nicht stringent durchsetzt. So wurde vom BGH in dem Urteil „PVC-frei“[356] innerhalb der Revisionsinstanz, welche sich bekanntlicherweise nur um Rechtsfragen kümmert, die Auslegung der Werbung normativ vorgenommen um dann eine Irreführung abzulehnen.

d) Vorschlag

Dagegen sind die Vorteile dieser normativen Bestimmung ungleich größer, die wirklichen Vereinfachungen innerhalb der Praxis zugunsten der Gerichte bzw. der FTC resultiert aus der nunmehr einheitlichen rechtlichen Beurteilung eines durchschnittlichen Verbrauchers. Dies wiederum könnte zu einer Stärkung des Verbraucherschutzgedanken führen, indem man nämlich eine Neugewichtung genau dieser Interessen durchführen würde. Damit könnte ein Richter dann ohne Meinungsumfragen eine Irreführung ablehnen, was bis zum jetzigen Zeitpunkt nicht möglich ist, selbst wenn der Richter zu der Zielgruppe gehört, kann er eine Irreführung ohne Meinungsumfrage ausschließlich bejahen[357]. Auch wenn einem deutschen Gericht nicht die Vorbeurteilung einer Behörde zukommt, die dann allerdings auch eine starke Bindungswirkung für das Gericht entfaltet[358], wie dies in den USA der Fall ist, so gibt doch auch Gloy zu, daß die spezialisierten Wettbewerbskammern die Verkehrsauffassung recht gut einschätzen können[359], d.h. für diese Aufgabe kompetent erscheinen. Auch die von Spliethoff[360] geäußerten Bedenken, dies könne zu einer richterlichen Willkür führen, sind nach dessen eigener Aussage nicht gerechtfertigt, wenn zusätzlich zur Änderung des Verbraucherbildes und seiner Ermittlung noch zusätzliche Handlungsanweisungen an den Richter ergehen. Wie diese auszusehen haben, wird weiter unten besprochen. Hervorzuheben ist danach m.E. nicht nur die Geschlossenheit und das dogmatisch präzisere Vorgehen, sondern die praktischen Vorteile sowohl für den Konsumenten als auch für den Wettbewerb an sich. Denn die tatsächlichen Fehlvorstellungen im Bereich von 10-15% haben eben gerade nichts mit einem vernünftigen Schutz des Verbraucher zu tuen (viele Irrtümer dürften nämlich bei einer tatsächlichen Ermittlung als nicht relevant für die Kaufentscheidung angesehen werden),

---

[356] BGH WRP 96, 1156 (PVC-frei)

[357] BGH GRUR 97, 929 (Herstellergarantie) und Baumbach/Hefermehl, § 3 UWG Rn. 113 m.w.N. wobei Büttner GRUR 96, 533, 539 Fn. 55 dies nur als Faustregel betrachtet

[358] vgl. unten unter Beweiswürdigung Kap. C III. 14.

[359] Gloy, a.a.O. S. 297, 314-315

[360] Spliethoff, a.a.O. S. 240

sondern dienen ausschließlich der Verhinderung von Wettbewerb, was sich dementsprechend negativ auf die Preisentwicklung auswirkt.

Die oben[361] angesprochenen Verbraucherziele sind zugegebenerweise z.T. gegenläufig, so wird z.B. das Informationsinteresse und der Irreführungsschutz sich nicht gemeinsam vollständig realisieren lassen. Dabei muß der Richter dann eine neue Interessenabwägung durchführen, diese sollte die angesprochenen Themenfelder einzeln gewichten und dann jeweils zueinander in Beziehung setzten. So wird gesondert zuerst das Verbraucherschutzziel ermittelt, um danach sich mit den beiden anderen Zielen Konkurrenten- und allgemeiner Wettbewerbsschutz zu messen. Dabei wird es darauf ankommen, daß die jeweiligen Teilerwägungen innerhalb der einzelnen Gruppe immer nur unter selbigem Gruppenzweck geprüft werden. Das wird erstaunlich schnell zu einer bisher völlig neuen Form des Verbraucherschutz führen, wenn dieser nicht mehr nur mit der Vermeidung der Irreführung gleichgesetzt wird. Die jetzige Form ist allerdings bisher zumindest vom Gesetzestext begünstigt, da gerade eine ausdrückliche Normierung des Verbrauchers in § 3 UWG fehlt und die Rsp. zwar das Ziel anerkennt, doch nicht bereit ist, weitere Konsequenzen zu ziehen. Wie schon oben entwickelt, ist eine solche starke und richtige Berücksichtigung des Verbrauchergedankens nur in Verbindung mit dessen ausdrücklicher Normierung möglich.

4. Verbraucherleitbild

a) Vernünftiger Verbraucher oder Erhöhung der Quote?

Der wichtigste Unterschied allerdings ist nicht die Ermittlungsmethode, sondern das zugrunde gelegte Verbraucherbild[362]. Hier werden die unterschiedlichen Intentionen und Interessen am deutlichsten sichtbar. Bei sect. 5 FTCA wurde durch den Wandel des Verbraucherbildes hin zu dem Konsumenten, der vernünftig unter den gegebenen Umständen handelt[363], der Weg für eine Werbung geschaffen, die besser ihrer Informationsfunktion nachkommen kann und trotzdem noch den Schutz des Käufers beinhaltet. Das sich dieser nicht mehr auf die „Leichtgäubigen, Ignoranten und Unvernünftigen" bezieht, kann nur begrüßt werden. In diesem Sinne argumentiert auch Büttner[364], der davon ausgeht, daß eine Minderheit der Verbraucher (er nennt einen Anteil zwischen 20-25%) mit ihren Fehlvorstellungen „von Hause aus" nicht schutzwürdig sind. Entgegen der zu kurz gegriffenen Interpretation von Beier[365] lösen sich nicht auf wundersame Weise alle Probleme von selbst, wenn man einen vernünftig handelnden

---

[361] unter Kap. B II. 3. b) aa) ccc)
[362] zu den Differenzen zwischen EuGH und BGH ausführlich Scherer, WRP 99, 991, 993
[363] vgl. die Rechtsprechung seit der Cliffdale-Entscheidung oben Kap. B I. 3. ff
[364] Büttner, GRUR 96, 533, 540 unter IV. 3. a.E.
[365] Beier, Entwicklung und gegenwärtiger Stand des Wettbewerbsrecht in der Europäischen Wirtschaftsgemeinschaft, GRUR Int. 94, 61, 68

Durchschnittsverbraucher als Ausgangspunkt der Betrachtungen nimmt[366], was sich allerdings ändert, ist die erhöhte Verantwortung sowohl der Konsumenten als auch der Rechtsprechung (diese muß daher den Verbraucherschutz mehr in den Mittelpunkt stellen).

b) Veränderung in sect. 5 FTCA

Die frühere US-Bestimmung über eine „substantial number" von Getäuschten stellte ein eher unscharfes Schwert dar, welches zum Teil mehr schadete als nützte. Ein dadurch aufgeblähter und ausgedehnter Schutzbereich hatte negative Auswirkungen für den normalen Verbraucher und seine Erwartungen. Diese sind in zwei unterschiedliche Bereiche aufzuspalten, nämlich in direkte Interessen wie dem Informationsbedürfnis und denen, die als Rechtsreflex dem Verbraucher dienen wie durch erhöhten Wettbewerb eine günstigere Allokation von besseren und billigeren Produkten. Ohne eine erhöhte Information findet eine Nivellierung zwischen den Produkten statt, daher führt eine Einschränkung des Informationsflusses automatisch zu einer Schädigung des Verbrauchers[367]. Diese Informationen sind allerdings dann nur bedingt tauglich, wenn im gleichem Maße auch eine Bildung der Verbraucher stattfindet oder vorhanden ist, um die zusätzlichen Nachrichten verarbeiten zu können[368]. Aber selbst nicht gebildete Käufer profitieren von den verstärkten Auskünften über das Produkt, da der Wettbewerb sich verschärft, und damit durch fallende Preise auch für diese Schichten Vorteile entstehen[369].

Dabei muß aber berücksichtigt werden, daß die Anzeigenleser oder Werbungskunden deswegen auch heute nicht Experten sein müssen, um noch unter den Schutzbereich zu fallen. Es reicht der täuschende Gesamteindruck einer Anzeige, wenn dieser Eindruck vernünftigerweise nicht vermeidbar war. Ausdrücklich widersprochen wird Trägner[370], der in seiner Arbeit davon ausgeht, daß unter der damaligen Rechtsprechung (Stand `93) der Verbraucher genügend Informationen erhalte, und gerade sachliche Angaben unproblematisch möglich seien, da die Gefahr der Fehldeutung erst mit der schlagwortartigen Verkürzung komme. Der von ihm aufgezeigte Weg, die Aufmerksamkeit der Werbeadressaten anders zu gewinnen, nämlich über nicht produktbezogene Werbung, stellt sich nur teilweise als gangbarer Weg dar. Diese Art der Werbeform ist fast nur für Lifestyleprodukte möglich und erfüllt das Informationsinteresse gerade nicht. Für andere gilt immer noch der mit

---

366 so z.B. In re Thompson Medical Co, 104 F.T.C. 684 (1984)

367 Howard Beales, Richard Craswell, Steven Salop, The Efficient Regulation of Consumer Information, XXIV Journal of Law and Economics, 491, 513 (1981)

368 a.a.O. S. 491, 503

369 als Beispiel sei hier nur am Rande die Liberalisierung des Telephonmarktes genannt, die auch einem uninformierten Verbraucher deutliche Vorteile gebracht hat, auch wenn er weiter bei der Telekom geblieben ist, das selbe wird auch für den Energiemarkt gelten

370 Werner Trägner, Das Verbot irreführender Werbung nach § 3 UWG im europäischen Binnenmarkt, S. 130-131,

Gefahren verbundenen Weg der Verkürzung der Werbe- und Sachbotschaft. Daß diese nicht unbedingt mit „marktschreierischen Äußerungen“ durchgesetzt werden muß, ist zwar richtig, doch die Einschränkung des § 3 UWG gilt eben nicht nur für die erste Fallgruppe, sondern ist auch unproblematisch auf sachliche Aussagen, die nur verkürzt wurden, anwendbar. Das zusätzliche Argument, damit inkauf zu nehmen, daß in tatsächlichen Zahlen bis zu 12 Millionen Bundesbürger einer Täuschung anheimfallen, ist leider unbrauchbar, auch wenn es öfters[371] benutzt wird. Denn wenn man dies für richtig hält, kann wie bereits festgestellt wurde, die verkürzte Werbung[372] (und nur eine solche hat heute überhaupt noch die Chance, den Käufer zumindest zu erreichen) nicht mehr bestehen, da bei ihr die Irreführungsgefahr immer am höchsten ist. Dies wird dann aber zu einer Situatuion führen, in der nur noch Empfindungen oder unüberprüfbare Floskeln in Anzeigen oder anderen Medien Platz haben, eine weitere Information für die Restkunden (68 Millionen) aber nicht mehr möglich ist. Zusätzlich wurde ebenso nicht berücksichtigt, daß es ja immer um eine bestimmte Zielgruppe geht und nur selten die gesamte BRD die Zielgruppe sein wird, insoweit die Zahl der tatsächlich Irregeführten selten diese Höhe erreichen wird.

5. Ausreichende Änderung der deutschen Rechtsprechung?

a) Der meistverkaufte in Europa

Erstaunlich bezüglich des Urteiles ist die Einschätzung der Literatur. In diesem Zusammenhang wird eigentlich unisono auf die veränderten und erhöhten Irreführungsquoten innerhalb der betroffenen Fallgruppe hingewiesen sowie der normativen Charakter der Interessenabwägung angesprochen, nicht aber auf das m.E. viel interessantere Ergebnis, daß der BGH eine Irreführungsgefahr ablehnt, ohne ein verwertbares Meinungsumfragegutachten zu besitzen. Ohne eine normative Auslegung des Verkehrsverständnisses ist dies aber nicht denkbar, da die tatsächliche Ermittlung gerade nicht oder nur sehr eingeschränkt verwertbar war. Der BGH, der selbst die Interessenabwägung als ein „normatives Korrektiv“[373] bezeichnete, welches im vorliegenden Fall nicht zu einer Bejahung einer Irreführungsgefahr führte, meint dann nur lapidar, „das Berufungsgericht hätte in nicht revisionsrechtlich zu beanstandender Weise festgestellt..., daß die Annahme einer auf das Inland beschränkten Marktübersicht nicht mehr zutreffe“[374]. Dabei verweist er auf die geänderte Ansicht des Letztverbrauchers, die mit einer Reihe von Beispielen unterlegt werden. Es wird aber nichts anderes als eine Normativbestimmung eines vernünftigen Verbrauchers vorgenommen, eine tatsächliche Ermittlung über ein fehlerfreies Gutachten erfolgt eben nicht. Dazu sieht sich der BGH nicht verpflichtet, da sich aus dem falsch erhobenen Privatgutachten nichts anderes

---

[371] so auch Niederleithinger, GRUR Int. 96, 467, 471; Deutsch, GRUR 96, 541, 546

[372] so auch Emmerich, § 14.2.b); Sosnitza, a.a.O. S. 205,

[373] BGH WRP 96, 729, 734 a. E. (Der meistverkaufte in Europa)

[374] a.a.O. S. 731 li. Spalte

ergebe. Im Vergleich zu alten Urteilen wird hier aber genau umgekehrt argumentiert, denn davor war ein Gutachten bei einer Bejahung der Irreführungsgefahr[375] nur dann notwendig, wenn z.B. ein Privatgutachten ein entsprechenden Grund geboten hätte. Gerade aber bei der Verneinung der Irreführungsgefahr mußte dies immer durch Gutachten nachgewiesen werden[376]. Nur in Ausnahmefällen konnte ohne ein Gutachten die Irreführung abgelehnt werden. Das könnte der nicht laut ausgesprochene Wendepunkt in einer langen Rsp. zur tatsächlichen Ermittlung der Verkehrsauffassung gewesen sein, zumindest aber stellt das Urteil einen klare Ausnahme innerhalb der bestehenden Rsp. dar[377].

b) Das PVC-frei Urteil des BGH

So ist für den fortschreitenden Wandel das Urteil PVC-frei[378] der beste Beweis, denn erst eine Änderung der Rechtsprechung im Sinne eines europarechtlichen und damit verständigen Verbrauchers hat dazu geführt, daß gerade hier kein Verstoß gegen § 3 UWG angenommen wurde. Der Sachverhalt betraf eine Firma, die ihre Schreibutensilien in PVC-freien Kunststoff einpacken ließ, und dies auch auf der Verpackung mit den Worten „PVC-frei" vermerkte. Als es dann um die Annahme einer Irreführung ging, stellt das Gericht ausdrücklich[379] nur auf die Verbraucher ab, die davor schon Kenntnisse über PVC hatten. Bei den anderen schloß es eine Irreführung schon aus deren Unkenntnis über das Problem aus. Aber auch in einem weiteren Punkt bestätigte der BGH seine Ansicht, nämlich bei der Ermittlung des Verkehrsverständnisses. Das Gericht[380] stellt fest:

„Nach der allgemeinen Lebensauffassung erscheint es naheliegend, die Angabe überwiegend so zu verstehen, wie sie gemeint ist, daß nämlich PVC-freie Packungen nicht nur kein PVC enthalten, sondern auch keine mit PVC vergleichbaren Kunstoffe mit den in der Öffentlichkeit diskutierten typischen PVC-Risiken enthalten. Bei einem solchen Verkehrsverständnis kann keine Irreführung angenommen werden."

Damit aber bildetet sich das Richterkollegium rein normativ eine Auslegung des Wortes PVC-frei. Dies stellt eine Abkehr der sonst nach der Bärenfangdoktrin[381] vertetenen Meinung, daß eine Auslegung durch das

---

[375] so auch bei dem 25 Jahre zuvor ergangenen Urteil BGH GRUR 72, 129 (Der meistverkaufte der Welt), indem noch eine Irreführung bejaht wurde und kein Gutachten eingeholt wurde

[376] so auch Jürgen Keßler, Wettbewerbsrechtliche Anmerkungen und Verbraucherinformation - erste Anmerkungen zur „Yves Rocher" Entscheidung des EuGH, WRP 93, 571, 576 m.w.N. bei Fn. 62

[377] m.w.N. Baumbach/Hefermehl § 3 UWG Rn. 114 ff.

[378] BGH WRP 96, 1156 (PVC-frei)

[379] a.a.O. S. 1156, 1159 re. Spalte

[380] a.a.O. S. 1156, 1159 re. Spalte mitte

[381] BGH GRUR 270, 273 (Bärenfang)

Gericht ohne Meinungsumfrage nur bei einer Bejahung der Irreführung erfolgen kann oder eine besondere Ausnahme vorliegen muß[382]. Dem Urteil liegt zwar, dies darf nicht vergessen werden, eine Meinungsumfrage zugrunde und dadurch unterscheidet es sich von den bekannten Ausnahmen[383], doch wurde dieses ja gerade nicht zur Auslegung herangezogen. Zuerst erfolgte die Bestimmung der Verkehrsauffassung durch das Gericht und erst danach wurde das Meinungsumfrageergebnis als irrelevant eingestuft. Auch fällt auf, daß das Gericht sich nicht auf einen Ausnahmefall berufen hat, sondern ganz selbstverständlich an eine eigene Auslegung gegangen ist, ohne dies näher zu begründen. Der Unterschied zu „Der meistverkaufte Europas" besteht darin, daß ausdrücklich das Verkehrsverständnis angesprochen wurde. Bei der Heranziehung des für die Auslegung notwendigen Verbraucherbildes bestätigt sich dann der Verdacht, es wurde eben nicht der flüchtige und oberflächliche lesende Konsument herangezogen, wie dies noch vom Berufungsgericht getan wurde, sondern der vernünftige Verbraucher[384]. Dieses ging nämlich von einem „undifferenzierten Verbraucherverständnis aus" (die Worte des BGH), wie es gerade bei dem angesprochenen Käufertyp oft der Fall ist. Weiter wurde auch die relativ entferntere Auslegung des OLG Frankfurt verworfen, daß die Behauptung dahingehend zu deuten sei, es sei gar kein Kunststoff verwendet worden. Dies sind aber eindeutige Annäherungen an ein Verbraucherbild, welches den Konsumenten nicht mehr nur als oberflächlich und unkritisch darstellt. Vielmehr ist diese Auslegung, die der BGH getroffen hat, als Bestätigung eines vernünftigen Verbraucherbegriffes zu sehen.

c) Stellungnahme

Nach diesen beiden Urteilen sollte man eigentlich zu der Auffassung kommen, die Rechtsprechung sei auf dem richtigen Weg und eine Normierung des Verbrauchers innerhalb des § 3 UWG sei gerade nicht mehr notwendig, da dessen Interessen hier ja gewichtet wurden. Dabei wird aber leicht vergessen, daß die Fälle so klar lagen, daß eine Irreführung eigentlich sofort auszuschließen war. Ebenso darf das noch nicht mit einer allgemeinen Annäherung verwechselt werden, die aufgezeigten Beispiele, in denen eine Veränderung m.E. unbestreitbar ist, betreffen bisher nur die zwei Sondergruppen der objektiv wahren Angaben und des Besitzstandes, gehen aber über diese nicht hinaus. Da sich die Irreführungsgefahr aber am häufigsten in den anderen Fallgruppen verwirklicht und dort keine Änderung erkennbar ist, bedarf es einer allgemeinen Normierung.

---

[382] Baumbach/Hefermehl, § 3 UWG Rn. 114, mit der notwendigen Differenzierung: GK UWG Lindacher, § 3 Rn. 988

[383] BGH GRUR 82, 779, 780 (Schuhmarkt); BGH GRUR 72, 360, 361 (Kunststoffglas); BGH GRUR 57, 100, 103 (Edeka-Schloß-Export)

[384] im selben Sinne auch Ahrens, WRP 99, 389, 397

6. Differenzen zwischen § 3 UWG und sect. 5 FTCA

Vielmehr kommt es für die Bestimmung der Verbraucherbildes auf die Schutzrichtung des Gesetzes an. Damit wird ein wesentlich sinnvollerer und effektiverer Schutz erreicht, da er gezielter eingesetzt werden kann. Zwar geht die FTC, wie dargestellt, inzwischen nur von einem Verbraucher aus, der vernünftig unter den gegeben Umständen handelt[385], dies heißt aber noch nicht im Gegenschluß, daß nicht trotzdem der Verbraucherschutz im Mittelpunkt steht. Dieser Rückschluß, der in der europarechtlichen Debatte[386] sehr häufig gezogen wird und folglich auch für das amerikanische Modell gelten müßte[387], ist m. E. nicht richtig. Gerade wenn man von diesem Verbraucherbild ausgeht, muß man sich die Frage stellen, was denn im Sinne des Verbrauchers für dessen Kaufentscheidung wichtig ist[388]. Diese Frage wurde innerhalb sect. 5 FTCA konsequenter beantwortet, indem man das (auch dem deutsche Recht bekannte) Relevanzkriterium weniger am Konkurrentengedanken ausrichtet, sondern stärker am Verbraucher und dessen Interessen. Dabei liegen diese, wie oben dargelegt, nicht nur im Schutz vor der Irreführung[389].

a) Einschränkung der Schutzbedürftigkeit der Verbraucher durch die FTC und Weiterentwicklung der Konsumentensouveränität

Ein weiteres Beispiel dafür ist auch, daß bestimmte Güter und Produkte, darunter fallen geringwertige tagtägliche Konsumgüter wie z.B. Kaugummi, Kekse oder Waschmittel sowie subjektive Behauptungen nicht unter sect. 5 FTCA fallen[390]. Das wird mit dem Gedanken erklärt, daß hier kein besonderer Schutz der Konsumenten notwendig ist, da eine Verbraucherverletzung äußerst gering ist und wegen eines erneuten Kaufes beim nächsten Mal vermeidbar sein wird. Die fehlende Tendenz in Deutschland, zwischen unterschiedlichen Gebrauchsgütern auch unterschiedliche Maßstäbe anzulegen, wird von Sosnitza bemängelt[391]. Damit wird dem Verbraucher mehr Verantwortung eingeräumt

---

[385] Ivan Preston, The Definition of Deceptivness in Advertising and other Commercial Speech, 39 Catholic University L. R. 1035, 1053 (1990) sieht keinen besonderen Unterschied zwischen der alten und neuen Definition bezüglich des Verbraucherbildes, da auch schon bei der ersten eine wirkliche Definition bezüglich einer „substantial number of consumer" fehlte und eine Einengung der zu schützenden Verbraucher stattfand

[386] Volker Deutsch, Der Einfluß des europäischen Rechts auf den Irreführungstatbestand des § 3UWG, GRUR 96, 541, 546 linke Spalte oben, ebenso Kisseler, Das deutsche Wettbewerbsrecht im Binnenmarkt, WRP 94, 1, 4 m.w.N.

[387] vgl. Winfried Tilmann in FS für Piper, Der verständige Verbraucher, S. 481 (1996)

[388] so auch Beater, Rezession, ZHR 162 (1998), 141, 146

[389] seit 1938 durch Whealer-Lea-Amendment im Text von sect. 5 FTCA festgehalten, vgl. unter Schutzzweck des sect. 5 FTCA, Kap. A II. 3. e)

[390] In re Cliffdale Ass., 103 F.T.C. 177, 181

[391] Olaf Sosnitza, Wettbewerbsbeschränkungen durch die Rechtsprechung, Erscheinungsformen und Ursachen auf dem Gebiet des Lauterbarkeitsrechts, S. 202,

bei Fallgestaltungen, die nicht zu einem ernsthaften Schaden führen können[392]. Das hängt ohne Frage auch mit dem wirtschaftlichen Modell der Verbrauchersouveränität zusammen, welches nicht eine Bevormundung des Konsumenten will, sondern dessen Ziel es ist, mündige Käufer zu schaffen, die aufgrund eines tatsächlichen Wettbewerbs eine Vielzahl von Angebot erhalten, in denen sie selber und eigenständig ihre Parameter setzen können[393].

Der Vergleich zwischen unterschiedlichen Urteilen ist hier schwer, da innerhalb der USA die hier beanstandeten Irreführungen durch die FTC gerade nicht aufgegriffen werden und so ein Beleg dafür, daß die Gerichte eine Klage der FTC abgewiesen haben, recht schwer fällt. Als Beleg für die hier geäußerte und vertretene Ansicht dienen jedoch mehrere Fallbeispiele, bei denen klar wird, daß die Interessen der Verbraucher inzwischen anders gesehen und gewichtet werden. So wird heute innerhalb der amerikanischen Literatur kritisiert, daß am Anfang der Spruchpraxis der FTC gar nicht wirklich auf die tatsächlichen Interessen des Verbrauchers Rücksicht genommen wurde und die Fälle nur nach einer möglichen Täuschung, nicht aber der Konsequenz einer solchen für einen Konsumenten beurteilt wurden. So wird in dem wichtigen Aufsatz von Pitofsky[394] davon ausgegangen, daß unter der heutigen FTC ein Fall wie in Royal Milling[395], in der sich ein Getreidehändler als Müller ausgab, nicht mehr verfolgt werden würde, da die Interessen des Verbrauchers trotz einer Irreführung nicht berührt wurden. Selbiges gelte für den Fall Mary Cater Paint[396], indem für Farbe geworben wurde und bei Kauf eines Eimers ein zweiter Eimer als „umsonst" tituliert wurde. Durch die Änderung der Ansichten bei der fiktiven Preisgestaltung könnte heute eine solche Werbung möglicherweise ohne Verstoß gegen sect. 5 FTCA veröffentlicht werden[397]. Ganz ähnlich sieht Karns[398] es, der den Unterschied vor und nach dem Policy Statement darin ausmacht, daß der Verbraucherschutz nur dann einschlägig ist, wenn der Verbraucher sich nicht selber vor der Täuschung schützen kann. Durch diese Einschränkung erwachsen ihm aber weitere Vorteile aus der verstärkten Konkurrenz und dem größeren Angebot. Unter die selbe Sparte fällt auch die Aussage des damaligen Chairman James Miller III, der in einer

[392] damit wird Tetzner`s Argument bestärkt, daß durch eine immer stärkere und restriktivere Rsp. der Verbraucher immer mehr eingeschläfert werden würde, Tetzner, Gesetz gegen den unlauteren Wettbewerb, § 3 Rn. 51 a.E.

[393] Beales, Craswell & Salop, 24 J.L. & Econ. 491, 509 bei Fn. 133

[394] Robert Pitofsky, Verbraucherschutz und Kontrolle der Werbung in den USA, GRUR Int. 77, 304, 309 als Vorgriff auf das Policy Statement

[395] FTC v. Royal Milling Co., 288 U.S. 212 (1933)

[396] FTC v. Mary Carter Paint Co., 382 U.S. 46 (1965)

[397] nach Pitofsky zu bejahen a.a.O. S. 315, str. aber nach einer Änderung der FTC Guides jetzt wohl nicht mehr erlaubt: FTC Guidelines on the use of „free" 16 C.F.R. § 251 so auch Richard Kurnit, Advertising and unfair competition issues, ALI-ABA Course of Study Materials, 19.3.1998

[398] Jack E. Karns, The FTC`s Evolving Deception Policy, 22 Uni. of Richmond Law Review, 1988, S. 399, 430

Erklärung[399] über die Handlungsweise der Kommission verlautbaren ließ, daß solche Verbraucher gerade nicht geschützt werden, die annehmen würden, daß dänisches Gebäck tatsächlich aus Dänemark kommen würde. Als Grund für diesen Handlungsweise nannte er die fehlende Schutzwürdigkeit dieses Teils der Verbraucher[400].

b) Irreführung als fast ausschließlicher Verbraucherschutz in der dt. Rsp.

Ganz im Gegenteil steht dagegen die deutsche Rechtsprechung, die z.B. bei Lübecker Marzipan immer noch von einem Herkunftsbegriff ausgeht, obwohl nur 13,7% die Herkunftsbezeichnung als wichtig ansieht[401]. In dem ähnlichen Fall der Ungarischen Salami[402] wurde trotz einer geringen Irreführungszahl von 11-13% der Verbraucher eine Irreführung derselben angenommen. Erstaunlicherweise war der Kläger kein Verbraucherschutzverband, sondern der Importeur der echten ungarischen Salami. Hier zeigt sich wieder das anfangs aufgezeigt Defizit, daß nämlich eine Irreführungsgefahr der Verbraucher als sehr gering zu betrachten ist, wie auch die statistischen Zahlen ergaben, und es vor allem um die Ausschaltung des Wettbewerbes und der Verfolgung von Konkurrentenschutzzielen geht. Da der BGH sich aber bei jeder möglichen Irreführungsgefahr allgemein auf Verbraucherschutzziele beruft, ohne diese aufzusplitten und erkenntlich zu machen, kann dieser Wertungsvorgang nur in Ausnahmefällen nachvollzogen werden.

Dies ist aber nur möglich, da der Konkurrentenschutz eigentlich durch den Verbraucherschutz übertüncht wird[403]. Daß dabei gar nicht die wirklichen Interessen des Verbrauchers geschützt werden, darüber hat sich die deutsche

---

399 In re Cliffdale, 103 F.T.C. 110, 181 (Policy Statement) „..perhaps a few misguided souls believe, for example, that all „Danish pastry“ is made in Denmark. Is it, therefore, an actionable deception to advertise „Danish pastry“ when it is made in this country ? Of course not. A representation does not become „false and deceptive“ merely because it will be unreasonably misunderstood by an insignificant and unrepresentative segment of the class of persons to whom the representation is adressed“

400 FTC`s Authority over Deceptive Advertising, Hearing before the Subcommittee for Consumers of the Senate Committee on Commerce, Sience & Transport, 97th Cong., 2d Sess. 3 (1982): „By impairing the efficient operation of the advertising market, such over-zealous enforcement might ultimativly compound his harm to consumers by reducing competition among sellers of goods and services. The marketplace operates more vigorously and more responsivly when consumers are aware of alternatives sellers, products and prices. To the extend information concerning these choices becomes more costly to obtain, less information will be produced and desseminated, and consumer awareness about potential choices will be dissmissed. The result is a less competitive marketplace, with higher prices and fewer real choices.“

401 BGH GRUR 81, 71, 74 (Lübecker Marzipan) mit Anzweifelung des Ergebnisses und OLG Köln GRUR 83, 385, 386 (Lübecker Marzipan II) mit einer anderen Quote von 23,9%

402 BGH GRUR 81, 666 ff. (Ungarische Salami)

403 BGH WRP 91, 642 (Königl.-Bayrische Weisse)

Rechtsprechung bisher noch keine großen Gedanken gemacht, da sie hier vor allem das Kriterium der Irreführung beachtet[404]. Die Argumente von Deutsch, mit einem „vernünftigen Verbraucher" sei letztlich eine schwere Einbuße für den Verbraucherschutz hinzunehmen[405], sind für mich nicht nachvollziehbar[406]. Die möglicherweise gering erhöhte Täuschungsgefahr[407], die demnach hingenommen werden müßte, steht in keiner Relation zu den Vorteilen auch und gerade für den Verbraucher, die durch wirklich wichtige Informationen, bessere Preise und mehr Angebote erhalten würden und nicht primär auf die Zielsetzungen der Konkurrenten[408] Rücksicht nehmen müßten. Das öfters dagegen vorgebrachte Argument der Informationsüberbelastung[409] in Verbindung mit dem unkritischen, flüchtigen Verbraucher ist nur zum Teil so hinnehmbar. Denn genau in dem Moment wo der Verbraucher eine scheinbar wichtige Information sieht oder bemerkt, wird er hier weiter nachforschen und nicht mehr an einer Überlastung leiden. Das oben geschilderte einheitliche niedrige Verbraucherniveau der Rsp. ist nach Treis nicht gegeben[410], auch wenn bei gewissen Kaufentscheidungen[411] dieser Verbrauchertyp als solcher nicht ausgeschlossen werden kann.

7. Das Wesentlichkeitskriterium

Die neuere Spruchpraxis der FTC hat bei diesem Merkmal nur zu einer kurzfristigen Änderung gegenüber dem vor 1983 geltenden Standard geführt. Nachdem die Klarstellung erfolgte, daß keine tatsächliche Verletzung[412] der Verbraucher notwendig sei, sondern eine „wahrscheinliche"[413] Beeinflussung der Verbraucherentscheidung ausreichen würde, ist in diesem Punkt eine starke Ähnlichkeit mit dem deutschen Modell gegeben. Dieses bejaht eine Relevanz, wenn eine nicht auf konkreten Vorstellungen beruhende Wertschätzung vorliegt, die den Kaufentschluß in wettbewerbsrechtlich relevanter Weise beeinflußt[414]. Dabei wird von der Rsp. bei einer Irreführung eines nicht unbeachtlichen Teils der Verbraucher auf die Wesentlichkeit geschlossen, die

---

[404] als positive Ansatz sind die oben besprochenen Fallgestaltungen bei objektiven Angaben Kerzenstückverkaufspreis zu nennen, bei denen diese Erwägungen nicht beachtet wurden(vgl. Kap. A I. 3. oben)

[405] im selben Sinne auch Bungeroth, GRUR 71, 94

[406] so auch Büttner, GRUR Int. 96, 533, 534 der für diesen Fall sogar als einzigen Zweck nur noch den Verbraucherschutz sieht

[407] so auch für gering erhöhte Täuschung innerhalb des bestehenden System Büttner, GRUR 96, 533

[408] so z.B. Pall/Dahlhausen, GRUR Int. 91, 215 f., hier lag m.E. kein Verbraucherschutzgedanke vor, sondern vielmehr ein Konkurrentenproblem

[409] Cordula Ernst, Ansätze zur Beurteilung irreführender Werbung, S. 47-48,

[410] Treis, Käuferverhalten, S. 315

[411] Ernst, a.a.O. S. 48-49 mit einer umfassenden Darstellung der unterschiedlichen Kaufentschlüsse und ihre Auslösung

[412] In re Cliffdale Ass. Inc., 103 F.T.C. 110, 169 (1984)

[413] im Orginal „likely to influence the consumers choice"

[414] BGH GRUR 73, 361(San Remo); BGH GRUR 77, 159, 161 (Ostfriesische Teegesellschaft)

Relevanz muß nur in Ausnahmefällen bewiesen werden[415]. Daraus lassen sich m.E. zwei Schlußfolgerungen ziehen, einerseits wird, falls eine, wie vom Autor vertretene Lösung des Verbraucherbegriffs angenommen wird, automatisch in dieses Kriterium eingriffen und damit eine ausgeglichene Lösung zwischen den Verbraucher- und Konkurrenteninteressen erreicht werden. Zum anderen fällt im Bezug zur USA auf, daß diese nur kurzzeitig an einer Einengung dieses Kriteriums gearbeitet haben, obwohl das Policy Statement gerade den Zweck hatte, die Eindämmung des von der Regierung und vor allem der Wirtschaftslobby als zu formalisiert betrachteten Verbraucherschutzes zu bewirken. Heute dagegen ist das Relevanzkriterium als solches in etwa wieder so weit gefaßt ist wie vor dem Policy Statement. Dies läßt eigentlich nur einen logischen Schluß zu, daß das Relevanzkriterium als eigenständiges Tatbestandsmerkmal nur bedingt tauglich ist, da es immer schon durch das Verbraucherbild wie auch dessen Ermittlung geprägt ist, denn hierüber werden die Fälle herausgefiltert. Damit war eine Änderung durch die FTC dieses einschränkenden Tatbestandsmerkmal überhaupt nicht notwendig, es reichte ein verändertes Verbraucherbild. Als Gegenschluß kann daher nur gewarnt werden, eine Veränderung des Verbraucherbildes als obsolet hinzustellen und sich nur für eine Verschärfung des Relevanzkriteriums auszusprechen. Dies würde zu weiteren inneren Brüchen bei der Anwendung von § 3 UWG führen und die dogmatischen Probleme nicht weiter lösen, die aus einer zu starken inneren Gewichtung der Interessen der Konkurrenten herrühren.

8. Zusammenfassung und Lösungsvorschlag

Eine Änderung des Verbraucherbildes im deutschen Recht kann daher nur von Erfolg geprägt sein, wenn gleichzeitig der Konsumentenschutz (der ja unstreitig zumindest nach der h.M. als dritter Schutzzweck des UWG inzwischen anerkannt ist) ausdrücklich in § 3 UWG festgeschrieben wird und die oben angesprochenen Fallgruppen für die Interessen der Verbraucher beachtet werden[416]. Dies könnte dann von den Gerichten bei der normativen Bestimmung des vernünftigen Verbrauchers herangezogen werden, ohne den Umweg des Konkurrentenschutz gehen zu müssen und so zwangsläufig zu einer Erweiterung des Schutzbereichs zu kommen, der tatsächlich nicht mehr dem Käufer hilft, sondern eher der Verhinderung des Wettbewerbs dient[417].

Die von Meier[418] vertretene Auffassung eines wirtschaftsmündigen Verbrauchers, die er für das Gemeinschaftsrecht als bezeichnend auffaßt, setzt sich auch teilweise (leider bisher nur in der Fallgruppe der objektiv richtigen Angaben und des Besitzstandes) beim BGH durch. Ohne dies in irgend einer

---

[415] BGH GRUR 93, 920 (Emilio Adani II)

[416] vgl. bereits oben unter B Kap. II. 3. b) aa) ccc)

[417] Schricker, Deregulierung im Recht des unlauteren Wettbewerbs ?, GRUR Int. 94, 586, 587 bei Fn. 4

[418] Meier, Einschränkung des dt. Wettbewerbsrecht durch das Europäische Gemeinschaftsrecht, GRUR Int. 90, 817, 819

Sequenz ausdrücklich zu betonen, ist in dem PVC-frei Fall genau die selbe Argumentation aufgenommen worden, wie sie auch im Aufsatz von Meier für den EuGH vertreten wird. Schutz erfährt nur der Verbraucher, dessen Informationsinteresse sich auf die bestehenden Möglichkeiten erstreckt[419]. Hervorgehoben werden muß nochmals, daß das Gericht in dem oben genanntem Fall feststellt hat, „daß das Berufungsgericht von einem undifferenzierten Verbraucherbild ausgegangen ist“ und dies nicht geboten war. Vielmehr verlangt es eine Unterscheidung zwischen dem informierten Verbraucher, der mit der PVC-Formulierung auch etwas anfangen kann und dem Rest (d.h. der uninformierte oder unaufmerksame Teil). Eine Irreführung wird aber hier ausschließlich des Teiles für möglich gehalten, der auch die Bedeutung des PVC und seiner Gefahren erkennt, für den anderen Teil scheidet eine Irreführung per se aus[420].

Die durch die FTC und ihren Verbraucherschutz gemachten Erfahrungen können nur als Bestätigung dienen, der vernünftige Durchnittsverbraucher in Verbindung mit dem direkten Schutzgedanke führt nicht generell zu einer Anhebung des Eingreifbereichs von § 3 UWG[421]. In teilweiser Abweichung zu diesem Ziel will Teplitzky[422], und wie er meint auch der BGH, durch dessen erhöhte Flexibilisierung der Irreführungsquoten eine sinnvolle Reduzierung der zweifelhaften Irrtumsfälle erreichen[423]. Durch die Verstärkung der Interessenabwägung und des Relevanzkriteriums tritt zwar zwangsläufig später das Meinungsumfragegutachten weiter in den Hintergrund und damit wird zugegebenermaßen eine weitere Anpassung des BGH an den EuGH überflüssig, doch genau in der wichtigen Verbraucherfrage wird das keine Änderung bringen. Wie er selber schreibt[424], soll die Einschränkung nur einer Verringerung der unwichtigen Fälle dienen (im Gegensatz zu Gewicht und Ernstlichkeit der Rechtsverfolgung), nicht aber zu einer stärkeren Gewichtung der tatsächlichen Verbraucherinteressen. Diese Interessen würden dann selber zum Auswahlkriterium werden und könnten so auch die beiden Ziele, Anpassung an den EuGH und Verringerung der unrelevanten Fälle erfüllen. Damit aber ist ein weiteres Argument für eine Änderung des bekanntlich „hohen Schutzniveaus“ des UWG angeführt, denn das besagte Niveau hat allen anderen Aussagen zum trotz eher die Verhinderung des Wettbewerbs zugunsten überkommener Strukturen zum Ziele[425] als den Schutz des Verbrauchers.
Deshalb werden auch alle klarstellenden und umfassenden Änderungsversuche im Verbraucherbild sowie eine Verstärkung des Konsumentenschutz mit dessen

---

419 a.a.O. S. 817, 820
420 BGH WRP 96, 1156, 1159 re. Spalte (PVC-frei) für den Rest spricht er von einer konfusen Täuschung, die noch nie in § 3 UWG berücksichtigt wurde
421 vgl. unter Schutzzweck Kap. A I. 3 ff.
422 Teplitzky, Wettbewerbliche Ansprüche, § 47 Rn. 27 b
423 dies verneint zurecht Scherer, WRP 99, 991, 994
424 Teplitzky a.a.O. Rn. 27 b a.E.
425 vgl. auch Emmerich, Das Recht des unlauteren Wettbewerbs, § 14. 5a), S. 188

ausdrücklicher Verankerung in § 3 UWG von dieser Interessengruppe bisher abgelehnt. Das Ziel muß daher zwei Stoßrichtungen haben, Festschreibung des Verbraucherschutz und Umstellen auf den normativ zu ermittelnden durchschnittlich, vernünftigen Verbraucher, auch wenn die Einschränkung des vernünftig handelnden Verbrauchers nicht im Gesetzestext festgehalten werden soll, sondern von der Rechtsprechung in den Verbraucher hineingelesen werden muß. Nur so kann den wirtschaftlichen als auch juristischen Anforderungen an ein verbraucherfreundliches Wettbewerbsrecht nachgekommen werden. Auch bei Spliethoff[426] klingt eine ähnliche Vermeidung der Gefahren eines normativen Verbraucherbegriffs an. Er geht allerdings von bestimmten Richtlinien aus, die den Richtern zur Hand gegeben werden müßten und die eine Kontrolle dieser ermöglichen würde. Die Festschreibung des Verbraucherschutz innerhalb von § 3 UWG als Verhinderung einer richterlichen Willkür wird hier nicht angedacht. Daß dieses Modell nicht zu den oft beschriebenen Schreckensszenarios führt, zeigt die tägliche Praxis der FTC[427]. Die neueren Entscheidungen des BGH (Der meistverkaufte in Europa) (PVC-frei) gehen daher sicher in die richtige Richtung, doch reicht die fast heimliche Annahme des veränderten Verbraucherbildes in nur einer Fallgruppe[428] bei weitem nicht aus. Dieses Verbraucherbild muß für alle anderen Fallgruppen Anwendung finden, es bedarf der einheitlichen normativen Bestimmung im gesamten Wettbewerbsrecht um die oben angesprochenen Ziele, nämlich Konsumentensouveränität und mehr Wettbewerb zu erreichen. Die zwei unterschiedlichen Wertungsmaßstäbe tragen nämlich nicht zur Rechtsvereinheitlichung und der damit in Zusammenhang stehenden Rechtssicherheit bei[429]. Dies bedeutet auch nicht die Aufgabe der oft gerühmten Flexibilität, sondern unter diesem offenen Verbraucherbegriff kann und muß es Besonderheiten bei den jeweiligen Branchen geben. Dabei geht es nicht um eine Ausgrenzung einer bestimmten Minderheit[430] zugunsten der besser gebildeten Masse. Vielmehr wird auch dieser Minderheit durch die Berücksichtigung der tatsächlichen Interessen[431] der ganz überwiegenden Anzahl der Verbraucher mittelbar über die Marktallokation geholfen. Bei einer sofortigen Annahme einer Täuschung wäre das nicht mehr möglich, da diese zur „Bevormundung und Gängelung“[432] des Durchschnittsverbrauchers führte, nicht aber zu einem verschärften Wettbewerb.

---

426 Spliethoff a.a.O. S. 240
427 so auch ABA The Role of the FTC, 46 Trade Reg. Rep. (CCH) S.84 (1989) der auch einen Tätigkeitsbericht umfaßt
428 objektiv richtigen Angaben die trotzdem zu einer Irreführung verleiten
429 selber Meinung auch Keßler, WRP 93, 571, 577 a.E. und Scherer, WRP 99, 991, 993 f.
430 so aber wohl Trägner a.a.O. S. 139
431 so auch aus dem wirtschaftlichen Gesichtspunkt zustimmend van den Bergh/Lehmann, GRUR 92, 588, 597 re. Spalte a.E.
432 so Sosnitza a.a.O. S. 211 f.

Demnach könnte §§ 3 I, II UWG dann folgenderweise gefaßt werden:

> *Wer im geschäftlichen Verkehr zu Zwecken des Wettbewerbs oder gegenüber dem Endverbraucher über geschäftliche Verhältnisse, insbesondere über die Beschaffenheit, den Ursprung, die Herstellungsart oder die Preisbemessung einzelner Waren oder gewerblicher Leistungen oder des gesamten Angebots, über Preislisten, über die Art des Bezugs oder die Bezugsquelle von Waren, über den Besitz von Auszeichnungen, über den Anlaß oder den Zweck des Verkaufs oder über die Menge der Vorräte irreführende Angaben macht, kann auf Unterlassung der Angaben in Anspruch genommen werden.*
>
> *Die Interessen des Endverbrauchers beinhalten mitunter die Informations- und Aufklärungsfunktion, den Irreführungsschutz, sowie den Preiswettbewerb und Angebotsüberfluß.*

Bezüglich der Festschreibung eines „vernünftigen Verbrauchers" stellt sich allerdings die Frage, ob man damit nicht den Gesetzeswortlaut zu stark einengt und die Auslegung nicht lieber der Rechtsprechung überlassen werden sollte, da diese ja schon die richtigen Ansätze in den besprochenen Urteilen aufzeigt. Dabei handelt es sich um die Frage der notwendigen Abstraktheit des Rechtes, welche sich zwischen extremer Wagheit und detailversessener Regelung bewegt[433]. Da es sich letztlich um eine Ausprägung des Verbraucherbegriffs handelt, sollte der Gesetzgeber hier seine Vorstellungen für die Auslegung des Begriffs in den Gesetzesmotiven klar machen, nicht aber diese im Gesetzestext niederlegen. Dadurch könnten zu viele Unwägbarkeiten in der Zukunft entstehen und ebenso eine abweichende Entscheidung im Einzelfall durch die Gerichte erschwert, wenn nicht gar unmöglich gemacht werden. Auch aus dem Rechtsvergleich zu sect. 5 FTCA heraus ist eine Normierung als nicht notwendig zu betrachten. Durch das Policy Statement wurde ja keineswegs der Gesetzestext der Generalklausel verändert, sondern allein die Auslegung des Verbraucherbegriffs durch die Behörde selbst. Daher muß bei einer Neukodifikation nicht auch der Verbraucherbegriff als solcher genau im Gesetzestext bestimmt werden, dies kann der Rechtsprechung überlassen werden. Für diese Lösung sprechen dann auch die besseren Gründe in Hinblick auf die explizite Aufnahme des Verbrauchers in den Wortlaut und den Interessenabwägungskriterien in Abs. II. Zusätzlich entspricht diese Normierung auch dem Standard der europäischen Richtlinie über irreführende Werbung[434], die eine solche Einschränkung ebenso nicht vornimmt, sondern sie durch den EuGH vornehmen läßt.

---

[433] W. Schreckenberger, Gesetzgebungslehre, Rolf Bender, S. 152 ff.

[434] EG-Richtlinie (84/450/EWG) und (97/55/EG) in den Artikeln 2 und 3

Kapitel C: Beweisprobleme innerhalb der irreführenden Werbung unter dem Aspekt des Verbraucherschutzes

I. Ausgangslage innerhalb des deutschen Rechts

1. Beweis- und Darlegungspflichten

Das deutsche Recht besteht auch innerhalb der Werbung auf den gewohnten Rechtssatz, daß der Kläger grundsätzlich die Beweislast für die ihm günstigen Tatsachen trägt[1]. Diese zwar recht einfache Unterscheidung ist leider nicht ohne Ausnahmen, die sich innerhalb der letzten 50-60 Jahren auf insgesamt 2 größere Fallgruppen ausgedehnt und verfestigt hat. Dabei muß die Beweislast als ein Thema des Verbraucherschutzes angesehen werden, auch wenn hier nur eine Erleichterung der Arbeit der Verbraucherschutzverbände erreicht werden kann und so nur eine mittelbare Auswirkung auf den Konsumenten festzustellen ist. Da hiervon ein möglicher Schadensersatzanspruch des Verbrauchers tangiert ist, erscheint eine eingehende Untersuchung sinnvoll. Ebenso in Hinblick auf die oben geschilderte Problematik der Informationsfunktion wird diese Frage immer wichtiger. Wenn man, wie hier angenommen, eine solche bejaht und diese im Sinne des Verbrauchers als unerläßlich ansieht, dann kann und darf man aber nicht vernachlässigen, daß nur eine wahrheitsgemäße Werbung, innerhalb der Teile, die dem Verbraucher wichtig sind, diesen Ansprüchen gerecht wird. Gerade wenn der Kunde der Anzeige in weiten Teilen vertrauen kann, so ist die Informationsgewinnung für ihn um ein vielfaches höher. Aus diesem Grund ist es von herausragender Wichtigkeit, wie die Regeln der Beweislast bzw. der Beweiserleichterung in beiden Rechtssystemen verlaufen und welche Auswirkungen die möglichen Unterschiede ergeben. Auch wenn die Substantiierung in den USA nicht als Beweislastumkehr angesehen wird, und demnach eigentlich unter eine der Fallgruppen der Täuschung verortet werden müßte, kann dieser gemeinsame Aufbau m.E. trotzdem gewählt werden, da innerhalb des deutschen Rechts gewisse Beweis- bzw. Darlegungspflichten ebenso inzwischen auf den Beklagten abgeschoben werden und hier eine gewisse Ähnlichkeit auffällt.

a) „Photokopie-Apparate“ [2]

Die erste Fallgruppe hat sich aus dem Urteil „Photokopie-Apparate“ entwikkelt. Hier lag der Sachverhalt so, daß durch die Übernahme einer weiteren Photokopieherstellerfirma die Beklagte sich den neuen Firmennamen „Vereinigte Photokopier-Apparate GmbH“ zulegte. Diese Namensgebung wurde unter den Gesichtspunkten der Verwechslungsgefahr für das Wort „Photokopie“ insbesondere inbezug auf „Vereinigte“ gesehen und bezüglich des letzteren auch noch gerügt, daß diese Bezeichnung nicht der Wahrheit entspreche, da die Be-

---

[1] statt vieler Thomas/Putzo v.§ 284 Rn. 23, 21. Auflage 1999, München, vgl. schon RG GRUR 1941, 231/235 „ ...grds der Standpunkt als richtig anzusehen, daß der Kläger die Unrichtigkeit einer tatsächlichen Angabe darzulegen und zu beweisen hat...“

[2] RG GRUR 41, 231 (Photokopie-Apparate)

klagte den Markt nicht beherrsche, damit sei die Werbung irreführend. Hinsichtlich der möglichen Irreführung stellte das RG fest, daß die Beklagte die erforderlichen Angaben liefern muß, da es außerhalb der Umstände und des Geschehensablauf der Klägerin lag und diese eine „genaue Kenntnis der Tatsachen abgeht, und die Beklagte die erforderliche Aufklärung leicht beibringen kann“[3]. Diese Pflicht wurde auch aus dem Gesichtspunkt des § 138 I ZPO begründet, unter dem die Parteien eine „vollständige und wahrheitsgemäße Erklärung über tatsächliche Umstände“[4] abliefern müssen. Indem die Klägerin der ihr möglichen Aufklärung nachgekommen war, reichte dies aus, um der Beklagten die Beweislast für die Wahrheit ihrer Aussage aufzubürden. Damit wurden die Voraussetzungen für eine Beweislastumkehr innerhalb des unlauteren Wettbewerbs ähnlich wie bei dem Auskunftsanspruch aus § 242 BGB geregelt[5], der eigentlich Beweisbelastetete hat keine Kenntnis der Tatsachen, eine Beschaffung ist für ihn nicht möglich und diese Information wohnt der anderen Partei inne.

Dies galt hier auch für die Beklagte, welche nicht nachweisen konnte, daß ihre Firma jetzt eine Vereinigung bestehender Firmen sei und damit unter den Irreführungsbegriff des § 3 UWG fiel und daher den Zusatz löschen mußte.

b) „Pressedienst“ [6]

Die Fortsetzung der Photokopist-Entscheidung fand in dem „Pressedienst“ Urteil statt. Dabei ging es um einen juristischen Informationsdienst, der mit einer großen Anzahl von Bundesrichtern, Gerichtspräsidenten, Generalstaatsanwälten sowie anderen hohen Richtern warb, die als Berichterstatter für den Pressedienst arbeiten würden. Von dem Kläger wurde behauptet, daß nur eine weit geringe Zahl dieser Personen auch laufende Beiträge einsenden würden, und eine Pflicht des Beklagten bestehen würde, diese Namen zu veröffentlichen. Auch hier wurde eine Darlegungslast des Beklagten angenommen, „wenn dem außerhalb des Geschehensablaufs stehenden Kläger die genaue Kenntnis der Tatsachen fehlt und der Beklagte sie dagegen hat und leicht die erforderliche Aufklärung beibringen kann“[7]. Als weitere Voraussetzung wurde hier auf die Zumutbarkeit der Veröffentlichung hingewiesen, die vor allem dann gegeben sein sollte, wenn diese Daten schon innerhalb eines anderen Verfahrens offengelegt wurden[8]. Explizit erfolgte ein Verweis auf den Grundsatz von Treu und Glauben, der auch im Prozeßrecht Anwendung finden würde. Danach hatte der Beklagte offenzulegen, welcher Anteil der veröffentlichten Artikel und wieviel Beiträge zahlenmäßig von der in den Vordergrund gestellten Gruppe erstellt wurde. Da dies nicht erfolgte, wurde die Konsequenz des § 138 III ZPO ange-

---

3 RG GRUR 41, 231, 235
4 a.a.O. S. 235 Mitte
5 Palandt, Heinrichs, § 261 Rn. 8
6 BGH GRUR 61, 356 (Pressedienst)
7 a.a.O. S. 359, linke Spalte unten
8 mit Verweis auf RG JW 11, 184

ordnet, d.h. es lag Seitens des Beklagten kein wirksames Bestreiten vor. Demnach galten die Behauptungen des Klägers als zugestanden. Als Folge davon wurde die Werbebehauptung als täuschend im Sinne des § 3 UWG angesehen, da der Gesamteindruck wesentlich von der Wirklichkeit abweichen würde[9].

Entgegen der Urteilsanmerkung von v. Filseck[10] handelt es sich aber nicht um einen „prima facie" Geschehensablauf, der zu einer veränderten Darlegungslast führt, sondern ist bei einer Anwendung des Grundsatzes von Treu und Glauben vielmehr ganz konkret zu überprüfen, inwieweit dem Kläger wirklich die Information verwehrt bleibt. Ein Beweis des ersten Anscheins für den Kläger kann dem Leitsatz des Urteils nicht entnommen werden. Allein aus den Worten „(es) k a n n[11] die Darlegungslast den Beklagten treffen" darf nicht geschlossen werden, daß ein prima facie Beweis gemeint ist, diese Annahme findet weder im Wortlaut und noch in der Urteilsbegründung eine Stütze.

c) „Bärenfang" [12]

Als weiterer Meilenstein stellt sich das „Bärenfang"-Urteil dar, in welchem es um die Herstellung und den Vertrieb von Spirituosen ging. Dabei warb die Beklagte mit der Aussage, daß sie ihre ostpreußische Spezialität, den sogenannten Bärenfang „nach einem alten ostpreußischem Familienrezept hergestellt habe". Die Klägerin, ein Konkurrenzunternehmen, welches ursprünglich aus Ostpreussen stammte, behauptete, daß diese Aussage falsch sei. Die Beklagte als alteingesessenes Kölner Unternehmen sei niemals in Berührung mit einem solchen Rezept geraten. Der Beweis, daß die Beklagte kein solches Familienrezept habe, gelang der Klägerin aber nicht. Das Gericht nahm hier einen Ausnahmefall der Beweispflicht an, da es für die Klägerin gerade außerhalb des tatsächlichen Geschehensablaufs sei, ob die Werbebehauptung wahr sei oder nicht und „weitere Mittel zur Aufklärung nicht vorhanden waren". Daher reichte es aus, daß die Zweifelsmomente präzise geschildert wurden und ein Bestreiten mit Nichtwissen bezüglich der Behauptung erfolgte. Ausdrücklich wurde der Ausweg einer Parteieinvernahme der Beklagten als Beweismittel der Klägerin verneint, da der Beklagten die Darlegungslast zustehen würde.

Dabei wird in der Anmerkung[13] von Hefermehl die gesamte Problematik deutlich herausgearbeitet, nämlich ob damit eine allgemeine Beweislastumkehr verbunden sei, was aber aus zwei Argumenten abgelehnt wurde. Gerade eine Anwendung des § 242 BGB soll an sich nicht zu einer allgemeinen Regelung führen, sondern ausschließlich den Einzelfall regeln. Desweiteren würde eine allgemeine Umkehrung der Beweislast eine gesetzliche Regelung notwendig machen. Dies sei bei einzelnen Änderungen der Beweispflichten für den Be-

---

9 BGH GRUR 61, 359, rechte Spalte mitte (Pressedienst)
10 v. Filseck, Urteilsanmerkung, GRUR 61, 360
11 Schrift selbst hervorgehoben
12 BGH GRUR 63, 270 (Bärenfang)
13 Hefermehl, Urteilsanmerkung, GRUR 63, 274

klagten und einer allgemeinen Beweislast für den Kläger gerade nicht der Fall. Eine Trennung zwischen diesen beiden Begriffen stellte sich als notwendig dar, um so eine differenzierte Lösung erhalten zu können. Inwieweit dann allerdings auch noch zwischen der Darlegungs- und der Beweispflicht unterschieden werden muß, hänge davon ab, ob als Rechtsgrundlage § 138 ZPO oder § 242 BGB gewählt werde. Eine eindeutige Festlegung der Rechtsprechung in der Frage ist bis zu dem damaligen Zeitpunkt nicht erfolgt. Als Anwendungsvoraussetzung wurden aber auch hier die außerhalb des Klägers liegende Tatumstände, die er nicht unter zumutbaren Umständen aufklären konnte, genannt. Zusätzlich bedarf es der einfachen Möglichkeit des Beklagten, die Auskünfte geben zu können und sie müssen ihm zumutbar sein. Dabei ist gerade die vorliegende Entscheidung eigentlich ein Fall des § 138 ZPO, da der Kläger keine genaue Kenntnis der Tatsache hatte, wohl aber der Beklagte. Dieser hätte eigentlich leicht die erforderliche Aufklärung leisten können. Daher hätte schon unter dem Aspekt des § 138 IV ZPO die Tatsache als zugestanden behandelt werden müssen[14].

Entgegen der im Aufsatz von Borck[15] geäußerten Meinung widersprechen sich die beiden Urteile nicht. Das von Borck aufgestellte Axiom, daß Behauptungs- und Beweislast regelmäßig zusammenfallen, ist zwar an sich richtig, doch wird innerhalb des Artikels die Ausnahme dieses Grundsatzes nicht berücksichtigt[16]. Innerhalb der vorliegenden Fälle ist aber gerade ein solcher Spezialfall gegeben, die Behauptungs- und Beweislast fallen auseinander, da der Kläger keinen vollen Beweis erbringen kann, muß auf die Grundsätze der Darlegungslast zurückgegriffen werden[17]. Die Unterschiede innerhalb der Urteile resultieren vielmehr aus den unterschiedlichen Anspruchsgrundlagen, welche für eine Änderung der Beweispflicht bzw. der Substantiiertheit des Bestreiten notwendig sind. Wie innerhalb der „Pressedienst"-Entscheidung klar wird, legte sich der BGH hier gerade noch nicht fest und denkt beide Situationen an[18]. Dies reicht aber nicht aus um von einer gegenteiligen Entscheidung bzw. von einer Umkehrung der Beweislast zu sprechen[19]. Deutlich wird dies anhand eines Gesetzesvorschlages[20], der im Jahre 1969 abgelehnt wurde und der die Einführung der Beweislastumkehr vorsah. Begründet wurde die Absage an eine Gesetzesänderung damit, daß für die Fälle, bei denen eine Beweislastumkehr notwendig erschien, die Rechtsprechung schon eine wirksame Lösung entwickelt

---

[14] Wolfgang Gloy, Handbuch des Wettbewerbes, Helm, § 48 Rn. 101

[15] Hans-Günter Borck, WRP 63, 191, Über „Bärenfang", Beweislast und „Pressedienst"

[16] so auch Jens Harmsen, GRUR 69, 251, 252 bei Fn. 20

[17] BGH GRUR 61, 356 (Pressedienst)

[18] BGH GRUR 61, 359 recht Spalte oben

[19] vgl. „Bärenfang" GRUR 63, 271 es reicht für eine generelle Beweislastumkehr nicht aus, daß der BGH die Klägerin nicht an ihrer Beweislast in dieser Frage festhalten will, vgl. auch nochmals Hefermehl, GRUR 63, 275 der zum selben Ergebnis kommt wie der BGH

[20] Albrecht Krieger, Ist das UWG reformbedürftig ?, GRUR 68, 511

hätte. Demnach ging man also auch hier nicht davon aus, daß eine solche bereits existieren würde.

Hinzu kommt, daß in dem Moment, in welcher eine Situation des § 138 III ZPO vorliegt, d.h. der Beklagte seiner Darlegungspflicht nicht nachgekommen ist, es keiner weiteren Entscheidung über die Beweislastumkehr mehr bedarf. Das ergibt sich aus der unterschiedlichen Stellung der beiden Rechtsinstitute, eine Beweislastentscheidung kann erst erfolgen, wenn nicht schon ein Zugestehen vorliegt[21].

d) „Euro-Spirituosen"[22]

In diesem Urteil bestätigt der BGH seine in „Pressedienst" gefundene Linie. Die Beklagte nannte sich „Euro Spirituosen GmbH", wobei sie allerdings fast keine europäischen Spitzenprodukte im Verkauf hatte, vor allem waren es unbekannte Sorten oder ebenso unbekannte Zweitmarken. Da die Beklagte ihrer Darlegungslast nicht nachgekommen war und damit auch nicht ein europaweites Aktionsfeld aufzeigen konnte, so z.B. durch Veröffentlichung ihrer Umsatzzahlen, wurde der Klage stattgegeben. Innerhalb dieser Entscheidung geht das Berufungs- wie Revisionsgericht fast selbstverständlich davon aus, daß eine der zwei „Euro" Bedeutungen (Umsatzgröße oder Warenangebot) durch die Beklagte darzulegen sei. Die Schlußfolgerung daraus wurden in der Beweiswürdigung gezogen, indem man das Vorliegen einer Beweispflicht zulasten des Klägers verneinte, da es schon an einem wirksamen Bestreiten fehlte.

e) „Preisgegenüberstellung"[23]

Durch die weitere Entscheidung „Preisgegenüberstellung" weitete der BGH seine Rechtsprechung aus. Es ging hier um einen Uhrenhändler, der seine alten, durchgestrichenen Preise mit den inzwischen reduzierten eigenen Preisen verglich. Der Verbraucherschutzverband als Kläger behauptete innerhalb der Berufungsinstanz, daß die genannten alten Preise unlauter seien, da diese niemals über einen längeren Zeitraum auch gefordert wurden, worauf dieser auch Recht bekam. Innerhalb der Revision stellte der BGH darauf hin fest, daß es auf eine Darlegungs- und Beweislast im vorliegenden Fall gar nicht ankommen würde, da der § 138 III ZPO einschlägig sei. Daher sind die Ausführungen bezüglich des Umfangs der Beweislast nur noch innerhalb dieser Reichweite interessant. Der BGH stellte fest, daß bei einer bereits veröffentlichten Angabe (der alte Preis) eine genaue Tatsachenkenntnis des Klägers fehlen kann (ob dieser tatsächlich verlangt wurde) und diesem auch eine dauerhafte Überwachung der Preise nicht zugemutet werden kann[24].

---

21 BGH GRUR 70, 461, 463 (Euro-Spirituosen) und BGH GRUR 78, 249, 250 (Kreditvermittlung) linke Spalte unten

22 BGH GRUR 70, 461, 463 linke Spalte unter 3.

23 BGH GRUR 75, 78 (Preisgegenüberstellung)

24 BGH GRUR 75, 78, 79 recht Spalte oben

In der Anmerkung von Fritze[25] stellt dieser fest, daß durch die Ausweitung von Tatsachen, die nicht mehr Betriebsinternas sind, aber noch in der Sphäre des Beklagten liegen, eine partielle Beweislastumkehr gegeben ist. Dies wird anhand der Stelle innerhalb des Urteils begründet, in der BGH feststellt, daß „...unbeschadet der grundsätzlichen Beweislastverteilung im Falle des § 3 UWG im Einzelfall eine Darlegungs- und Beweislast des Beklagten anzunehmen ist...“[26]. Der Wortlaut erscheint doch relativ eindeutig. Da aber auch eine nur partielle Beweislastumkehr innerhalb einer non-liquet Situation entscheidende Auswirkungen hat, kann eine Auslegung nicht allein beim Wortlaut stehen bleiben. Aus zwei Gründen kann m.E. entgegen dieser Meinung gerade innerhalb dieses Bereichs der inhaltlichen Wahrheit sowie Allein- und Spitzenstellung nicht von einer allgemeinen Beweislastumkehr gesprochen werden. Zum einen bekennt sich der BGH innerhalb der anderen Fallgruppe (Werbung mit fachlich umstrittenen wissenschaftlichen Aussagen ohne Nennung der Gegenmeinung) ausdrücklich zu einer echten Beweislastumkehr zulasten des Beklagten, was er innerhalb dieses Urteils so eben nicht behauptet hat. Aber auch der Wortlaut als solcher ist nicht eindeutig, da das Gericht sich auf den Einzelfall berufen hat. Aber gerade wenn der Einzelfall infrage steht, kann nicht mehr von einer wirklichen Umkehr gesprochen werden, auch wenn diese nur partiell wäre. Dies hängt damit zusammen, daß der Einzelfall immer der Auslegung des Richters anvertraut ist. Es kann innerhalb des Einzelfalles nicht von einer generellen Regelung gesprochen werden, dies widerspricht sich schon sprachlich.

f) „Kreditvermittlung“ [27]

Durch eine weitere Entscheidung des BGH, die „Kreditvermittlung“, bei der die Beklagte behauptete, sie sei die „größte Kreditvermittlung Südwestdeutschlands“, wurde wie in „Preisgegenüberstellung“ der Bereich, für den der Beklagte die Beweispflicht hat, ausgedehnt. Nachdem der Beklagte Auskunft über Ihre Angestellten gegeben hatte und auch die Zahl der vermittelten Kreditaufträge und deren Volumen, war ein Größenvergleich auch für den Kläger möglich, da der reine Vergleich mit den Mitbewerbern eigentlich nicht mehr der Sphäre des Beklagten zuzuordnen war. Dazu nahm der BGH wie folgt Stellung, zum einen verneint er nochmals explizit eine generelle Beweislastumkehr[28] und beschränkt sich auf die Beweispflichten, die im Einzelfall aus Treu und Glauben eine Entlastung des Klägers bringen können, zum anderen verneinte er eine Möglichkeit des Klägers, einen solchen Vergleich durchzuführen. Da die anderen Kreditanstalten entweder keine oder nur Angaben, die vertraulich zu behandeln sind dem Kläger mitteilten, ist dieser eben nicht in der Lage, den vollen Beweis zu erbringen. Ganz im Gegensatz dazu der Beklagte, der ja für sich die Alleinstellung in Anspruch nimmt und damit wirbt.

---

[25] Ulrich Fritze, Die Umkehr der Beweislast, GRUR 75, 61

[26] BGH GRUR 75, 78, 79 linke Spalte unten

[27] BGH GRUR 78, 249 (Kreditvermittlung)

[28] BGH GRUR 78, 249, 250 recht Spalte unter 2.

Daher muß dieser sich vor der Veröffentlichung über die geschäftlichen Verhältnisse der Mitbewerber informieren. Falls dies nicht so sein sollte, befindet sich der Beklagte in Beweisschwierigkeiten, welche er unter dem Gesichtspunkt von Treu und Glauben zu tragen hat. Die Wichtigkeit dieser Entscheidung kann gar nicht hoch genug angesetzt werden, da in ihr sich auch noch allgemeine Aussagen zu den Allein- und Spitzenstellungsfällen finden. So wird die Verantwortung für die Richtigkeit der Aussage dann dem Werbenden auferlegt, wenn der Kläger eben nicht oder nur unter erheblichen Schwierigkeiten ermitteln kann, ob dem Beklagten diese Stellung auch wirklich zu kommt. Damit steht aber immer noch der Einzelfall im Mittelpunkt, d.h. auch aus dieser Pflicht ist keine generelle Beweislastumkehr zu rechtfertigen.

In der Anmerkung von Droste[29] wird nochmals auf die Problematik der Umkehr der Beweislast eingegangen und er nimmt dazu verneinend Stellung, entgegen seiner vormaligen Aussage[30]. Eine Begründung erfolgt dahingehend, daß dadurch eine ausgewogenere Regelung erreicht werden kann. Dem ist zuzustimmen, auch wenn die Regelung sich schon in der Nähe einer Beweisumkehr befindet, wie Kur in ihrem Artikel[31] richtig feststellt. V. Gamm[32] meint dagegen, daß sich in diesen Ausnahmefällen eine Umkehr der Beweislast ergeben würde, da der Beklagte über andere Tatsachen Auskunft erteilen müßte, die gerade nicht mehr in seinem Wirkungskreis liegen. Dem möchte ich widersprechen, auch wenn zugegebener Maßen der Wortlaut der Entscheidung diesen Eindruck entstehen läßt. Tatsächlich wird hier nur eine Erweiterung der Darlegungslast vorgenommen, die jetzt demnach selbst Tatsachen außerhalb der eigenen Sphäre betreffen kann[33]. Was allerdings nicht zur Sprache kommt, obwohl der BGH dies in fast jedem anderen Urteil betont, ist die Einzelfallbezogenheit. Da diese aber dort so ausdrücklich betont wird, darf eben nicht von einer Umkehr der Beweislast gesprochen werden, auch wenn der Wortlaut dieses Urteils darauf hindeutet. Damit wird eine saubere Trennlinie gezogen, trotz dem durch die neuerliche Entscheidung innerhalb der Alleinstellung ganz sicher ein zusätzlicher Bereich geschaffen wurde, in dem der Beklagte möglicherweise (Einzelfallkriterium) für die Wahrheit seiner Aussagen die Beweislast trägt. Doch gibt hier das Urteil selbst noch einen Anhaltspunkt, bei welchem es selbst die Grenze für erreicht hält, bei der es keine Beweis- und Darlegungspflichten des Beklagten geben kann. Sobald die Zumutbarkeit für den Beklagten abzulehnen

---

29 Droste, Urteilsanmerkungen, GRUR 78, 251

30 Droste MA 59, 643, 648

31 Annette Kur, Irreführende Werbung und Umkehr der Beweislast, GRUR 82, 663, 665 linke Spalte, dieselbe ausführlich in Beweislast und Beweisführung im Wettbewerbsprozeß: eine vergleichende Untersuchung zum deutschen, amerikanischen und schwedischen Recht

32 v. Gamm, Wettbewerbsrecht, § 36 Rn. 61

33 in diesem Sinn auch Baumbach/Hefermehl, § 3 Rn. 80 a.E. der nicht von einer Umkehr spricht

ist oder keine wirklichen Beweisschwierigkeiten für den Kläger bestehe, verbleibt die Beweispflicht beim Kläger[34].

g) „4 zum Preis von 3"[35]

Der BGH stellte nochmals fest, daß für § 3 UWG der Kläger die Beweislast zu tragen habe[36]. Da es sich nicht um eine Alleinstellungsaussage handelte, sondern um eine Verletzung von § 3 UWG oder § 15 GWB (Irreführung über den Preis oder unzulässige Preisbindung der Händler), konnte nicht auf die erhöhte Verantwortlichkeit wegen der bestehenden Mitkonkurrenten ausgewichen werden. Es lag entgegen der Annahme im Ausgangsurteil keine Konstellation vor, in der die Beklagte von sich aus seiner Darlegungspflicht nachzukommen hatte, da keine Beweisprobleme des Klägers bestanden. Auch verweigerte der BGH die Umkehr der Beweislast, sondern bekannte sich zu dem differenzierten Weg mit einzelnen Beweiserleichterungen, die aber hier nicht einschlägig waren.

h) „Größter Biermarkt der Welt"[37]

Der Beschluß „Der größte Biermarkt der Welt", welcher nicht aus dem Bereich des § 3 UWG kommt, sondern aus dem Waren- und Kennzeichnungsrecht, ist für die Frage der Beweislast in § 3 UWG nicht verwertbar. Die Entscheidung wendet die materiellen Grundsätze, die auch in § 3 UWG zum Tragen kommen[38] an. Voraussetzung für eine Eintragung eines Warenzeichens ist ebenso, daß keine Täuschungsgefahr vorliegt. Zu unterscheiden ist allerdings die Problematik der Beweislast, welche nicht vergleichend herangezogen werden kann, da innerhalb des Antragsstellungsverfahrens eine vorrangige gesetzliche Regelung gegeben ist.

i) „Kamera"[39] und „Schuhmarkt"[40]

Ganz anders dagegen die zwei Urteile aus dem Jahre 1983, „Kamera" und „Schuhmarkt", in welchen der BGH seine Linie bestätigte. Bei ersterem annoncierte ein Einzelhändler ein besonders günstiges Kameraangebot. Am folgenden Tag wollte der Testkäufer des Klägers ein solches Modell erstehen. Dabei wurde ihm durch einen Verkäufer der Beklagten erklärt, daß dieses gerade nicht auf Lager sei, nachdem dieser davor dort nachgeschaut hatte. Dabei blieb offen, ob tatsächlich keine der Kameras vorhanden waren oder der Verkäufer diese übersehen hatte. Ganz eindeutig legte der BGH aber fest, daß ein Lock-

---

[34] BGH GRUR 78, 249, 250 (Kreditvermittlung) rechte Spalte unten

[35] BGH GRUR 78, 445 (4 zum Preis von 3)

[36] BGH GRUR 78, 445, 446 „Die Darlegungs- und Beweislast dafür, daß eine Irreführung vorliegt, trifft den Kläger; nur ausnahmsweise und als Ausfluß der prossesualen Darlegungspflicht ist der Beklagte zur Aufklärung des Sachverhaltes verpflichtet, wenn der Kläger keinerlei Verbindung zum eigentlichen Geschehensablauf hat, dem Beklagten aber eine Aufklärung unschwer möglich und zumutbar ist"

[37] BGH GRUR 81, 910 (Größter Biermarkt der Welt)

[38] BGH GRUR 81, 910, 911 linke Spalte unter 2.

[39] BGH GRUR 83, 650 (Kamera)

[40] BGH GRUR 83, 779 (Schuhmarkt)

vogelangebot nur dann nicht anzunehmen sei, wenn kein Verschulden des Beklagten vorliegen würde. Dafür allerdings trägt, entgegen der allgemeinen Beweislast des Klägers der Beklagte die Beweispflicht[41]. Es handelt sich nämlich um einen Umstand, der aus der inneren Sphäre der Beklagten stammt und für den Kläger in keiner Weise von außen aufklärbar ist. Dagegen ist es für die andere Partei die Aufklärung unproblematisch möglich und dieser auch zumutbar. Bei „Schuhmarkt" lag wieder eine Spitzenstellungsbehauptung vor, hier stellte sich der BGH, wie auch schon in „Kreditvermittlung", auf den Standpunkt, daß es dem Kläger nicht möglich sei, oder zumindest nur unter erheblichen Schwierigkeiten, die Größen der anderen Schuhgeschäfte zu ermitteln und daher die Beklagte dafür die volle Darlegungs- und Beweislast zu tragen habe[42]. Dies resultiert aus der Bezugnahme auf die Mitkonkurrenten und deren geschäftliche Daten, die für einen Verein zur Bekämpfung des unlauteren Wettbewerbs gerade nicht verfügbar seien. Damit bestätigte das Gericht die gefundene Linie für die Alleinstellungswerbung.

j) „Größtes Teppichhaus der Welt"[43]

In der selben Reihe ist auch das „Größtes Teppichhaus der Welt" einzuordnen. Hierbei wiederholte und bestätigte der BGH die nun als ständige Rechtsprechung zu bezeichnende Ansicht, daß gerade bei Spitzenstellungsaussagen eine „wesentliche Einschränkung"[44] der allgemeinen Beweislast für den Kläger besteht. Eine solche führende Weltstellung ist für einen örtlichen Verein nicht oder nur sehr schwierig überprüfbar. Für die Beklagte ergab sich dadurch aus Treu und Glauben[45] eine Offenlegungspflicht, die zu einer Beweiserleichterung des Klägers führte.

k) „Beratungskompetenz"[46]

In einem der neueren Fälle wird diese inzwischen gefestigte Rechtsprechung des BGH ausdrücklich bestätigt. Demnach trifft den Kläger grds. die Beweislast und nur in den Fällen, bei denen es um die Aufklärung von Tatsachen geht, die in den Verantwortungsbereich des Beklagten fallen, ergibt sich für diesen ausschließlich eine prozessuale Erklärungspflicht. Diese Pflicht resultiert aus dem Gebot der redlichen Prozeßführung (§ 242 BGB)[47], stellt aber gerade keine Beweislastumkehr dar[48].

---

[41] BGH GRUR 83, 650, 651 linke Spalte oben

[42] BGH GRUR 83, 779, 781

[43] BGH GRUR 85, 140 (Größtes Teppichhaus der Welt)

[44] BGH GRUR 85, 140, 142 linke Spalte unter 2.

[45] Bernhard Schneider, Beweisschwierigkeiten bei der Durchsetzung des Unterlassungsanspruchs nach § 3 UWG, S. 222, 1988 Frankfurt am Main, dieser begründet auch die geänderten Beweispflichten aus der besonderen Verantwortlichkeit bei einer Alleinstellungsbehauptung, geht jedoch innerhalb dieser Untergruppe von einer echten Beweislastumkehr aus.

[46] BGH GRUR 97, 229 (Beratungskompetenz)

[47] a.a.O. S. 229, 230 linke Spalte

[48] so auch Teplitzky, GRUR 97, 691, 698 Fn. 99

m) Stellungnahme

Die großen Probleme innerhalb der irreführenden Werbungsaussagen und der Beweislast sind durch eine inzwischen ständige Rechtsprechung weitestgehend geklärt. Dabei fällt doch auf, daß der BGH sich fast erbittert wehrt, von einer allgemeinen Beweislastumkehr zu sprechen und sich innerhalb seiner Entscheidungen fast immer auf die Verfügbarkeit von Informationen stützt um Beweiserleichterungen für den Kläger zu erreichen. Gerade für die Alleinstellungsbehauptung wird ein sehr weiter Umfang bezüglich der Darlegungslast für den Beklagten gezogen. Die anfänglich etwas unklare Linie zwischen § 138 III ZPO[49] und § 242 BGB wurde spätestens durch die „Kreditvermittlung" eindeutig geklärt, nachdem eine systematische Vorrangigkeit von § 138 ZPO angenommen wurde. Diese ist auch richtig, es ergibt sich allein schon aus dem in § 242 BGB steckenden Billigkeitsgrundsatz[50], d.h. eine ausdrückliche Regelung muß immer zuerst Anwendung finden, erst dann kann § 242 BGB folgen.

Entgegen einiger Stimmen aus der Literatur[51] stellt sich die Regelung nicht als allgemeine Beweisumkehr dar, sondern nur als Beweiserleichterung für den Kläger. Selbst wenn diese innerhalb der Alleinstellungsfälle sehr weit geht, wird der Rubikon nicht überschritten, da, wenn auch etwas schematisch, immer auf die Beschaffungsmöglichkeiten der Beweise für den Kläger geachtet wird. Damit erscheint gerade ein starkes Konkurrenzunternehmen im Zweifelsfall nicht die selben Vergünstigungen zu bekommen wie ein Verein zur Bekämpfung des unlauteren Wettbewerbs. Diese Unterscheidung wäre bei einer generellen Beweislastumkehr nicht mehr möglich, die allgemeine Beweisverteilung innerhalb von § 3 UWG würde ohne ersichtlichen Grund verschoben werden. Aus diesen Gründen ist dem BGH recht zu geben. Durch das Abstellen des BGH`s auf den Einzelfall wird aber auch etwas anderes deutlich, nämlich die Funktion der unterschiedlichen Darlegungs- und Beweispflichten. Sie soll ausschließlich in dem Moment eingreifen, in welchem es für den Kläger zu scheinbar nicht zu überwindbaren Schwierigkeiten in der Beweisführung bzw. der Tatsachenbeschaffung kommt.

2. Beweislastumkehr

Bei der zweiten Fallgruppe hingegen, es handelt sich um Werbung mit wissenschaftlich ungesicherten Fragestellungen bzw. umstrittenen Fachansichten ohne Nennung der Gegenansicht hat sich der BGH schon früh endgültig für eine echte Beweislastumkehr zulasten des Werbenden entschieden.

---

[49] so auch v. Gamm, Wettbewerbsrecht, § 36 Rn. 59

[50] Palandt/Heinrichs, § 242 BGB Rn. 2

[51] vgl. Kur, GRUR 82, 663, 665 Fn. 31 m.w.N.

a) „Odol"

In der Entscheidung[52] warb die Beklagte als Hersteller von Pastillen mit den Vorzügen dieser Art der Desinfizierung des Rachenraumes gegenüber dem Gurgelwasser. Dabei handelte es sich um einen Systemvergleich. Gerade innerhalb eines solchen warb die Beklagte mit einer fachlich umstrittenen Meinung, ohne die abweichende Meinung zu erwähnen. Damit wurde die Beklagte selbst beweispflichtig für die Richtigkeit ihrer Aussage, zumindest wenn sie konkludent für diese eine Garantie übernimmmt[53]. Die Begründung für die Verschiebung der Beweislast ergab sich aus zwei Punkten, zum einen zeigt das einseitige Hervorheben dieser Ansicht, daß man für diese auch die Verantwortung übernimmt. Zum anderen wäre es nach Ansicht des BGH unbillig, in einem solchen Fall dem Kläger die allgemeine Beweislast zu belassen. Der tiefere Grund der Annahme einer Verantwortung für eine Werbeaussage ist die dem Verbraucher vermittelte Eindeutigkeit der Meinung. Diese wird durch den Werbenden so dargestellt, als ob es sich um eine gesicherte Erkenntnis handelt, daher muß er sich so behandeln lassen, als ob sein vermittelter Gesamteindruck der Wahrheit entspricht. Dies vor allem in einem besonders sensiblen Bereich wie der Gesundheitswerbung, seine hieraus resultierende Beweispflicht stellt sich als logische Folge dar.

b) „Buschbohne" [54]

In die selbe Gruppe der echten Beweislastumkehr fallen auch die Beispiele, in denen der Kläger den Beweis erbracht hat, daß die Werbeaussage des Beklagten zur Zeit der Veröffentlichung falsch war, der Beklagte aber im Prozeß einwendet, jetzt d.h. am Ende der mündlichen Verhandlung entspreche die Werbeaussage der Wahrheit. Hierfür trägt der Beklagte dann die volle Beweislast. Die Entscheidung beschäftigte sich mit der Werbung für ein neues Saatgut. Dabei wurde behauptet, daß die Sorte durch das Bundessortenamt hervorragend beurteilt worden sei, obwohl es bereits an einer Voraussetzungen für den Sortenbegriff fehlte. Bedingung dafür ist nämlich ein vom Bundessortenamt anerkannter Zuchtbetrieb, ebenso wie die Selbständigkeit und Beständigkeit des Saatgutes, an beiden Voraussetzungen fehlte es bei der Beklagten, die nur ein Importsaatgut vermarkten wollte. Diese wandte daraufhin ein, es sei ein neuer Antrag beim Bundesamt eingereicht worden. Das Gericht entschied expressis verbis bei Werbeaussagen, die „... infolge nachträglich eingetretener Umstände richtig geworden sind, so trägt er (Beklagte) nach allgemeinen Grundsätzen die Beweislast"[55]. Daher reicht ein neuer Antrag gerade nicht aus, dieser hätte positiv verbeschieden werden müssen, um der Beweislast genüge zu tuen. Dabei handelt es sich um das sogenannte Regel-Ausnahmeverhältnis[56], da der Be-

---

52 BGH NJW 58, 1236 (Odol)
53 BGH NJW 58, 1236 recht Spalte mitte
54 BGH GRUR 61, 541 (Buschbohne)
55 BGH GRUR 61, 541, 543 linke Spalte unter c)
56 Thomas/Putzo v. § 284 ZPO Rn. 24

klagte hier genau die Ausnahme von dem schon erbrachten Beweis für sich in Anspruch nehmen will, hat er dies zu beweisen.

c) „Kaffee C" [57]

Der zugrundeliegende Sachverhalt betraf die Behauptung der Beklagten über ihren Kaffee: „Bekömmlichkeit für viele Gesunde und Kranke; die gute Bekömmlichkeit wurde in vielen Fällen klinisch festgestellt". Die Werbung wurde in zwei Abschnitte getrennt, da von der Klägerin sowohl die Bekömmlichkeit als auch die klinische Erprobung angegriffen wurde. Innerhalb des Verfahrens stellte sich heraus, daß von einer klinischen Erprobung bei Aufstellung der Werbeaussage noch nicht die Rede sein konnte. Daraus ergab sich, wie im vorhergehenden Fall, die Beweispflicht der Beklagten in Abweichung der allgemeinen Beweispflicht von § 3 UWG[58]. Es wurde auch hier der Wegfall der Unrichtigkeit von der Beklagten eingewandt. Im Gegensatz dazu verblieb die Beweislast bezüglich der Nicht-Bekömmlichkeit grds. bei der Klägerin. Da der BGH einer Beweisaufnahme in der Rückverweisung nicht vorgreifen konnte, vermerkte er nur, daß falls die Bekömmlichkeit des Kaffees auch nur umstritten sei, dies von der Beklagten in ihrer Werbung auch zum Ausdruck gebracht werden müsse und verwies auf die „Odol" Entscheidung mit der abweichenden Beweislastregel.

d) „Tampax" [59]

Hier ging es um die Werbebehauptung von Tampax, einem Tamponhersteller. Dieser warb damit, daß Frauen während der Menstruationsphase bei Benutzung eines selbigen Tampons gleichzeitig schwimmen gehen könnten. Die Klägerin dagegen behauptete, dies sei wissenschaftlich umstritten, da eine eindeutige Klärung dieser Frage noch nicht erreicht sei. Daraufhin verlangte der BGH wegen der Ungesichertheit der Erkenntnis der Aussage ein Beweis von der Beklagten. Er verwies nochmals auf „die Verantwortung für die Richtigkeit"[60], wenn nicht auf etwaige Zweifel aufmerksam gemacht oder auf andere Meinungen verwiesen wurde. Dabei wurde auch besonders hervorgehoben, daß die unterschiedliche Beweislast gerade bei Fragen der Gesundheit schon aus dem Interesse der Allgemeinheit und den daraus resultierenden Gefahren beim Beklagten liegen müsse.

In der Anmerkung von Droste[61] sieht dieser einen Unterschied zu „Kaffee C", da auf dem Gebiet des Gesundheitswesen von einer gesicherten wissenschaftlichen Erkenntnis auszugehen sei, bevor man ohne weitere Angaben eine solche Werbung veröffentlichen dürfe. Dabei wird aber nicht berücksichtigt, daß der BGH dies in „Kaffee C" nicht anders ausgedrückt hat, sondern inbezug auf die

---

[57] BGH NJW 65, 1077 (Kaffee C)
[58] BGH NJW 65, 1077, 1079 linke Spalte unter V.
[59] BGH GRUR 71, 153 (Tampax)
[60] BGH GRUR 71, 153, 155 unter IV. 2.
[61] Droste, Urteilsanmerkungen, GRUR 71, 156

Bekömmlichkeit einer Beweisaufnahme nicht vorgreifen wollte, aber bereits im Urteil darauf hinwies, daß die Regelungen von „Odol“ noch zur Anwendung kommen könnten[62]. Daher kann m.E. keine Differenz innerhalb des Urteils festgestellt werden, vielmehr ist ganz allgemein davon auszugehen, daß die aufgezeigte Beweislastumkehr in allen Gebieten, die fachlich umstrittenen sind, einschlägig ist und nicht nur im Gesundheitsbereich.

e) „Reumalind II“[63]

Als Fortsetzung und Bestätigung dieser Rechtsprechung stellt sich auch die Entscheidung dar, die nochmals exemplarisch diese Fallgruppe ausleuchtete. Die Beklagte warb unter dem Namen „Reumalind“ für ihre mit Schafschurwolle gefüllten Bettwaren seit 1952. Durch diese Bezeichnung verbanden die betroffenen Verkehrskreise z.T. eine medizinische Wirkung. Da diese Wirkung seit Mitte der 80er Jahre umstritten war, mußte die Beklagte den Beweis dafür erbringen, daß die Decken eine Gesundheitsförderung bewirkten. Dabei wurde auf die fachliche Umstrittenheit verwiesen, ein Gutachten zeigte auf, daß die therapeutische Wirkung nicht nachgewiesen werden konnte. Auch wenn nicht eine völlige Übereinstimmung mit den bekannten Beispielen erreicht wurde, da die Werbeaussage zugleich der Firmenname war, blieb es bei der Beweislastumkehr zulasten der Beklagten.

f) „Vermögensanlageprospekt“[64]

Es handelt sich um einen etwas anderes gelagerten Fall derselben Gruppe, in der die Beweislast umgekehrt wurde. Die Beklagte warb in ihrem Vermögensanlageprospekt mit den Aussagen: „10% p.a. + Bonus“, bei „Börseneinführung ein Bonus zwischen 60% und 103% des letzten Guthabens...“. Trotzdem es um Prognosen ging, sind diese an § 3 UWG meßbar. Dies hängt mit der vermittelten Seriosität der Prognosen zusammen. Aus dem Grund überbürdete das Gericht der Beklagten auch die Darlegungs- und Glaubhaftmachungslast, daß die vermittelten Angaben die angesprochenen Verkehrskreise nicht in die Irre führen würden. Dabei bemerkte es, „es erscheine äußerst naheliegend, fragwürdige Gewinnversprechen wie fachlich umstrittene wissenschaftliche Aussagen zu behandeln“[65]. Da die Antragsgegenerin im einstweiligen Rechtsschutz nicht vorgetragen hatte, daß die veröffentlichten Prognosen tatsächlich seriös sind, zumindest hinreichen realistisch, war ihr kein Erfolg beschieden. In die selbe Sparte fällt das Versprechen einer „Traumrendite“[66], auch hier wurde eine Beweispflicht in vollem Umfang des Versprechenden angenommen, da das Gericht die Angaben des Beklagten, wie diese Rendite zu erreichen sei, nicht mehr nachvollziehen konnte.

---

62 BGH NJW 65, 1077, 1079 unter V (Kaffee C)
63 BGH NJW 91, 1391 (Reumalind II)
64 KG NJW-RR 97, 993 (Vermögensanlageprospekt)
65 KG NJW-RR 97, 993 rechte Spalte unten
66 OLG München WM 97, 838 (Traumrendite)

g) Stellungnahme

Interessant an der Entscheidung ist die weitere Ausdehnung der Fallgruppe der echten Beweislastumkehr. Dabei zieht das Kammergericht, ohne es auszusprechen, den tragenden Gedanken der Umkehr heran, indem es die besondere Verantwortlichkeit in beiden Konstellationen vergleicht. Der Entscheidung ist zuzustimmen, da auch bei einer Prognoseentscheidung die Ausgangsposition und Bedingungen bezeichnet werden müssen, um dem Betroffenen eine sinnvolle und objektive Einschätzung zu ermöglichen. Dies ist aber dasselbe Anliegen bei den fachlich umstrittenen und trotzdem einseitigen Werbeaussagen. Selbiges gilt noch in stärkerem Maße für eindeutige Versprechungen, die keinerlei nachvollziehbare Grundlage mehr haben.

Entgegen der 1. Fallgruppe stellen sich hier fast keine dogmatischen, sondern nur noch Probleme im räumlichen Anwendungsgebiet der Gruppe. Die Ausweitungen, die durch „Reumalind II“ und „Vermögensprospekt“ erreicht wurden stellen sich als logische Folge dar, die auch nicht die Grenzen einer zulässigen Rechtsfortbildung sprengen. Vielmehr dienen sie einer Abrundung der bisher einzelnen und ungeordneten Beispiele zu einer einheitlichen Fallgruppe.

II. Substantiierungspflicht durch die FTC

Dabei handelt es sich ebenso wie im deutschen Recht nicht um eine Beweislastumkehr, sondern um eine erweiterte Pflicht, seine Werbeaussagen zu belegen. Der entscheidende Punkt ist, daß die Firmen zu dem Zeitpunkt, in welchem sie ihre Werbung veröffentlichen, bereits die gemachten Aussagen durch wissenschaftliche Tests und Gutachten belegen können müssen. Demnach ist eine Anzeige auch dann täuschend, wenn bei Beginn der Werbekampagne noch keine Substantiierung vorliegt, selbst wenn diese später nachgeholt wird und sich als richtig herausstellen sollte. Der Ausgangspunkt dieser besonderen Anforderung war der Verbraucherschutz[67]. Die Substantiierungspflicht war und ist nicht gesetzlich geregelt, sondern resultiert aus der Rechtsanwendung der FTC[68]. Die systematischen Anfänge waren die Resolution von 1971[69], welche noch in viel weiterem Maße als später die allgemeine Veröffentlichung dieser Daten von den Werbenden verlangte. Durch die damit verursachte Datenüberschwemmung machte sie sich selbst allerdings unanwendbar. Die Kommission legte mit der Pfizer-Entscheidung erste verbindliche Standards fest.

1. In re Pfizer, Inc.[70]

Es ging um die Anwendung einer Creme, durch die kleinere Verbrennungen und Sonnenbrände schmerzfrei gestellt werden sollten. Die Behauptungen versprachen praktisch sofortiges Nachlassen des Schmerzes gerade bei empfindlicher Haut („less time it takes me to slip out of my bikini“). Die FTC begründete ihr Verfahren nur teilweise mit einer täuschende Handlung, hauptsächlich bezog sie sich auf das „unfair“ Mandat. Dieses wurde damit begründet, daß die Herstellerfirma zum Zeitpunkt der Werbung keine „reasonable basis“[71] von wissenschaftlichen Untersuchungen vorliegen hatte, die diese Werbung bestätigt hätten[72]. Damit würden die Regeln der Fairneß sowohl gegenüber den Verbraucher als auch den Konkurrenten verletzt. Es wurde dem Hersteller die Nachweispflicht für die ihm bekannte Wahrheit seiner Aussagen auferlegt. In der Entscheidung wird nur soweit eine Begründung abgegeben, daß sich schon allein aus der Kostenfrage heraus eine Pflicht der Hersteller ergibt, ihre Waren selbst zu testen. Dies sei dem einzelnen Verbraucher nicht zumutbar und dadurch sinnvollerweise nur einmal durch den Produzenten durchzuführen. Die Unzumutbarkeit ergab sich aus dem Gedanken, daß nicht der Verbraucher das Risiko einer möglichen falschen Behauptung tragen sollte[73]. Auch wenn diese

---

[67] Cohen, The FTC's Avertising Substantiation Programm, 44 Journal of Marketing 26 (1980)

[68] erste andeutenden Entscheidung für die bestimmte Fallgruppe der Sicherheitsfeststellungen Heinz W. Kirchner, 63 F.T.C. 1282, 1295 (1963), aff'd, 337 F.2d 751 (9th Cir. 1964)

[69] Special Reports Relating to Advertising Claims, Requirement for Submission and Disclosure Thereof by the Commission, 36 Fed. Reg. 12,058 (1971)

[70] Pfizer, Inc., 81 F.T.C., 23 (1972)

[71] a.a.O. S. 62

[72] a.a.O. S. 73-74

[73] a.a.O. S. 62, diese Frage wird auch ausführlich unter wirtschaften Gesichtspunkten

Pflicht erstmals über das „unfair" Mandat begründet wurde, so ist dies heute für alle Bereiche, d.h. auch für die Irreführung und Täuschung anwendbar[74]. Für ausdrückliche Werbungsaussagen gilt der oben angeführte Maßstab der „vernünftigen Grundlage", welche immer fallabhängig ermittelt wird. Die Entscheidung gab aber schon eine grobe Einordnung vor, inwieweit verschiedene Faktoren bei diesem Maßstab zu berücksichtigen sind[75]:

- Art des Produktes und der Werbebehauptung
- die Konsequenzen, wenn die Aussage falsch ist
- das Maß, mit welchem die Verbraucher der Behauptung glauben schenken
- die Machbarkeit, einen solchen adäquaten Nachweis zu führen

Die Beweislast, wie weit die Substantiierung gehen muß, trägt allerdings die FTC[76]. Die relevanten Daten müssen bereits vor Veröffentlichung erlangt werden[77], wobei nicht alle Punkte einer Werbung dieser Darlegungspflicht unterliegen, so wenn es sich offensichtlich um eine Übertreibung oder nur eine bloße Redensart handelt[78].

2. In re Firestone Tire & Rubber Co. [79]

Die Werbung des Reifenherstellers versprach einen 25% kürzeren Halteweg bei Benutzung seiner neuen Reifen. Diese Werte wurden nur unter nassen Straßenbedingungen durch den Produzenten ermittelt. Die FTC wertete dagegen die Aussage so, daß der Reifen unter jeder Straßenbedingungen 25% schneller zum Stehen kommen würde und verlangte dafür eine Substantiierung. Die Fortentwicklung zu „Pfizer" bestand in der Ausarbeitung weiterer Kriterien bezüglich der Bestimmung der „vernünftigen Grundlage". Diese wurde aus zwei Richtungen bestimmt. Zum einen handle es sich um eine Aussage, die die Sicherheit der Käufer berühre, zum anderen würde die Behauptung selber den Eindruck eines wissenschaftlichen Tests vermitteln[80]. Daher seien strenge bzw. hohe Anforderungen an die Nachweispflicht zu stellen. Da nur die begrenzten Tests zur Verfügung standen, war ein ausreichender Nachweis nach Ansicht

---

bei Beales, Crashwell and Salop, The efficient regulation of consumer information, 24 Journal of Law and Economics 491, 517 (1981) dargestellt

[74] vgl. nur Firestone Tire & Rubber Co. v. FTC, 481 F.2d 246 (6th Cir. 1972), cert. denied 414 U.S. 1112 (1973); Warner-Lambert Co. v. FTC, 562 F.2d 749 (D.C. Cir. 1977), cert. denied 435 U.S. 950 (1977); Encyclopedia Britannica, Inc. v. FTC, 605 F.2d 964 (7th Cir.), cert. denied 445 U.S. 935 (1979)

[75] In re Pfizer, Inc., 81 F.T.C. 23, 64 (1972)

[76] In re National Dynamics Corp., 86 F.T.C. 488, 559-560 (1973), aff'd and remanded on other grounds, 482 F.2d 1333 (2d Cir. 1973), cert. denied 419 U.S. 993 (1974)

[77] In re Pfizer, Inc., 81 F.T.C. 23, 64, 67 (1972)

[78] a.a.O. S. 64, sog. „puffing-defense"

[79] In re Firestone Tire & Rubber Co., 81 F.T.C. 398 (1972), affirmed, 481 F.2d 246 (6th Cir.), cert. denied 414 U.S. 1112 (1973)

[80] In re Firestone Tire & Rubber Co., 81 F.T.C. 398, 451-452

der Behörde nicht erbracht worden[81]. Auch daß der Sachverständige der FTC im gerichtlichen Verfahren es keinesfalls ausschloß, daß die Reifen auch auf trockenem Boden um 25% schneller stoppen würden, änderte an der „cease and desist order" nichts[82]. Da ja die FTC gerade nicht die Unwahrheit nachweisen mußte, reichte es aus, daß der Hersteller nicht das verlangte Niveau der Substantiierung erreicht hatte. Demnach wurde eine erhöhte Darlegungspflicht in sicherheitsrelevanten Fällen angenommen und auf das in der Werbung vermittelte Prüfungsniveau abgestellt.

3. In re National Dynamics Corp.[83]

Es ging um die Behauptungen eines Batterieadditivherstellers, daß durch seinen Zusatz Batterien bei -3 Grad Celcius einen schnellen Start des Autos erlauben würden und die Lichter bis zu 25% heller leuchten würden[84]. Da innerhalb dieser Werbung der Eindruck einer wissenschaftlichen Überprüfung vermitteln wurde, verlangte die FTC diese Testergebnisse. Danach war das Produkt innerhalb der letzten 10 Jahre 6 mal von unterschiedlichen Forschungslaboren auf seine Wirksamkeit getestet und von diesen bestätigt worden. Doch die FTC stellte einen Fehler in der Testkonfiguration fest, danach fehlten dem Zusatzstoff genau die beworbene Eigenschaften. Trotzdem nahm die Behörde gerade keine fehlende Substantiierung an, da die Firma „vernünftig" und „im guten Glauben und Vertrauen" auf die Testergebnisse gehandelt habe[85]. Dabei wurde auch klargestellt, „daß die Substantiierungstheorie nicht notwendigerweise den idealen oder ultimativen Beweis verlangt. Vielmehr wird vom Werbenden einfach guter Glauben und eine vernünftige Vorsichtigkeit in die Gültigkeit der gefunden Nachweise verlangt"[86]. Damit wurde ausdrücklich klargestellt, daß es sich bei der Substantiierungstheorie nicht um eine Beweislastfrage handelt, denn dann hätte die FTC dieser Firma nicht eine Erfüllung ihrer Pflichten aus der Substantiierungstheorie attestieren können.

4. FTC Policy Statement Regarding Advertising Substantiation Program[87]

In diesem durch die Behörde veröffentlichen Programm werden hauptsächlich drei Aussagen getroffen. Die in Pfizer begonnene Substantiierungstheorie wurde weiter aufrecht erhalten und fortentwickelt wie folgt:

- auch für indirekte Behauptungen gilt die Doktrin[88]

---

81 a.a.O. S. 449
82 Firestone Tire & Rubber Co. v. FTC, 481 F.2d 246, 251
83 In re National Dynamics Corp., 82 F.T.C. 488 (1973), aff'd and remanded on other grounds, 482 F.2d 1333 (2d Cir.), cert. deneid. 419 U.S. 993 (1974)
84 In re National Dynamics Corp., 82 F.T.C. 488, 549 (1973)
85 a.a.O. S. 553, 556
86 a.a.O. S. 557
87 FTC Policy Statement Regarding Advertising Substantiation Program, Appendix to Thomson Medical Co, 104 F.T.C. 839 (1984) und 49 Fed. Reg. 30999, 31000 (1984)
88 erstmals in Sears, Roebuck & Co., 95 F.T.C. 406, 511

- zumindest der Grad an Substantiierung muß erreicht werden, von dem in der Anzeige selbst ausgegangen wird
- der Grad an Substantiierung ist notwendig, den Experten dieses Gebietes für vernünftig halten
- die Schwierigkeiten und Kosten der Entwicklung einer Substantiierung spielen eine Rolle
- Behauptungen, welche falls sie falsch sind, dem Verbraucher hohe Kosten verursachen, bedürfen ein hohen Substantiierungsgrad

keine Anwendung findet die Theorie:
- bei subjektiven Aussagen wie z.B. Geschmack, Geruch oder Gefühlen
- bei erkennbaren Übertreibungen und reinen Werbungsfloskeln[89]
- und bei billigen, einfach durch den Verbraucher selbst zu überprüfenden und häufig gekauften Waren[90]

Die Kommission beschränkte sich bei der Durchsetzung des Programms auf die einzelne Fallverfolgung und gab die Substantiierungsbemühungen bezüglich ganzer Industriezweige unter sect. 6 (b) FTCA in sogenannten „industrie wide rounds" auf. Grund dafür war die geringe Effizienz und die hohen Kosten[91].

Auch wenn die Substantiierungstheorie grundsätzlich verlangt, daß der Erhärtungsnachweis bereits bei Veröffentlichung der Anzeige vorliegt, beschloß die FTC in ganz bestimmten Fällen, innerhalb ihres eigenen Ermessens, auch noch spätere Nachweise zulassen[92]:

- wenn fraglich ist, ob ein öffentliches Interesse an einem Verfahren vorliegt und noch keine Anordnung verfügt wurde, wird in diesem Stadium noch ein späterer Nachweis zugelassen. Dasselbe gilt, wenn die FTC weiß, daß die Aussage wahr ist.
- wenn es um die Einschätzung des nötigen Grades der Substantiierung geht und die nachgereichte, spätere Erhärtung steht in Verbindung mit der ersten Substantiierung
- wenn es um die geeignete Reichweite der „order" geht, d.h. ein nachträgliche Substantiierung kann die Auflagen der Verfügung sowohl bezüglich der betroffenen Produkte als auch der Tiefe der Substantiierung verringern[93]

5. Weitere Voraussetzungen der Substantiierung

Dabei gilt für die in den Anzeigen veröffentlichten Gutachten oder allgemeinen Leistungsangaben, daß diese der vollen Kontrolle der FTC unterliegen. Pro-

[89] z.B. wäscht weißer als weiß
[90] FTC Policy Statement, 104 F.T.C. 839, 839-840 (1984)
[91] FTC Policy Statement, 104 F.T.C. 840
[92] so erstmals durch den ALJ (Administrative Law Judge) in Porter & Dietsch, 90 F.T.C. 770, 820, 823 (1977)
[93] FTC Policy Statement, 104 F.T.C. 839, 841

bleme treten vor allem in den Fällen auf, wenn durch die Angaben als solche der Eindruck eines vorausgehenden Vergleichstest erweckt wird oder die Gutachten durch falsche Befragungs- oder Recherchemethoden unbrauchbar für die Substantiierung sind. So ist für die zweite Gruppe immer noch der Litton Fall[94] prägend, in dem ein Mikrowellenhersteller ein Ergebnis seiner Umfrage veröffentlichte, nachdem unabhängige Servicetechniker mit einer sehr großen Mehrheit das Fabrikat diese Produzenten bevorzugten. Doch in der Werbung wurde nicht veröffentlicht, daß nur Betriebe befragt wurden, die als autorisierte Litton-Fachbetriebe zugelassen waren[95]. Dies wurde dementsprechend dann nicht als ausreichende Erhärtung zugelassen, da die Werbung die Einschränkung innerhalb der Befragungsgruppe nicht sichtbar gemacht hatte und dadurch das Bild einer repräsentativen Umfrage für den Verbraucher entstand. Voraussetzung für ein Gutachten oder eine Befragung ist, daß sie „methodisch einwandfrei ermittelt, auf zulässigen Proben der geeigneten Bevölkerungsschichten beruhen, keine voreinnehmenden Fragen beinhalten und die Ergebnisse korrekt analysiert werden“[96]. Für die Leistungsangaben gilt, daß diese, falls sie nicht substantiiert sind, auch nicht den Eindruck erwecken dürfen, als wären sie durch bestimmte Überprüfungsvorgänge verifiziert. Wenn von einer Spülmaschine[97] behauptet wird, daß sie ohne Vorwaschen das Geschirr sauber bekommt, so reicht dies aus, um dem Verbraucher zu vermitteln, der Hersteller habe dies auch selber getestet und entsprechende Nachweise. Noch stärker wird diese Annahme, wenn Vergleichszahlen ins Spiel kommen, so wie bei Pantron I Corp.[98] oder bei Invitro-Fertilisation Kliniken, die mit Erfolgsquoten warben und diese nicht belegen konnten[99]. Hier muß nach Ansicht der FTC der Verbraucher davon ausgehen, daß diese Zahlen nur durch seriöse wissenschaftliche Versuche oder Tests gewonnen werden konnten und diese daher als Ausgangspunkt für die Substantiierung zu dienen hatten[100].

Geklärt werden muß noch, daß es sich bei Referenzen und Empfehlungen[101] an sich nicht um zulässige Mittel der Substantiierung handelt[102]. Es ist gerade an-

---

[94] In re Litton Industries, Inc., 97 F.T.C. 1 (1981), aff'd, 676 F.2d 364 (9th Cir. 1982)

[95] a.a.O. 97 F.T.C. 1, 70-72

[96] Janet D. Steiger, Remarks Before Marketing & Public Policy Conference (13.5.94), gerichtlich durch Kraft, Inc. v. FTC, 970 F.2d 311 (7th Cir. 1992), cert. denied 113 S.Ct. 1254 (1993)

[97] Sears, Roebuck & Co. v. FTC, 676 F.2d 385, 390 (9th Cir. 1982)

[98] als Hersteller von einem Haarwuchsmittel, FTC v. Pantron I Corp., 33 F.3d 1088 (9th Cir. 1994), cert. denied, 131 L. Ed. 2d 722 (1995)

[99] In re Reproductive Genetics In Vitro, P.C., C-3357 (23.12.91) (consent order) und weitere Bsp. in 59 Antitrust & Trade Reg. Rep. (BNA) 422, 424, 567 (1990)

[100] In re Asics Tiger Corp., FTC Proposed Consent Order, File No. 872-3150 (28.1.91)

[101] Use of Endorsements or Testimonials in Advertising, 16 C.F.R. § 255 und Numex Corp., 116 F.T.C. 1078 (consent order) (1993), Jenny Craig, Inc., D-9260 (27.02.1998) (consent order)

[102] West's Legal News, 14.11.96, Myths and Half-Trues about Deceptive Advertising, Roscoe B. Stareck III, Commissioner FTC

ders herum, solche bedürfen ebenso einer Erhärtung[103]. D.h. wenn ein Empfehlungsschreiben eines Arztes vorliegt, so bedarf die Firma darüber hinaus noch eines Testes, der die behauptete Eigenschaft unabhängig bestätigt. Bei ganz normalen Verbrauchern, die als Werbende auftreten, gilt insoweit dasselbe, wenn sie Aussagen machen, müssen diese vorher objektiv überprüft worden sein.

Inzwischen haben sich durch die Anwendung Seitens der FTC und auch deren gerichtlichen Bestätigung mehrere Fallgruppen gebildet, bei denen eine besonders hohe Nachweispflicht verlangt wird. Dabei handelt es sich um Sicherheits- und Gesundheitsbehauptungen sowie Wirksamkeitsaussagen bei Medikamenten. Da sich auch hier inzwischen eine fast unübersehbare Fallanzahl angesammelt hat, werden nur die besonders wichtigen und neueren Entscheidungen aufgearbeitet[104].

a) Rezeptfreie Medikamente

Bezüglich jeder irgendwie gearteten Wirksamkeits- oder Überlegenheitsaussage eines solchen Medikamentes bedarf es, seit der ersten Entscheidung in American Home Products[105], zur Substantiierung mindestens einer klinischen Studie. Die Anforderung für diese Studien sind sehr hoch, d.h. es werden nur sogenannte Blindversuche zugelassen. Dabei werden dann entweder Placebos oder Konkurrenzmittel in Vergleich zu dem beworbenen Produkt, hier Anacin, eingesetzt[106]. Erst wenn sich herausstellt, daß die behauptete Wirksamkeit in ein oder zwei dieser Studien nachgewiesen wurde, liegt eine ausreichende Erhärtung vor. In Thomson Medical Co.[107] wurde diese Anforderung sogar auf 2 Studien ausgeweitet. Hier hatte der Hersteller behauptet, daß sein Schmerzmittel Aspercreme, welches nicht aus Aspirin oder einem Aspirinderivat hergestellt wurde und direkt auf die schmerzende Stelle aufzutragen war, wirksamer sei als Aspirin. Die Notwendigkeit einer zweiten Studie wurde von Thomson Medical bestritten, da die Anzeige gerade nicht von einer bewiesen Behauptung ausgehen würde[108]. Dagegen wurde sowohl von der FTC als auch dem Gericht keine Differenzierung in diesem Punkt zugelassen, sondern für jede Wirksamkeitsangabe die selben Anforderungen angesetzt[109]. In ganz ähnlicher Wei-

[103] Pantron I Corp., 33 F.3d 1088 (9th Cir. 1994) cert. denied, 111 S. Ct. 1794 (1995) bei einem Infomercial bezüglich Haarwachsmittel

[104] für weitere Fallbeispiele vgl. Matthew Bender & Co, Antitrust Laws, Kalinowski § 78.12 (3) und § 78.07 (3) und American Law Institute ALI-ABA, Christine A. Varney, Advertising and Unfair Competition: The FTC Enforcement, 565, 571ff. (1995)

[105] American Home Products Corp., 98 F.T.C. 136, 373-376 aff'd, 695 F.2d 681 (3d Cir. 1982)

[106] a.a.O. 98 F.T.C. 136, 376-384

[107] Thomson Medical Co., 104 F.T.C. 648 (1984), aff'd 791 F.2d 189 (D.C. Cir.), cert. denied 479 U.S. 1086 (1987)

[108] a.a.O. 791 F.2d 189, 193 unter B

[109] a.a.O. S. 195 linke Spalte

se wurde dies jetzt für Doan`s Pills[110] bestätigt, hier hatte der frühere Eigentümer Ciba-Geigy Corp. sein Schmerzmittel mit zwei Konkurrenzprodukten verglichen und behauptet, daß in seinem Medikament ein Zusatz vorhanden wäre, den die beiden anderen nicht beinhalteten würden. Der ALJ nahm eine Überlegenheitsaussage an und dafür fehlte es an der notwendigen Substantiierung. Sowohl die FTC als auch Novartis haben Berufung gegen die Entscheidung eingelegt.

Unter diese Gruppe fallen, von den Anforderungen und der Gefährlichkeit, auch die Diätprodukte. Gerade in diesem Bereich ist in den 90er Jahren eine verstärkte Tätigkeit der Behörde zu beobachten[111]. Beispiele sind Schering Corp.[112] welche unsubstantiierte Aussagen bezüglich des Gewichtsverlustes bei Einnahme ihrer Balaststofftabletten traf. Hierauf wurden gleich zwei Studien verlangt, die diese Gewichtsabnahmen belegen konnten. Desweiteren Nutri/System, Inc.[113] die eine Gewichtsabnahme bei befolgen ihres Diätplans versprach und auch diese Aussage nicht erhärten konnte und Sandoz Nutrition Corp.[114], die ihr Nahrungsmittel Optifast auch in Verbindung mit Gewichtsabnahmen vermarkteten ohne einen entsprechenden Nachweis liefern zu können. Dabei ging es letztlich immer um von den Herstellern veröffentlichte Erfolgsraten, die aber von keinem dieser effektiv nachgewiesen werden konnte. Da in diesem Bereich auch die FDA tätig ist und 1994 den Dietary Supplements Health and Education Act[115] erließ, bedürfen die Verpackungsangaben[116] immer einer „klaren wissenschaftlichen Übereinstimmung“[117] bezüglich der Wirkweise und Wirksamkeit der Mittel. Auch wenn die FTC nicht den selben Level für die „reasonable basis“ wählt, so sind die Abweichungen doch sehr gering, und sobald die FDA eine Aussage als ausreichend substantiiert ansieht, wird die FTC dieses Ergebnis respektieren. Demnach ist grundsätzlich für die Erhärtung in diesem Teilbereich zumindest ein „fähiger und seriöser wissenschaftlicher Nachweis“[118] notwendig.

---

[110] ALJ initial decision gegen Novartis Corp in „Fighting Consumer Fraud: New Tools of the Trade, A Report from the FTC“, April 1998

[111] PLI Order No. B4-7202 9/17/1997 Kathyleen A. O`Brien, Strategies for Succesfully Defending against FTC, Investigation on False and Deceptive Advertising, S. 269, 348 mit Tabellenübersicht

[112] Schering Corp., D-9232 (31.10.94) (consent order); Bogdana Corp., Dkt. No. 952-3235, 63 Fed. Reg. 27,294 (18.05.1998) für Wirksamkeitsaussagen über die Senkung des Cholesterinspiegels

[113] Nutri/System Inc., C-3474 (22.12.93) (consent order)

[114] Sandoz Nutrition Corp., C-3394 (10.8.92) (consent order)

[115] Pub. L. No. 103-417, 108 Stat. 4325 (niedergelegt in § 21 U.S.C. und § 42 U.S.C.), Erklärung in FTC Food Advertising Policy Statement, 59 Fed. Reg. 28388 (1.06.1994), neuerdings auch Guide for Dietary Supplement Industry, FTC Staff, Nov. 1998, im Internet abgedruckt unter <http://www.ftc.gov/bcp/menu health.htm>

[116] nur hierfür ist die FDA zuständig im Gegensatz zur Werbung, für die die FTC verantwortlich ist

[117] „significant scientific agreement“

[118] Victoria Bie, b/d/a Body Gold, FTC File No. 952-3328 (7.11.96) (consent agreement)

Ebenso werden auch hierunter Geräte gezählt, die in Zusammenhang mit oder als Ersatz von Medikamenten vertrieben werden. Dazu zählte auch der Haarentferner von Removatron[119]. In der Werbung wurde behauptet, daß der Epilator die Behaarung dauerhaft entfernen würde und es sich gerade nicht um eine nur zeitweilige Lösung wie bei Haarentfernungscremen handeln würde[120]. Die Firma hatte dagegen gar keine Substantiierungsaussagen bezüglich der dauerhaften Haarentfernung. Die FTC verlangte entsprechend ihrer Doktrin für die Werbung eine entsprechende wissenschaftliche Grundlage für die Aussage oder einen klinischen Test[121]. Das Berufungsgericht[122] hielt eine solche Behauptung nur für vertretbar, wenn zumindest eine Studie über die dauerhafte Haarentfernung angefertigt worden wäre. Ganz ähnlich lag es bei dem „Viralizer System"[123], einem Handgebläse, welches die erwärmte Luft mit bestimmten Zusatzstoffen versetzte und diese in die Nase als auch in den Mund befördern sollte. Die Produzentin hatte behauptet, daß dadurch Schnupfen und Husten abklingen würden, zumindest für einen bestimmten Zeitraum. Die FTC verlangte auch für diese Werbung zumindest eine medizinische Doppelblindstudie. Gegenüber Nordic Track[124], die durch ihr Fitnessgerät einen Gewichtsverlust in ihrer Anzeigenserie behauptete und dies auch an verschiedenen Studien scheinbar nachweisen konnte, wurde die von ihr vorgelegte Substantiierung als unzureichend angesehen. Da die vorgewiesenen Studien methodische Fehler aufwiesen, und dies erkennbar war, konnte hierauf nicht mehr vertraut werden.

Welches Ergebnis einer medizinischen Studie erst eine Werbung rechtfertigt, wurde in der „Helsinki Formula"[125] verdeutlicht. Dabei ging es um die Wirksamkeit eines Mittels gegen Haarausfall und Glatzenbildung. Daneben wurde zusätzlich noch mit der in wissenschaftlichen Tests bewiesenen Wirkung geworben. Im gerichtlichen Verfahren sagten 3 medizinische Sachverständige für die FTC aus, daß den Stoff, welchen die Herstellerin als Wirkungsmittel angegeben habe, keinerlei Einfluß auf das Haarwachstum habe. Auch in einem von der FTC veranstalteten Doppelblindtest stellte sich nur eine Wirksamkeit heraus, die dem Placeboeffekt entsprach. Diese Wirksamkeit wurde vom Berufungsgericht gerade nicht als ausreichend angesehen[126].

---

119 Removatron, Int'l Corp., 111 F.T.C. 206 (1986), aff'd 884 F.2d 1489 (1st Cir.1989)
120 a.a.O. S. 207
121 a.a.O. S. 296 Ausgangspunkt der Werbung war die Behauptung „clinical tests" mit Verweis auf die ergangenen Entscheidungen In re Thomson Medicial Co., 104 F.T.C. 648, 813 (1984) und In re Bristol-Meyers Co., 102 F.T.C. 21, 321 (1983)
122 Removatron, Int'l Corp. v. FTC, 884 F.2d 1489, 1498 (1st Cir. 1989)
123 In re Viral Response Systems, Inc., D-9254 (31.7.92) (consent order)
124 Nordic Track, Inc., C-3675 (17.6.96) (consent order) im Gegensatz zu National Dynamics, Inc. s.o. Kap. C II. 3.
125 FTC v. Pantron I Corp., 33 F.3d 1088 (9th Cir. 1994), cert. denied 115 S. Ct. 1794 (1995)
126 a.a.O. 33 F.3d 1088, 1097

b) Gesundheits- und Sicherheitsaussagen sowie Nahrungsmittel
Ausgangspunkt dieser Fallgruppe war zum einen H. W. Kirchner[127], wobei diese Entscheidung noch vor der in Pfizer explizit geäußerten Substantiierungsdoktrin liegt. Der Hersteller behauptete, durch seine Schwimmhilfe würde der Träger im Wasser unsinkbar sein. Dafür aber fehlte jede Erhärtung. Der oben schon besprochene Fall Firestone Tire & Rubber Co[128] verdeutlicht nochmals, daß die Anforderungen an die Substantiierung gerade wegen der erhöhten Lebensgefahr (falls die Reifen nicht unter allen Bedingungen um 25% schneller stoppen) besonders hoch zu sein hat. Darunter fielen ebenso drei Hersteller für Zusatz-Autobremssysteme, die mit nicht repräsentativen Referenzen den Eindruck erwecken wollte, daß es sich um ABS-Bremsen handeln würde. Da es sich dabei auch um eine Sicherheitsaussage handelte, wurden die allein schon problematischen Referenzen als nicht hinreichende Erhärtung angesehen[129]. In dieselbe Richtung geht auch eine weitere Entscheidung im Bereich der Feuerlöscher und ihrer Befüllung[130].

Dies gilt auch in verstärktem Maße für Nahrungsmittel. Hier gab es zwei Entscheidungen, die beide mit Eiern zu tun hatten. Dabei wurde in National Comm`n on Egg Nutrition[131] die Behauptung aufgestellt, daß bisher kein wissenschaftlichen Zusammenhang zwischen dem Verzehr von Eiern und dem Risiko eines Herzinfarktes nachgewiesen sei. Eine Substantiierung innerhalb einer Negativaussage ist natürlich schwerlich möglich. Doch wegen der Gefährlichkeit der Behauptung (falls sie sich später als falsch herausstellen sollte) verlangte die FTC trotzdem den absoluten Gegenbeweis als Nachweis für die Richtigkeit der Aussage[132]. Da dies der Interessenvereinigung nicht möglich war, mußte sie die Werbung ebenso einstellen, wie wenn sie eine positive Aussage getroffen hätte. Bei Eggland`s Best[133] warb die Firma damit, daß beim Verzehr ihrer Eier der Colesterinspiegel nicht so stark steigen würde, wie bei gewöhnlichen Eiern. Da auch dafür von der FTC zumindest ein wissenschaftlicher Test verlangt wurde, der dies bestätigt hätte, war hier die Behauptung nicht erhärtet gewesen und mußte eingestellt werden. Zusätzlich mußte noch auf der Packung darauf hingewiesen werden, daß bisher kein Test einen Unterschied inbezug auf den Colesteringehalt zu anderen Eiern festgestellt hat. Nach den selben Grundsätzen erfolgte die Entscheidung in Good News Produkts[134].

---

[127] Heinz W. Kirchner, 63 F.T.C. 1282 (1962), aff'd, 337 F.2d 751 (9th Cir. 1964)
[128] vgl. Kap. C II. 2.
[129] Automotive Breakthrough Sciences, Inc., D-9275 in 1998 FTC LEXIS 112 (9.09.1998) BST Enterprise, Inc., D-9276 (27.9.95) (complaint issued) Brake Guard Products, Inc., D-9277 (27.01.1998) in <http://ftc.gov/os/1998/9801/brakeguard.htm>
[130] Safe Brands Corp., 121 F.T.C. 379 (1996) (consent order)
[131] National Comm`n on Egg Nutrition v. FTC, 570 F.2d 157 (7th Cir. 1977), cert. denied 439 U.S. 821 (1978)
[132] a.a.O. 570 F.2d 160-162
[133] In re Eggland`s Best, Inc., C-3520 (15.9.94) (consent order)
[134] Good News Products, Inc., C-3642 (22.3.96) (consent order)

Ein weiteres Beispiel dafür war Klondike Lite[135], welche ein gefrorenes Dessert auf den Markt brachten, und behaupteten, dieses hätte Einfluß auf den Colesterinspiegel obwohl auch dafür jeder Nachweis fehlte.

In diesem Zusammenhang wurde 1994 durch die FTC ein „Enforcement Policy Statement on Food Advertising“[136] veröffentlicht, welches zum einen den betroffenen Firmen als Richtschnur für ein zukünftiges Verhalten der Behörde dienen sollte und darüber hinaus noch das Verhältnis zur FDA[137] und dem von ihr erlassenen NLEA[138] klärte. Dabei wurde die Doppelkompetenz bezüglich Nahrungsmitteln und Medikamenten ähnlich der Vereinbarung von 1954 geregelt, nämlich daß die FTC für die Werbung der rezeptfreien Medikamente und Nahrungsmittelwerbung zuständig sei, die FDA dagegen in dem Bereich für die Inhaltsangaben auf den Produkten und ausschließlich für rezeptpflichtige Medikamente. Dabei wurde ein Mißverhältnis sichtbar, da die FDA sich festgelegt hatte, bestimmte Angaben auf den Verpackungen nur noch nach bestimmten Tests und Grenzwerten zuzulassen und die FTC dies für Werbungssynonyme zu diesen Angaben nicht so eng auslegte[139]. Doch schloß sich die FTC diesen feststehenden Ausdrücken an, bezüglich Gesundheitsangaben benutzt sie den von der FDA entwickelten Standard der „significant scientific agreement“ als Richtschnur[140] für den Substantiierungmaßstab. Dieser hob den Grad der Erhärtung deutlich an, d.h. für nicht FDA getestete Nahrungsmittel muß dem Verbraucher klar gemacht werden, wie weit der wissenschaftliche Nachweis reicht und ob es eine ernstzunehmende Gegenauffassung zu diesem gibt. Ebenso muß auf inzwischen erkannte Gesundheitsgefahren hingewiesen werden[141]. Auch bei anderen Nahrungsmittelangaben wurden falsche und unsubstantiierte Werbebehauptungen veröffentlicht wie bei „Lean Cuisine“[142] da hier mit einem geringen Natriumgehalt[143] geworben wurde, indem man einfach die Angabe in Gramm anstatt Milligramm aufdruckte. Die FTC bestätigte in diesem Zusam-

---

[135] Islay Klondike Co., C-3412 (28.1.1993) (consent order), ähnliche Fälle für Colesterin in Verbindung mitverschiedenen Ölen vgl. Bertolli USA, Inc., C-3396 (17.8.92) (consent order) und CPC International, Inc., 114 F.T.C. 1 (1991) (consent order)

[136] 59 Fed. Reg. 28388 (1.6.1994)

[137] Food and Drug Administration

[138] Nutrition Labeling and Education Act, Pub. Law No. 101-535, 104 Stat. 2353 (1990) und die darauf von der FDA erlassene Verordung, 58 Fed. Reg. 2066 (6.1.93)

[139] z.B. „geringer Fettgehalt“ muß einen bestimmten Grenzwert unterschreiten und darf nicht relativ gesehen werden (Vergleich zu anderen Herstellern)

[140] 59 Fed. Reg. 28393-94

[141] so z.B. bei Diättabletten und Programmen, daß der Erfolg bei den meisten nur kurzfristig sei und ein Arzt bei Einnahme konsultiert werden sollte wegen möglicher Gesundheitsgefahren

[142] Stouffer Food Corp., D-9250 (26.9.94) (consent order)

[143] „unter einem Gramm Natrium“ wobei grds. diese Angabe in Miligramm zu erfolgen hatte (dann 900 mg Natrium), vgl. auch B.A. Silverglade, A New Enforcement Approach for a New Era in FTC Consumer Protection Regulation, 7 Advancing the Consumer Interest 23, 26 (1995)

menhang die feststehenden Ausdrücke für solche Angaben der FDA. Auch neuere Entscheidungen bestätigen diesen Trend[144].

c) **Umweltaussagen**

Ob es sich hierbei inzwischen schon um eine eigenständige, neue Fallgruppe innerhalb der Substantiierungsfälle handelt ist noch nicht hinreichend geklärt, doch erscheint dies sinnvoll, da gerade die betroffenen Aussagen stark durch die „Environmental Marketing Guides"[145] geprägt sind, die auch „Green Guides" genannt werden. In diesen wird durch die FTC geklärt, wann überhaupt Umweltaussagen innerhalb der Werbung benutzt werden können und welcher Grad an Nachweis bei der Benutzung durch den Verwender erbracht werden muß. Bereits nach 4 Jahren wurde ein überarbeiteter Führer herausgegeben, der zur inhaltlichen Klarheit beitrug[146]. So wird dort definiert ab wann ein Produkt z.B. als recyclingfähig, kompostierbar oder ozonsicher bzw. freundlich bezeichnet werden kann[147]. So wurden dann auch Werbungen verboten, die behaupteten, daß Polystyrolbecher und Teller recyclingfähig wären[148] oder das Plastiktaschen abbaubar wären, da es am notwendigen Substantiierungsmaterial fehlte[149].

6. **Stellungnahme**

Der Ausgangspunkt dieses Programmes ist in der Pfizerbegründung nachzuvollziehen. Es geht nicht um eine Verschiebung der Beweislast, sondern um die Frage, inwieweit einfache Behauptungen aufgestellt werden dürfen, die für den Verbraucher z.T. nur schwer nachprüfbar sind, zumindest vor der Kaufentscheidung. Das Risiko eines Fehlkaufes aufgrund der nicht vorhandenen Eigenschaften lag damit früher beim Käufer. Genau hier setzte die FTC an und versuchte die Auswirkungen abzuschätzen, die eine solche Beweislastverteilung nach sich zog[150]. Die daraus resultierenden Folgen schienen dem Verbraucher nicht zumutbar. Einmal steht der Produzent seiner Ware viel näher und kann daher eine Überprüfung wesentlich einfacher gestalten, desweiteren muß damit nur einmal eine Kontrolle stattfinden und nicht bei jedem einzelnen Konsument. Als weitere Argumente dienen sowohl die ungerechte finanzielle Belastung des Verbrauchers und die Vorteile, die die Doktrin auch für die Industrie selbst hat. Denn wenn der Käufer weiß, daß der Hersteller seine Werbebe-

---

[144] für Wirksamkeitsaussagen bezüglich Vitaminmitteln Live-Lee Production, Inc., C-3620 (10.10.96) (consent order) und Home Shopping Network, Inc., D-9272 (26.9.96) (consent order)

[145] 57 Fed. Reg. 36,363 (13.8.92)

[146] letzte Überholung durch die FTC am 22.04.1998, 16 C.F.R. § 260

[147] folgende Ausdrücke werden außerdem noch definiert: Umweltfreudlich bzw. sicher; biologisch oder lichtabbaubar, Recyclingprodukt, wiederauffüllbar, chlorfrei, ungiftig und wann das Umweltsymbol benutzt werden darf.

[148] Amoco Foam Products Co., FTC Docket No. C-3514 (9.8.94) (consent order)

[149] North American Plastics Corp., FTC Docket No. C-3526 (7.9.94)

[150] In re Pfizer, Inc., 81 F.T.C. 23 (1972)

hauptungen substantiieren muß, wird er diesen Angaben auch ein größeres Vertrauen entgegenbringen.

a) Vergleichbarkeit der Regelungen unter dogmatischen Gesichtspunkten

aa) Beweis- und Darlegungserleichterungen

Ein Rückschluß auf das deutsche Recht führt zu zwei Fragen. Erstens, ob bei den Alleinstellungsbehauptungen und fehlenden Aufklärungsmöglichkeiten eigentlich eine Fallgruppe gegeben ist, die der Substantiierungspflicht in etwa entspricht und ob ein Unterschied zur echten Beweislastumkehr vorliegt. Die erste der Fragen muß wohl mit einem „ja, aber" beantwortet werden. Voraussetzung für eine Vergleichbarkeit wäre es, daß sich die zwei Sachverhalte ähneln[151]. Demnach müssen sie sich in ihrer rechtlichen Bewertung zumindest teilweise decken, vor allem in den wesentlichen Punkten. Dies wiederum kann nur dann eindeutig ermittelt werden, wenn die unterschiedlichen bzw. gleichen Wertungen, die den Regelungen zugrunde liegen, vorab festgestellt werden.

Genauso wie die veränderten einzelnen Beweis- bzw. Darlegungspflichten im deutschen Recht wurde die Substantiierungspflicht im amerikanischen Recht nicht durch den Gesetzgeber eingeführt, sondern entspringt dem Richterrecht. Diese Lücke resultiert aus dem zugrunde liegenden Schutzzweck, der beiden gesetzlichen Regelungen am Anfang zugrunde lag. Da unstreitig am Anfang ein reiner Konkurrentenschutz beabsichtigt war, konnte eine den Konsumenten schützende Regelung natürlich nicht gefunden werden. Es handelt sich nämlich im Kern zumindest um eine mittelbare Maßnahme des Verbraucherschutzes. Auch wenn weder innerhalb sect. 5 FTCA noch in § 13 UWG dem Verbraucher selbst ein Klagerecht zusteht, so wurde bereits oben nachgewiesen[152], daß dieser Gedanke des Verbraucherschutzes heute zumindestens von der h.M. und Rechtsprechung vertreten wird. Auch wenn die heutigen unterschiedlichen Schutzzwecke (direktes Schutzgut Verbraucher in den USA und eine noch nicht genau geklärte Rolle des Verbrauchers in der deutschen Rechtsordnung) klare Unterschiede offenbaren, und auch automatisch aus den verschiedenen Klagebefugnissen zusätzliche Interessen der Konkurrenten geschützt werden, ist ein Vergleich der Regelungen nicht abwegig.

Vom Sinn und Zweck sind beide Regelungen ganz ähnlich, in dem Moment, wo es einer Partei (FTC oder Konkurrenten/Verbraucherschutzverbände) nicht mehr möglich oder unzumutbar ist, etwas zu beweisen, und der Gegenseite dies wesentlich einfacher möglich ist, entstehen für sie neue Pflichten. Ohne Zweifel wird dies im amerikanischen Recht ganz grundsätzlich zugunsten der FTC geregelt. Dabei muß aber beachtet werden, warum die FTC eine solche Sub-

---

151 Karl Larenz, Methoden der Rechtswissenschaft, Kap. 5, 2 b), S. 381

152 vgl. oben Kap. A I. 3. ff.

stantiierungspflicht annimmt. Wenn man die oben besprochene Pfizer-Entscheidung nochmals revue passieren läßt, wird für die U.S.-amerikanische Regelung als Hauptpunkt der Verbraucherschutz herausgearbeitet. Vor allem aus den Gründen der Unzumutbarkeit für den einzelnen Konsumenten, den Beweis zu führen, daß die Behauptung nicht stimmt und dem daraus resultierenden Kostenfaktor wurde diese Pflicht des Herstellers begründet. Im deutschen Recht dagegen fehlt es an einer solch generellen Pflicht des Herstellers, die entsprechenden Darlegungspflichten zu erfüllen. Doch die Gemeinsamkeit der Grundidee[153], genau dann eine besondere Verpflichtung des Werbenden anzunehmen, wenn dieser einen besonderen Wissensvorsprung hat oder haben muß, ist erstaunlich[154]. Diese Verpflichtung erzeugt daher einen Schutz der Verbraucher (wie auch ein eingeschränktes Recht der Mitbewerber im deutschen Recht) vor Behauptungen, denen er erkennbar mehr Vertrauen entgegenbringt als reinen Werbeübertreibungen, die aber für ihn nicht in der Weise zu überprüfen sind wie durch den Hersteller. Darin liegt demnach neben der Unzumutbarkeit das zweite Vergleichsmerkmal, die Inanspruchnahme von Vertrauen. Dies wird bei der Alleinstellungswerbung von der deutschen Rechtsprechung[155] ständig bestätigt. Die Spitzenstellung zeugt von besonderer Güte bzw. Größe, welche wiederum nur durch besondere Eigenschaften erreicht werden kann. Daraus aber ergibt sich die besondere Gefährlichkeit, daß das Vertrauen auf diese Aussage nicht eindeutig zu verifizieren ist, aber durch die Aussage des Herstellers bestätigt erscheint.

Unterschiede sind dagegen im Schutzbereich zu sehen, hier wird durch die FTC jede objektiv nachprüfbare Behauptung einer grundsätzlichen Substantiierungspflicht unterworfen. Die Rechtsfolge einer fehlenden Substantiierung ist

---

[153] dies wird von Schricker, GRUR 74, 579, 583 insoweit bestritten, als er die Sonderstellung der FTC als so einzigartig ansieht (Behörde mit administrativen, legislativen und judikativen Befugnissen), daß gar kein Vergleich mehr mit dem deutschen Wettbewerbsrecht möglich ist. Dem muß insoweit zugestimmt werden, als die Kompetenzen der FTC natürlich nicht mit den einzelnen Beweispflichten im UWG vom Umfang zu vergleichen sind, doch ist m.E. der Grund, aus welchem die beiden Regelungen resultieren, vergleichbar.

[154] vgl. Wortlaut der Entscheidungen „Kreditvermittlung“ GRUR 78, 250 „Die Revision weist zurecht darauf hin, daß sich die Beklagte vor der Aufstellung der Alleinstellungsbehauptung **über die geschäftlichen Verhältnisse ihrer Mitbewerber unterrichten mußte**. Hat sie das nicht oder nicht hinreichend getan und befindet sich deshalb in Darlegungs- und Beweisschwierigkeiten, so geht das nach Treu und Glauben zu ihren Lasten“ und In re Pfizer Co. 81 F.T.C. 23, 62 (1972) „aus dem Ungleichgewicht von Wissen und Resourcen zwischen einem Unternehmen und jedem einzelnen Verbraucher ist es ökonomischer und verursacht weniger Kosten für die Gesellschaft, **einen Hersteller dazu zu verpflichten, seine bejahenden Produktinformationen bestätigen zu lassen**, als jedem einzelnen Verbraucher diese Last aufzutragen....die ökonomische Fairness gebietet, daß diese Verpflichtung vom Verkäufer übernommen wird“

[155] vgl. m.w.N. Baumbach/Hefermehl, § 3 UWG Rn. 68...so kommt es auf die Wirkung an, die die bestimmte Werbeaussage nach ihrem Sinngehalt auf die angesprochenen Verkehrskreise ausübt...

die Bejahung einer Täuschungs- oder Irreführungsgefahr und daher dem materiellen Recht zuzuordnen. Im deutschen Recht fehlt es dagegen an einer so breiten Regelung, wobei die Schranken für die Überbürdung der Darlegungs- und Beweispflicht auf den Werbenden so hoch sind, daß von einer systematischen Regelung innerhalb von zwei Fallgruppen eben nicht gesprochen werden kann. Und trotzdem kann von einer Ausweitung der Umstände, die der Kläger nicht wissen kann oder braucht, gesprochen werden. Dies wurde ganz eindeutig in der BGH-Entscheidung „Kreditvermittlung"[156] klargestellt, in welcher die Kreise, für die der Kläger nicht beweisbelastet sein soll, stark ausgeweitet wurden. Diese beziehen sich auf alle außerhalb seiner eigenen Sphäre liegenden Umstände bei den sogenannten Alleinstellungsbehauptungen.

Daraus ergibt sich dann folgendes Bild: Die tatsächliche Ausprägung der Substantiierungspflicht als materielle Regelung bzw. Tatbestandsmerkmal der Täuschung wie in sect. 5 FTCA ist nicht mit der Regelung des § 3 UWG zu vergleichen, doch ausgehend von den beiden dogmatischen Leitgedanken, die die unterschiedlichen starken Pflichten begründen, ist eine Vergleichbarkeit der Regelungen m.E. gegeben. Im Mittelpunkt beider steht der Gedanke des Vertrauensschutzes. Zusätzlich muß noch bemerkt werden, daß eine Substantiierungspflicht vom Umfang der sect. 5 FTCA im deutschen System nicht mehr durch Richterrecht zu erreichen wäre. Dies liegt wieder an der bereits im ersten Teil aufgezeigten Schutzzweckdebatte, ohne eine ausdrückliche Verankerung des Verbraucherschutzes sind weitere Ausdehnungen der Beweiserleichterungen aus rechtsdogmatischen Gründen nicht zu erwarten.

bb) Beweislastumkehr

Ganz anders verhält es sich bei der echten Umkehr der Beweislast. Diese findet innerhalb der Substantiierung gerade nicht ihre Entsprechung. Es handelt sich bei den zwei Gruppen um die „zuerst falsch, dann richtig" und „wissenschaftlich umstrittene Fachansichten ohne Nennung der Gegenansicht" Unterteilungen. Dabei reicht es nicht aus, wenn durch den Werbeträger zwar ein Test veranlaßt wurde, welcher die Behauptung bestätigt, sondern es muß wissenschaftlich voll erwiesen sein. Dies erinnert an den Fall „National Comm'n on Eggs Nutrition"[157], bei dem die negative Behauptung aufgestellt wurde, es gäbe keinen erwiesenen Zusammenhang zwischen Colesterin und Herzinfarkten. Im Gegensatz zu den normalen Fällen wurde hier von der FTC ein vollständiger Beweis und nicht eine Erhärtung verlangt, da die möglichen Gefahren zu groß seien, falls die Aussage doch falsch sei. Dabei geht die deutsche Rechtsprechung von dem Denkmodell aus, daß „der Werbende in einem derartigen Fall, indem er die Aussage trifft, die Verantwortung für die Richtigkeit übernimmt, die er im Streitfall dann auch beweisen muß"[158]. Dabei hebt das KG besonders

[156] BGH GRUR 78, 249 (Kreditvermittlung) und Anmerkungen von Droste GRUR 78, 251

[157] National Comm'n on Eggs Nutrition v. FTC 570 F.2d 157 (7th Cir. 1977), cert. denied 439 U.S. 821 (1978)

[158] BGH NJW-RR 91, 1391 (Reumalind II) mit weiteren Nachweisen

auf das Eindruckerwecken einer gesicherten Fachaussage ab, obwohl diese eben wissenschaftlich konträr diskutiert wird[159]. Gerade hier sind die Gefahren natürlich am größten und dadurch auch eine besondere Verantwortung gerechtfertigt.

Bei der oben angesprochenen FTC-Entscheidung handelt es sich dagegen um einen Einzelfall. Normalerweise reichen auch bei Gesundheitsaussagen ein bis zwei klinische Studien, die die Aussage erhärten. Es muß nicht der volle Beweis erbracht werden, daß die Behauptung richtig ist, sondern es reicht aus, daß sich nach ein oder zwei Tests die Aussage als belegbar darstellt. Dabei darf allerdings auch hier nicht vergessen werden, daß die FTC zwar dann die Substantiierung als ausreichend ansehen kann, doch durch ihre eigene, entgegenstehende Meinung den entsprechenden Gegenbeweis zumindest für die Auslegung (was wurde behauptet/versprochen) der Werbeaussage führen kann. Dies führt daher zwar auf einen anderen dogmatischen Weg, doch gleichen sich die gefundenen Ergebnisse sehr. Der Hersteller hat daher in beiden Fällen, um keine Probleme befürchten zu müssen, den eigenständigen und vollständigen Nachweis zu führen, daß er im Recht ist.

Das Substantiierungsprogramm wird und wurde zum Teil als Umkehr der Beweislast bezeichnet[160]. Dieser Verteilung nach Risikogruppen fehlt nach Ansicht von Maher die Rechtsgrundlage[161] und auch die von der FTC gegebene Erklärung, dies als logische Anforderungen, die an die Fairneß gestellt werden zu betrachten[162], überzeugt nach seiner Auffassung nicht. Da die Substantiierungspflicht erstmals auf der „unfairness"-Theorie begründet wurde, muß auf die Entwicklung noch kurz eingegegangen werden. Erst durch die Entscheidung „Sperry & Hutchinson"[163] wurde der FTC explizit die Kompetenz eingeräumt, ein Verhalten ausschließlich als „unfair" zu bezeichnen, ohne daß es zugleich auch „deceptive" sein mußte. Dabei konnte durch die FTC schon wenige Monate später in der Pfizer-Entscheidung dieser bisher noch nicht genutzte Raum rechtlich erschlossen werden. Daß diese Voraussetzung danach ebenso für die Täuschung herangezogen wurde, zeigt nur ein weiteres Mal, daß die Machtkompetenz der Behörde äußerst weitreichend war und ist. Doch muß der Ansicht von Maher widersprochen werden, da die Auslegung des Begriffes der „Unlauterbarkeit" bzw. „unfairness" gerade der Behörde durch das Gesetz verschafft wurde[164]. Darüber hinaus fehlt für eine Beweislastumkehr noch ein entscheidender Punkt, daß nämlich trotz der Substantiierung die FTC die Be-

---

159 KG NJW-RR 97, 993 (Gewinnprognose)

160 so eine der ersten Entscheidungen zur aufkommenden Substantiierung Federated Nationwide Wholesales Service v. FTC, 398 F.2d 253, 260 (2d Cir. 1968)

161 John A. Maher, The Rule of Law & FTC: Thesis and Antithesis ? Some Proposals, Dickinson L.R. 403, 431 (1982)

162 In re Pfizer Inc., 81 F.T.C. 23, 61 (1972)

163 FTC v. Sperry & Hutchinson Co., 405 U.S. 233 (1972)

164 vor allem durch das Wheeler-Lea Amendment, 52 Stat. 111 (1938)

weislast trägt, ob ein täuschendes Verhalten vorliegt oder nicht. Dies wird nochmals an dem Fall National Dynamics[165] verdeutlicht, in dem die FTC der Firma bestätigte, daß auf die Substantiierung vertraut werden durfte, obwohl die Testreihen nicht richtig angeordnet waren. Die Werbung wurde trotzdem als täuschend angesehen, nachdem die Behörde nachgewiesen hatte, daß die Testresultate nicht stimmten. Selbst wenn man rein faktisch eine Erleichterung für die FTC darin feststellen kann, daß sie zuerst nicht prüft, ob ein täuschendes Verhalten vorliegt, sondern ob das behauptete auch ausreichend erhärtet ist, so wird dadurch ebenso wie bei den Alleinstellungsbehauptungen im deutschen Recht nicht die Beweislast umgekehrt. Vielmehr ergibt sich diese besondere Pflicht des Beklagten aus seinem vorherigen Verhalten. Allein die Grenze, ab wann ein Werbender besonderes Vertrauen in Anspruch nimmt, und dadurch auch einer erhöhte Darlegungspflicht unterliegt, unterscheidet die beiden Rechtsordnungen vom dogmatischen Standpunkt her.

b) Zusammenfassung

Es liegt auch kein prima facie Beweis vor[166], es handelt sich im deutschen Recht bei den besonderen Darlegungspflichten nicht um einen Anscheinsbeweis, sondern es werden dort einzelne Beweispflichten auf den Beklagten überlastet werden. Es fehlt darüber ebenso an einem typischen Geschehensablauf, und nur in diesen Fällen hat die Rechtsprechung einen solchen Anscheinsbeweis zugelassen[167]. Dies gilt auch für die USA, in der die Substantiierung nicht als ein Anscheinsbeweis betrachtet wird, der nur durch die FTC erschüttert werden muß. Es handelt sich hier um eine spezielle Pflicht des Werbenden, seine Werbeaussagen in einem vernünftigen Maße abzusichern. Damit bleibt nach der vorherigen Diskussion um die Verortung bei Allein- oder Spitzenstellungsbehauptungen nur noch die Möglichkeit, daß der Grundsatz Treu und Glauben als materielle Ausformung im Prozeßrecht eine singuläre und einzelne Pflicht der Darlegung und des Beweises auf den Beklagten übertragen hat. Dies ist mit der Regelung in sect. 5 FTCA vergleichbar, da diese Pflicht, wie oben aufgezeigt wurde, erstmals aus der „unfairness“ bejaht wurde, auch wenn hier der Werbende in einem größeren Maße die Pflicht, seine Angaben zu erhärten, übertragen bekommt. Dafür spricht auch, daß in beiden Systemen ein materieller Rechtssatz dazu benutzt wird, um im prozessualen Bereich für den Kläger gewisse Erleichterungen zu erreichen, die zumindest auf sehr ähnlichen Gedanken beruhen. Verkannt wird dabei nicht, daß die Regelung der FTC mehr auf den Verbraucherschutz zugeschnitten ist als das von der dt. Rsp. entwikkelte Gebilde, trotzdem liegt derselbe Regelungsgrund für die unter 7.a) aa) behandelten Gruppen vor.

---

[165] In re National Dynamics Corp., 82 F.T.C. 488 (1972)

[166] für das dt. Recht vertreten von Moser v. Filseck, Anmerkungen zu Pressedienst GRUR 61, 360

[167] Hefermehl, Anmerkungen zu „Bärenfang“ GRUR 63, 274

7. Ausblick

a) Problempunkte

Ob eine teilweise Änderung der deutschen Rechtsprechung hin zum amerikanischen Modell sinnvoll ist, oder anders ausgesprochen, was von diesem Modell vernünftigerweise übernommen werden kann, stellt sich teilweise als unbeantwortbar dar. Dabei darf nicht vernachlässigt werden, daß hierzulande vor allem Konkurrenten und Verbraucherschutzverbände Abmahnungen und Klageverfahren anstrengen und in den USA dies eine Behörde übernimmt, die beiden Wettbewerbszwecken gleichermaßen verpflichtet ist. Falls keine weitere Änderung des Gesetzestext erfolgen wird oder kann, halte ich wegen des inzwischen durch die FTC besonders stark betonten Verbraucherschutzaspekt eine Ausdehnung der dt. Rsp. auf neue Fallgruppen für nicht wahrscheinlich und aus dogmatischen Gründen wohl auch nicht möglich.

Damit würde der Raum, der für die richterrechtliche Rechtsfortbildung besteht, gesprengt werden[168]. Erst wenn die besagte Wortlautänderung eintritt, ist damit der notwendige Boden für eine Veränderung gegeben. Ob eine solche Pflicht allerdings so weit wie in sect. 5 FTCA führen sollte, (Stichwort: zwei Blindversuche) kann nicht abschließend festgestellt werden. Grund dafür ist, daß durch die vielfach höhere Klagebefugnis des § 13 UWG im Vergleich zur nur allein klagebefugten FTC ein wesentlicher und sehr relevanter Unterschied im tatsächlichen Bereich liegt, der die daraus resultierenden Veränderungen extrem schwer abschätzen läßt.

Zusätzlich wird ja auf der materiellen Seite in § 3 UWG die Irreführung über Eigenschaft, Güte und Wirkung ebenso verfolgt[169]. Trotzdem ist dieser Irreführungsschutz gerade nicht mit der Substantiierung zu vergleichen, da es sich hierbei nicht um ein Modell handelt, welches Auswirkungen bis in das Prozeßrecht hat, desweiteren nur für ganz spezielle Gütevorstellungen gilt und auch keinerlei Pflicht gegeben ist, hier die behauptete Qualitätsvorstellung bereits bei Veröffentlichung der gemachten Werbeaussage darlegen zu können. Dazu kommt noch, daß auch diese Fallgruppe unter dem Vorzeichen oder dem Leitgedanke des Konkurrentenschutz[170] steht und daher gerade nicht mit der vorgefundenen Substantiierung vergleichbar ist.

Der tiefere Grund für eine mangelnde Vergleichbarkeit beider Fallgruppen der Täuschung ist daher die völlig andere Ziel- und Zwecksetzung im Verbraucherbereich. Die Substantiierungspflicht als solche ist im Vergleich zur Täuschung über Beschaffenheitsangaben wie ein vorgelagerter weiterer, materieller Täuschungsbereich, der ganz allgemein Pflichten (die nicht nur für diese

---

[168] Karl Larenz, Methodenlehre, Kap. 4. 2d), S. 355
[169] Baumbach/Hefermehl, § 3 UWG Rn. 147 ff.
[170] Baumbach/Hefermehl, § 3 UWG Rn. 126

Fallgruppe gelten) für die werbenden Hersteller schafft. Damit kann immer noch eine Täuschung anzunehmen sein, obwohl der „Erhärtungspflicht" nachgekommen worden ist. In diesem Fall allerdings muß die FTC dem belangten Hersteller die fehlende Wirksamkeit bzw. die Nichtübereinstimmung mit der Werbeaussage nachweisen, wobei dann meist ausführliche wissenschaftliche Gutachten notwendig sind.

b) Lösungsansatz

Ohne all zu sehr in hypothetische Thesen abzugleiten, kann zumindest eine konkrete Aussage über die Nützlichkeit einer Änderung getroffen werden. Eine nicht zu detaillierte Substantiierung als Hilfe für die oben erwähnten Verbraucherinteressen ist bis auf den Kostenpunkt von keiner Seite anzugreifen. Dabei muß nochmals auf die Motivation bei der Schaffung dieser Regelung zurückgegriffen werden, zum Schutz der Verbraucher sollen nachprüfbare Angaben durch den Werbenden entsprechend belegbar sein.

Wichtig ist allerdings, daß vor allem die Einschränkungen dieses Systems übernommen werden. Dabei sind gerade die Gebiete von einer Substantiierung ausgenommen, bei denen sich der Käufer selbst unproblematisch einen eigenen Überblick verschaffen kann, da es sich um tagtägliche Produkte handelt, die weder besonders teuer sind, noch selten gekauft werden oder bei denen die Verzerrung bzw. Übertreibung einfach zu erkennen ist. Denn genauso wie die Irreführung für den Käufer eine Gefahr darstellt, so ist ein zu eingeschränkter Handlungsspielraum[171] zwangsläufig ein Hindernis in der Informationsvermittlung.

Dies wiederum ist ein wichtiger Baustein in dem Modell der Konsumentensouveränität, denn nur wenn diese Pflicht ernst genommen wird, kann der Käufer auch wirklich auf die Werbung und deren Versprechungen bei größeren Investitionen oder Produkten, die er selbst nicht überprüfen kann, zurückgreifen um mit den richtigen Informationen dann seine Kaufentscheidung zu treffen.

Daß dies nicht genauso für Konkurrenten gilt, wird aus deren anderer Motivationslage heraus klar. Da sie gar nicht den Verbraucher im Sinne haben, sondern den Erfolg des Wettbewerbers verhindern wollen, kommt es meist auf für den Käufer völlig unwesentliche Dinge an (Abweichungen um weniger als 1% bei Inhaltsangaben oder Irreführung, die die Kaufentscheidung überhaupt nicht beeinflußt[172]), wobei durch die Verfolgung dieser Randprobleme nur der Wett-

[171] Sosnitza, Wettbewerbsbeschränkungen durch die Rechtsprechung, S. 201, 1995, Baden-Baden

[172] Mit den selben Feststellungen für die FTC während der 50er und 60er Jahre, in denen die Behörde noch vor allem unter Konkurrentenschutzgesichtspunkten tätig war, Robert Pitofsky, Verbraucherschutz und Kontrolle der Werbung in den USA, GRUR Int. 77, 304, 309

bewerb gestört und damit auf längere Sicht dem Verbraucher Schaden zugefügt würde[173].

Zusätzlich wurde die Substantiierungsdoktrin ja ursprünglich im Bereich der „unfairness“ verortet, da es als nicht gerechtfertigt erschien, Werbung mit Aussagen zu machen, über die der Hersteller selber zu dem Zeitpunkt noch gar keine abschließende Kenntnis hatte, auch wenn sie sich möglicherweise als richtig herausstellten

Ein schützenswertes Interesse der Hersteller oder Konkurrenten ist bis auf die Kosten nicht erkennbar, diese stehen aber in keinem Verhältnis zu den tatsächlichen Vorteilen für den Warenverkehr, den Verbraucher und die Marktallokation. Da diese Kosten aber sowieso in aller Regel an den Endverbraucher weitergegeben werden, entsteht zumindest keine Wettbewerbsverzerrung, da sie eigentlich bei allen werbenden Firmen anfallen. Ausnahme dazu sind nur die „no-name“ Produkte, die deswegen möglicherweise einen Preisvorteil haben. Da dieser aber sowieso wegen den enormen Werbungsausgaben besteht, kann er nicht zu einer grundsätzlichen Versagung dieses Modells führen

Der weitere Vorteil für diese Firmen ist auch die Werbung mit den Testresultaten und Klinikversuchen. Damit konkretisiert sich die Fragestellung auf die Abwägung von zusätzlichen Kosten für den Verbraucher und dem gestiegenen Vertrauen in die erweiterten Informationen bzw. den Wahrheitsgehalt[174] der Werbung. Mit der hier vertretenen Ansicht der Konsumentensouveränität ist diese Frage damit aber eigentlich schon beantwortet, da dies die Voraussetzungen für einen größeren und vergleichbaren Marktüberblick sind. Daher sind die temporär höheren Kosten iSd erhöhten Schutzes des Verbrauchers in Kauf zu nehmen. Daß diese Preissteigerungen nur von vorübergehender Dauer sind, dafür sorgt dann ein erhöhter Wettbewerb zwischen den einzelnen Anbietern. Durch die vorgeschlagene Neunormierung könnte, da der Schutz des Verbrauchers ja dann ausdrücklich in § 3 UWG genannt wäre, eine solche Substantiierung[175] durch die Rechtsprechung aufgebaut werden. Die oben geäußerten dogmatischen Bedenken wären damit aus dem Weg geräumt und einer Realisierung in dem eingeschränkten Maße stände nichts mehr im Wege. Die ist auch wegen der geringeren Kosten empfehlenswert.

---

[173] vgl. BGH WRP 91, 473 (Königlich-Bayrische Weisse), in ähnlicher Verkennung des allgemeinen Interesses des Verbrauchers BGH WRP 92, 496 (Beschädigte Verpackung) als die PIN-Nummer durch die verkaufende Drogerie geschwärzt wurde und sofort angenommen wurde, daß es für die meisten Verbraucher äußerst wichtig sei, eine makellose Verpackung zu erlangen, da die Artikel oft verschenkt werden, dies ist so in dieser Allgemeinheit m.E. nicht haltbar, da das Preisargument überhaupt nicht ausreichend berücksichtigt wurde

[174] a.a.O. S. 304, 308

[175] ähnlicher Gedanke auch bei Lehmann, BB 81, 1717, 1725 nach der Sphärentheorie, weitergehend noch der frühere Gesetzesvorschlag der CDU/CSU BT-Drucksache 9/665 S. 3 generelle Beweislastumkehr

III. Ausgangslage bzgl. der Beweislast in den Vereinigten Staaten

Es gilt innerhalb des „cease and desist"[176] wie auch im Gerichtsverfahren, daß die FTC grundsätzlich den betroffenen Firmen ein Verstoß gegen sect. 5 FTCA nachweisen muß. Demnach trägt im Regelfall die Behörde die Beweislast, auch wenn sie nicht das gerichtliche Verfahren einleitet und damit z.T. die Rolle des Beklagten einnimmt[177]. Dabei muß nochmals kurz der Verfahrensgang nachgezeichnet werden, wie die FTC überhaupt eine täuschende, falsche oder irreführende Handlung erkennt und wann diese beanstandet wird. Es handelt sich dabei um einen 3-teiliges Verfahren. Zuerst legt die Behörde fest, was die Werbung oder Anzeige eigentlich aussagt. Maßstab dafür ist, wie ein „vernünftiger Verbraucher" diese Anzeige auslegen würde[178]. Dabei unterscheidet die Kommission im Regelfall noch, ob es sich um eine ausdrückliche oder nur indirekte Behauptung handelt[179]. Der zweite Schritt stellt dann fest, ob aus dieser Position des vernünftigen Verbrauchers heraus eine Irreführung vorliegt[180]. Diese wird bejaht, wenn zumindest e i n e nachvollziehbare Auslegungsalternative irreführend ist, auch wenn dies für die anderen Auslegungsvarianten nicht gilt[181]. Danach muß noch überprüft werden, ob die Irreführung einen wesentlichen Punkt berührt. Dies wird bei ausdrücklichen und gewollten indirekten sowie unbeabsichtigt indirekten Behauptungen, die die Gesundheit oder Sicherheit berühren, immer angenommen[182].

Doch gestaltet sich diese Beweisdarlegung völlig anders als die aus dem deutschen Recht bekannte, da die Behörde ihre eigenen, ökonomischen Statistiken und Auslegungsansichten als ausreichende Beweismittel bezeichnen kann[183]. Diese Art der Beweisführung ist aber nur teilweise dem Gesetz zu entnehmen, welches dem Gericht nur einen begrenzten Überprüfungsraum zugesteht[184]. Eine abweichende Meinung des Gerichtes setzt voraus, daß die FTC keinen wesentlichen bzw. ausreichenden Beweis erbracht hat oder die Ansichten der

---

[176] dem einer Gerichtsentscheidung vorgelagerten streitigen Verwaltungsverfahren, welches aber auch schon quasi-judikative Züge hat und durch den „administrative law judge" geleitet und entschieden wird, im Gegensatz zur „consent order", bei der die Zustimmung der belangten Herstellerfirma notwendig ist, die aber den Hauptteil, nämlich 85-90% aller Fälle betrifft

[177] Gegen die Entscheidung des „administrative law judge" kann sowohl die FTC als auch die Herstellerfirma Berufung zu der Kommission und dann zu einem Bundesappelationsgericht einlegen, z.B. Jakob Siegel Co v. FTC, 327 U.S. 608, 613 (1946)

[178] FTC's Policy Statement on Decption, 45 Antitrust & Trade Reg. Rep. (BNA) 689 f (14.10.1983)

[179] In re Thomson Medical Co., 104 F.T.C. 648, 788 (1984)

[180] vgl. FTC's Policy Statement a.a.O. S. 689 Fn. 57

[181] a.a.O. S. 691, bereits seit In re National Comm'n on Egg Nutrition, 88 F.T.C. 89, 185 (1976)

[182] a.a.O. S. 694

[183] Zenith Radio Corp. v. FTC, 143 F.2d 29, 31 (1944 7.th Cir.)

[184] Sect. 5(c) FTCA vgl. 15 U.S.C. § 45(c) "The findings of the Commission as to the facts, if supported by evidence, shall be conclusive"

Kommission willkürlich sind[185]. Es entwickelte sich eine, mit wenigen Ausnahmen, recht einheitliche Rechtsprechung bezüglich der Beweisproblematik, die vom deutschen Standpunkt aber oft nur schwer nachvollziehbar ist, da sie mit tragenden Säulen unserer Gerichtsbarkeit kollidiert.

1. FTC v. Algoma Lumber Company[186]

Der Fall, der 1934 vor den Supreme Court kam, handelte von der mißbräuchlichen Bezeichnung von Bauholz. Dabei wurde seit jeher an der Ostküste die echte „white pine" (pinus strobus) als teures Außenbauholz benutzt, wohingegen dies für die Gattung „yellow pine" (pinus ponderosa), welches an der Westküste angebaut wurde, nicht galt. Bei ihr handelte es sich um ein weicheres, schneller wachsendes Holz. Sie wurde aber im Handel unter der Bezeichnung „California white pine" oder direkt als „white pine" verkauft und dies schon seit Ende des 19. Jahrhunderts. Darin sah die FTC trotzdem eine Täuschung. Innerhalb der vorausgehenden „orders" gegen vornehmlich Holzhändler wurden viele Zeugen vernommen, die den Eindruck bestätigten, daß eine Täuschung zu bejahen war. Doch wurde durch die vorangehende Instanz[187] dies nicht ausreichend gewürdigt und dadurch auch die „orders" aufgehoben. Der Supreme Court hob diese Entscheidung auf mit der Begründung, daß dieses Gericht sich nur scheinbar an sect. 5 FTCA[188] gehalten habe, eigentlich aber eine eigene Einschätzung der Zeugenaussagen vorgenommen habe. Dies sei dem Gericht aber nicht möglich, weder nach dem „case law" noch nach sect. 5 FTCA[189]. Damit wurde die Einschätzungsprärogative der Behörde bestätigt. Diese galt aber auch und für die Fälle, die nicht unter den Betrugsbegriff zu zählen waren[190]. Zudem wurde davon abgewichen, daß tatsächlich eine Täuschung oder Irreführung notwendig war, es reichte ab jetzt bereits die Möglichkeit einer solchen aus, was de facto eine große Beweiserleichterung darstellte[191]. Durch die Ersetzung des Nachweises einer echten Täuschung erreichte die Behörde die weitere Möglichkeit, auch ohne Zeugen eine Irreführung bejahen zu können, da bereits die potentielle Gefahr ausreichte.

2. FTC v. Standard Education Society[192]

Diese 3 Jahre später folgende Entscheidung bestätigte die gefundenen Prinzipien. Als täuschend durch die FTC wurden folgende Behauptungen beanstandet: „daß ein mehrbändiges Lexikon zu einem einmalig reduzierten Preis angeboten würde, d.h. von bisher $ 150-200 auf jetzt $ 69 bzw. das Lexikon umsonst sei und die $ 69 nur für die Loseblattnachlieferung bezahlt werden müßten". Aus-

---

185 American Home Products Corp. v. FTC, 695 F.2d 681, 687 (3d Cir. 1982) dort bei Fn. 9
186 FTC v. Algoma Lumber Company, 291 U.S. 67 (1934)
187 FTC v. Algoma Lumber Company, 64 F.2d 618 (1933)
188 normiert als 15 U.S.C. § 45
189 Supreme Court a.a.O. S. 73, Headnote 1
190 a.a.O. S. 81, Headnote 7
191 a.a.O. S. 81, Headnote 8
192 FTC v. Standard Education Society, 302 U.S. 112 (1937)

gangspunkt war dabei, daß die $ 69 der normale Verkaufspreis waren, d.h. weder eine Preisherabsetzung vorlag, noch etwas umsonst verschenkt wurde. Diese Täuschung wurde durch Zeugenaussagen nachgewiesen, wobei das Gericht ausdrücklich wiederholte, daß eine andere Bedeutung nicht infrage komme, da die Kommission ihre schlüssigen Ausführungen durch Zeugen nachgewiesen habe[193]. Somit wurde aber auch ein möglicher Gegenbeweis durch die nicht beweisbelastete Partei ausgeschlossen, da das Gericht für sich eine Bindungswirkung annahm innerhalb des Ermessensspielraumes der Behörde.

3. Zenith Radio Corp. v. FTC[194]

In dieser Entscheidung verdeutlichte das Berufungsgericht, nach welchen Grundsätzen die FTC ihre Beweiskette aufzubauen hatte. Im Fall ging es um einen Radioapparatehersteller, der mit der Behauptung warb, es sei ein täglicher Empfang der europäischen Sender möglich und denn Geräte hätten zwischen 5 und 11 Röhren. Die Kommission hielt diese Werbung für täuschend, da ein störungsfreier Empfang nicht dauerhaft möglich sei und die Anzahl der Röhren zwar stimme, doch diese nicht alle zum Empfang benutzt würden, sei auch hier der Irreführungstatbestand zu bejahen. Das Gericht entschied in dem Verfahren nur noch darüber, ob die FTC „wesentliche Beweise vorgelegt hatte, die ihre Verfügung stützten"[195]. Da die FTC keine Zeugenbefragungen durchgeführt hatte, bestritt der Kläger das Vorliegen eines ausreichenden Beweises. Diese Argument wurde zurückgewiesen, da der Kommission selbst das Recht zustehen würde, eine Werbebehauptung als täuschend anzusehen, falls sich dies durch Interpretation dieser ergeben würde[196]. Dabei lag auch keine Willkür[197] vor, deshalb wurde es als wesentlicher Beweis angesehen[198]. Damit wurde die als Einzelfall anzunehmende Entscheidung International Parts Corp. v. FTC[199] überholt, in der noch davon ausgegangen worden war, daß die FTC eines Beweises bedürfe, der nicht von ihr selber geliefert werden kann (extrinsic evidence). Damals wurde davon ausgegangen, daß der Sachverständigenaussage des Kläger mehr zu glauben sei, da es an einem „unabhängigen" FTC-Beweis gänzlich fehlte[200].

---

[193] a.a.O. S. 117, Headnote 2

[194] Zenith Radio Corp. v. FTC, 133 F.2d 29 (7th Cir. 1944)

[195] a.a.O. S. 30

[196] a.a.O. S. 31 unter 2.

[197] so auch in der späteren Entscheidung Bakers Frachise Corp. v. FTC, 302 F.2d 258, 261 (3d Cir. 1962) in der davon ausgegangen wurde, der Ansicht der Kommission sei zu folgen, außer es würde gänzlich an einem Beweis fehlen oder diese Entscheidung wäre „launisch oder willkürlich"

[198] a.a.O. S. 31 unter 3.

[199] International Parts Corp. v. FTC, 133 F.2d 883 (7th Cir. 1943)

[200] a.a.O. S. 885 unter 2.

4. Charles of the Ritz Distrib. Corp. v. FTC[201]

Die Herstellerfirma einer Kosmetik behauptete von ihrer Creme, daß diese „wundervoll verjüngend" wirke, die Haut sauber und jugendlich erhalten würde. Die FTC betrachtete auch diese Aussage als irreführend, da den beiden hinzugezogenen, führenden Dermatologen keinerlei solche Mittel bekannt seien, die tatsächlich verjüngend wirken würden. Dies wurde bestritten, da die Dermatologen gerade die infrage stehende Creme nicht untersucht hätten, da ihnen die Geheimformel nicht zugänglich gemacht wurde. Dieser Einwand wurde aus zwei Gründen zurückgewiesen, zum einen wurde der Sachverstand der beiden Ärzte als ausreichend für die Beurteilung angesehen und zum anderen lag kein privilegierter Fall vor, in dem der Kläger sich auf sein Geschäftsgeheimnis hätte berufen können[202]. Daß im Vorverfahren keine Zeugen vernommen wurden, betrachtete das Gericht für unerheblich, da es seit „Algoma Lumber"[203] ja nur noch einer möglichen Täuschung bedurfte. Es reichte die Aussage des Dermatologen, daß seine Patienten an solche Versprechen glauben würden[204]. Dies wurde als ausreichendes Beweismittel angesehen, da der Arzt ja laufenden Kontakt mit der Käufergruppe habe.

5. Jacob Siegel Company v. FTC[205]

Die bezeichnete Firma war Hersteller von Strickwaren und nannte die von ihr erfundene Wollmischung „Alpacuna", wobei diese sowohl Wolle, Baumwolle, Mohair als auch Alpaca beinhaltete. Dagegen fehlte ihr aber Vicuna, welche die teuerste der Sorten darstellt. Dies wurde als Irreführung der Öffentlichkeit ausgelegt. Die Betonung lag auf der mißbräuchlichen Verwendung der Endung -cuna, die eine Anspielung auf die besagte Vicuna-Wolle sei, obwohl diese nicht in der Mischung enthalten sei. Auch wenn sich die Entscheidung hauptsächlich mit dem Ermessen der Kommission bezüglich der Mittelauswahl zur Beendigung des täuschenden Handelns beschäftigte, so wird doch der Bezug zu der Beweisproblematik und der damit zusammenhängenden Frage der Auslegung einer Werbeaussage zugleich beantwortet. Der FTC wurde nicht nur die Kompetenz zugesprochen, innerhalb des Einzelfalles die Auswirkungen richtig einzuschätzen, sondern darüber hinaus Rückschlüsse aus ihrem allgemeinen Erfahrungsschatz zu ziehen[206]. Die Stellung der Behörde sei ähnlich einem Sachverständigen in eigener Sache, wie die folgende Passage zeigt: „Its expert opinion is entitled to great weight in the reviewing courts"[207]. In einem weiteren Supreme Court-Urteil[208] wurde in einer vergleichbaren Frage ganz ähnlich

[201] Charles of the Ritz Distrib. Corp. v. FTC, 143 F.2d 676 (2d Cir. 1944)
[202] a.a.O. S. 679 2.-4.
[203] FTC v. Algoma Lumber 291 U.S. 67, 81 (1934)
[204] a.a.O. S. 680 9.-11.
[205] Jacob Siegel Company v. FTC, 150 F.2d 751 (3d Cir. 1944), rev'd on other grounds, 327 U.S. 608 (1946)
[206] a.a.O. S. 614, Headnote 6
[207] a.a.O. S. 614, Headnote 7
[208] FTC v. Motion Picture Advertising Service Company, Inc., 344 U.S. 392 (1953)

entschieden, nämlich welche Auswirkungen eine bestimmte Handlungsweise hätte. Dabei wurde auch hier der Kommission das Vorrecht eingeräumt, diese Auswirkungen festzustellen und den Gerichten eine eigene Kompetenz innerhalb eines vertretbaren Rahmens abgeschnitten[209].

6. Elliot Knitwear Inc. v. FTC[210]

Diese Entscheidung stellt sich mit „International Parts Corp. v. FTC"[211] als eine der wenigen Ausnahmen dar, in denen ein Gericht den Beweisvortrag der FTC als nicht ausreichend angesehen hatte und eine eigene Würdigung der umstrittenen Werbeaussage vornahm. Auch hier ging es um eine Bezeichnung einer Wollmischung, welche sich „Cashmora" nannte und noch auf dem Label die Zusammensetzung von 30% Angora und 70% Schafwolle angab. Da aber kein Kaschmir in der Mischung enthalten war, lag für die FTC eine Irreführung vor. Das Gericht dagegen betrachtete nicht ausschließlich den Namen an sich, sondern prüfte, ob das gesamte Label täuschend sei. Die FTC hatte kein einzigen Zeugen aufgebracht, sondern sich auf die Behauptung berufen, „Cashmora" sei per se täuschend. Dies war dem Second Circuit of Appeals zu wenig, hier fehlte ein „substantial evidence" für die Gesamttäuschung[212]. Damit schien das Gericht von der Linie in „Jacob Siegel" abzuweichen, in der das 3. Circuit of Appeals der FTC gerade noch die Expertenstellung eingeräumt hatte. Dem ist zu widersprechen, vielmehr lag ein Verfahrensfehler seitens der Behörde vor, da diese sich nur auf den Begriff „Cashmora" berufen hatte und keinerlei Stellung zum gesamten Label genommen hatte, im Gegensatz zu der vorherigen Entscheidung. Nicht aber wurde die Möglichkeit einer per se Täuschung der Kommission genommen, sondern ihr nur aufgezeigt, daß der gewählte Beurteilungsausschnitt zu klein war und aus diesem Grund die Entscheidung aufgehoben wurde.

7. FTC v. Colgate-Palmolive Co[213]

Es handelt sich um eine der wichtigsten Entscheidungen für die FTC. Dabei wurde innerhalb einer TV-Werbung den Zuschauern vorgespiegelt, daß die neue Rasiercreme von Colgate-Palmolive innerhalb weniger Sekunden sogar ein Sandschleifpapier so aufweichen würde, daß der Sand mit einem Rasierer zu entfernen wäre. Dies wurde durch eine Tricksimulation vorgeführt, in der durch verschiedene Plexiglasscheiben und der Benutzung von echtem Sand auf normalem Papier der Eindruck vermittelt wurde, kurz nach dem Eincremen wäre das Sandpapier rasierbar. Die Zuschauer wurden nicht darüber aufgeklärt, daß es sich nur um ein Modell handelte und gerade nicht um eine echte Testanordnung. Der Supreme Court zeigte die unterschiedliche Rolle des Gerichts und der FTC auf. Dieser würde die Rolle zukommen, zu erkennen, wann eine

---

209 a.a.O. S. 396, Headnote 5
210 Elliot Knitwear Inc. v. FTC, 266 F.2d 787 (2d Cir. 1959)
211 International Parts Corp. v. FTC, 133 F.2d 883 (7th Cir. 1943)
212 Elliot Knitwear Inc, a.a.O. S. 790 unter 2.-3.
213 FTC v. Colgate-Palmolive, 380 U.S. 374 (1965)

Handlung täuschend gemäß sect. 5 FTCA sei, da dies die praktische Seite der Entscheidungsfindung berühren würde. Im Gegensatz dazu sei es die Aufgabe des Gerichts, die täuschenden Handlungen zu analysieren sowie den juristischen Unterbau zu definieren[214]. Dabei wurde aber verdeutlicht, daß zwar die juristische Endentscheidung bei den Gerichten verbleiben sollte, doch da diese eben nicht über einzelne in dem Maße spezialisierte Kammern verfügen, muß die Entscheidung der FTC für das Gericht nur noch nachvollziehbar sein, d.h. der Willkürrahmen beschränkt die Handlungen der FTC. Diese abschließende Zuteilung der unterschiedlichen Bereiche ist der wichtigste Teil der Aussage des Urteils. Damit wurde erstmals der Vorrang in der Täuschungsbeurteilung durch die Behörde auch juristisch sauber erfaßt und greifbar gemacht.

8. Firestone Tire & Rubber Company v. FTC[215]

Der Sachverhalt in diesem Fall ist sehr kurz (vgl. C. Kap II. 5. b)), die Klägerin warb damit, ihr Reifen würde 25% schneller stoppen und sei „Der sichere Reifen". Besonders war an diesem Fall, daß die FTC die Aussage „Der sichere Reifen" als irreführend ansah, ohne dies unter Beweis zu stellen. Ihr reichte der Hinweis aus, daß selbst der Kläger davon ausgehen würde, daß es zum damaligen Zeitpunkt keinen absolut fehlerfreien Reifen gäbe. Über die Problematik, ob denn „Der sichere Reifen" dies auch bedeuten würde, verlor sie kein Wort. Daß Gericht aber zog ein Gutachten der Klägerin heran, in dem 15,3% der Befragten davon ausgingen, daß es sich dabei um einen absolut fehlerfreien Reifen handeln würde[216]. Damit wurde die „order" aufrecht erhalten, obwohl eigentlich die Beweislast bei der FTC (Beklagte) lag und daher das Gutachten bei einer strengen Einhaltung dieser Regel gar nicht hätte herangezogen werden dürfen. Bezüglich des verkürzten Bremsweges wurde der Einwand der mangelnden Substantiierung von der FTC gemacht, welcher separat untersucht wurde[217].

9. ITT Continental Baking Company Inc. v. FTC[218]

Die Klägerin warb mit der Brotsorte „Wonder Bread" für ein verstärktes Wachstum für Kinder innerhalb eines Alters von 1-12 Jahren. Der Grund für dieses Wachstum läge in dem Verzehr von „Wonder Bread". Aufgrund von Trickfilmaufnahmen wuchsen Kinder in einem Werbespot innerhalb von wenigen Sekunden zu der von ihnen gewünschten Größe. Die Klägerin gestand zu, daß das Brot keine besonderen Inhaltsstoffe haben würde, doch bestritt sie, daß die Aussage eines überschnellen Wachstums in der Werbung gemacht worden

---

214 a.a.O. S. 385 unter 9.-10.

215 Firestone Tire & Rubber Company v. FTC, 481 F.2d 246 (6th Cir. 1973), cert. denied, 414 U.S. 1112 (1973)

216 a.a.O. 481 F.2d 246, 249 unter I. 3.

217 Kap. C II. 5. b)

218 ITT Continental Baking Company, Inc. v. FTC sowie Ted Bates & Company, Inc. v. FTC 532 F.2d 207 (2d Cir. 1976) wobei der zweite Kläger die von der FTC belangte Werbeagentur ist

sei. Von beiden Parteien wurden daraufhin unterschiedliche Studien darüber erstellt, was die Werbung aussagte und inwieweit Kinder und/oder Erwachsene getäuscht würden. Von der Beweisproblematik her stellte sich die Frage, wie die Kommission mit Gutachten und Zeugenaussagen verfahren mußte, die bereits im Vorverfahren eingeholt wurden. Dabei stellte das Gericht unter Hinweis auf „Cinderella“[219] fest, daß die FTC solche Erhebungen nicht ignorieren dürfe, auch wenn sie anderer Meinung sei. Zumindest müsse sie selbst dazu Stellung nehmen und dies auch begründen[220]. Da dies im vorangegangenen „initial hearing“[221] der Fall war, konnte sich die Klägerin nicht auf einen Verfahrensfehler der FTC berufen. In dieselbe Richtung ging auch der „Chrysler“[222] Fall, bei dem im Vorverfahren von der späteren Klägerin mehrere Zeugenaussagen und Befragungen eingeholt wurden, wie die angegriffene Werbeaussage zu verstehen sei. Diese Beweismittel wurden erst später durch die FTC widerlegt, indem diese eine andere Werbung der Klägerin präsentierte, die eine Schlußfolgerung in diesem Sinne nur noch schwerlich zuließ. Das Gericht stellt aber auch fest, daß ohne diese zusätzliche Stütze ein ausreichender Beweis erbracht worden sei, „da die Anzeige aus sich selbst heraus die Tendenz und Möglichkeit der Irreführung beinhalten würden“. Daher bedürfe es keines weiterem Beweismittels[223].

10. In re Cliffdale Associates, Inc., [224]

Durch die Ernennung von James C. Miller III[225] kippte kurze Zeit später das Machtgefüge innerhalb der Kommission, ab diesem Zeitpunkt bestand eine Mehrheit für die Republikaner innerhalb der FTC. Die Veränderungen wurden schon von einer Seite im Kap. B I. 2. behandelt, hier geht es nur um die beweisrechtliche Seite. In der Sache ging es um ein Behauptungen eines Ventilherstellers, durch den Gebrauch seiner „Ball-Matic“ Ventile für Autos würden bis zu 20% Sprit eingespart werden. Bezüglich der Auslegung von Werbeaussagen legte die Kommission fest, daß ihr bei indirekten Behauptungen auch die Möglichkeit eröffnet sei, die Wertung, die der Verbraucher vornimmt, aus ihrem eigenen Erfahrungsschatz zu beurteilen ohne ein weiteres, unabhängiges Beweismittel heranziehen zu müssen[226]. Dabei steht aber jedem von der Gegenseite eingebrachten, selbständigen Beweis eine Befassung durch die FTC zu[227]. Dies bedeutet aber nicht, daß die Behörde sich diesem Beweis anschließen muß, lediglich rechtlich oder tatsächlich muß sie den Beweis würdigen und erklären, warum sie diesen für nicht ausreichend oder stichhaltig hält.

---

[219] Cinderella Career & Finishing Schools, Inc. v. FTC, 425 F.2d 583 (1970)
[220] ITT Continental Baking Company, Inc. v. FTC 532 F.2d 207, 219 unter IV. 5.
[221] Anhörung vor Erlaß der „cease and desist order“
[222] Chrysler Corp. v. FTC, 561 F.2d 357 (1977)
[223] a.a.O. S. 363 unter B 3.-4.
[224] In re Cliffdale Associates Inc v. FTC, 103 F.T.C. 110 (1983)
[225] Vereidigung am 30.09.1981; weitere Ernennungen der Chairmen in 105 und 108 F.T.C. Appendix II
[226] Cliffdale Associates Inc. v. FTC, 103 F.T.C. 110, 166
[227] a.a.O. S. 166 Fn. 16

11. Thomson Medical Co., Inc. v. FTC[228]

Die Herstellerfirma vertrieb ein schmerzstillendes Medikament mit dem Namen „Aspercreme“, welches nicht rezeptpflichtig war. Schon der Name an sich wurde durch die FTC beanstandet, da dieser den Eindruck entstehen lasse, daß das Medikament auf dem Wirkstoff Aspirin basieren würde, obwohl es sich noch nicht einmal um Aspirinderivat handelte. Da auch keinerlei Hinweise auf der Packung zu erkennen waren, läge eine Täuschung vor. In dem Verfahren vor der FTC definierte die Behörde nochmals selbst die Vorgehensweise bei der Auslegung von Werbungsaussagen[229]. Durch die Unterscheidung zwischen indirekten und ausdrücklichen Werbeaussagen werden auch die Beweismittel berührt. Dabei können auch indirekte Aussagen aus der Anzeige selbst heraus bewiesen werden, wenn die Andeutungen oder Darstellungen klar genug sind. Erst wenn dies nicht der Fall sein sollte, wird die Kommission mit anderen, nicht von ihr selbst gefertigten Beweisen wie z. B. Verbrauchergutachten vorgehen[230]. Als weitere Beweismittel können sowohl Wörterbücher, Sachverständigen- und Zeugenaussagen, Meinungsumfragen sowie alle anderen zugelassenen Beweismittel dienen[231].

Im gerichtlichen Verfahren wurde von der Klägerin gerügt, daß die FTC in ihrer „final order“[232] die Sachverständigenaussagen falsch gewürdigt hatten. Das Gericht wies dieses Argument zurück mit der Begründung, es fehle bereits an einem rechtlich zu berücksichtigenden Sachvortrag[233]. Was die Klägerin ausschließlich rügen könne sei, daß es an einem wesentlichen Beweis der FTC fehle. Nicht dagegen könne sie die Beweiswürdigung der FTC beanstanden, da diese nicht willkürlich sei und damit auch nicht mehr vom Prüfungsumfang des Gerichtes umfaßt sei[234]. In dieser Eindeutigkeit stellt das Urteil einen Meilenstein in der Beweisproblematik dar.

---

[228] Thomson Medical Co., Inc. v. FTC, 104 F.T.C. 648 (1984), 791 F.2d 189 (D.C. Cir. 1986), cert. denied 479 U.S. 1086 (1987)

[229] Thomson Medicial Co., Inc. v. FTC, 104 F.T.C. 648, 788

[230] a.a.O. S. 789

[231] a.a.O. S. 790

[232] bezüglich des Verfahrensablauf stellt die „final order“ die Berufung auf die inital decision des ALJ vor der vollen Kommission dar, sie bildet zugleich den späteren Streitgegenstand der Klage

[233] so bereits schon in American Home Products Corp. v. FTC, 695 F.2d 618, 687 (3. Cir 1982) festgestellt. Von der FTC wurde die Werbung des nicht verschreibungspflichtigen Schmerzmittels Anacin angegriffen. Dieses wurde als überlegen dargestellt gegenüber den führenden verschreibungspflichtigen Schmerzmittel. Einen neuen Punkt oder zumindest die Bestätigung brachte die Entscheidung insoweit, daß es dem Gericht verwehrt sei, die einzelnen Beweismittel gegeneinander abzuwägen. Dabei wurde Rekurs auf die „Beneficial Corp. v. FTC“ Entscheidung genommen, in der dies erstmalig höchstrichterlich bestätigt wurde 542 F.2d 611, 616, 617 (3d Cir. 1976), cert. denied, 430 U.S. 983 (1977)

[234] Thomson Medicial Co. v. FTC, 791 F.2d 189, 196 (D.C. Cir. 1986) unter B 11.-12.

12. Kraft, Inc. v. FTC[235]

Nachdem innerhalb der 80er Jahre ein bedeutender Anteil von Scheiblettenkäse durch sogenannte „Imitatprodukte"[236] erobert wurde und dadurch der Marktanteil von Kraft wegen ihres teureren Käses stark zurückging, lancierte die Firma eine Werbekampagne. Deren Hauptinhalt war, daß jede einzelne Scheibe Kraftkäse so viel Calcium wie 5 oz Milch[237] beinhalten würde und damit scheinbar den Imitatprodukten überlegen sei. Beides wurde von der FTC als falsch und daher irreführend angesehen und verletzte dadurch sect. 5 FTCA. Es wurde festgestellt, daß während des Herstellungsverfahrens 30% des Calciums verloren geht und die Imitatprodukte ähnlich viel Calcium beinhalteten (durch künstliche Zugabe).

Von der Klägerin wurden im wesentlichen 2 Gegenargumente gebracht, zum einen, daß die FTC für die Verbrauchertäuschung keinen unabhängigen, außenstehenden Beweis erbracht habe und durch die „cease and desist order" das 1. Amendment[238] verletzt sei, wovon hier vom Sachzusammenhang nur das erste Argument zu behandeln ist. Daß ein unabhängiger Beweis notwendig sei, wurde mit einer Analogie zu sect. 43(a) Lanham Act[239] begründet, da dort diese Beweisform üblich sei. Desweiteren wurde die Notwendigkeit eines solchen Beweismittels mit der vorliegenden indirekten Werbeaussage (scheinbar den Imitatprodukten überlegen, da diese nicht aus Milch gefertigt werden) begründet. Dies könne von der FTC gar nicht aus sich selbst heraus beurteilt werden. Das Gericht wies beide Ansätze der Klägerin zurück. Es wurde nochmals die Kompetenz der FTC bestätigt, ganz gleich, ob eine ausdrückliche oder indirekte Werbeaussage vorliegen würde, die Täuschung aufgrund der behördlichen Erfahrung und des gesunden Menschenverstandes festzustellen. Eine Ausnahme sei nur dann gegeben, wenn die Deutungen der Kommission abwegig seien[240]. Dies sei hier aber gerade nicht der Fall. Die Analogie zum Lanham Act sei fehlerhaft, da auch dort von einigen Gerichten bei indirekten Werbeaussagen kein außenstehender Beweis verlangt würde, sondern das Gericht aufgrund eigenem Sachverständnis entscheiden würde. Vielmehr sei aber zu berücksichtigen, daß die FTC gerade im Gegensatz zu den Gerichten diesen Sachverstand in ausreichendem Maße zur Verfügung habe[241]. Auf das von Kraft selbst erstellten Verbrauchergutachten ging die FTC zwar ein, hielt es aber für unglaubwürdig, da die Antwortmöglichkeiten zu beschränkt gewesen seien und dadurch eine Suggestivwirkung vorhanden war, die die Antworten unverwert-

---

[235] Kraft, Inc. v. FTC, 114 F.T.C. 40 (1991), 970 F.2d 311 (7th Cir. 1992), cert. denied, 507 U.S. 909 (1993)

[236] diese werden rein künstlich durch Zusatzstoffe und nicht aus Milch hergestellt, müssen dies aber auf der Verpackung angeben

[237] ungefähr 240 ml Milch

[238] Verfassungsrechtlicher Schutz der Handelssprache

[239] Diese Anspruchsgrundlage gibt den Mitkonkurrenten ein eigenes Klagerecht gegen falsche oder irreführende Werbung

[240] Kraft, a.a.O. 970 F.2d 311, 320 (7th Cir. 1992) linke Spalte oben

[241] a.a.O. S 320 linke Spalte mitte

bar machten[242]. Damit war den gerichtlichen Anforderungen genüge getan und die Klage wurde abgewiesen.

13. Zusammenfassung des status quo

Voraussetzung einer vollständigen Beweisführung ist demnach:

- 15 U.S.C. § 45 (c) den Schlußfolgerungen der Kommission soll Folge geleistet werden, wenn sie auf Beweisen beruhen
- das Gericht darf das Beweismittel nicht einer eigenen Beweiswürdigung unterziehen
- täuschende Handlungen werden als solche durch die FTC erkannt doch von den Gerichten erhalten sie die juristische Determination
- der Meinung der FTC ist großes Gewicht beizumessen, da es sich bei ihr um ein ein Expertengremium handelt, welches besser in der Lage ist, die Täuschung oder Irreführung zu erkennen als die Gerichte
- die Entscheidungen der FTC sind solange aufrecht zuhalten, wie Beweise vorhanden sind und keine Willkür vorliegt
- auch ohne außenstehenden Beweis ist der Kommission in den Fällen zu folgen, in denen sich die Täuschung aus der Werbung selbst ergibt
- Gegenbeweisen muß sich die Kommission nicht beugen, sie muß sich aber mit diesen rechtlich auseinandersetzen
- es macht keinen Unterschied, ob es sich um ausdrückliche oder nur indirekte Werbeaussagen handelt, die FTC braucht in beiden Fällen keinen außenstehenden bzw. unabhängigen Sachverständigenbeweis (wie Meinungsumfrage) einzuholen

14. Stellungnahme

a) Problembereiche

Der Vergleich zum deutschen Recht bietet die Gelegenheit einer systematischen Aufschlüsselung. Als größter Unterschied fällt automatisch die Möglichkeit der Behörde auf, eine Anzeige aus sich heraus als falsch oder täuschend auszulegen, ohne dafür einen weiteren, selbständigen Beweis anzubieten als die eigene Kommissionsansicht. Der Vergleich mit der Beweisproblematik im deutschen Konkurrentenklagerecht muß hinken, da hier nur das reine Zivilrecht tangiert ist im Gegensatz zum Verwaltungsrecht. Ein Ermessen, und gerade dies hat die Behörde[243] bei der Auslegung der Werbebehauptungen, steht weder dem Gericht (falls diese die normative Methode zur Ermittlung der Täuschung wählt) noch einem Gutachter zu. Dabei ist gerade die der FTC zugestandene

---

[242] a.a.O. S. 323, 324

[243] Carter Prod., Inc. v. FTC, 323 F.2d 523, 528 (5th Cir. 1963) „die Kommission darf ihre eigenen Schlußfolgerungen aus den Anzeigen ziehen und muß dafür nicht Zeugenaussagen in das Verfahren einbringen..."

Einschätzungsprärogative auch in den U.S.A. schwer umstritten[244]. Es fällt auf, daß die Behörde zwar in den beiden Verfahren gegen „Thomson“ und „Cliffdale“ auch von der Notwendigkeit sprach, in Zweifelsfällen einen selbständigen und unabhängigen Beweis einzuholen, doch handelt es sich hier eher um Lippenbekenntnisse. Da das Gericht in Kraft[245] zwar darauf hinwies, daß ein solcher Beweis bestimmt im Dienste der Sache sei, aber gerade vom Gesetz nicht verlangt werden würde, nimmt die FTC ihre eigene Aussage aus den vorherigen Entscheidungen nicht so ernst. Die Einholung eines solchen Beweises stellt auf jeden Fall eine Ausnahme dar.

b) Kritik

Damit sind zwei miteinander zusammenhängende Problemkreise aufgeworfen, nämlich die durch das Ermessen resultierende Auslegungsfreiheit über die mögliche Annahme einer Täuschung in der Anzeige und die flexiblere Handhabung ähnlicher Sachverhalte durch die Behörde, da eine Bindungswirkung nur sehr selten eintritt. Dadurch, daß die FTC nicht wegen jeder Werbung ein Sachverständigengutachten erstellen lassen muß, sondern es in den meisten Fällen ausreicht, ihr eigene normative Auslegung zu präsentieren, wird erheblich Zeit und Geld gespart. Ebenso wird natürlich durch die vielen Spezialisten mehr Sachverstand in der Verwaltungsbehörde angehäuft und diese Sachkenntnis dadurch für die Gerichte noch unersetzlicher. Doch stehen diesen Vorteilen auch bestimmte Nachteile der Regelung gegenüber. Dies wird exemplarisch am „Kraft“-Fall deutlich, bei dem der Hersteller vor Veröffentlichung der Werbekampagne mehrere Sachverständige befragte und Meinungsforschungsgutachten in Auftrag gab, welche dann im Vorverfahren auch eingebracht wurden[246]. Dabei gingen diese nicht von einer Irreführung aus, wobei schon vor dem „administrative law judge“ diese Entlastungsbeweise keinen wirklichen Wert mehr hatten[247]. Da die Täuschung gerade nicht durch die Sachverständigen festgestellt wurde, und ein Ermessen einer Behörde schwer vorauszuahnen ist, war die Entscheidung der FTC nur bedingt vorhersehbar und bedeutete für „Kraft“ einen herben Rückschlag. Diese Entscheidung zeigt dann auch die Grenzen und Probleme auf, die aus der Doppel- bzw. Dreifachfunktion der Behörde resultieren. Nach Ansicht eines Teils der Literatur[248] wurde das Auslegungsermessen überschritten. Zwar ist ein Ermessen an sich für eine Behörde nichts besonderes, doch sollte dieses dann nicht noch mit einer de facto fehlenden Überprüfbarkeit von Beweisen gekoppelt sein. Das kann nur zu einer Rechtsunsicherheit

[244] Dennis P. Stolle, The FTC`s Reliance on Extrinsic Evidence in Cases of Deceptive Advertising: A Proposal for Interpretive Rulemaking. Kraft, Inc. v. FTC 970 F.2d 311 (7th Cir. 1992), Nebraska Law Rieview 1995, 352, 373

[245] Kraft Inc. v. FTC 970 F.2d 311, 319 (7th Cir. 1992)

[246] In re Kraft Inc., 114 F.T.C. 40, 67 (1989)

[247] a.a.O. S. 55

[248] Grundlegender Artikel hierführ Jacob Jacoby, George Szybillo, Consumer Research in FTC v. Kraft (1991): A Case of Heads We Win, Tails You Lose, PLI Order. B4-7167, 16.09.1996 m.w.N.

führen, welche aus der faktischen Unbeeinflußbarkeit der Entscheidung resultiert[249].

Es muß dabei nochmals auf die zwei unterschiedlichen Problembereiche hingewiesen werden, zum einen die Auslegung einer Täuschung aus der Werbung oder Anzeige an sich (normatives Modell) und die Situation, die danach für die betroffen Firma vor Gericht entsteht. Zur normativen Auslegung unter dem Gesichtspunkt des unter den Umständen vernünftig handelnden Verbrauchers wird unten noch ausführlich Stellung genommen, auch wenn diese Entscheidung bezüglich des dort propagierten Vorteils der Vorhersehbarkeit sicherlich nicht das beste Argument darstellt, kann dies m.E. die gefundene Regelung nicht grundsätzlich in Frage stellen, da es sich um einen Ausnahmefall handelte. Ganz anders dagegen wird die doch sehr einseitige Beweisführung bewertet. Daß kein wirklicher Gegenbeweis im gerichtlichen Verfahren möglich ist, und das Gericht in aller Regel an die Auslegung der Verwaltungsbehörde bis zur Willkürgrenze gebunden ist, kann in gar keinem Fall zur Rechtssicherheit beitragen und ist nur aus der verfassungsrechtlich (für das deutsche Rechtsystem) schwer begreifbaren Situation dieser Sonderbehörde zu erklären. Da sie sowohl administrative, legislative als auch judikative Elemente in sich vereint, trauten die Gründer dieser Administrationseinheit ihr wahrscheinlich eine weitaus größere Unabhängigkeit zu, als dies normalerweise für Behörden gilt, die sich aber nicht immer bestätigte.

c) Vergleichbarkeit des Reglungskomplex

aa) Ansatzpunkt § 286 ZPO

Die fehlende Überprüfungsmöglichkeit des Gerichtes, welches die Beweise nicht auf ihre unterschiedliche Gewichtung nachprüfen darf, ist dem deutschen Recht in dieser Art nicht bekannt[250]. Dabei muß hier auf das deutsche Verwaltungsrecht abgestellt werden, und darf nicht vorschnell § 286 ZPO herangezogen werden. Da diese Vorschrift eine Kernkompetenz im Zivilrecht für das Gericht bildet, macht deren Fehlen klar, daß diese Aufgabe (der Gewichtung) bereits der FTC übertragen wurde. Genau darauf lief dann auch die Entscheidung „Cinderella“[251] hinaus, die der FTC nur die Verpflichtung aufbürdete, sich mit den anderen (vom Gegner gelieferten) Beweisen zu befassen, d.h. ausschließlich ignorieren darf die Behörde die anderen Beweise nicht. Auch wenn diese durch aufwendige Verbraucherbefragungen erlangt wurden, stellt sich keine Bindungswirkung der Behörde, so z.B. die einer weiteren, eingehenderen Prüfung, ein. Nicht einmal muß die Behörde diesen Beweis durch eine eigene Be-

[249] Ivan L. Preston, The definition of deceptiveness in advertising and other commercial speech, 39 Cath. Uni. L.R. 1035, 1070 bei Fn. 159 (1990)

[250] seit FTC v. Algoma Lumber Co., 291 U.S. 67, 73 (1934); Warner Lambert Co. v. FTC, 562 F.2d 753 (D.C. Cir. 1976) und Thomson Medical Co. Inc. v. FTC 791 F.2d 189, 196 (D.C. Cir. 1986) unter 11.-12.

[251] Cindarella Career & Finishing Schools Inc. v. FTC, 425 F.2d 583 (1970)

fragung entkräften, es reicht dazu völlig aus, daß sie ihre eigene Ansicht trotzdem für richtig hält. Nach dem ABA-Report[252] aus dem Jahre 1989, der zum 75jährigen Bestehen der FTC herausgegeben wurde, wird klar, wieviel Arbeitsjahre für die Ermittlung der ökonomischen und verbraucherrechtlichen Fragestellung aufgewandt wird[253]. Daß die Budgetkürzungen während der Jahre 1979-89 um fast 50% zu einer Einschränkung der Tätigkeit der Behörde führten oder zumindest zu einer weniger tiefen Betrachtung und Ermittlung der anfallenden Fragen, stellt sich als logische Folge dar[254]. Da dies aber direkte Auswirkungen auf die Beweisführung im gerichtlichen Verfahren hatte, kann nur als Warnung für das deutsche System herangezogen werden. Da eine Behörde ja immer vom Staatshaushalt abhängig ist, darf ihr in der Beweisführung kein solcher Freiheits- bzw. Unüberprüfbarkeitsspielraum eingeräumt werden.

bb) Ansatz § 114 S. 1 VwGO

Nur ein Vergleich mit § 114 S.1 VwGO kann zu vernünftigen Resultaten führen, da es sich ja schließlich um Verwaltungswettbewerbsrecht handelt. Dabei geht hier der Überprüfungsspielraum der dt. Verwaltungsgerichte weiter, als dies für die Entscheidungen der FTC und deren Gerichte gilt. Diese steigen nur in die Willkürprüfung[255] ein und müssen prüfen, ob e i n[256] wesentlicher Beweis für diese Ansicht vorgetragen wurde. Die Tiefe einer § 114 S.1 VwGO-Prüfung auf die unterschiedlichen Ermessensfehler hat dies natürlich nicht zur Folge. Demnach muß festgestellt werden, daß weder § 286 ZPO noch § 114 S.1 VwGO für die Entscheidungsfindung innerhalb der FTC passen, da beide dem Gericht ein wesentlich weitergehenden Überprüfungsauftrag an die Hand geben. Dies bedeutet für die FTC, daß sie in diesem Bereich eine so große Machtfülle zur Verfügung hat, daß dies nur noch selber mit einem Gericht verglichen werden kann. Für eine Behörde in Deutschland ist dies bereits aus dem hier herrschenden engeren Gewaltenteilungsprinzip nicht vorstellbar[257]. Vergleichbar erscheint für amerikanische Gerichte letztlich nur speziell der Prüfungsumfang des Bundesverfassungsgerichtes, welches gerichtliche Entscheidungen ebenso nur auf das Vorliegen von Willkür und schweren Grundrechtsverletzungen überprüft[258].

---

[252] American Bar Association, The Role of the FTC, Trade Reg. Rep. (CCH) No. 46, 6.04.1989

[253] a.a.O. S. 5

[254] a.a.O. S. 31, FTC nur noch eine von mehreren Schutzbehörden des unlauteren Wettbewerbs

[255] Bakers Franchise Corp. v. FTC, 302 F.2d 258, 261 (3d Cir. 1962)

[256] im Gegensatz zur Beweiswürdigung, bei der der richtige Beweis herausgesucht werden soll

[257] das in den USA geltende System der „checks and balances" schließt dagegen eine solche Behörde nicht aus, vgl. bezüglich der Verfassungsmäßigkeit des FTCA und dem 1. Amendment Virgina State Board of Pharmacy v. Virgina Citizens Consumer Council, Inc. 425 U.S. 748 (1976)

[258] BVerfG nicht als Superrevisionsinstanz vgl. BVerfGE 18, 85, 92

d) Veränderungsbedarf

Die Veränderung des deutschen Systems ist aus mehreren Gründen nicht erstrebenswert. Zum einen, da eine Behörde nach dem Muster der FTC in Deutschland verfassungsrechtlich schwerste Bedenken aufwerfen würde wegen ihres unklaren Status, bzw. welcher Teilgewalt sie zuzuordnen ist. Nicht nur, daß die Behörde selber mehrere „administrative law judge" beschäftigt, sondern zum anderen ihr Beweiswertungsrecht vor den Bundesgerichten stellt ein weiteres, nicht bekanntes Phänomen für die dt. Rechtsordnung dar. Die Beweisermittlung durch eine Behörde ist zwar auch dem deutschen Verwaltungsrecht bekannt, doch gilt im gerichtlichen Verfahren der Amtsermittlungsgrundsatz gem. § 86 VwGO. Eine solche Beschränkung der richterlichen Kompetenz, daß diesem die Wertung und Gewichtung der Beweise entzogen wird, ist m.E. auch nicht sinnvoll, da sie zu einem zu breiten Band der Ermessensfreiheit einer staatlichen Verwaltungsbehörde führt und keine wirklich unabhängige Überprüfung einer Behördenentscheidung zuläßt. Folge daraus kann nur eine Beeinflussung des Wettbewerbs über das notwendige Maß hinaus sein. Zusätzlich besteht eine gewisse Machtlosigkeit der Betroffenen vor einer Behörde, gegenüber der faktisch nur ein sehr eingeschränkter Rechtsschutz möglich ist, auch wenn formal der Weg bis zum Supreme Court eröffnet ist. Die Beweiserhebung als solche hat aber auch Vorteile, die nochmals hervorgehoben werden sollen. Die FTC kann als Fachmann mit dem gesamten Erfahrungsschatz einer spezialisierten Behörde sehr viel Sachverstand aufweisen und dadurch zu fundierten und wissenschaftlich-ökonomischen Entscheidungen kommen, die in dem Maße wahrscheinlich der dt. Rsp. verwehrt bleiben. Unter dem Gesichtspunkt eines weiteren Verbraucherschutzes mag sich dies als sehr verlockend anhören, da bereits in dem Vorstadium der Ermittlung dessen Interessen ausreichend berücksichtigt werden. Zusätzlich kann nochmals auf die Möglichkeit des Ermessens verwiesen werden, daß der Behörde zusteht, und daß dem rein zivilrechtlichen Verfahren natürlich abgeht und dadurch z.T. nicht so gut einzelfallbezogen entschieden werden kann.

Trotzdem darf darüber hinaus nicht vergessen werden, welch hoher Preis dafür bezahlt werden muß, nämlich der teilweise Verlust der richterlichen Unabhängigkeit und daß ein so weites Ermessen auch immer ein Teil Rechtsunsicherheit schafft. Dazu kommt noch, daß die Vorteile auch auf anderem Weg erreicht werden können, indem das Gericht selber über einen normativen zu ermittelnden Verbraucher unter Berücksichtigung des neuen, direkt verankerten Konsumentenschutzzweck des UWG alle Interessen einzeln gegeneinander abgewogen werden, selbst wenn dadurch natürlich noch kein eigener Ermessensspielraum für das Gericht besteht.

Kapitel D: Rechtsfolgen und Neuvorschläge

I. Handlungsmöglichkeiten bei einer täuschenden oder irreführenden Werbung durch die FTC im Allgemeinen

1. Unterlassungsverlangen in Form der „cease and desist order"

a) „Consent Order/Consent decree"

Dieses Verfahren stellt letztlich die selben Mittel bereit wie auch das „cease and desist" Verfahren. Der große Unterschied zwischen beiden ist, daß ersteres ohne Beteiligung des ALJ[1] stattfindet und meist in dem Verfahrensabschnitt eingeleitet und beendet werden kann, in denen noch keine formelle „complaint" durch die FTC verfügt wurde. Dieser Verfahrensabschnitt wird „consent order procedure" genannt und steht im Ermessen der FTC[2]. Die Grundlage eines solchen Vergleichs ist grds. die „proposed complaint", also die vorgesehene Klageschrift zum ALJ[3]. Dabei geht diesem Verfahren ein weiterer, noch informellerer Schritt voraus, bei dem die jeweiligen Ansichten bzw. Anfragen entweder mündlich oder schriftlich ausgetauscht werden[4]. Der wichtigste Unterschied zu den anderen, gerichtlich überprüften Unterlassungsverfügungen ist das relativ geringe Präjudiz für andere, neue Fälle. Innerhalb dieses Verfahrensabschnitt ist die Öffentlichkeit noch nicht beteiligt. Die Folgen einer Einigung, eines „consent agreement" sind dann auch der Ausschluß der weiteren gerichtlichen Überprüfung. Wenn es zu einer solchen Vereinbarung kommt, wird sie, nachdem sie mit dem Betroffenen ausgehandelt wurde, in das „Federal Register" eingetragen, wo sie 60 Tage zur Einsichtnahme ausliegt und innerhalb dieser Zeit sich jeder Interessierte an die FTC mit seinen Gedanken, Anregungen und seiner Kritik wenden kann. Danach wird sich die Behörde für den weiteren Verfahrensablauf entscheiden, d.h. ob sie es bei dieser „consent order" belassen will oder ob sie den weiteren, förmlicheren Verfahrensabschnitt einleitet. Dabei müssen die beschuldigten Verfahrensbeteiligten in mehrere Voraussetzungen einwilligen, bevor überhaupt das Verfahren der „consent order" von der FTC eingeleitet wird[5]:

- Verzicht auf eine gerichtliche Überprüfung
- Aufgabe des Rechts, daß die FTC ihre Entscheidung juristisch und tatsächlich begründet oder die Erklärung des Einverständnis bezüglich der Tatsachen und juristischen Schlußfolgerungen der Behörde
- Zustimmung, daß die Übereinkunft die selbe Wirkung entfaltet wie eine normale „final order"

---

1 Administrative Law Judge
2 Safty & Health v. FTC, 498 F.2d 757 (D.C. 1974)
3 16 C.F.R. §§ 2.31.-34. FTC RULES
4 6 C.F.R. § 2.21. FTC RULES
5 16 C.F.R. § 2.32., Matthew Bender & Co, Antitrust Laws, Kalinowski § 82.01 (2)

- darf erst dann veröffentlich werden, wenn die Kommission zugestimmt hat
- das die Verfügung so ausgelegt wird, wie die Kommission dies vorgesehen hat

Falls dies geschehen ist, kann die FTC ohne Überprüfung des ALJ die selben Ziele erreichen wie durch eine normale „cease and desist order“, mit Ausnahme der für den Zustimmenden fehlenden Rechtsschutzmöglichkeit, der er sich bereits bei Einleitung des Verfahrens begeben hat. Sobald allerdings eine förmliche Klageschrift beim ALJ eingereicht wurde, bedeutet dieses zwar nicht den Ausschluß des Vergleichverfahrens, doch die Voraussetzungen werden höher geschraubt, da schon teilweise das förmliche Verfahren eingeleitet wurde, so wird erst nach der Einwilligung der Kommission[6] die Vereinbarung im „Federal Register“ veröffentlicht, wobei dann ebenso 60 Tage Einwendungen[7] von dritter Seite geltend gemacht werden können. Diese werden daraufhin von der Kommission auf ihre Stichhaltigkeit geprüft und können dazu führen, das diese das nur bedingt abgegebene „consent agreement“ widerruft und weiter den förmlichen Weg beschreitet, was aber in den meisten Fällen nicht passiert.

b) Formelles Verfahren für den Erlaß einer „cease and desist order“

Bei Gründung der FTC stand ihr ausschließlich die sogenannte „cease and desist order“ zur Verfügung[8], was mit „Abstandnehmen und Unterlassen“[9] des beanstandeten Verhaltens zu übersetzen ist. Dabei handelt es sich um ein Verwaltungsverfahren, durch das der betroffenen Partei bekannt gegeben wird, was die Kommission an ihren Anzeigen oder ihrer Werbung auszusetzen hat. Innerhalb dieses Abschnitts ist das offizielle Verfahren noch gar nicht eingeleitet, sondern es besteht noch die Möglichkeit einer Einigung oder Unterwerfung die, wie bereits oben erläutert, als „consent order“[10] bezeichnet wird. Erst wenn hier keine Lösung erreicht wird, dann bereitet die FTC eine Klageschrift vor (sogenannte „complaint“), die beim „administrative law jugde“[11], welcher Richter und zugleich Angestellter der FTC ist[12], eingereicht wird. Dieser erläßt daraufhin eine vorläufige Entscheidung[13], die rechtskräftig wird, wenn weder die FTC noch die andere Partei eine weitere rechtliche Überprüfung verlangen. Falls eine Anfechtung erfolgt, erläßt die Kommission eine eigene Entscheidung, die „cease and desist order“, die dann innerhalb von 60 Tagen ab Zu-

6 vgl. 16 C.F.R. § 2.31.(b) mit Verweis auf 16 C.F.R. § 3.25.(b)
7 16 C.F.R. § 2.34.
8 15 U.S.C. § 45 (b) (1998)
9 allg. m.w.N. Matthew Bender & Co, Antitrust Laws, Kalinowski § 83.02 (1)
10 Consent Order Agreement, 3 Trade Reg. Rep. § 9807.33 S.16, 383 (1970)
11 vormals als „hearing examiner“ bezeichnet, was die Behördenzugehörigkeit besser verdeutlicht
12 und trotzdem eine freie Entscheidung treffen kann, da er nicht weisungsabhängig ist
13 die „initial decision“

stellung vor einem „District Court of Appeals" angegriffen werden muß[14]. Materielle Voraussetzung für den Erlaß einer solchen „order" ist nur, daß die FTC ein Verhalten feststellt, welches eine „unfair competition practise" iSd sect. 5 FTCA darstellt oder andere Vorschriften, die von der FTC erlassen wurden, verletzt.

Wenn die Entscheidung rechtskräftig ist („final order"), kann auch ein Gericht von sich aus keine weitere Überprüfung vornehmen, außer die Verwaltung läßt sich auf das Verfahren aus eigene Stücken ein[15]. In diesem Fall wird der Betroffene innerhalb einer Frist von 14 Tagen nach Zustellung der Entscheidung durch die Kommission dieser eine „Petition" um erneute Überprüfung stellen, wobei ausschließlich neue Rechtsgedanken, die in der Entscheidung noch nicht behandelt wurden, berücksichtigt werden. Dasselbe gilt auch für Tatsachen, die sich erst aus dieser neuen „order" ergeben[16]. Neben diesem Weg besteht zusätzlich die Möglichkeit, die bereits seit längerem bestandskräftige „order" durch ein sogenanntes „reopening and modifing" Verfahren[17] wieder aufzunehmen, wenn der Betroffene nachweist, daß dies im „public interest"[18] liegt und daß sich Rechts- oder Tatsachenlage verändert haben[19], wofür er allerdings die Beweislast trägt. Dazu bedarf es dann eines „satisfactory showing"[20] was soviel bedeutet, daß eine begründeter Annahme besteht, daß die behauptete Änderung vorliegt. Dies kann auch durch eine eidesstattliche Versicherung geschehen[21]. Sollte ihm das allerdings gelingen, kann die „order" geändert oder sogar ganz aufgehoben werden[22].

Ein Rückschluß auf das deutschen Verwaltungsrecht bringt nur eine bedingte Vergleichbarkeit, da zwar eine Ähnlichkeit zum Verwaltungsakt und Widerspruchsbescheid besteht, doch stellt sich das Verfahren vor der FTC als wesentlich formeller dar. Es gleicht eher einem Gerichtsverfahren. Demnach würde es sich bei der ersten Beanstandung im Vorverfahren um den Ausgangsverwaltungsakt und bei der förmlichen „cease and desist order" der Kommission um den Widerspruchsbescheid handeln. Diese „order" legt zugleich auch den Umfang für das bundesgerichtliche Klageverfahren fest[23]. Die innerhalb der

---

[14] 15 U.S.C. § 45 (g)(2), hinzugefügt durch Pub. L. 103-312, 108 Stat. 1691, FTC Act Amendments of 1994

[15] vgl. 15 U.S.C. § 45 (c), Kennecott Copper Corp. v. FTC, 5542 F.2d 801 (10th Cir. 1976)

[16] 16 C.F.R. § 3.55.

[17] 15 U.S.C. § 45 (b)

[18] die direkte Übersetzung mit dem "öffentlichen Interesse" stimmt hier nicht vollkommen, feststehender Ausdruck der amerikanischen Rechtsterminologie

[19] 16 C.F.R. § 3.72.(b)

[20] eine genaue Definition fehlt auch im US-Recht, vgl. FTC v. Tarra Hall Clothes, Inc., 5 Trade
Reg. Rep. (CCH) 23, 276 (1992)

[21] 16 F.C.R. § 2.51.(b)

[22] Matthew Bender & Co, Law of Advertising, Rosden, § 36.03(4) Fn. 112

[23] vgl. § 79 I VwGO

Behörde bei dem „administrative law judge“ (ALJ) noch einzureichende Klageschrift („complaint“) ist dem deutschen Verwaltungsrecht zumindest in der Form nicht bekannt. Dort ist erst am Verwaltungsgericht die Klage einzureichen und eben nicht im Vorverfahren. Daher versucht die FTC die meisten Beanstandungen noch vor diesem Vorverfahren zu lösen, um den Zeit- und Arbeitsaufwand so gering wie möglich zu halten[24].

aa) Einsatzbereich

Zwei weitere Problemkreise beinhaltet die „cease and desist order“, nämlich Anwendungsbereich und Regelungsumfang. Zu ersterem lassen sich 4 typische Anwendungsgebiete bestimmen. Dazu zählen Wettbewerbsverletzungen, die entweder außergewöhnlich sind oder aber zu einem großen Teil nur von einigen, wenigen Firmen begangen werden. Ebenso fallen auch die Fälle darunter, bei denen Firmen bereits von der Kommission verwarnt wurden oder wenn die Verfügung sich im Einzelfall als das am besten geeignete Mittel darstellt[25]. Eine gewisse Ungeeignetheit der Form der „orders“ stellte der Supreme Court[26] allgemein für Verwaltungsbehörden fest, wenn neue Theorie- und Regelungsansätze begründet werden. Diese sollten gerade nicht innerhalb des Entscheidungsprozeß erstmalig vorgestellt werden, sondern vielmehr in den sog. „policy statements“, um so auch den betroffenen Firmen die Gelegenheit zur Reaktion und Änderung ihres Verhaltens zu geben.

bb) Reglungsbereich

Der Reglungsumfang ist nach wie vor noch nicht völlig geklärt, da der Behörde durch mehrere Gerichtsurteile[27] ein doch sehr großer Ermessensspielraum[28] zugestanden wurde, so daß eigentlich alle Maßnahmen ergriffen werden können, die sie für notwendig erachtet. Hier stellt sich die Frage, wie weit die Behörde ihre Unterlassungsverfügung fassen kann, so daß sie nicht nur den eng begrenzten Bereich der beanstandeten Aussage trifft, sondern auch präventiv wirkt und zugleich auf der anderen Seite noch ausreichend konkret ist. Ausgangspunkt dieser Rechtsprechung ist die Entscheidung Jakob Siegel[29]. Hier wurde bereits 1946 der Behörde vom Supreme Court auf die Frage hin, wo denn die Grenzen der Ermessensentscheidung bei der Weite einer Unterlassungsverfügung sind, bescheinigt, daß diese selbst durch die FTC festgelegt werden müßten, da sie selbst der „expert body“ in den Fragen der Bestimmung

---

24 ABA-Commission to study the FTC, (1969) S. 20, von 220 Verfahren 198 über die „consent order“ eingestellt

25 ABA, The Role of the FTC, Trade Reg. Rep. (CCH), No. 46, 1989, S. 60 mit zahl-reichen Gerichtsentscheidungen zu diesem Punkt unter Fn. 81, 82

26 NLRB v. Bell Aerospace Co., 416 U.S. 267, 294 (1974)

27 Jakob Spiegel Co v. FTC 327 U.S. 608, 613 (1946), FTC v. Colgate- Palmolive Co., 380 U.S. 374, 395 (1965)

28 Encyclopedia Britannica, Inc. v. FTC, 605 F.2d 964 (7th Cir. 1979), cert. denied, 445 U.S. 934 (1980)

29 Jakob Siegel Co. v. FTC, 327 U.S. 608 (1946)

und der Eliminierung der „unfair competition“ sei[30]. Damit ergibt sich ein ähnliches Bild wie bei der Beweissituation[31], daß nämlich das Gericht nur noch die Reichweite der einzelnen „orders“ auf ihre mögliche Gesamtangemessenheit überprüft, nicht aber die Möglichkeit hat, ihre eigene Wertung in Wettbewerbsfragen an die Stelle der Kommission zu setzten[32]. Dabei wird der Umfang einer Verfügung von 2 Faktoren bestimmt, nämlich von der Tiefe des verbotenen Verhaltens wie auch dessen Weite (bzw. Breite). Dies betrifft den Umfang bzgl. der Produktpalette des Herstellers. Als generelle Regelung kann festgehalten werden, daß Verfügungen von Gerichten häufig dann zu Fall gebracht werden[33], wenn die „orders“ sowohl sehr tief sind und zusätzlich noch fast alle Produkte des Herstellers umfaßen. Danach dürfen die Verfügungen der Kommission weder willkürlich[34] noch mißbräuchlich[35] sein, sie müssen in Bezug zu den unter Beweis gestellten Tatsachen[36] und im Verhältnis zu dem Ausmaß der Verletzungen[37] stehen.

(1) Weite des Verbotes

Die Kommission selber hat in der Entscheidung American Home Products[38] mehrere Kriterien aufgestellt[39], die der Bestimmung der Reichweite der Verfügungen dienen sollen:

- Ernsthaftigkeit der Verletzung
- Dauer und Wiederholung der Verletzungen
- Vorgeschichte des Betroffenen iSd Verhaltens bzgl. der „unfair competition“
- Übertragbarkeit des verletzenden Verhaltens auf andere Produkte des Betroffenen
- Verwerflichkeit des Verhaltens

---

30 a.a.O. S. 612-613 „The Commission is the expert body to determine what remedy is necessary to eleminate the unfair or deceptive trade practise which have been disclosed. It has wide latitude for judement and the courts will not interfere exept where the remedy selected has no reasonable relation to the unlawful practises found to exist.“ und „The Commission has wide discretion in its choice of a remedy deemed adequate to cope with the unlawful practices in this area of trade and commerce. Here, as in the case of orders of other administrative agencies under comparable statutes, judical review is limited.“

31 vgl. Kap. C III.

32 Jacob Siegel Co v. FTC, a.a.O. S. 613 „Its expert opinion (FTC) is entitled to great weight in the reviewing courts.“

33 FTC v. Henry Broch & Co., 368 U.S. 360 (1962)

34 Ger-Ro-Mar, Inc. v. FTC, 518 F.2d 33 (2d Cir. 1975)

35 Resort Car Rental Sys., Inc. v. FTC, 518 F.2d 962 (9th Cir. 1975)

36 Standard Educators, Inc. v. FTC, 475 F.2d 401 (D.C. Cir.), cert. denied, 414 U.S. 828 (1973)

37 Sterling Drug, Inc. v. FTC, 741 F.2d 1146 (9th Cir. 1984), cert. denied, 470 U.S. 1084 (1985)

38 American Home Products Corp. v. FTC, 695 F.2d 681 (3d Cir. 1982)

39 m.w.N. Dee Pridgen, Consumer Protection and the Law, § 12.02 (2) bei Fn. 12

Durch diese Anhaltspunkte[40] kann und soll dann die „order“ durch die Kommission bestimmt werden. Gerade die zwei oben angesprochenen Parameter gilt es noch genauer zu untersuchen. Eine „all product coverage“ wird nur in den Fällen ausgesprochen, wenn die Produktpalette des Herstellers ähnliche Artikel umfaßt[41]. In diesen Fällen ist eine solche Verfügung am wahrscheinlichsten und sinnvollsten, da ein Verbot, welches sich nur auf einzelne Produkte bezieht, viel zu leicht umgangen werden kann. Dabei spielt auch eine Rolle, ob es sich um einen Erst- oder Gewohnheitstäter handelt, da bei letzterem die Gefahr einer Umgehung des Verbotes als wesentlich höher einzuschätzen ist. So wurde z.B. bei einem der ersten Verfahren gegen American Home Products[42] noch von einem Status ausgegangen, der zwar nicht dem eines Ersttäters entsprach, aber auch nicht dem eines Dauerverletzer von sect. 5 FTCA. Aus diesem Grund hob das Gericht dann auch eine „all product coverage“ der FTC auf, da diese nur ein Verstoß bei einem rezeptfreien Medikament hatte feststellen können. Knapp 15 Jahre später, die Firma war inzwischen zu einem „Gewohnheitstäter“[43] bei Verstößen gegen sect. 5 FTCA geworden, wurde das vorangegangene Urteil in diesem Teil nicht mehr als prägend angesehen.

Ein weiteres Beispiel ist der „Wonder Bread“[44]-Fall, hier erging eine Verfügung, die für den gesamten Nahrungsmittelbereich des Herstellers galt und auch vor Gericht bestand hatte. Grund dafür war, daß die Fehldarstellungen innerhalb zweier großer und langer Anzeigekampagnen durchgeführt wurden und die Art der falschen Behauptungen sich auch für andere Nahrungsmittel eigneten. Als Alternative[45] dazu gibt es aber noch die „multiple products coverage“, welche zwar nicht den Gesamtbereich abdecken, aber besonders gefährdete Teile des Sortiments für die Umgehung des Verbotes betreffen. Sinn und Zweck dieser weitergehenden Verbote ist es, daß zum einen die FTC ihre Ressourcen nicht unnötig verschwendet, indem sie viele einzelne Verbote verhängt. Zum anderen werden auch die Verbraucher so umfassender geschützt. Dadurch kann der Betroffene nicht einfach seine Verletzung des sect. 5 FTCA ungestraft auf andere Produkte seines Sortiments übertragen, die noch nicht Gegenstand einer „cease and desist order“ waren. Demnach befindet sich die Behörde immer wieder in dem Zwiespalt, das beanstandete Verhalten vollständig zu eleminieren und trotzdem die Verfügung nicht so breit und dadurch zu

---

[40] bestätigt in Kraft, Inc. v. FTC, 970 F.2d 311, 326 (7th Cir. 1992), cert. denied, 113 S. Ct. 1254 (1993)

[41] so z.B. bei einem Uhrenhersteller, Benrus Watch Co. v. FTC, 352 F.2d 313, 324 (8th Cir. 1965), cert. denied, 384 U.S. 939 (1966)

[42] American Home Products Corp. v. FTC, 402 F.2d 232, 237 (6th Cir. 1968)

[43] American Home Products Corp. v. FTC, 695 F.2d 681 (3d Cir. 1982)

[44] I.T.T. Continental Baking Co., Inc. v. FTC, 532 F.2d 207, 222-223 (2d Cir. 1976)

[45] z.B. Kraft, Inc. v. FTC, 970 F.2d 311 (7th Cir. 1992), cert. denied, 112 L. Ed. 2d 652 (1993)

unbestimmt zu fassen, daß ein Gericht diese aufheben könnte[46]. Daher kommt es immer wieder auf die „reasonable relation" zwischen Verbot und Verletzung an, diese ist durch die FTC besonders genau darzulegen.

(2) Tiefe des Verbotes

Die Gerichte haben die Auswirkungen der möglichen Verbote mit der Schutzfunktion der FTC abzuwägen. Daher gilt auch hier, daß je größer und je intensiver der Verstoß gegen sect. 5 FTCA ist, desto tiefer wird auch die Verbotsverfügung gehen[47], da dadurch die schutzwürdige Stellung des Verletzenden immer weniger zu berücksichtigen ist. Durch das 1. Amendment[48] wird aber auch die „commercial speech" geschützt, dies stellt den häufigsten Einwand der belangten Firmen dar. Sie behaupten, daß die Verfügung zu unkonkret und zu tief gehen würde und dadurch ihr Recht aus dem 1. Amendment verletzt wäre. Auch hier stellte das Gericht eine weitere Abwägungsliste[49] auf, die folgende Punkte berücksichtigt:

- Verwerflichkeit der Verletzungen von sect. 5 FTCA
- mögliche Schadenshöhe für den Verbraucher
- Dauer der Werbekampagnen mit den Fehldarstellungen
- Einschätzung und Erkennbarkeit der Fehldarstellung durch den Verbraucher
- wie wahrscheinlich glaubt ein Verbraucher an die Aussage

Die FTC versucht zu ihrem eigenen Nutzen, seit ihrer selbst auferlegten Beschränkung Anfang der 80er Jahre, die Verfügungen nicht mehr am Limit der rechtlichen Möglichkeiten zu positionieren, sondern diese so konkret und so wenig tief wie möglich am Fall zu entwickeln. Die Gefahr wäre sonst, daß sie selbst in der Reichweite und Anzahl der Verbotsverfügung die Durchsetzung und Überwachung derselben völlig aus den Augen verlieren würde. Eine allgemeine Regel, wie die „order" aussehen wird, kann deshalb nicht vorhergesagt werden. Es kommt immer auf den jeweils vorliegenden Einzelfall und dessen spezielle Problemstellungen an.

2. „Injunctions"

Grundsätzlich ist allein die Frage, ob überhaupt die einstweiligen Verfügungen innerhalb dieses Bereichs besprochen werden sollen, schwierig zu beantworten. Da sie eigentlich keine Rechtsfolge im ursprünglichen Sinn darstellen, sondern

---

[46] balance between „overbreadth" and „fencing in", so auch schon im Fall FTC v. Ruberoid Co., 343 U.S. 470, 473 (1952)....the FTC must be allowed effectivley to close all roads to the prohibited goal, so that its order may not be by-passed with imputinity..."

[47] so in diesem Fall, der schon ein betrugsähnliche Ausmaß hatte: Jay Norris, Inc. v. FTC, 598 F.2d 1244, 1250-1251 (2d Cir. 1978), cert. denied, 444 U.S. 980 (1979)

[48] Dee Pridgen, Consumer Protection and the Law, § 12.08

[49] Removatron Intl. Corp. v. FTC, 884 F.2d 1489, 1498-1500 (1st Cir. 1989), davor wegweisend Bristol-Myers Co v. FTC, 738 F.2d 554, 564 (2d Cir. 1982)

nur eine Art der Durchsetzung im vorläufigen Verfahren, handelt es sich vielmehr um eine prozessuale Maßnahme. Doch da bestimmte Rechtsfolgen erstmals innerhalb dieses Verfahrens entstanden sind, wird auch dieser Teil, wenn auch knapp, hier mit abgehandelt. Die Kompetenz zum Erlaß von einstweiligen Verfügungen wurde durch das Whealer-Lea Amendment erstmals für einen bestimmten Teilbereich im Jahre 1938 geregelt. Damit erlangte die Behörde eine ganz neue Zuständigkeit, in sect. 12 FTCA[50] wurde ihr noch die Aufsicht über die Werbung in den Teilbereichen Nahrung, Medikamente, Gerätschaften und Kosmetik übertragen. Diese Machtanhäufung hatte aber auch noch andere Auswirkungen, zum ersten Mal konnte die FTC nicht nur „cease and desist orders" aussprechen, sondern hatte die Möglichkeit, Verfügungen bei Bundesgerichten zu beantragen gem. sect. 13 (a) FTCA[51]. Erstaunlicherweise wurde diese Kompetenz der FTC im Zeitraum von 1938-1960 nur 42 mal[52] benutzt. Ohne Zweifel trug dazu die Schwierigkeit der Beweissituation und Beschaffung der Daten, die für die einstweilige Verfügung genauso lange wie im ordentliche Verfahren dauerte und so von dem zeitlichen Vorteil nicht mehr viel übrig blieb, bei.

Innerhalb sect. 13 (b) FTCA[53] wurde die Kompetenz zur Beantragung von Verfügungen dann aber auf alle anderen Tätigkeitsbereiche der FTC ausgedehnt, als man 1973 durch den Trans-Alaska-Pipline Authorization Act[54] den FTCA änderte. Die Behörde kann die Verfügungen innerhalb des gesamten Tätigkeitsbereiches bei den „federal district courts" beantragen. Dabei kann durch die sect. 13 (b) FTCA-Verfügung jede Verletzung geltend gemacht werden, die eine Vorschrift betrifft, welche durch die FTC geschützt wird[55]. Demnach ist es völlig egal, ob es sich um eine Trade Regulation Rule, sect. 5 FTCA oder andere Vorschriften handelt, wichtig ist ausschließlich, daß die FTC für deren Einhaltung zuständig ist. Erstaunlicherweise wurde bis Ende 1988 noch kein Verhalten, daß ausschließlich als „unfair" einzuordnen war, durch diese Verfügungen verfolgt[56]. Die tatbestandliche Voraussetzung für den Erlaß einer solchen Verfügung sind:

- es muß eine Sieg in der Hauptsache wahrscheinlich sein
- Darlegung der FTC, daß nach ihrer Ansicht eine falsche bzw. irreführende Werbung vorliegt

---

[50] jetzt 15 U.S.C. §§ 52, 53 (a)
[51] 15 U.S.C. § 53 (a)
[52] Matthew Bender & Co, The Law of Advertising, Rosden, § 37.01
[53] 15 U.S.C. § 53 (b)
[54] Trans Alaska Autorisation Act § 408 (f), Pub. L. No. 93-153, 87 Stat. 576
[55] FTC v. Evans Products, 775 F.2d 1084, 1088 (9th Cir. 1985), „...any provision of law enforced by the FTC.."
[56] Robert Paul, The FTCs Increased Reliance on Section 13 (b) in Court Litigation, 57 Antitrust Law Journal, 141, 146 bei Fn. 26 (1988)

- die FTC muß „detailliert aufzeigen“[57], daß ein „public interest“[58] an der Maßnahme besteht, die Bestimmung desselben bildet eine Abwägung zwischen den „private equities“[59] und des „public equities“, welchen grundsätzlich mehr Gewicht beigemessen wird. Darunter fallen dann die Schwere der Verletzung der Verbraucherinteressen, die Kosten des Produkts und die Möglichkeit der Beschaffung eines Substitutes sowie auf der anderen Seite die möglichen finanziellen Schäden für den Hersteller[60]

a) Erläuterung des „proper showing“

Über dieses im Wortlaut von sect. 13 (b) FTCA und der zeitlich vorhergehenden Regelung im Whealer-Lea-Amendment stehende, einschränkende Tatbestandsmerkmal wurde innerhalb der unterschiedlichen Urteile der Gerichte sehr gestritten. Eine der wichtigeren Entscheidungen vor der neueren Regelung ist Rhodes Pharmacal[61], in der das Gericht zu der Frage Stellung nahm, ob für eine staatlich beantragte Verfügung die selben Voraussetzungen gelten wie auch für eine allgemeine im Privatantragsverfahren. Durch den Prüfungspunkt, ob die einstweilige Verfügung im „public interest“ stehen muß, bedarf es nicht des Nachweises eines irreparablen Schadens[62]. Da der Kommission ja ein breites Ermessen zustehen würde, würde es ausreichen, wenn die FTC „vernünftige Gründe“[63] für eine Verletzung darlegen würde[64]. Da es sich aber nicht um eine Supreme Court-Entscheidung handelte, entschied einige Jahre später ein anderes Bundesberufungsgericht[65] fast gegenteilig, indem es die Darlegung durch die FTC gerade nicht als ausreichend für eine Bewilligung einer Verfügung ansah. Der spätere Vergleich der Regelungen von sect. 13 (a), (b) FTCA brachte zuerst scheinbare Unterschiede in den Voraussetzungen, da sich der Wortlaut beider etwas unterscheidet und so sich die neuere Regelung etwas restriktiver vom Wortlaut her darstellt. Durch unterschiedliche Entscheidungen[66] ist daraus immer noch keine einheitliche Linie geworden, es gilt jedoch auf jeden Fall für beide Gruppen, daß die Rechts-Verletzung der Vorschriften der

---

[57] im Orginal „proper showing“

[58] FTC v. World Travel Vacation Brokers, Inc., 861 F.2d 1020, 1028-29 N.12 (7th Cir. 1988) „...rather a court must 1) determine the likelihood that the Commission will ultimativly succeed on the merits and 2) balance the equities“; public equities receive a greater weight than private concerns in the balancing process.

[59] Da das Wort „equities“ nicht direkt übersetzt werden kann, nur eine Annäherung im vorliegenden Text mit „Belangen“

[60] Matthew Bender & Co, The Law of Advertising, Rosden, §36.03(1) bei Fn.18

[61] FTC v. Rhodes Pharmacal Co., 191 F. 2d 744 (7th Cir. 1951), sowie FTC v. Elders Grain, Inc., 868 F.2d 901 (7th Cir. 1989)

[62] FTC v. World Travel Vacation Brokers, Inc., 861 F.2d 1020, 1028 (7th Cir. 1988)

[63] „reasonable cause“

[64] Rhodes Pharmacal a.a.O. S. 747

[65] FTC v. Sterling Drug, Inc., 317 F.2d 669 (2d Cir. 1963)

[66] bejahend für Unterschiede, FTC v. National Commission on Egg Nutrition, 517 F.2d 485, 488f. (7th Cir. 1975), verneinend FTC v. Simeon Management Corperation, 532 F.2d 708, 712 (9th Cir. 1969) und FTC v. Warner Communications, Inc., 742 F.2d 1156, 1159-1160 (9th Cir. 1984)

FTC noch andaueren muß. In dem Moment, indem die Verletzung eingestellt ist, besteht kein Interesse mehr für eine einstweilige oder dauerhafte Verfügung[67].

Auch wenn die Rechtsfolgen der sect. 13 (b) FTCA unten[68] noch eingehender beschrieben werden, so kann bereits an dieser Stelle angemerkt werden, daß diese auch für „disclosures" anwendbar sind, was den großen Vorteil besitzt, daß eine mögliche Täuschung sich erst gar nicht in den Köpfen der Verbraucher festsetzt, sondern zeitlich sehr früh bekämpft und eleminiert werden kann. Dadurch ergeben sich mehrere Vorteile. Gerade bei sehr risikoreichen Anlageinvestitionen[69] kann so noch eine sachgemäße Aufklärung bezüglich des Verlust- oder Währungsschwankungsrisikos der Anlage erfolgen, bevor nicht schon alles abgewickelt ist und nur noch eine Rückabwicklung, wenn überhaupt, möglich ist. Zusätzlich wird das Anwendungsgebiet des „corrective advertising"[70] immer geringer, da sich eine Fehlvorstellung erst gar nicht dauerhaft bilden kann.

b) Erläuterung des „proper case" für Dauerverfügungen

In Abweichung zum deutschen Recht kann die Kommission auch dauerhafte Verfügungen beantragen, die ein Hauptverfahren überflüssig machen[71]. Ein District-Gericht darf diese aber erst nach einer Anhörung beider Seiten erlassen[72]. Diese „permanent injunctions" haben allerdings weit höhere Voraussetzungen, hierbei muß die FTC nachweisen, daß ein „proper case" vorliegt[73], welcher immer den „proper proof" verlangt. Darunter ist nach Ansicht der FTC zu verstehen, daß ein Fall so klar liegt, daß das Gericht die Gesetzes- oder „Rule"-Verletzung eindeutig feststellen kann[74]. Für Gerichte ist das immer dann gegeben, wenn es sich um Routinefälle des Betruges handelt[75] oder wegen der Vielfalt der betrügerischen Handlungen diese eindeutig innerhalb sect. 5 FTCA nachzuweisen sind[76]. Desweiteren wird dies auch bei Verletzungen der FTC Trade Regulation Rules angenommen[77], da die Gerichte hier keine so weitrei-

---

[67] FTC v. Evans Products Co., 775 F.2d 1084 (9th Cir. 1985)

[68] vgl. unten Kap. D I. 3. b)

[69] FTC v. Western Trading Group, Ltd., 64 Antitrust & Trade Reg. Rep. (BNA) 640 (C.D. Cal. 1993)

[70] vgl. unten Kap. D I. 5.

[71] 15 U.S.C. § 53 (b), erstmals in FTC v. H.N. Singer, Inc., 688 F.2d 1107, 1110 (9th Cir. 1982); FTC v. North and South, Inc., 5 Trade Reg. Rep. (CCH) ¶ 23,441 (1993)

[72] Singer a.a.O. S.1107, 1111

[73] z.B. FTC v. World Travel Vacation Brokers, Inc., 861 F.2d 1020, 1028 (7th Cir. 1988); FTC v. Evans Products Co., 775 F.2d 1084 (9th Cir. 1985)

[74] FTC v. International Diamond Corp., 1983-2 Trade Cases (CCH) ¶ 65,725/¶ 69,705 (N.D. Cal. 1983) (magistrates opinion)

[75] FTC v. World Travel Vacation Brokers, Inc., 861 F.2d 1020, 1028 (7th Cir. 1988)

[76] FTC v. International Diamond Corp., 1983-2 Trade Cases (CCH) ¶ 65,725/¶ 69,706 (N.D. Cal. 1983)

[77] JC & A Group Inc. v. FTC, 716 F.2d 451 (7th Cir. 1983)

chenden Auslegungen wie in sect. 5 FTCA vornehmen müssen, da die „rules" klarer und enger gefaßt sind. Wichtig ist dabei noch zu erläutern, daß die FTC keine weiteren Vorverfahren administrativer Natur einleiten muß, sondern direkt die Verfügung beantragen kann. Die Grenzen dieser „proper cases" wurden in den Fällen[78] deutlich, in denen es der FTC nicht gelang, Verletzungen von sect. 5 FTCA als so klar und betrügerisch darzustellen, daß sect. 13 (b) FTCA als „permanent injunction" einschlägig gewesen wäre.

c) Reichweite der Verfügung

Da in sect. 13 (b) FTCA der Umfang der Verfügung nicht geregelt ist, stellt sich die Frage, wie weit die Behörde in einer Verfügung einen Sachverhalt regeln kann. Um es vorwegzunehmen, es können hier die selben Mittel eingesetzt werden wie im normalen Verfahren. Eine völlig neue Art der Rechtsfolge war aber der Entzug der Verfügungsgewalt über Konten[79] des betreffenden Verletzers, die sogenannten „asset freezes"[80]. Diese sind nicht unbedingt mit einem Pfändungs- und Überweisungsbeschluß im dt. Recht vergleichbar, da dort ja zuerst immer ein Titel notwendig ist. Auch ein Arrest dinglicher Art hat im deutschen Recht wesentlich höherer Voraussetzungen. Es soll vor allem sichergestellt werden, daß zu dem Zeitpunkt der endgültigen Entscheidung in der Sache noch Vermögenswerte in der Gesellschaft vorhanden sind[81]. Diese sollen nicht durch die Inhaber veruntreut oder unterschlagen werden können, um keine weiteren Rückzahlungen bzw. Wiedergutmachung bezahlen zu müssen. Ein solches Verfahren kann nur dann nicht eingeleitet werden bzw. wird durch die Gerichte nicht gewährt, wenn der Betroffene eindeutig nachweist, daß dadurch bei ihm schwerwiegende Schäden entstehen, die in keinem Verhältnis zu der möglichen Verletzung stehen[82]. Da die Gerichte auch diese Kompetenz der Behörde anerkannten und auch die anderen bekannten Rechtsfolgen bestätigten[83], kann als Resultat nur festgehalten werden, daß durch die zeitlich unbeschränkten und vorläufigen Verfügungen der Verfahrensablauf beschleunigt wurde. Selbst Geldstrafen können im einstweiligen Rechtsschutz verhängt werden[84]. Dabei ist das Spektrum der möglichen Rechtsfolgen so weit, daß hier nur eine beispielhafte Aufzählung der möglichen Inhalte erfolgen kann, die entweder direkt so schon angewendet wurden oder zumindestens als Inhalt der „cease and desist order" Verwendung gefunden haben wie z.B. das Verbot der weite-

[78] FTC v. Evans Products Co., 775 F.2d 1084, 1086 (9th Cir. 1985); FTC v. Brown & Williamson, 778 F.2d 35, 40 (D.C. Cir. 1985)

[79] so schon in FTC v. H.N. Singer, 668 F.2d 1107, 1111 IV (9th Cir. 1982)

[80] FTC v. Southwest Sunsites, Inc., 665 F.2d 711 (5th Cir. 1981), cert. denied, 456 U.S. 973 (1982)

[81] so auch in dem neuern Fall FTC v. National Job Center, Inc., Civ. No. 98-6040 (S.D. Fla. 20.1.98) und FTC v. Think Achievement Corp., Civ. No. 2:98 CV 12 JM (N.D. Ind. 15.1.98)

[82] FTC v. Evans Products, 775 F.2d 1084 (9th Cir. 1985)

[83] FTC v. Southwest Sunsites, Inc., 665 F.2d 711, 717-79

[84] FTC v. Credi-Care, Inc., 63 Antitrust & Trade Reg. Rep. (BNA) 720 (N.D.Ill. 1992) i.H.v. 100.000 $

ren Benutzung des Markennamens[85], Abtretung von späteren Steuerrückerstattungen[86] oder das dauerhafte Verbot für den Betroffenen, weiter in dem Berufsfeld tätig zu sein, welches durch die FTC-Verfügung betroffen ist[87].

3. „Consumer Redress“[88]

a) Rechtshistorische Entwicklung

Die Kommission zog als Rechtsgrundlage für die Rechtsfolge der „Wiedergutmachung“ sect. 5 FTCA direkt heran. Es wurde durch die FTC eine doppelte Begründung für die Wiedergutmachungszahlungen im Namen der Verbraucher abgegeben. Dabei wurde zum einen auf die allgemeine Kompetenz der Behörde verwiesen, jede Maßnahme ergreifen zu dürfen, um die Verletzungen von sect. 5 FTCA zu korrigieren. Die andere Argumentationsschiene war hingegen so aufgebaut, daß die FTC die erzielten Einnahmen der Firmen durch die täuschende oder irreführende Werbung selbst als eine dauerhafte Verletzung des sect. 5 FTCA ansah. Demnach seien die Konkurrenten durch dies Einnahmen geschwächt und durch die Rückforderung sollte nur der notwendigen Ausgangspunkt wieder herstellt werden[89]. Da die FTC bis zu diesem Zeitpunkt keine weiteren Instrumente als die „cease and desist order“ zur Verfügung hatte, wurde die Rückforderung auch in diese Form gefaßt. Nachdem die Gewinne selbst als dauerhafter Verstoß gegen sect. 5 FTCA angesehen wurde, konnte das Abstandnehmen und Unterlassung nur noch durch Rückzahlung verwirklicht werden. Doch dieser juristische Kunstgriff wurde durch das Gericht im Fall Heater v. FTC[90] abgelehnt. Indem das Gericht davon ausging, daß der Kongress niemals der FTC diese weitgehende Kompetenz eingeräumt hatte, war dadurch für das Rückforderungsverlangen keinerlei Rechtsgrundlage[91] mehr gegeben. Als Begründung führte das Gericht an, daß schon der Tatbestand des sect. 5 FTCA so breit sei, daß nicht auch noch die Rechtsfolgen so ausgedehnt werden dürften. Für eine Rückforderung der Gewinne sah es ausschließlich die Möglichkeiten einer Privatklage[92]. Zusätzlich sah man in der „redress“ Forderung ein systematisch nicht zulässiges Mittel der Bestrafung[93], da durch den FTCA damit zumindest indirekt auf einmal auch Privatpersonen (d.h. der Verbraucher) einen Rechtsanspruch haben würden. Ein weiterer Einwand stellte darauf ab, daß die bereits vereinnahmten Gewinne nicht ein Indiz

[85] Bakers Franchise Corp. v. FTC, 302 F.2d 258 (3d Cir. 1962)
[86] United States v. NATTC, Inc., 5 Trade Reg. Rep. (CCH) ¶ 23,178 (1992)
[87] United States v. First American Trading House, Inc., 5 Trade Reg. Rep. (CCH) ¶ 23,257 (1992), weitere ausführliche Beispiele in Matthew Bender & Co, The Law of Advertising, Rosden, § 36.03 (2)
[88] allgemeine weitere Hinweise bei Matthew Bender & Co, Antitrust Laws, Kalinowski, § 83.03(4)
[89] Heater v. FTC, 503 F.2d 321, 322 (9th Cir. 1974)
[90] a.a.O. S. 321 ff.
[91] a.a.O. S. 324
[92] a.a.O. S. 325 Fn. 14
[93] a.a.O. S. 326

für ein späteres Verhalten darstellen würden. Daher sei hier keine dauerhafte Verletzung von sect. 5 FTCA gegeben. Nach dieser Meinung reichte es völlig aus, daß das beanstandete Verhalten abgestellt wird[94]. Dabei stellt sich die Ansicht der FTC als die besser begründete dar, da der FTCA nicht nur den Verbraucher als überragendes Schutzobjekt hat, sondern auch die Konkurrenten. Und denen gegenüber kann allein das Behalten bzw. die wirtschaftliche Nutzung der unrechtmäßigen Gewinne eine dauerhafte Verletzung darstellen, die einen Rückforderungsanspruch aus sect. 5 FTCA begründet.

Die ablehnende Argumentation des Gerichts wurde in einem späteren Verfahren von der FTC nochmals explizit zurückgewiesen, welche die Rückforderug als die logische Fortführung der „cease and desist order" ansah[95]. Dadurch aber gestoppt, holte sich die Kommission weitere Zahlungen aus sect. 5 FTCA nicht mehr im Verfügungsverfahren, sondern im Verfahren der „consent order". Dabei muß inzwischen beachtet werden, daß weder „redress" noch „civil penelties" verhängt werden dürfen innerhalb des „cease and desist order" Verfahrens, wenn diese nicht zur „final order" wurde[96]. Dies ist inzwischen gesondert geregelt für die beiden Fallgruppen, um weitere juristische Verzögerungen zu vermeiden und so das Verfahren zu beschleunigen. Die Eckpunkte für die verschiedenen Zeitpunkte der Rechtskraft[97] sind:

- ab dem Zeitpunkt in dem die Revisionsfrist abgelaufen ist, wenn die Anordung der Kommission bestätigt wurde oder die Berufung abgelehnt und keine Revision beantragt wurde
- nach Ablehnung der Revision in den Fällen, in denen die Anordung der Kommission bestätigt wurde oder die Berufung zurückgewiesen wurde
- 30 Tage nachdem die Anordnung der Kommission oder die Berufungszurückweisung durch das Supreme Court bestätigt wurde.

b) sect. 19 FTCA[98] „Consumer Redress" Regelung

Durch den weiteren, 1975 erfolgten FTC Improvements Act[99] wurde der Behörde die umstrittene Befugnis ausdrücklich eingeräumt[100]. Problematisch ist an der neueren gesetzlichen Regelung, daß diese nicht eindeutig genug gefaßt ist und sich in Teilbereichen auch widerspricht, so daß die FTC innerhalb der darauffolgenden 20 Jahre nur einzelne streitige Verfahren vor Gericht unter

---

94 Peter Ward, Restitution for Consumers under the FTCA: Good Intentions or Congressional Intentions ?, 41 Am. U. L. R. 1139, 1189 ff. (1992)
95 In re Holiday Magic, Inc., 84 F.T.C. 748, 1045 Fn. 11 (1974)
96 sect. 5 (g) FTCA entspricht 15 U.S.C. § 45 (g), beigefügt durch Amendement of 1994, Pub. L. No. 103-312, 108 Stat. 1695, § 6
97 15 U.S.C. § 45 (g) (3)
98 15 U.S.C. § 57b
99 Pub. L. No. 93-637, § 206, 88 Stat. 2183, 2201 (1975), niedergelegt als sect. 19 FTCA
100 „...rescission or reformation of contracts, the refund of money or return of property, the payment of damages and public notification...."

sect. 19 FTCA erfolgreich durchgeführt hat[101]. Weiter einschränkend gilt, daß die erste Verletzungshandlung nicht älter als drei Jahre sein darf[102] und die Klage erst 45 Tage lang dem „Attorney General“ zur Einsicht vorgelegt werden muß. Erst wenn dieser während der Periode nichts unternimmt, kann die FTC klagen. Zusätzlich zu den Rückforderungen wurden aber auch noch Möglichkeiten wie Vertragsannullierung und -Anpassung, Schadensersatz und Veröffentlichungen der Vorgänge innerhalb des neuen Amendment geschaffen, vgl. sect. 19 (b) FTCA[103].

Voraussetzung für die Wiedergutmachungszahlungen[104] ist, daß eine „cease and desist order“ vorliegt. Aber auch diese Einschränkung führt in der Wirklichkeit zu erheblichen Anforderungen, ebenso wie das Erfordernis, daß die Handlung des Verletzenden für ihn selbst zumindest erkennbar unehrlich oder betrügerisch war. In dem wichtigen Fall Amrep[105] wurde durch das District-Gericht die Auslegung des sect. 19 (a) (2) FTCA[106] stark bestimmt. Hier wurde festgestellt, daß grundsätzlich die Absicht oder zumindest Erkennbarkeit[107] seines unehrlichen oder betrügerischen Handeln für den Verletztenden gegeben sein muß. Damit wurde der Maßstab für die Rückforderung im Gegensatz zur „cease and desist order“ viel höher angesetzt, da bei dieser weder Vorsatz noch Erkennbarkeit gefordert wird und es nur auf die Täuschung ankommt.

Erst mit dem Urteil FTC v. Figgie International[108] wurde diese willensabhängige Komponente entschärft, indem das 9. District Court of Appeal es als völlig ausreichend erachtete, daß die Handlung als unehrlich bzw. betrügerisch erkennbar war. Demnach kommt es seither nur auf eine hypothetische Person an und nicht auf den tatsächlich Handelnden. Dadurch wurde ein objektiver Maßstab eingeführt, der auch für das Gericht besser nachzuvollziehen war[109], da es vom Verhalten auf die Erkennbarkeit schließen konnte. Durch dieses Urteil sind den „redress“ Zahlungen, die durch das Gericht auferlegt werden, nur zwei Grenzen gesetzt, nämlich der Gewinn als Untergrenze und der Gesamtkaufpreis der Sache als obere Grenze. Dies war nur daher möglich, da durch sect. 19 (b) FTCA gerade keine Beschränkung auf den ungerechtfertigt erlangten Gewinn besteht. Doch in dem Moment, in dem nicht alle Verbraucher den gesamten Gewinn bei der FTC beanspruchen, darf dieser restliche Teil nicht in wohltätige Organisationen fließen. Es dürfen aber gewisse Beträge in die Publikation und Veröffentlichung abgeführt werden, um die Bevölkerung darauf

[101] FTC v. Glenn Turner, Inc., 446 F. Supp. 1113 (M.D. Fla. 1978) i.H.v. $ 29.000.000
[102] vgl. 15 U.S.C. § 57b (d)
[103] 15 U.S.C. § 57b (b)
[104] Darstellung auch in Matthew Bender & Co, Antitrust Laws, Kalinowski, § 83.03(4)
[105] FTC v. Amrep Corp., 705 F. Supp. 119 (S.D.N.Y.1988)
[106] 15 U.S.C. § 57b (a)(2)
[107] Amrep a.a.O. S. 127
[108] FTC v. Figgie International, Inc., 994 F.2d 595 (9th Cir. 1993)
[109] a.a.O. S. 603 B (4)

aufmerksam zu machen, daß ein solcher Rücklauffond überhaupt eingerichtet wurde[110]. Die restlichen Beträge müssen wieder an die Herstellerfirma abführt werden, da die Zahlung sonst Strafcharakter hätte und dies dem Charakter und Wortlaut des sect. 19 (b) FTCA widersprechen würde.

c) „Consumer-Redress" i.V.m. Verfügung nach sect. 13 (b) FTCA

Die Möglichkeit der FTC bei Gericht eine dauerhafte Verfügung zu erhalten, welche mit einer „Wiedergutmachung" verbunden ist, ist seit dem Singer-Fall[111] gegeben. Dabei wird der Unterschied zu der Vorgehensweise aus sect. 19 FTCA doch schnell klar, da das Mittel der Verfügung auf alle Verletzungen von FTC-Recht anwendbar ist, im Gegensatz zu den notwendig vorausgehenden „cease and desist orders" für ein Verfahren nach sect. 19 FTCA. Die Begründung dafür gab das Gericht gleich selber, indem es klarstellte, daß durch den Erlaß von sect. 13 (b) FTCA gerade nicht die Befugnis der FTC eingeengt werden sollte, und damit auch innerhalb der Verfügungen alle Rechtsfolgen möglich wären. Zusätzlich wies es auch darauf hin, daß sect. 19 FTCA gerade nicht Anwendungsvorrang genieße, sondern eine zusätzliche Möglichkeit darstelle[112]. Eine ganz andere Auffassung dagegen vertritt Ward[113], der in der Regelung über sect. 13 (b) und der „redress" Forderung eine gezielte Umgehung von sect. 19 FTCA und seinen schärferen Vorausssetzungen sieht, die so vom Kongress eben nicht gewollt war. Dagegen spricht allerdings, daß eine ausdrückliche Normierung innerhalb von sect. 19 (e) FTCA[114] stattgefunden hat, die dann auch von den Gerichten als Hauptargument benutzt wird. Auch wenn die meisten Fälle unter sect. 13 (b) FTCA[115] mit einem Vergleich enden, so wird doch deutlich, daß diese Handlungsform für die Behörde die wesentlich umfassendere, praktikablere und schnellere ist. Aus diesem Grund ist die Anwendungshäufigkeit gegenüber den anderen Verfahren wesentlich höher. Die Beschränkungen, die innerhalb „Figgie" und sect. 19 (b) FTCA aufgestellt wurden, gelten aber nach dem Urteil „Gem Merchandising Corp."[116] gerade nur für diesen dort angesprochene Bereich. Das Gericht stellte ausdrücklich fest, daß innerhalb sect. 13 (b) FTCA kein Verbot von Strafzahlungen vorgesehen

---

110 a.a.O. S. 607

111 FTC v. H. N. Singer, 668 F.2d 1107 (9th Cir. 1982); neuerer Fall, der sogar zusätzlich ein Verbot enthält, sich innerhalb des „telemarketing investment" zu betätigen, bis ein Rückzahlungsfond eingerichtet ist FTC v. Saffer, Civ. No. 96-6081-CIV-LENARD (S.D. Fla. 26.05.1998)

112 so auch z.B. in FTC v. Security Rare Coin & Bullion Corp., 931 F.2d 1312, 1314 II (3)-1315 (8th Cir. Minn 1991) mit dem Verweis auf sect. 19(e) FTCA der gerade die ausschließliche Anwendbarkeit von sect. 19 FTCA verneint

113 Peter Ward, Restitution for Consumers under the FTCA: Good Intentions or Congressional Intentions ?, 41 Am. U. L. R. 1139, 1189 ff. (1992)

114 diese erklärt gerade, daß kein Anwendungsvorrang von sect. 19 FTCA gegenüber den anderen Vorschriften bestehe

115 weitere Auflistung der Fälle in ABA, The Role of the FTC, Trade Reg. Rep. (CCH), No 46 1989, S. 46 Fn. 64, 65, 66

116 FTC v. Gem Merchandising Corp., 87 F.3d 466, 470 am Anfang (11th Cir. 1996)

ist, deshalb konnte hier der gesamte Gewinn vollständig abgeschöpft werden. Auch daß der Rücklauffond bei der U.S. Treasury eingerichtet wurde, stellt kein Verstoß gegen sect. 13 (b) FTCA dar, da für die nicht von Verbrauchern angeforderten Zahlungen keine Rückzahlungspflicht mehr gegeüber dem Verletzer besteht. Der tiefere Sinn für diese Handhabung besteht auch darin, daß die gesamte ungerechtfertigte Bereicherung abgeschöpft werden muß um die Abschreckungsfunktion aufrecht zu erhalten[117].

Um zumindest einmal einen gewissen Eindruck zu vermittel, um welche Summen es dabei geht, werden einige Beispiele aufgezählt. So wurden bereits Anfang der 90er Jahre[118] in einzelnen Fällen „redress"-Summen bis zu $ 47.000.000[119] erlangt. Auch wenn dies eine Ausnahme war, so werden vor allem Wiedergutmachungen i.H.v. $ 100.000-1.500.000 erreicht, wobei mit zunehmender Dauer dieser Form der Rechtsfolge sich auch die Durchschnittswerte immer weiter nach oben verschoben haben und Millionenzahlungen keinesfalls mehr eine Ausnahme darstellen. Dies gilt auch für die Fälle, welche nicht durch Vergleich endeten sondern von Gerichten entschieden wurden. Auch hier sind die erreichten Zahlungen in ähnlicher Höhe[120]. Dabei muß allerdings noch berücksichtigt werden, daß z.T. diese Rückzahlungen zuerst nur auf dem Papier stehen, da die betroffenen Firmen manchmal gar kein Geld mehr haben, um diese Summen auf einen Schlag zurückzuzahlen. Daher gibt es dann auch in diesen Fällen oft Vereinbarungen, in denen eine Ratenzahlung bestimmt wird oder ein fester Prozentsatz der Umsatzrendite für eine bestimmte Zeit an die FTC abgeführt werden muß. Daher sind diese Summen nicht immer im selben Moment auch dem Verbraucher zugänglich, doch solange die Herstellerfirma noch gewisse Reserven besitzt, ist eine solche Vereinbarung sicherlich vernünftiger, als die Firma gleich in den Bankrott zu treiben. Die wenigen Zahlen, die über diesen Bereich erhältlich sind, stammen von der CFA[121] und der Unterabteilung der FTC, dem Bureau of Consumer Protection[122] welches für den Zeitraum 1984-1994 eine Gesamtsumme aus sect. 13 (b) FTCA von $ 426.931.899 ergaben, tatsächliche Zahlungen wurden allerdings im selben Zeitraum nur i.H.v. $ 96.186.537 geleistet, d.h. gerade ein Viertel der Gesamtsumme.

---

[117] FTC v. Co. Petro Marketing Group, Inc., 680 F.2d 573, 583-584 (9th Cir. 1982)

[118] m.w.N. Dee Pridgen, Consumer Protection and the Law, § 12.05(4)

[119] FTC v. U.S. Oil and Gas Corp., 60 Antitrust & Trade Reg. Rep. (BNA) 627 (S.D. Fla. 1991)

[120] z.B. $ 13.300.000 bei FTC v. Osborne Precious Metal, Inc., 1994-1 Trade Cases (CCH) ¶ 10,542 (C.D. Cal. 1994) oder $ 9.000.000 bei FTC v. Jordan Ashley, Inc., 66 Antitrust & Trade Reg. Rep. (BNA) 490 (S.D. Fla. 1994)

[121] Consumer Federation of America

[122] FTC, Bureau of Consumer Protection, Summery of Federal District Court Judgements for Redress Section 13 (b), attached to CFA Report, Fn. 111

d) „Consumer Redress" als Teil der „consent order" aus sect. 5 FTCA

Durch die Möglichkeit der „consent order" ist natürlich, entgegen der oben dargestellten Rechtslage bei den „cease and desist orders", es immer noch möglich, bei den Wiedergutmachungszahlungen im nicht-streitigen Verfahren sich auf die Rechtsgrundlage sect. 5 FTCA zu berufen. Da es keinerlei Anfechtbarkeit dieser Zustimmungsverfügung gibt, fehlt es an einer weiteren gerichtlichen Überprüfbarkeit und die Beschränkungen des „Heater"[123]-Falles gelten demnach nicht für dieses Verfahren. Dabei muß allerdings auch darauf hingewiesen werden, daß meist erst eine Kontenbeschlagnahme im einstweiligen Rechtsschutz die Bereitschaft schlagartig erhöht, sich auf eine „consent order" mit einer „consumer redress" Vereinbarung einzulassen. Da es für die FTC der schnellste Weg zu einer Vereinbarung mit der betroffenen Firma ist, stieg innerhalb der letzten Jahre der prozentuale Anteil dieser Form des Rückzahlungsverlangens stark an.

e) Keine doppelte Zahlungspflicht des Verletzenden

Diese kann entstehen, wenn sowohl einzelne Verbraucher z.B. durch eine „class action" bereits Rückzahlungen erreicht haben oder es soweit gar nicht kam, sondern die betreffenden Parteien sich gütlich geeinigt haben und zusätzlich die FTC „redress" für die Käufer beansprucht. Als Grundsatz gilt hier, daß der betroffene Hersteller nicht zweimal für ein und dieselbe Verletzung zahlen muß. Daher können die schon vertraglich abgesicherten Konsumenten sich nicht auf die Rücklauffonds der FTC stützen, wenn sie davor schon Zahlungen erhalten haben, seien diese auch ersichtlich niedriger als die der FTC[124]. Anders ist es dagegen, wenn die Einwilligung in die niedrigeren Rückzahlungen durch Betrug oder Zwang erreicht wurde, dann kann die FTC auch für diese Käufer zusätzliche Rückzahlungen verlangen. Falls dagegen zwei gleichrangige Urteile gegen den Hersteller vorliegen, welche mangels Masse beide nicht vollständig befriedigt werden können, so erfolgt eine pro-Kopf Aufteilung zwischen allen betroffenen Verbrauchern und nicht im Verhältnis zwischen den beiden Urteilen[125].

4. Zivilrechtliche Geldstrafen

Die erste Normierung einer Geldstrafe erfolgte 1938 durch das Whealer-Lea[126] Amendment. Dieser Absatz 1[127] des sect. 5 FTCA sah eine Geldstrafe i.H.v. $ 5.000 pro Verletzung vor. Nachdem der Kongress diese Grenze im Jahre 1973

---

[123] a.a.O. S. 321 ff.

[124] es gilt der Grundsatz der res judicata

[125] FTC v. American Legal Distrib., Inc., 739 F. Supp. 1535 (N.D. Ga. 1990)

[126] FTC Act sect. 5 (1), 15 U.S.C. § 45 (1) (1982)

[127] „...each separate violation of such an order shall be a separate offense, expect that in the case of a violation through continuing failure to obey or neglect a final order of the Commission, each day of continuance of such failure or neglect shall be a separate offense"

auf $ 10.000 erhöhte[128], erfolgte schon 2 Jahre später eine weitere Reform innerhalb des Magnuson-Moss Warrenty FTC Improvement Act[129], der die Grundlage für die Verhängung der Geldstrafen radikal erweiterte. Die letzte Änderung[130] in diesem Bereich erfolgte 1996, durch diese Reform sollte sichergestellt werden, daß die Strafen in regelmäßigen Abständen der Inflation angepaßt werden. So erfolgte dann auch eine Hochstufung[131] auf $ 11.000 Höchstsatz pro Verletzung[132]. Aufgabe dieser Strafen ist es, sowohl den Verbraucher als auch den Konkurrenten zu schützen, wobei der Kongress gerade dabei an eine zivilrechtliche Strafe gedacht hatte um nicht in das Strafrecht ausweichen zu müssen, auch wenn hier ebenso weitere Sanktionsmöglichkeiten bestehen. Als weiterer Punkt besteht noch die Wiedergutmachungsfunktion, die die finanziellen Schäden, welche der Öffentlichkeit entstehen, ausgleichen soll[133].

a) Verletzung der „cease and desist order" durch den direkten Adressaten

Falls gem. sect. 5 (l) FTCA eine Geldstrafe verhängt werden soll, muß zuerst der betroffenen Firma eine „cease and desist order" zugegangen sein, die dann zur „final order" wird. Erst bei einer neuerlichen Verletzung dieser „order" kann die Behörde an einem „United States District Court" die Strafe geltend machen, im Gegensatz dazu reicht aber auch eine einmalige Verletzung einer „trade regulation rule" völlig aus. Allerdings ist nach der Verletzung der ersten „order" und der Klage am „District Court" keinerlei Zwischenschritt mehr notwendig, es bedarf daher keiner Warnung der FTC gegenüber dem späteren Beklagten[134]. Grund dafür ist nach Ansicht der Gerichte und der FTC[135], daß nach dem Gesetzeswortlaut die erste „order" ausreicht und gerade keine zweite vorgeschrieben ist[136].

Die Unterscheidung, ob eine oder mehrere Verletzungshandlungen vorliegen, muß anhand des Gesetzestextes[137] gefällt werden, wobei im Zweifel immer mehrere Verletzungen vorliegen, um so die Geldstrafen nicht in einer solch geringen Höhe zu halten, daß diese Strafen als weitere Kosten einplanbar sind

---

[128] Trans-Alaska Pipline Authorization Act of 1973, Pub. L. No. 93-153, 87 Stat. 584, 591 (1973)

[129] Pub. L. No. 93-637, § 205(a), 88 Stat. 2200 ff., als FTC Act sect. 5 (m), 15 U.S.C. § 45 (m) (1982)

[130] grds. geregelt im Federal Civil Penalties Inflation Adjustment Act of 1990, Pub. L. No. 101-410, 104 Stat. 890

[131] 16 C.F.R. §§1.97. und 1.98.

[132] seit dem 20.11.1996

[133] 24 A.L.R. 539, § 3 mit Verweis auf J.B. Williams Co.

[134] United States v. Berkley, 1973-2 (CCH) Trade Cases ¶ 74695, (1973), United States v. J. B. Williams Co., Inc., 498 F.2d 414, 434 (2d Cir. 1974)

[135] United States v. Beatrice Foods Co., 493 F.2d 1259 (8th Cir. 1974), a.A. nur in Continental Baking Co. v. Dixon, 283 F. Suppl. 285 (D.C. Del. 1968)

[136] 16 C.R.F. § 3.61(a)

[137] vgl. sect. 5 (l) FTCA

und daher keine abschreckende Wirkung mehr entfalten. So wurde auch vertreten, daß die Maximalstrafe nicht für die Verletzung als solche, sondern als Tageshöchstlimit gilt. Dabei muß berücksichtigt werden, daß die meisten Gerichte trotz millionenfacher Werbungsbriefe sowie hundertfachen Werbespots im Fernsehen jede dieser Handlungen als eine eigenständige Verletzung ansehen[138]. Dadurch entstehen dann Verletzungszahlen wie bei Readers Digest[139], als das Magazin eine Werbungsdrucksache an knapp 18 Millionen Bürger verschickte, wurde durch das Gericht für jede Drucksache eine eigenständige Verletzung angenommen. Auf die Argumentation der Beklagten, es handle sich nur um eine Verletzung, da doch ausschließlich eine mechanische Vervielfältigung vorlag, ging das Gericht nicht ein. Es stellte fest, daß damit keinerlei wirksame Sanktion mehr möglich wäre, wenn hier eine Strafe in Höhe von nur $ 10.000 verhängt werden könnte[140]. In einem neueren Fall wurde American Buisness Supplies[141] verurteilt, sich sowohl aus ihrem Hauptgeschäftszweig, dem Verkauf im Telemarketing und Versendungsbereich für Büroausstattung zurückzuziehen. Desweiteren zog die Verletzung des „consent judgement" aus dem Jahre 96 insgesamt $ 1.200.000 Geldstrafe und zusätzliche $ 2.000.000 an „consumer redress" nach sich. Damit werden die Summen sowohl der Strafen als auch der Wiedergutmachung immer höher, was sowohl mit der Verletzungstiefe gegenüber dem Verbraucher wie auch mit dem Abschreckungsgedanken zu tuen hat.

b) Verletzungsfeststellung und Verantwortlichkeit

Dabei geht es zuerst um die Frage, inwieweit die erste „cease and desist order" ergangen ist und welche Pflichten durch den Beklagten aufgrund dessen beachtet werden mußten. Dabei handelt es sich nach amerikanischem Verständnis unstreitig um eine reine Rechtsfrage, die ausschließlich durch das Gericht entschieden wird. Ganz anders und höchst umstritten ist dagegen das Problem, ob ein Verstoß gegen diese Pflichten vorliegt. Dabei wurde dies sowohl als Rechts[142]- wie auch als Tatsachenfrage[143] angesehen, mit der Folge für letztere Ansicht, daß hierüber eine „civil jury trial" zu entscheiden hatte. Da darüber noch keine Rechtsprechung des Supreme Court vorhanden ist, gibt es keine eindeutige Antwort auf diese Frage[144]. Erst das Urteil Tull v. United States[145], welches zwar nicht auf Grundlage des FTCA entschieden wurde, sondern auf einer vergleichbaren Anspruchsgrundlage, dem „Clean Water Act"[146], legte fest, daß die Feststellung des Pflichtverstoßes eine Tatsachenfrage sei, dagegen

---

138 Dee Pridgen, Consumer Protection and the Law, § 12.06(2)(b)

139 United States v. Readers Digest Assn, Inc., 662 F.2d 955, 967 (3d Cir. 1981)

140 so auch das Supreme Court in United States v. ITT Continental Baking Co., 420 U.S. 223, 231 (1975) innerhalb einer Fusion

141 FTC v. American Buisness Supplies, Civ. No. 96-2617 (D.N.J. 28.01.1998)

142 United States v. Readers Digest Assn, Inc., 662 F.2d 995, 967 (3d Cir. 1981)

143 United States v. J. B. Williams Co., 498 F.2d 414, 435-436 (2d Cir. 1974)

144 vertiefend in 24 A.L.R. Fed. 539 § 8 (b)

145 Tull v. United States, 481 U.S. 412 (1987)

146 33 U.S.C. § 1319

die Bestimmung der Höhe der Geldstrafe eine Rechtsfrage und damit nur durch die Richter zu entscheiden ist. Für die Verletzung selber ist es im Gegensatz zum „redress" und sect. 5 (m) FTCA völlig unerheblich, ob die Firma die Verletzung mit Absicht oder auch im guten Vertrauen, daß eben keine Verletzung vorliegen würde, getätigt hat[147]. Eine Berücksichtigung dieser Punkte findet nicht im Tatbestand statt, sondern ausschließlich bei der Rechtsfolge, der Höhe der Strafe. Dasselbe gilt ebenso für die Einwände, die Firma würde dadurch bankrott gehen[148], oder die erste „order" sei nicht schlüssig oder ungültig[149].

Die Verantwortung einer Gesellschaft, die schon einmal eine „cease and desist order" erhalten hat, wird von der FTC sehr weit gesehen[150]. Da aber die Gesellschaft grds. von Personen geleitet und von Anteilseignern besessen wird, die letztlich die selben Interessen haben, sei auch hier eine Inanspruchnahme aller möglich[151]. Die Geldstrafen können dann sowohl gegen die Herstellerfirma[152], die Werbeagentur[153], den Gesellschaftern[154], den Vorstand[155] sowie den Einzelhändlern[156], welche das Produkt verkaufen, verhängt werden. Diese Aufzählung ist allerdings keinesfalls vollständig, sondern soll nur einen Eindruck der inanspruchnehmbaren Personen bzw. Rechtssubjekte[157] vermitteln.

c) Verletzung von „cease and desist orders", welche an Dritte gerichtet sind

Diese Sonderregelung findet sich in sect. 5 (m)(1)(B) FTCA[158] und ist eine nur recht schwer nachzuvollziehende Konstruktion. Die Voraussetzungen für eine Verletzung sind nur, daß bereits einmal eine solche „cease and desist order" an einen anderen Hersteller im gerichtlichen Verfahren[159] ergangen ist und diese

---

[147] United States v. Home Diathermy Co., (1959 D.C. N.Y.) 1960 Trade Cases (CCH) 69601

[148] FTC v. Consolidated Foods Corp., 396 F. Supp. 1344 (D.C. N.Y.)

[149] United States v. Vitasafe Corp., 212 F. Supp. 397 (D.C. N.Y. 1962)

[150] United States v. Phelps Dodge Industries, Inc., 589 F. Supp. 1340 (S.D. N.Y. 1984)

[151] United States v. Wilson Chemical Co., (D.C. Pa. 1962) 1962 (CCH) Trade Cases 70478, affd per curiam, 319 F.2d 133 (3d Cir. 1963)

[152] für das Verhältnis von Hersteller zu Werbeagentur ist die Entscheidung United States v. J. B. Williams Co., 498 F.2d 414, 436-437 ausschlaggebend

[153] vgl. vorangegangene Fn., Libbey-Owens-Ford Glass Co. v. FTC, 352 F.2d 415 (6th Cir. 1965) oder Colgate-Palmolive Co. v. FTC, 310 F.2d 89 (1st. Cir. 1962), Standard Oil Co. v. FTC, 577 F.2d 653 (9th Cir. 1978)

[154] FTC v. Southwest Sunsites, Inc., (Transfer Binder 1983-1987) Trade Reg. Rep. (CCH) ¶ 22,226 bei ¶ 23,257 (1985)

[155] United States v. Rushing (1973, D.C. La.) 1973-2 (CCH) Trade Cases 74631; FTC v. Solar Michigan, Inc., (Transfer Binder 1987-1993) Trade Reg. Rep. (CCH) ¶ 22,390 (1986)

[156] Porter & Dietsch v. FTC, 605 F.2d 294, 308-309 (7th Cir. 1979), cert. denied, 445 U.S. 950 (1980); Regina Corp. v. FTC., 322 F.2d 765 (3d Cir. 1963)

[157] weitere Nachweise bei Matthew Bender & Co, Antitrust Laws, Kalinowski, § 78.12(4)

[158] 15 U.S.C. § 45 (m)(1)(B)

[159] durch FTC Act Amendments of 1994, Pub. L. No. 103-312, 108 Stat. 1691 zu sect. 5(m)(1)(B) FTCA

Regelung dem jetzigen Verletzer bekannt ist. Nach den Bestimmungen gem. sect. 5 (m)(1)(B) FTCA reicht „...actual knowledge that such act or practice is unfair or deceptive" aus, um ebenso eine Geldstrafe gegenüber dem Verletzenden zu verhängen, ohne daß er selber überhaupt jemals eine „cease and desist order" erhalten hat. Die FTC muß innerhalb der Fälle aufzeigen, daß zum einen der alte Fall mit der neuen Verletzung vergleichbar ist, wobei hier ein relativ enger Maßstab benutzt wird[160]. Einzig die Tatsachenfragen können neu verhandelt werden[161]. Desweiteren ist daher auch nicht jede „order" brauchbar, denn Voraussetzung für die Verwertung in diesem Verfahren ist, daß diese ausreichend konkret war, sonst ist sie ungeeignet[162]. Das angesprochene Wissen der Firmen wird durch die FTC dermaßen sichergestellt, daß den Firmen vor einer Klage mehrere aufbereitete[163] alte, vom Tatbestand vergleichbare „orders" zugeschickt bekommen, die selbige Verletzungen zum Inhalt haben, wegen welcher man auch später gegen die neue Firma vorgehen will. Gegen diese Verfahrensform wurden mannigfaltige Einwände entgegengebracht, so auch, daß damit letztlich eine Verletzung des rechtlichen Gehörs stattfinden würde, da sich die jetzigen Betroffenen nicht gegen die anfängliche „order" wehren konnten, da sie nicht Parteien des Verfahren waren. Auch wenn diese Bedenken bisher zumindest noch nicht zu einer Verfassungswidrigkeit geführt haben, so ist diese Bestimmung trotzdem sehr problematisch. Durch sie erhält eigentlich jedes einfache gerichtliche „cease and desist" Verfahren die selben Auswirkung[164] wie eine aufwendig erlassene „trade regulation rule" und wirkt daher nicht mehr nur „inter partes", sondern indirekt „inter omnes".

d) Höhe der Strafe

Diese ist, wie oben dargelegt wurde, eine Rechtsfrage, über die nur die Richter entscheiden, und in der diesen ein Ermessen zusteht[165]. Voraussetzung dafür ist allerdings, daß vor Festlegung der Strafe eine Anhörung des Beklagten gerade zu diesem Punkt stattfindet, indem er seine Einwände darlegen kann[166]. Dagegen sind die Gesichtspunkte, unter denen sich die Höhe der Strafe ergibt, sehr variabel. Auch hier wurde durch das J.B. Williams Urteil[167] ein Meilenstein in der Bemessung erreicht, wobei auch schon im Magnuson-Moss-Warrenty-FTC-Act bestimmte Kriterien festgelegt[168] wurden wie den Grad der Verantwort-

---

160 United States v. Hopkins Dodge, Inc., 849 F.2d 311 (8th Cir. 1988)

161 15 U.S.C. § 45 (m) „....the issues of fact in such action against such defendant shall be tried de novo"

162 Dee Pridgen, Cosumer Protection and the Law, § 12.06(4)

163 in diesen „orders" wird dann die Verletzung von sect. 5 FTCA nochmals deutlich herausgehoben um nachher auch im Klageverfahren ein ausreichend präzise Vorlage zu haben

164 dieses Argument stammt aus dem Fall Ford Motor Company v. FTC, 673 F.2d 1008, 1010 (9th Cir. 1982), wurde dort aber verworfen mit der Begründung, daß die Auswahl im Ermessen der Behörde stehen würde

165 United States v. ITT Continental Baking Co., 43 L. Ed 2.d 148 (1975)

166 United States v. ABC Consol. Corp., (D.C. N.Y. 1968) 1968, (CCH) Trade Cases 72621

167 United States v. J. B. Williams, 498 F.2d 414, 438 (2d Cir. 1974)

168 15 U.S.C. § 45 (m)(1)(C)

lichkeit, das Vorverhalten des Betroffenen, die Zahlungsfähigkeit, die Auswirkungen auf den Weiterbetrieb des Geschäftes. Weitere Faktoren wie der gute Glaube oder die nur fahrlässige Verletzung der „final order" oder „trade regulation rule", das Ausmaß der Verletzung der Öffentlichkeit und die Notwendigkeit, dem Verletzenden die gewonnenen Vorteile wieder zu entziehen, spielen seit der Readers Digest Entscheidung[169] ebenso eine Rolle. Die tatsächlich vereinnahmten Zahlungen der FTC summierten sich im Zeitraum von 1991-1994 auf immerhin $ 21.970.542, welche an die U.S. Treasury überwiesen wurden[170]. Durch ein neueres Gesetz[171] hat die FTC jetzt zusätzlich auch die Möglichkeit, bei kleine Geschäften, wenn die Betroffenen sich selbst anzeigen und den Verstoß schnell korrigieren, die Zivilstrafe herabzusetzen oder unter besonderen Bedingungen ganz auf sie zu verzichten.

5. „Bans", „Disclosures" und „Corrective Advertising"

Die Rechtsfolgen einer täuschenden Werbung sind sehr vielfältig. Darunter fällt auch der „ban", dies bedeuten im deutschen soviel wie Verbot der weiteren Benutzung eines Firmen- oder Markennamens. „Disclosure" und „corrective advertising" sind mit Offenlegung bestimmter Tatsachen und der sich selbst korrigierende Werbung zu übersetzen. Dabei handelt es sich letztlich um ein und das selbe Mittel, welches aber in unterschiedlichen starken Dosen verabreicht werden kann. Dabei gilt auch für die FTC das Prinzip der Verhältnismäßigkeit, es dürfen daher weder das Verbot noch die korrigierende Werbung verhängt werden, wenn allein die Offenlegung bzw. bestimmte Hinweise ausreichen, um eine Täuschungsgefahr zu beenden.

a) Verbot des Handels- bzw. Markennamens

Dabei handelt es sich um die einschneidenste aller Maßnahmen inbezug auf die Täuschung und Irreführung bei einem Artikel oder Firmennamen. Daher müssen vor diesem Verbot zuerst alle weniger einschneidenden Mittel eingesetzt werden, um damit den Wert, welcher sich hinter jedem eingeführten Markennamen verbirgt, zu schützen. Diese Verpflichtung wird durch die FTC seit jeher nicht so genau genommen, doch die Gerichte, vor allem der Supreme Court besteht auf einer strikten Einhaltung dieser Grundsätze. Als Beispiele dazu dient der Royal Milling[172]-Fall, indem die betroffene Firma gar keine eigenen Mühlen zur Mehlfabrikation hatte und trotzdem im Namen diese Bezeichnung führte. Die FTC hielt dies für täuschend und verlangte darauf hin, daß die Firma den Zusatz „Milling" zu löschen hatte, wohingegen diese die Irreführungsgefahr als entschärft ansah, wenn dem Name ein Zusatz beigefügt werden würde, aus dem hervorgeht, daß es sich gerade um keine Mühle, sondern um eine Handelsmarke handelte. Die selben Vorgänge fanden auch bei den beiden

[169] United States v. Readers Digest Assn, Inc., 464 F. Supp. 1037, 1044 (D. Del. 1978)

[170] Dee Pridgen, § 12.06(5) bei Fn. 39

[171] Small Buisness Regulatory Enforcement Fairness Act, Pub. L. No. 104-121, 110 Stat. 857 (28.03.1997)

[172] FTC v. Royal Milling Co., 288 U.S. 212, 217 (1933)

Phantasienamen „Cashmora“[173] und „Alpancuna“[174], welche zurecht als irreführend angesehen wurden, statt. Auch hier ließ es die FTC nicht ausreichen, einen klarstellenden Zusatz beizufügen, sondern wollte die vollständige Beseitigung des Namens, was aber in beiden Fällen durch die zuständigen Gerichte verhindert wurde. Diese sahen die Klarstellung auf dem Label als völlig ausreichend an um eine Irreführungsgefahr zu verhindern. Eine Änderung der Ansichten der FTC erfolgte eigentlich erst durch das „policy statement“ und „Aspercreme“[175], danach erfolgte auch ein Einsehen der Kommission, daß immer zuerst der Weg beschritten werden mußte, der den geringsten Eingriff mit sich bringt und trotzdem die relevante Gefahr beseitigen kann. Hierbei spielt sicherlich eine große Rolle, daß durch die neue Definition des vernünftigen handelnden Verbrauchers das erwartete Verständnis desselben beim Lesen der Zusätzen gestiegen ist. Heute ist daher ein Verbot eines Handels- bzw. Markennamens nur noch zu erwarten, wenn sicher ist, daß auch eine entsprechende Beifügung bzw. Aufklärung die Irreführungsgefahr nicht verhindern würde.

b) „Offenlegung“ und „Korrigierende Werbung“

Wie bereits oben erklärt, handelt es sich um eine Art der eigenen, erzwungenen Gegendarstellung, indem die betroffene Gesellschaft darlegen muß, daß z.B. innerhalb von „Aspercreme“ gerade kein Aspirin vorhanden ist, um so eine weitere Täuschung der Verbraucher zu verhindern. Die „Offenlegung“ muß immer klar und auffällig sein, so daß sie vom Verbraucher auch wahrgenommen werden kann[176]. Die Unterscheidung zwischen der normalen „disclosure“ und dem „corrective advertising“ ist darin zu sehen, daß bei ersterem die Täuschung durch eine zusätzliche Angabe ausgeschlossen werden soll und dadurch präventiv wirkt. Beim „corrective advertising“ wird nicht nur eine neue Täuschung verhindert, sondern auch eine seit längerem bestehende Fehlannahme aufgeklärt[177]. Demnach geht letztere Aufklärung wesentlich weiter, ohne grundsätzlich jedoch juristisch-dogmatisch von dem Modell der „disclosure“ abzuweichen. Die Bedenken verfassungsrechtlicher Art gingen dahin, daß durch die Steigerung der „disclosure“[178] innerhalb der „cease and desist order“ der Punkt überschritten wird, indem die Anordung Rückwirkungskraft erlangt[179]. Dadurch wiederum hätte die Unterlassungsverfügung Strafcharakter

---

[173] vgl. auch unter Kap. C III. 6., Elliot Knitwear, Inc. V. FTC, 266 F.2d 787 (2d Cir. 1959)
[174] vgl. auch unter Kap. C III. 5., Jakob Siegel Co. v. FTC, 327 U.S. 608 (1946)
[175] Abgedruckt in In re Thomson Medical Co., 104 F.T.C. 648 ff. (1984)
[176] oder abgedruckt in Policy Statement, 2 Trade Reg. Rep. (CCH) ¶ 7569.09 bei 12166
[177] Ann. Rev. 1998, Antitrust L. Dev. Ch. VII. E, S. 211 unter 1.a.(1)
[178] neuere Fälle: Global World Media Corp., C-3772 (17.10.1997) (consent order) wegen fehlender Aufklärung, daß in dem Produkt Ephidrine enthalten ist; In re Safe Brands Corp., 121 F.T.C. 379 (1996) (consent order) Hinweispflicht vor der Gesundheitsgefahr eines Antifrostmittels
[179] Note, Corrective Advertising Orders of the FTC, 85 Hav. L. Rev. 477, 491-492 (1971)

erhalten, was von Gerichten bis zu diesem Zeitpunkt dogmatisch nicht für möglich gehalten wurden[180].

Die erste gerichtliche Bestätigung dieser weiterreichenden Kompetenz, die diesen verfassungsrechtlichen Punkt nicht bejahte, erfolgte durch die Warner-Lambert Entscheidung[181]. Dabei wurde vor allem auf den Aspekt wert gelegt, daß durch die korrigierende Werbung zwar eine teilweise Rückwirkung ermöglicht werde, die Wirkung einer normalen Unterlassungsanordnung allein aber eine bereits bestehende Täuschung nicht beheben könnte. Da damit die Rückwirkung ausschließlich so weit geht, wie sie notwendig ist, um einen jetzt bestehenden Zustand zu korrigieren, nämlich die anhaltende Täuschung aufzuklären, sei auch diese Art der Anordnung rechtlich möglich[182]. Der Fall drehte sich um die Mundspühlung Lysterin, bei der der Hersteller ohne weitere Substantiierung behauptet hatte, daß durch ihren Gebrauch auch die Anfälligkeit gegen Husten und Heiserkeit sowie andere Erkältungsbeschwerden sinken und diese Beschwerden durch die Einnahme weiter abklingen würden. Dabei wurde das Mittel schon seit über 50 Jahren unter dieser Werbebehauptung angeboten, daher reichte nicht ein einfacher Zusatz, daß durch die Einnahme von Lysterin nicht Erkältungsbeschwerden behoben werden würden. Die Voraussetzung für den Erlaß einer „corrective advertising" sind folgende[183]:

- die Werbung über ein wesentlichen Punkt muß falsch, irreführend oder täuschend sein
- obwohl die Werbung untersagt wurde, ist die Fehlvorstellung bei einem großen Anteil der Verbraucher noch vorhanden, wobei diese dann auch zur Kaufentscheidung beiträgt, was von der FTC bewiesen werden muß
- Täuschung wird beim Gebrauch nicht bemerkt oder entdeckt
- Fehlvorstellung der Konsumenten wird/wurde durch die Werbung ausgelöst

Als weiteres Beispiel, allerdings als „consent order", dient Egglands Best[184], hier mußte der Hersteller auf die Eierschachtel schreiben, daß seine Eier im

[180] FTC v. Ruberoid Co., 343 U.S. 470, 473 (1952) mit der Aussage, daß die Anordnungen der FTC weder dazu geeignet sind, Strafen noch Schadensersatz aufzuerlegen, sondern zur Abstellung des beanstandeten Verhaltens führen sollen.

[181] Warner-Lambert Co. v. FTC, 562 F.2d 749 (D.C. Cir.1977), cert. denied, 435 U.S. 950 (1978), ebenso in National Commn on Egg Nutrition v. FTC, 570 F.2d 157 (7th Cir. 1977), cert. denied, 439 U.S. 821 (1978)

[182] diese Ansicht hatte die FTC schon im Fall In re Curtis Publishing Co., 78 F.T.C. 1472, 1512-1518 (1971) vertreten, mit der Betonung darauf, daß damit gerade kein Strafcharakter innerhalb der Unterlassungsanordnung eingeführt werden würde

[183] Warner-Lambert a.a.O. S. 749, 762

[184] FTC v. Egglands Best, Inc., FTC-Docket No. C-3597 (15.08.1994) ebenso abge-druckt in 118 F.T.C. 340 (1994), wegen Verletzung dieser „order" erfolgte im Verfahren United States v. Egglands Best , Inc., No. CV-1983 (E.D. Pa. Mar. 12.03.96) eine zusätzliche Geldstrafe in Höhe von $ 100.000

Gegensatz zu seinen früheren Aussagen keinerlei Einfluß auf einen geringeren Cholesterinwert als andere Eier besitzen würden. Trotz des Lysterin-Urteils, oder gerade wegen ihm, ist eine „correctiv advertising order" nur unter sehr engen Rahmenbedingungen[185] zu erhalten. So lehnte der ALJ in dem Fall „Novartis" eine solche ab, da die Rechtsfolgen äußerst drastisch seien und deswegen außergewöhnliche Umstände geltend gemacht werden müßten, was der FTC in diesem Fall nicht gelang[186]. Die Entscheidung wurde von beiden Seiten angefochten und hat daher erst beschränkte Aussagekraft. Dagegen wurde im Vergleichsweg mit dem Hersteller einer Sonnencreme speziell für Kinder (Coppertone Kids sunscreen for children) ein „consent agreement" getroffen, indem die Gesellschaft den 150.000 Käufern ein zusätzliches Aufkärungsblatt über den Gebrauch der Creme und ihrer Schutzdauer zukommen lassen mußte, welches die in der Werbung getroffenen Aussagen widerrief[187].

Festzuhalten ist allerdings, daß die FTC selber das Mittel der „corrective advertising" äußerst selten anwendet, und wenn, dann in aller Regel in einer gerichtlich nicht überprüfbaren „consent order"[188]. Damit zeigen sich die weiteren Probleme, welche bereits in dem Urteil Warner-Lambert deutlich wurden. Da das Beweismaterial[189], welches dafür geliefert wurden, daß die Fehlvorstellungen immer noch andauerten, auf Meinungsumfragen beruhen mußte, gilt hier ein verschärfter Maßstab, den die Kommission wohl nicht immer erbringen kann. Denn in diesen Fällen bedarf es des Nachweises einer tatsächlichen Täuschung, da ein Korrekturbedarf nur dann besteht, wenn getäuschte Kunden wirklich vorhanden sind. Allein die Möglichkeit einer solchen reicht nicht mehr, daher ist die hypothetische Auslegung nicht anwendbar[190]. Zusätzlich haben Umfragen[191] ergeben, daß die Effektivität des „corrective advertising" nicht in dem Maße Wirkung zeigt, wie man sich dies erhofft hat. Auch dies ist möglicherweise ein Grund dafür, daß diese Rechtsfolge nicht weiter vorangetrieben wird.

6. „Industry Guides"

Bei dieser Form der Reakionsmöglichkeit der Behörde handelt es sich nicht um verbindliche Verhaltensregeln, aufgrund deren Verletzung einer Klage stattzugeben währe, sondern sie dienen vor allem der Erläuterung[192]. In ihnen teilt die

---

185 weiteres neueres Beispiel Unocal Corp., 117 F.T.C. 500 (1994) mit Korrektur über unsubstantiierte Oktanzahlen bei ihrem Benzin

186 Novartis Corp., Initial Desicion, Dkt. No. 9279, 1998 FTC LEXIS 24 (9.03.1998)

187 Schering-Plough Healthcare Products, Inc., FTC File No. 942-3341 (8.02.1997)

188 so auch in einem Fall, in dem ein Sprithersteller falsche Oktanzahlen angegeben hatte, In re Unocal Corp., 117 F.T.C. 500 (consent order)

189 so bereits schon vor dem Urteil fordernd in Note, Corrective Advertising Orders of the FTC, 85 Hav. L. Rev. 477, 501-502 (1971)

190 Warner-Lambert Co. v. FTC, 562 F.2d 749, 762

191 vgl. Dee Pridgen, § 12.07 (3)(c) bei Fn. 31 Aufklärungseffekt der korrigierenden Lysterin Werbung bei nur 47 % der Befragten

192 16 C.F.R. § 1.5. allgemeine Bedeutung der „guides"

FTC mit, ab wann sie eine Handlung als täuschend oder irreführend bzw. als „unfair" ansehen und wann sie dagegen einschreiten wird. Der Erlaß dieser „guides" hat keine formellen Voraussetzungen, auch wenn die Kommission trotzdem die betroffenen Gruppen zu Gesprächen einlädt, verpflichtet ist sie dazu aber nicht. Der Auslöser kann auch eine Anfrage eines bestimmten Wirtschaftszweiges sein[193]. Sie waren eigentlich der Vorläufer der „Trade Regulation Rules"[194] und der Nachfahre der davor verwendeten „Trade Practise Rules", die heute noch z.T. in einigen „guides" weiterexistieren. Sie gerieten etwas in das Abseits, als die FTC Mitte der 70er Jahre immer mehr dazu überging, alles über zwingende Normen zu regeln. Ihr Vorteil besteht darin, daß der Erlaß dieser, im Vergleich zu den verbindlichen „rules", wesentlich schneller erfolgen kann und damit recht zügig auf neuen Problemfeldern agiert werden kann. Als Beispiel dafür soll der „Environmental Guide"[195] dienen, der sich vor allem mit dem Gebrauch der unterschiedlichen Umwelt-Wörter beschäftigt, d.h. festlegt, ab wann ein Produkt recycelbar ist, was ozonfreundlich oder kompostierbar bedeutet. Über diesen Regelungsbereich, ist es aber durchaus üblich, daß ein „guide" ausschließlich einen speziellen Industriezweig betrifft[196]. Dadurch profitieren auch die einzelnen Hersteller, die durch das informelle Mittel, mit dessen Verletzung noch nicht automatisch eine Verletzung von sect. 5 FTCA verbunden ist, ein Verhaltenskodex an die Hand bekommen. Falls sie den „Leitfaden" befolgen, sind sie immer auf der „sicheren Seite" und wissen, wie die Kommission die Lage einschätzt.

7. „Federal Trade Regulation Rules"

Nachdem diese bereits in ihren Grundzügen in Kap. A II. 3. f) geschildert wurden, soll hier nur noch eine kurze Zusammenfassung erfolgen, vor allem die neusten Schwerpunkte aufgezeigt werden. Nachdem die ersten „rules" sich auf sect. 6 (g) FTCA[197] stützten, darin aber der Kongress keine ausreichende Rechtsgrundlage sah, erfolgte eine eigene gesetzliche Verankerung im Magnuson-Moss Warrenty-FTC Improvement Act[198], der dann als sect. 18 FTCA[199] normiert wurde und eine Reihe von zwingenden Erfordernissen bei der Beteiligung der unterschiedlichen Interessengruppen vorsah, um überhaupt eine wirksame „rule" zu erlasssen. Doch bereits 5 Jahre später erfolgte eine weitere Änderung[200], welche die Möglichkeiten der Behörde stark einschränkte. Vor allem die prozessuale Beweislast innerhalb der Erstellung der „rules" wurde zu ihren Lasten verschoben. Auch wenn ein eigens eingeräumtes Veto-Recht des Kon-

---

[193] Stephen J. Squeri, Gouvernment Investigation and Enforcement, PLI Order No. B0-0023 (1998), S. 951, 1019

[194] vgl. unten unter Kap. D I. 7.

[195] 16 C.F.R. § 260 (Erstentwurf 1992, erweiterte und geänderte Fassung 1996)

[196] 16 C.F.R. § 254 Werbung für Berufsschulen

[197] 15 U.S.C. § 46 (g)

[198] Pub. No. 93-637, 88 Stat. 2183-2203,

[199] 15 U.S.C. § 57 (a)

[200] FTC Improvements Act § 21, Pub. L. No. 96-252, 94 Stat. 374 (1980)

gresses sich als verfassungswidrig herausstellte, so verschlechterte sich die Ausgangslage recht deutlich, so beinhaltete das Gesetz auch ein 2 Legislaturperioden dauerndes Verbot zum Erlaß von verbraucherschützenden „rules“. Da durch die Reagan-Administration innerhalb der 80er Jahre zusätzlich ein Großteil der „rules“ abgeschafft wurde[201], nachdem sich diese unter dem Gesichtspunkt der Kosten-Nutzen Rechnung als nicht wirksam erwiesen hatten, kam diese Rechtsfolge praktisch zum erliegen. Selbst für die einzige „rule“, die während dieser Zeit hervorgebracht wurde, die Ophthalmic Rule[202], stellt das Berufungsgericht des District von Columbia[203] fest, daß sie unwirksam sei, da der FTC dafür keine Zuständigkeit zustehen würde. Erst durch die Änderung[204] 1994 wurden die Regelungen des Magnuson-Moss Gesetzes verstärkt und den beteiligten Parteien auch in dem Vorverfahren ein Kostenerstattungsrecht eingeräumt. Danach kann eine Firma, wenn sie wirtschaftlich so schwach ist, daß sie sich für die Beratungen über einen „rule“-Erlaß eigentlich keinen Anwalt nehmen kann, die entstehenden Kosten über die FTC liquidieren.

Eine ganz andere Stoßrichtung haben dagegen die in letzter Zeit geschaffenen oder abgeänderten „rules“. Der Anstoß zur Regelung kam in den meisten Fällen nicht von der FTC, sondern aus dem Kongress[205], welcher der FTC jeweils einen präzise umrissenen Auftrag in Form eines Rahmengesetzes gab[206]. Innerhalb der neuen Problembereiche, nämlich des Versendungskaufs[207], der Bezeichnung von alternativen Energien[208], des Telemarketingbereichs[209], Verwendung von recyceltem Öl[210] und den „900“- Nummern[211] (in Deutschland 0190-

---

[201] Pertschuk, FTC Review (1977-84), S. 149-166 (1984) und Dee Pridgen, § 12.03

[202] Ophthalmic Practise Rule, Final Trade Regulation Rule, 54 Fed. Reg. 10285 (13.3.1989), 16 C.F.R. Part 46

[203] California State Board of Optometry v. FTC, 910 F.2d 976 (D.C. Cir. 1990)

[204] FTC Act Amendements of 1994, Pub. L. 103-312, § 3, 108 Stat. 1691

[205] auch jetzt wieder für Children Online Privacy Protection Act, Pub. L. 105-277 § 1301 (1998)

[206] für die 900-Nummern: Pub. L. 102-556, 106 Stat. 4181, 28.10.1992 für den Telemarketingbereich: Pub.L. 103-297, 108 Stat. 1545

[207] FTC, Final Trade Regulation Rule and Statement of Basis and Purpose, Mail or Telephone Order Merchandise Rule, 58 Fed. Reg. 49096 (21.09.1993), 16 C.R.F. Part 435, inkraftgetreten am 1.03.1994

[208] Labeling Requirements for Alternative Fuels and Alternative Fueled Vehicles, 16 C.F.R. Part 309

[209] Telemarkt Sales Rule, 60 Fed. Reg. 43,842 (23.08.1995), 16 C.F.R. Part 310 mit dem Hauptinhalt, daß Anrufer sich als Verkäufer zu erkennen geben müssen und die Angerufenen darüber aufklären müssen, daß die Teilnahme an Gewinnspielen auch ohne den Kauf des angepriesenen Produkts möglich ist

[210] Test Procedures and Labeling Standards for Recycled Oil, 16 F.C.R. Part 311

[211] „900 Rules“, 58 Fed. Reg. 13370 (10.03.1993), 16 F.C.R. Part 308, inkraftgetreten am 1.11.1993, wichtigste Punkte sind die Angabe des Verbindungsentgeltes in jeder Werbung und der Schutz von Kindern, diese müssen darauf hingewiesen werden, daß der Anruf nur mit dem Einverständnis der Eltern möglich ist, abgeändert durch den Telecommunisations Act of 1996, 62 Fed. Reg. 11,750 (1997), 16 F.C.R. Part 308

Nummern) hat die FTC innerhalb der letzten Jahre „rules“ zu erlassen oder die bestehenden zu ändern gehabt. Der Unterschied zu den „rules“, die während der 70er Jahre erlassen wurden besteht darin, daß die FTC nicht mehr aufwendige Grundlagenforschung betreiben muß, ob denn dieses Verhalten besser über „rules“ oder „cease and desist orders“ geregelt werden sollte, da diese Feststellungen bereits durch den Kongress getroffen wurden[212]. Damit werden sowohl finanzielle als auch „human ressources“ gespart, die früher dann in anderen Teilen der FTC fehlten. Damit sollen die vielen, einzelnen Probleme einer einheitlichen und erschöpfenden Regelung unterworfen werden, um gerade die in diesen Bereichen stark anwachsende Anzahl von betrügerischen Fällen bewältigen zu können. Hier zeigte sich, daß die Devise der Reagan-Verwaltung nicht ganz richtig war, welche eigentlich vollständig auf die Benutzung der „rules“ verzichten und durch die Weiterentwicklung der Rechtsprechung sowie der einzelnen Entscheidungen eine ausreichende Beurteilungsgrundlage schaffen wollte. Die Überprüfung durch die Clinton-Administration erbrachte trotz der Erneuerungsphase, daß von den bestehenden 41 „rules“ 1992 immerhin noch 12 überflüssig waren, die daraufhin aufgehoben[213] und der Rest z.T. überarbeitet wurde, um den heutigen Anforderungen gewachsen zu sein. Da durch die einzelnen „rules“ aber auch nach Absprache mit der FTC die State Attorneys General ein Klagerecht besitzen, besteht eine wesentlich erhöhte Verfolgungsintensität. Daher kann heute nicht davon ausgegangen werden, daß die „rules“ keine Rolle im unlauteren Wettbewerb mehr spielen, vor allem, da sie extrem sensible Bereiche berühren, in denen sich ein Großteil der Arbeit der FTC abspielt. Was sich dagegen verändert hat, ist die Anstoßrichtung beim Erlaß der „rules“. Sie kommt heute aus dem Kongress und erfährt damit auch eine größere Rechtfertigung durch die Legislative.

---

[212] Lydia Parnes, Carol Jennings, 49 Administrative Law Review (1997), Through the Looking Glass: A Perspective on Regulatory Reform at the FTC, 989, 996 bei Fn. 55

[213] vgl. 62 Fed. Reg. 44,099 (1997) mit weiteren Vorschlägen

II. Ergebnis unter dem Gesichtspunkt des Verbraucherschutzes

1. Effektivität der Regelungen

Diese sicher nicht einfache Einschätzung muß dort anfangen, wo seit Ende der 60er Jahre ein riesiges Defizit der Behörde bestanden hat, wenn man den Aussagen sowohl von Pitofsky[214] als auch Posner[215] Glauben schenkt, auch wenn beide dies aus ganz unterschiedlichen Blickwinkeln heraus sahen. Die erste Ansicht machte einen Handlungsbedarf hinsichtlich der Mittel und Rechtsfolgen, die die Behörde verhängen konnte aus, um so den Verbraucher besser schützen zu können (Pitofsky). Die andere Ansicht sah das Fehlen eines wirksamen Verbraucherschutz darin begründet, daß die FTC völlig ungeeignete Fälle bearbeitete, die dem Konsumenten nur geringen wenn nicht gar keinen Schutz einbrachten[216]. Die darauf erfolgte Änderung der Arbeitsweise der Behörde erfolgte unter einem hohen Erfolgsdruck der Öffentlichkeit. Es begann damit, daß zuerst die bestehenden Mittel zur Verfolgung der Wettbewerbsverstöße effektiver eingesetzt wurden und zugleich die juristischen Grenzen dieser Mittel weiter ausgedeht wurden.

a) „cease and desist order"

Der Schutz der Allgemeinheit und damit der Käufer allein durch die Unterlassungsanordnungen, welche ja zum ursprünglichen Handwerkszeug seit 1914 gehörte, hatte sich als recht unwirksam gezeigt, da die betroffenen Firmen außer einem Abstandnehmen von dem beanstandeten Verhalten nichts befürchten mußten. Die Geldstrafen, welche eigentlich schon seit 1938 durch das Whealer-Lea Amendement[217] geschaffen worden waren, wurden nur äußerst selten angewendet. Zusätzlich war diese Maßnahme noch relativ unwahrscheinlich, allein wegen der Menge der zu prüfenden Werbung durch die FTC blieben die meisten Verstöße gegen sect. 5 FTCA ungerügt. Und selbst wenn man von der FTC „erwischt" wurde, so konnte sich das Verfahren bis zur letzten Instanz bis zu 16 Jahren hinziehen[218] bis dann das beanstandete Verhalten tatsächlich abgestellt werden mußte. Daher war die Schaffung von sect. 13 (b) FTCA[219] und damit der generellen Kompetenz einstweilige und dauerhafte Verfügungen bei

---

[214] Robert Pitofsky, Beyond Nader: Consumer Protection and the Regulation of Advertising, 90 Hav. L. R. 671, 672-73

[215] R. Posner, Report ABA Commission to Study the FTC, dissenting opinion, S. 92, 104 (1969), sowie derselbe, The FTC, 37 U. Chi. L. Rev. 47 (1969), derselbe, Regulation of Advertising by the FTC (1973)

[216] Richard A. Posner, Regulation of Advertising by the FTC, S. 18, 22, 24 (1973)

[217] Whealer-Lea Act of 1938, ch. 49, 52 Stat. 111 (1938), niedergelegt in 15 U.S.C. §§ 45-57

[218] der sogenannte „Klassiker", Cater Products, Inc. v. FTC, 268 F.2d 461 (9th Cir. 1958), cert. denied, 361 U.S. 884 (1959) erstmals in diesem Zusammenhang genannt in Comment, 80 Havard L.R. 1064, Fn. 14 (1967),

[219] vgl. Kap. D I. 2.

Gericht zu beantragen sicher ein Schritt in die richtige Richtung, um dem Verfahren zuerst einmal mehr Geschwindigkeit zu verleihen[220].

Da dies aber keine Ausweitung auf der Rechtsfolgenseite brachte, wurde durch die Entwicklung des „corrective advertising" ein Mittel entwickelt, um die Firmen zu zwingen, den Verbraucher über ihre falschen oder irreführenden Aussagen aufzuklären. Dadurch erhielt der Konsument erstmals die ausdrückliche Bestätigung, daß die Aussagen des Herstellers falsch waren. Der dadurch zugefügte Imageverlust auf Seiten der Firma war und ist recht beachtlich, wahrscheinlich wesentlich höher als die später regelmäßig erfolgten Geldstrafen. Durch dieses Mittel sollte auch die Aufklärung des Käufers vorangetrieben werden, um somit dem Ideal einer freien Marktwirtschaft näher zu kommen. Dazu gehört der informierten Verbraucher ebenso wie der freie Marktzutritt, welche dann zu der besten Marktallokation führen. Da allerdings die gerichtliche Durchsetzung heute recht schwierig und vor allem aufwendig ist, wird diese Art der Verbraucheraufkärung mehr im „consent agreement" durchgeführt. Doch darf darüber nicht vergessen werden, daß trotz dieser Möglichkeit nur ein Bruchteil aller Fälle über das „corrective advertising" geregelt werden[221], daher ist der tatsächlich daraus resultierende Verbraucherschutz quantitativ eher zu vernachlässigen. Ganz im Gegensatz dazu stehten die einfachen „disclosures", welche einen Anteil von durchschnittlich 38% aller gerichtlich verfolgten Fälle während der Jahre 1978-1988 ausmachten[222]. Falls eine „corrective advertising" order erfolgt, so müssen generell 25% des Werbebudget für dieses Produkt für die Korrektur ausgegeben werden, wobei das allerdings nur 1 Jahr gilt[223]. Wenn man hieraus also für das „corrective advertising" eine Wirkung für die breite Masse der Verbraucher ableiten will, dann kann dies nur über den Zwischenschritt der Abschreckung funktionieren, die dann zu einer Selbstdisziplinierung der Wettbewerber und dadurch zu einer ehrlicheren Werbung führt.

b) „consumer redress"

Ganz anders stellt sich dies für die weitere Möglichkeit der FTC dar, für die Konsumenten Restitution zu verlangen. Da es sich hierbei um die wohl direkteste Art des Schutzes handelt, sind die juristischen Hintergründe (vgl. oben Kap. D I. 3.) weniger interessant, sondern vielmehr im Vordergrund steht die tatsächliche Ergebnisse dieses Mittels. Dabei muß nochmals zwischen den ver-

---

220 so auch ABA Report, The Role of the FTC, Trade Reg. Rep. (CCH), No. 46, 6.04.1989, S. 48 Fn. 69

221 Ross D. Petty, FTC Avertising Regulation: Survivor or Casualty of the Regan Revolution?, 30 Am. Buis. L. J. S. 1, 25 bei Fn. 112, (1992) insgesamt nur 2 gerichtlich vollständig bestätigte Verfahren

222 a.a.O. S. 25 Fn. 111

223 ITT Continental Baking Company (Profile Bread), 79 F.T.C. 248 (1971) oder Ocean Sprey Cranberries, Inc., 80 F.T.C. 975 (1972)

einnahmten und den verurteilten Zahlungen unterschieden werden[224]. Die Unterschiede zwischen beiden Zahlen waren gerade am Anfang, aber auch heute, noch sehr groß, da oftmals Hersteller zu sehr hohen Zahlungen verurteilt werden, ohne das jemals eine Chance bestand, daß diese Beträge auch in entsprechenden Höhen an die FTC überwiesen wurden. Grund dafür ist, daß viele der Firmen finanziell kurz vor dem Konkurs stehen[225]. Als zusätzlicher Effekt kommt noch die Dauer des normalen Verfahrens hinzu, in welchem eine endgültige Entscheidung erst nach ungefähr 1-2 Jahren erfolgt und somit meist auch noch ein weiteres Herabwirtschaften der Gesellschaft einher geht. Ganz anders, wenn durch die Möglichkeiten des sect. 13 (b) FTCA auf zwei unterschiedlichen Ebenen vorgegangen wird. Auf der einen Seite wird ein „asset freezes" erreicht, damit die betreffende Gesellschaft nicht schon vor Ende des Verfahrens etwaige Unterschlagungen oder das Beiseiteschaffen von Geldern vornehmen kann und die noch vorhandenen Kundeneinzahlungen bzw. Guthaben bis zum Abschluß gesichert sind[226]. Auf der anderen Seite wird eine dauerhafte Verfügung für den „redress" beantragt[227], da im „an sich" vorläufigen Verfahren die Entscheidungen wesentlich schneller erreicht wird[228]. Dabei ergeben sich für den Verbraucher mehrere vorteilhafte Effekte. Zum einen kann er schneller auf einen Rücklauffond zurückgreifen, dadurch wird er zeitnah über den ganzen Vorgang informiert und hat weniger Probleme, seine Berechtigung auf einen Anteil nachweisen zu können und zuletzt sind die tatsächlich erzielten Summen beträchtlich höher. Doch die Masse der sect. 13 (b) FTCA Verfahren enden sowieso nicht mit einer gerichtlichen Verfügung, sondern werden zwischen den Parteien vergleichsweise geregelt[229], da das der schnellere Weg für die Firmen ist, ihre gesperrten Konten wieder frei zu bekommen. Durch dieses wirksame Druckmittel wurden deutlich mehr verbraucherfreundliche Abschlüsse erreicht, als durch eine gerichtliche Entscheidung. Dabei muß aber darauf geachtet werden, daß die Art von beanstandeten Geschäftsabschlüssen meist in dem Bereich des betrügerischen Handels[230] liegt. Da die Voraussetzungen zur Erlangung einer sect. 13 (b) FTCA-Verfügung schwerer

---

224 genaue Aufstellung der Zahlungen in „Commission Characterizes Record on Judgement
Collection as Strong, 67 Antitrust Reg. Rep. (BNA) 702 (15.12.94)

225 die Rechtfertigung der FTC läuft daraus hinaus, daß sie nur so eine Chance im Konkurs hat, auch zu einigermaßen statthaften Summen zu gelangen

226 dauert ungefähr 3-6 Monate vom ersten Tag, an dem die FTC von dem Verhalten erfährt bis 000.000 im Fall FTC v. Osborne Precious Metals, Inc., 1994-1 Trade Cases (CCH zur Sperrung der Konten, ABA Report, a.a.O. S. 53

227 z. B. $ 13.) 70,542 (C.D. Cal. 1994)

228 ABA Report, The Role of the FTC, Trade Reg. Rep. (CCH), No.46, 1989, S. 138 seit 1976 bis 1989 mehrere 100 Millionen Dollar über diese Kombination, so auch Tabelle 4 S. 164

229 Dee Pridgen § 12.04(4) vor Fn. 50

230 ABA Report, The Role of the FTC, Trade Reg. Rep. (CCH), No.46, 1989 S.46 oben (6.04.1989)

zu erreichen sind[231], und die eindeutigen oder betrügerischen Fälle eine deutlichere Sprache sprechen, findet man eine überproportional starke Häufung[232] derselben unter den sect. 13 (b) FTCA-Verfahren an.

Die dadurch erreichten Zahlungen an den Verbraucher liegen im Jahresmittel bei ungefähr $ 30.000.000[233], was auf den ersten Blick recht spektakulär aussieht. Dabei muß allerdings berücksichtigt werden, daß es sich um einen gut 3 mal so großen Markt handelt wie in Deutschland, oder um einen 1/3 kleineren als der der EG. Die Vorteile dieses System liegen m.E. darin, daß dem Käufer die eigenständige Rückabwicklung und juristische Auseinandersetzung mit dem Hersteller erspart bleibt, die sich in aller Regel für ihn allein auch nicht rentiert, da die Summen zu klein sind[234]. Durch die Sperrung der Firmenkonten werden zusätzlich in den meisten Fällen wesentlich höhere Summen für die einzelnen Konsumenten gesichert, als dies durch viele einzelne Klagen oder einer „class action“ möglich wäre.

c) civil penalties

Als weitere Rechtsfolge kommt bei Verletzung einer „cease and desist order“ oder einer „trade regultion rule“ noch das Instrument der „civil penalties“ in Betracht. Damit zeigt sich der Verbraucherschutz eher im indirekten Licht[235], da die Zahlungen der Firmen immer zur U.S. Treasury gehen. Da der Käufer davon direkt keinen Vorteil hat, kann es bei einem Leistungsnachweis dieser Sanktion nur um die indirekten Folgen gehen. Die hervorstechenste Wirkung ist sicher die Abschreckungswirkung, wobei diese durch ständiges Anheben der Verletzungsstrafen sichergestellt werden soll. Die ausgesprochenen Strafen richten sich in ihrer Höhe nach den 4 Hauptkriterien[236], die in dem wichtigen

---

231 vgl. oben Kap. D I. 2. „proper case“ and „proper proof“

232 Fälle, die sowohl sect. 13 (b) FTCA und zugleich nicht betrügerischer Natur sind: FTC v. World Vacation Brokers, Inc., 861 F.2d 1020, 1028 (7th Cir. 1988) wo festgehalten wird, daß sect. 13 (b) FTCA gerade nicht auf Betrugsfälle beschränkt ist, sondern bei jeder Verletzung der Wettbewerbsregeln einschlägig ist, FTC v. Virginia Homes Mfg. Corp., 509 F. Supp. 51 (D. Md.), aff'd 661 F.2d 920 (4th Cir. 1981), FTC v. Brown & Williamson Tobacco Corp., 580 F. Suppl. 981 (D.D.C. 1983)

233 Matthew Bender & Co, Law of Advertising, Rosden, § 36

234 berücksichtigt werden muß auch noch, daß innerhalb einer privater Klage der Betrug als solcher nachgewiesen werden muß und nicht nur wie beim „redress“ die mögliche Irreführung. Da innerhalb dieses Verfahrens auch keine Kostenerstattung für den Gewinner vorgesehen ist, würde dies eine doppelte Belastung bedeuten, Matthew Bender & Co, The Law of Advertising, Rosden, § 17.01(3)(b)

235 die Regelung sollte sowohl den Konsumenten wie die Wettbeweber schützen nach den Gedanken des Kongress, wiedergegeben in United States v. J. B. Williams, 354 F. Supp. 521 (D.C. N.Y. 1973)

236 anders dagegen der Einwand, daß gar kein Schaden entstanden sei, dieser kann ausschließlich die Höhe bestimmen, nicht aber zu einem Ausschluß der Strafe führen, United States v. Karns, 1963 Trade Reg. Rep. (CCH) ¶ 70950 (D.C. N.Y. 1963)

Fall J. B. Williams[237] herausgearbeitet wurden. Allerdings betrifft nur ein Abwägungskriterium die Verbraucherbelange. Innerhalb diesem geht es darum, welchen Schaden der Betroffene durch seine irreführende oder täuschende Werbung angerichtet hat. Die Schadenseinschätzung ist aufgrund der getätigten Vertragsabschlüsse und dem erzielten ungerechtfertigten Gewinn möglich. Diese Berücksichtigung führt dazu, daß es zwischen den Strafzahlungen und dem Verbraucher einen Zusammenhang gibt, der über den Abschreckungsgedanken hinaus geht und eine direkte Einwirkung auf die Strafhöhe hat.

Inwieweit das allerdings dem Käufer weiterhilft, ist schwer zu beantworten, hängt aber wohl eher mit der ersten „order" zusammen, inwieweit diese den Konsumenten als solchen betrifft[238]. Die allgemeine Zielsetzung liegt bei den Geldstrafen ja in der erhöhten Verantwortlichkeit des Verletzters. Sie wissen genau, daß ihr Verhalten nicht den gesetzlichen Regelungen entspricht, da es ja schon Gegenstand des ersten Verfahrens war oder durch die Zusendung der an einen anderen gerichteten „Unterlassungsanordnung" bekannt gemacht wurde. Die Strafe ist daher eigentlich eine Art Notbremse in den Fällen, in denen eine Verwarnung bzw. die Unterlassungsverfügung nicht ausreicht und die Regelungen der FTC und deren Rechtsgrundlagen bewußt ignoriert werden. Daher ist der Verbraucher in den Fällen besonders anfällig, da die Firmen und Hersteller klar die Anweisungen der FTC mißachten und daher ein besonderes Gefahrenpotential darstellen. Da die Strafen nicht immer nur Geldstrafen, sondern teilweise zusätzlich ein Betätigungsverbot allgemeiner Art beinhalten, bevor nicht die anvisierten Zahlungen geleistet werden, ist die Wirkung größer als angenommen. Durch den Ausschluß aus einem bestimmten Teil des Marktes ist der Verbraucher zusätzlich geschützt, da eine weitere Betätigung dieser Person oder Gesellschaft zumindest für einen bestimmten Zeitraum nicht mehr stattfindet. Diese Sanktionen, die ja zugunsten eines freien und informierten Marktes und der Konsumenten verhängt werden, führen so zu einer Verbesserung des Marktverhaltens und zur Einhaltung der Wettbewerbsregeln. Damit aber steigt nicht nur das Vertrauen des Käufers in den Wahrheitsgehalt einer Werbebotschaft, sondern er selbst auch. Die logische Folge sind dadurch deutlich besser informierte Kunden.

Die Zahlungen, welche durch die FTC immer stärker forciert werden, nehmen nicht nur in der Anzahl der Verfahren zu, sondern auch in der Höhe der Geldstrafen. Innerhalb von 9 Fällen, die den Bereich des Verbraucherschutzes innerhalb der Jahre 1983-1989 betrafen, wurden Strafen von $ 4.300 - $ 150.000 verhängt. Im Zeitraum von 1990-1997 wurden 28 Fälle in dem selben Bereich bearbeitet, mit Strafzahlungen von $ 10.000 - $ 2.750.000[239]. Dadurch wird sichtbar, daß die FTC ihre Rolle zum Schutz der Verbraucher immer ernster

---

[237] United States v. J. B. Williams, 498 F.2d 414, 438 (2d Cir. 1974)

[238] Annual Review of 1998 Antitrust L. Dev. Ch. VII.E, 210, 213 bei Fn. 115

[239] Dingfelder/Brickels, To Protect the Consumer, the FTC Means Buisness, 45 JAN Federal Lawyer, S. 24, 28 (1998)

nimmt und dadurch die abschreckende Wirkung ihrer Verfügungen oder Anordnungen immer weiter nach oben schraubt, um den Herstellern nicht die Möglichkeit zu geben, die Strafen als normale Kosten in die Kalkulation einzustellen[240]. Nur wenn sie ihre, auch alten, „orders" sorgsam überwacht und bei deren Überschreitungen schnell und "teuer" zuschlägt, kann das selbstgesteckte Ziel, Schutz des Verbrauchers und der Wettbewerber, erreicht werden. Die Strafzahlungen wirken nur dann disziplinierend, wenn die Abführungen sich als deutlich spürbare Verluste in den Bilanzen der einzelnen Firmen niederschlagen. Dadurch muß eine wirtschaftlich unattraktive Situation geschaffen werden, in der ein Anreiz für die täuschende Werbung durch die tatsächlich verhängten Sanktionen auf ein Minimum reduziert wird.

2. Zusammenfassung

Durch die weiteren Änderung der Behörde seit Mitte der 80er Jahre ist sicherlich der Vorwurf, es würde sich bei der FTC um die „national nanny"[241] handeln, verkehrt. Die danach folgenden Ansätze zeigen eine Konzentration auf die wichtigen Fälle im Verbraucherschutz. Dieser „turn around" wurde maßgeblich von James Miller III mitbestimmt, der in der Anhöhrung zu seiner Berufung als „Chairman" der Behörde aussagte, daß er das Gewicht auf Betrugs- und Täuschungsfälle legen wollte[242]. Durch die veränderten Präferenzen[243] erfolgte eine Rückbesinnung, was denn wirklich für den Verbraucher wichtig ist. Die einzelnen Rechtsfolgen können hier nur exemplarisch herangezogen werden, doch zeigen sich zwei deutliche Bewegungen. Zum einen kann die Behörde durch die verstärkte Anwendung des sect. 13 (b) FTCA iVm den Mittel des „redress" wie auch der „civil penalties" eine erhöhte Erfolgsquote aufweisen, d.h. in concreto, die Restiutionszahlungen der betroffenen Firmen nehmen immer höhere Beträge[244] an, die durch das schnellere Verfahren und die „assets freeze" nicht nur auf dem Papier stehen, sondern auch zu beachtlichen Rückzahlungen bei den Käufer führen.

Dabei darf nicht vergessen werden, daß immerhin zwischen 75% und 80%[245] aller Entscheidungen im „consent order" oder „consent decree" ablaufen und

---

[240] $ 2.400.000 im Fall United States v. General Nurtition, Inc., No. 94-686 (W.D. Pa. 28.04.94) (consent decree), $ 1.500.000 United States v. Nu Skin Int'l, Inc., Civ. No. 2:97-CV-0626G (D. Utah 6.08.97)

[241] so der Vorwurf des Washington Post Editorial, zitiert in M. Pertschuk, Revolte against Revolution: The Rise and Pause of the Consumer Movement S. 69, (1982)

[242] Hearing before the Committee on Commerce, Sience and Transportation on Nominations of Dr. James C. Miller III, To be Chairman, FTC; and Dr. Robert G. Dederick, To be Assistant Secretary of Commerce, 97 th Cong. 2-4 (1981)

[243] ABA Report, The Role of the FTC, Trade Reg. Rep. (CCH), No. 46, 1989 S. 152, Tabelle 18, daß innerhalb der 80er Jahre der Anteil der Betrugsfälle innerhalb der FTC von 13,1% auf 40,3 % gestiegen ist

[244] vgl. oben Kap. D I. 3.+4.

[245] Robert Watkins, Government Controls of Advertising, Patents, Copyrights, Trademarks, and Literary, Property Course Handbook Series, S. 61, 90

daher keine abschließende gerichtliche Prüfung stattfindet. Solche nochmals schnelleren Verfahren, die aber auf der Einwilligungsebene laufen, haben aber nur dann Aussicht auf Erfolg, wenn durch die Behörde ein gewisses Gewicht geschaffen wurde, welches die Verhandlungsbereitschaft der betroffenen Gesellschaften stark erhöht. Demnach ist eine Rechtsfolge nicht nur aus ihrer juristischen Geeignetheit im gerichtlichen Verfahren zu beurteilen, sondern bei der FTC gerade auch innerhalb des informellen Verfahren. Das Gewicht der „trade regulation rules" hat wesentlich seit seiner Erstarrung unter der Reagan-Verwaltung zugenommen, es sind mehrere „rules" neu erlassen oder geändert worden[246], die vielfach eine Vereinfachung und zusätzliche Klarheit brachten. Viel wichtiger ist aber, daß durch diese verbindlichen Regelungen die Arbeit der Behörde im Bereich der „redress" und „penalties" wesentlich erleichtert wurde, da weder „cease and desist order" an die Betroffenen oder Dritten davor erlassen werden müssen, sondern direkt auf Grundlage der „rule" Verletzung die Rechtsfolgen geltend gemacht werden können. Der Verbraucherschutz rückte durch diese Änderungen zwar nicht direkt aus dem Zentrum des Augenmerkes der FTC (dies wäre nach den 70er Jahren und deren Fokusierung möglich gewesen und wurde befürchtet), sondern wurde neu interpretiert. Zusätzlich wurde seine tatsächliche Durchsetzung auch weitaus effektiver und schneller. Dadurch brachte die FTC dem Endverbraucher einen unschätzbaren Vorteil, nämlich die Möglichkeit, ohne selbst klagen zu müssen, an sein bereits bezahltes Geld wieder heranzukommen. Durch diese deutliche und starke Verfolgung der Interessen des Verbrauchers, die den Verletztern den wirtschaftlicher Erfolg zunichte macht, konnte sich die Behörde auf dem offenen Markt erneut eine Stellung schaffen, die zwar von anderen staatlichen Stellen unterstützt wird, die aber immer noch eine Führungsrolle in den Fragen des „deceptive advertising" einnimmt.

Dabei muß allerdings deutlich gemacht werden, daß die Erfolge in der Bekämpfung des „deceptive advertising" der FTC, wenn man dies so sehen will, eigentlich gerade in der Kombination der unterschiedlichen Mittel resultiert. Nur diese machen es der Verwaltungsbehörde überhaupt möglich, sowohl schnell als auch ausreichend präzise und sauber zu arbeiten, ohne dadurch den Blick für die Hauptprobleme zu verlieren. Dies wird m. E. gerade am Beispiel des sect. 19 FTCA[247] deutlich, der sinnvollerweise nach dem Urteil FTC v. Heater[248] durch den Kongress gebildet wurde, der aber heute in der Praxis so gut wie keine Rolle spielt, da er zu steif und unflexibel ist. Trotzdem konnte erst durch diese neuere Möglichkeit erstmals „redress" verlangt und dies auch innerhalb einer einstweiligen oder dauerhaften Verfügung angewandt werden[249]. Da diese von den Rechtsfolgen her genausoweit reicht wie eine normale Anordnung durch die Behörde und zusätzlich in den Zivilgerichten verhandelt

[246] vgl. oben Kap. D I. 7.
[247] 15 U.S.C. § 57b
[248] FTC v. Heater, 503 F.2d 321 (9th Cir. 1974)
[249] über sect. 13 (b) FTCA, normiert als 15 U.S.C. 53 (b), seit 1973

wird, besteht ein großer Zeitvorsprung zum normalen Verfahren[250]. Und innerhalb der neuesten Variante, nämlich des „redress" verbunden mit der „consent order" kann letztlich die Einwilligung, die dafür notwendig ist, nur dadurch die abschreckende Wirkung des „asset freezes" erlangt werden. Denn in dem Moment, wo die Geschäftskonten gesperrt sind, wird jede Verzögerungstaktik der betroffenen Hersteller hinfällig. Durch die Sperrung des „cash flow" wird ein gewaltiger Druck ausgeübt, der dazu führt, daß die Firmen selbst an einer schnellen Verhandlungslösung interessiert sind[251]. Der Hauptgrund für den Einsatz dieses Mittels ist allerdings die Kapitalsicherung. Gerade bei kleineren oder relativ neuen Firmen die vor allem im „telemarket merchandising" entstanden sind und keine große Kapitaldecke haben, müssen noch liquide Mittel vorhanden sein, wenn das Verfahren beendet ist[252]. Durch die Sicherung dieser Beträge für den Verbraucher erreicht die Behörde eine wesentlich höhere Quote für die Rückzahlung und verhindert so zusätzlich auch noch Unterschlagungen durch die Gesellschafter oder Geschäftsführer dieser Firmen, die normalerweise das Geld gerade vor Rückzahlungen in Sicherheit bringen wollen. Die Änderung der FTC innerhalb der letzten 20 Jahre wird vornehmlich durch ein engeres Netz an Verfolgungsmaßnahmen bestimmt, die den Verbraucherschutz in seiner Durchsetzung weiter gebracht haben als die einseitige Ausrichtung auf die Ziele innerhalb der 70er Jahre mit dem Überschutz des Verbrauchers durch Anhäufung von neuen „rules", welche aber wenige tatsächlich Änderungen bewirken konnten[253].

Daß sich die Behörde innerhalb der letzten Dekade vor allem zwei Themen gewidmet hat, nämlich der Verhinderung täuschender und betrügerischer Werbung im „telemarketing" (neuerdings ebenso im Internet[254]) und des Bereichs der Diät[255]-, Heilmittel und Ergänzungsnahrungsmittel hat vor allem zwei Gründe. Der erste ist der der Häufigkeit, gerade innerhalb dieser Bereiche lie-

---

[250] vgl. auch Paul, The FTC`s Increased Reliance on Section 13 (b) in Court Litigation, 57 Antitrust L. J. 141 (1988)

[251] z.B. In re Homespun Products., 59 Fed. Reg. 23,721 (6.05.94) FTC Consent Doc ket C-3483; dies gilt ebenso für Geldstrafen wie In re L & S Products Corp., 59 Fed. Reg. 55669 (8.11.94) FTC Consent Dkt. C-3534)

[252] in vielen Fällen darf die Geschäftstätigkeit erst wieder in diesem Bereich aufgenommen werden, wenn ein Vorsorgefond eingerichtet ist, der den Verbrauchern im Falle des Falles zur Verfügung steht und über den die Firma selbst nicht verfügungsberechtigt ist

[253] vgl. Ellis, Legislative Powers: FTC Rule Making, in K. Clarkson & T. Muris, The FTC since 1970: Econonmic Regulation and Bureaucratic Behavior 161-183 (1981)

[254] Statement of Jodie Bernstein, Director of the Bureau of Consumer Protection. FTC Press Release (17.11.97) und erst kürzlich wegen Verletzung der Privatsphäre und unerlaubten Sammelns von Privatinformationen, In GeoCities, FTC File No. 982-3015 (13.08.98) (consent agreement)

[255] vgl. Annual Review 1998 Antitrust Law Development, ABA Ch. VII.D, S. 200-203 mit ausführlichen Hinweisen

gen die meisten Verletzungen[256] der sect. 5 FTCA vor und sind die Angaben für die Verbraucher am wenigsten selbst nachzuvollziehen und zu überprüfen. Dazu kommt auch noch, daß in diesem Bereich die Schäden der Verbraucher auch so hoch sind, daß ein Eingreifen absolut notwendig ist[257]. Eine weitere Änderung zugunsten eines besseren Verbraucherschutzes wurde sicherlich auch durch eine veränderte Fallauswahl erreicht. Bereits unter President Bush erreichte die FTC eine Quote von 91%[258], in denen der Verbraucher keinen eigenen Schutz vor der Täuschung hatte. Es handelte sich nicht um Gegenstände, die ein Konsument laufend nachkaufen muß und dadurch automatisch prüfen kann, ob die Werbung irreführend ist oder nicht, sondern um Produkte, die entweder selten gekauft werden[259] oder auch bei häufigem Gebrauch bzgl. der Werbeaussage unüberprüfbar bleiben[260]. Durch die Konzentration auf solche Fälle wird der Verbraucher zu einer aktiveren Rolle gezwungen, da die Behörde ihm nicht jede Überprüfung abnimmt. Die Resultate in dem unüberprüfbaren und daher äußerst gefährlicheren Bereich für den Konsumenten sind daher ermutigend, denn eine Änderung im Verhalten der Anbieter ist hier erkennbar[261].

3. Rückschluß

Zusammenfassend kann daher m.E. behauptet werden, daß durch die zahlreichen Änderungen an der Spitze der Kommission inzwischen ein Weg gefunden wurde, der sowohl für die Verbraucher ein ausreichendes Schutzniveau bietet und zusätzlich die Wirtschaft, unter dem Vorwand des Konsumentenschutzes, nicht so weit stranguliert, daß eine vernünftige und wettbewersfördernde Informationsmöglichkeit der Anbieter faktisch durch eine zu hohe Kontrolldichte erdrosselt wird. Gerade durch die schnellere Handlungsweise der Behörde und ihrer besonderen Verfolgungsintensität[262] auf dem Gebiet des betrügerischen Verhaltens wurde die abschreckende Wirkung deutlich gesteigert. Zusätzlich wird dieser Effekt inzwischen noch multipliziert, da die FTC sich immer stärker auch mit den anderen Verwaltungseinheiten zusammenschließt, so z.B. mit

---

256 über 200 Verfahren zwischen 1994 und 1996, ABA Antitrust 1997, Developments in Consumer Protection, S. 39, 40, Ilene Gotts/Stacey Berg

257 Telemarketing and Consumer Fraud and Abuse Prevention Act, Pub. L. 103-297, 108 Stat. 1545, normiert in 15 U.S.C. § 6102 (3), wo während der Beratungen festgestellt wurde, daß jährlich bis zu $ 40 Milliarden (1993) innerhalb dieses Marktes durch unlauteren Wettbewerb umgesetzt wurde und in entsprechender Anteil auch die Verbraucher getäuscht oder betrogen wurden, NAAG Federal 1996, The New Telemarketing Fraud Rule Brochure S. 17, 18

258 Ross D. Petty, 30 Am. Bus. L. J. (1992) 1, 31

259 und demnach eine Korrektur bei der nächsten Kaufentscheidung nicht mehr möglich ist, wie z.B. bei einem Auto- oder Grundstückskauf

260 so z.B. bei Schmerzmittel und ihrer Zusammensetzung oder den Erfolgsraten bei Diätmitteln

261 so schon Arthur B. Cornell, FTC Permanent Injunction Actions Against Unfair and Deceptive Practices: The Proper Case and the Proper Proof, 61 Saint John's L.R. (1987) 503, 558

262 1996 FTC Annual Report Consumer Protection Mission

der NAAG[263], dem FBI[264], dem Postal Inspection Service und dem North American Securities Administrators, um eine verbesserte Schlagkraft zu erreichen, was bei einzelnen landesweiten Untersuchungen schon geglückt ist.

[263] National Association of Attorney Generals
[264] Federal Bureau of Investigation

III. Rechtsfolgen bei einer Verletzung von § 3 UWG in Hinblick auf den Verbraucher

1. Individualansprüche des Verbrauchers aus dem Gesetz gegen unlauteren Wettbewerb

a) Rücktrittsanspruch gem. § 13 a UWG

Dieser erst am 01.01.1987 in das UWG aufgenommene Anspruch stellt sich in seiner Praxis als äußerst lehrreiches Beispiel dar, wie ein Rechtsbehelf wegen seiner zu engen Fassung zur Bedeutungslosigkeit verkommen kann. Die Voraussetzungen werden aus diesem Grund auch nur kurz wiedergegeben und sich vor allem mit der Frage beschäftigt, ob durch einen noch zu normierenden Schadensersatzanspruch nicht auch auf diesem Gebiet ein Verbesserung aus Sicht des Verbrauchers möglich wäre.

aa) Objektiver Tatbestand des § 4 UWG

Dabei ist nach § 4 UWG eine Werbeangabe nur dann gegeben, wenn es sich um eine öffentliche Bekanntmachung handelt oder sie in einer für einen größeren Personenkreis bestimmten Mitteilungen enthalten sind. Dadurch reicht eine Täuschung innerhalb eines Verkaufsgespräches gerade nicht aus, da es sich hierbei um Individualangaben handelt[265].

bb) Die Werbeangabe muß unwahr und zur Irreführung iSd § 4 UWG geeignet sein[266]

Dies bedeutet, daß der Durchschnittsverbraucher die Werbeangabe, d.h. die Angabe welche objektiv zur Gewinnung von Kunden oder zur Anpreisung dient, als falsch betrachtet. Dies ist nur dann möglich, wenn ein breiter Konsens des Durchschnittsverbrauchers dafür gegeben ist[267]. Eine Ausdehnung iSd § 3 UWG, der dies auch für eine objektiv wahre Angabe annehmen könnte, ist wegen des Strafcharakters von § 4 UWG nicht möglich[268]. Ebenso muß sich die Angabe auf die geschäftlichen Verhältnisse beziehen, was aber streng von dem „im geschäftlichen Verkehr zu Wettbewerbszwecken" des § 3 UWG zu unterscheiden ist. Diese Verhältnisse umfassen eigentlich alles, abzugrenzen sind sie negativ zu den rein privaten und öffentlich-rechtlichen Konstellationen. Zusätzlich bedarf es noch einer möglichen Irreführung. Demnach müssen sie die Kaufentscheidung beeinflussen können und wettbewerbsrechtlich relevant sein.

cc) Wesentlichkeit der Werbeangabe

Dies ist dann gegeben, wenn bei verständiger Würdigung durch Angehörige des Personenkreises, an die sich die Werbung richtet, die Angaben geeignet sind, den Kaufentschluß des den Rücktritt ausübenden Abnehmers zu beein-

[265] Schaefer, ZIP 87, 554, 556
[266] Baumbach/Hefermehl, § 13 a UWG Rn. 4
[267] Emmerich, § 14.11. S. 204 m.w.N.
[268] RGSt 40, 439, 440

flussen. Unwesentlich ist eine Angabe, wenn sie für die Beurteilung des Angebotes durch den Rücktrittsberechtigten keine oder nur eine untergeordnete Bedeutung hat[269]. Damit wird ganz bewußt der Tatbestand des § 3 UWG stark eingeschränkt für die Angaben, die nur allgemein die Wertschätzung zu dem verkaufenden Unternehmen erhöhen, wie z.B. dessen Alter, Größe oder dessen Sitz[270]. Anders liegt es dagegen, wenn durch diese Angaben bestimmte, andere Vorstellungen wie Mangelfreiheit oder Termingenauigkeit der Lieferung verbunden sind[271]. Die abstrakte Wertschätzung oder reine Gefühlswerbung, die nicht verifizierbar ist, reicht deswegen nicht aus, es liegt eine Verobjektivierung des Rücktrittsrechts vor[272]. Daher kann auch für den Einzelnen die Sache unwesentlich sein, es kommt ausschließlich auf die Durchschnittsauffassung an, d.h. „frei von Eigensinn, subjektiven Ansichten und törichten Anschauungen"[273].

dd) Bestimmen zur Abnahme

Dabei geht es darum, daß der Abnehmer, unter den sowohl der private Endverbraucher als auch der gewerbliche Nachfrager fällt[274], wegen der falschen und irreführenden Werbeangabe den Vertrag abgeschlossen hat[275]. Es kommt nicht auf die Übergabe der Ware an, sondern nur auf den Zeitpunkt des Kaufvertragsabschluß[276]. Kennt der Abnehmer die Angabe gar nicht oder durchschaut er die Irreführung, fehlt es auch an der Kausalität der Täuschung, daher fällt auch das Rücktrittsrecht weg. Die Kausalität wird wie bei § 123 BGB ausgelegt, es reicht daher, wenn der Abnehmer die Sache nicht, nicht jetzt oder nicht zu diesem Preis gekauft hätte. Die Beweislast für das Vorliegen der Kenntnis, Täuschung und Ursächlichkeit trägt grds. der Abnehmer, da es sich für ihn als günstige Tatsache darstellt. Sack[277] schlägt vor, daß durch eine Umkehr der Beweislast in allen Teilbereichen dies geändert werden soll, doch lassen weder der Gesetzeswortlaut noch die allgemeinen Beweislastregeln diesen Schritt zu. Es werden sogar schon beim Anscheinsbeweis[278] hohe Anforderungen hinsichtlich seiner Anwendbarkeit gemacht, diesen nur bei wirklich eindeutigen Situationen zuzulassen. Auch dies wird von von Gamm[279] abgelehnt, der allein die Sätze der Lebenserfahrung anwenden will, nicht aber Anscheinsbeweis oder Beweislastumkehr. Nach inzwischen vorherrschender aber nicht zu empfehlender Ansicht wird der letztgenannten gefolgt, da für den Anscheinsbeweis

---

[269] HdWR, Nachtrag 1989, Gloy, zu § 22, S. 18
[270] Schaefer, a.a.O. S. 558
[271] Helmut Köhler, Das Rücktrittsrecht nach § 13 a UWG, JZ 89, 262, 264
[272] Baumbach/Hefermehl, § 13 a UWG Rn. 5
[273] RGZ 62, 201, 206
[274] Baumbach/Hefermehl, § 13 a UWG Rn. 2
[275] h.M. Köhler, a.a.O. S. 266; Teplitzky, Kap. 60, Rz. 10
[276] so nur Sack, BB 87, Beilage Nr. 2 S. 6 f.
[277] Sack, a.a.O. S. 7
[278] Baumbach/Hefermehl, § 13 a UWG Rn. 10 mit Verweis auf Soergel/Hefermehl, BGB, § 123 Rn. 57 f.
[279] v. Gamm, UWG, § 13 a UWG Rn. 6

die Werbesituationen zu vielfältig sind und nicht die notwendige Typizität besitzen[280]. Nicht berücksichtigt wird dagegen, daß durch die Einschränkung auf die wesentlichen Angaben bereits eine Typizität erreicht wurde, die zumindestens den Anscheinsbeweis rechtfertigt.

ee) Zurechenbarkeit der Werbung

Durch § 13 a I 2 UWG wird klar, daß es zwei unterschiedliche Voraussetzungen für die Ausübung des Rücktrittsrechtes gibt. Abzugrenzen sind Eigenwerbung und Drittwerbung. Nach den Gesetzesmaterialien[281] fallen vor allem Hersteller und Großimporteure unter letztere Gruppe, außer es handelt sich um eine unechte Drittwerbung. Diese muß sich der Vertragspartner wie seine eigene, d.h. unter Satz 1 fallende zurechnen lassen, eines Verschuldens desselben bedarf es dabei nicht. Von Köhler[282] wurde als Unterscheidungskriterium die Heranziehung des § 123 II 1 BGB und dessen Grundsätze angedacht, da weder ein Verschulden noch vertragliche Beziehungen vorliegen müssen. Da die Interessenlage aber nicht stimmt, es liegt in aller Regel gerade kein Zwei- oder Dreipersonenverhältnis vor, verwirft er diese Idee wobei er statt dessen § 13 IV UWG analog heranzieht und damit zu brauchbaren Ergebnissen kommt. Daher ist auch die fremde Werbung dann als eigene anzusehen, wenn sie mit Billigung des Vertragspartners geschieht, so z.B. durch Auslegen von Herstellerprospekten oder indem eine eigene Werbeagentur beauftragt wird[283]. Dies kann aber nicht bei Franchiseverträgen gelten, da die Vertragspartner in aller Regel keinen Einfluß auf die Werbung der Franchisegeber haben. Falls es sich um echte Drittwerbung handelt und der Vertragspartner diese nicht kannte bzw. nicht kennen mußte, besteht kein Rücktrittsrecht des Verbrauchers gem § 13 a I 2 a.E. UWG.

ff) Ausübungsvoraussetzungen

Das Rücktrittsrecht setzt einen bestehenden Vertrag voraus. Auf das Rücktrittsrecht kann gem. § 13 a II 3 UWG nicht im vornherein verzichtet werden. Durch die Ausübung des Rücktrittsrechts wird das Vertragsverhältnis in ein Rückgewährschuldverhältnis umgewandelt. Dabei muß das Recht nach Kenntnis ohne schuldhaftes Zögern ausgeübt werden, was iSd § 121 BGB zu verstehen ist. Die 6-monatige Ausschlußfrist stellt eine Einwendung dar, d.h. das Recht erlischt nach Ablauf der Frist und diese Frist beginnt ab Vertragsabschluß gem. § 13 a II 2 UWG zu laufen[284]. Sinn und Zweck dieser kurzen Frist ist die schnelle Abwicklung, deren Ziel die Gewinnung von Rechtssicherheit ist. Ebenso sollen dadurch auch Beweisprobleme vermieden werden.

---

[280] so auch Köhler, a.a.O. S. 267

[281] BT-Drucksache 9/1707, S. 22 f; 10/4741, S. 18

[282] Köhler, a.a.O. S. 265; ähnlich v. Gamm, UWG, § 13 a UWG Rn. 9; a.A. BGH WM 80, 1452; 83, 1156

[283] Winfried Alt, UWG-Novelle und zukünftige Werbepraxis, NJW 87, 21, 27

[284] v. Gamm, a.a.O. § 13 a Rn. 7

gg) Rücktrittsfolgen

Dabei muß zwischen beweglichen und unbeweglichen Gegenständen unterschieden werden. Grundsätzlich wird durch die Regelung in §§ 3, 5 HWiG die gegenseitige Rückgewährpflicht statuiert. Im Unterschied zu §§ 346 ff. BGB ist der Rücktritt nicht wegen Untergang, Verschlechterung oder Unmöglichkeit ausgeschlossen gem. § 3 I 3 HWiG. Das Vertreten beginnt erst nach der Kenntnis des Widerrufrechtes, im vorliegenden Fall ab der Kenntnis des Rücktrittsrechtes. Falls kein Vertreten des Abnehmers vorliegt, kann er den Kaufpreis zurückverlangen und der Vertragspartner kann sich nicht auf § 818 III BGB berufen. Eine Vergütung erhält der Vertragspartner ab Nutzung durch den Abnehmer gem. § 3 III HWiG, wobei die Wertminderung gerade nicht berücksichtigt wird, diese trägt der Vertragspartner[285]. Ein Aufwendungsersatz nach § 3 IV HWiG ist nur bei notwendigen, nicht bei nützlichen[286] Aufwendungen auf die Sache möglich. Falls es sich dagegen um unbewegliche Gegenstände handeln sollte, dann sind die Regelungen des HWiG nicht mehr anwendbar, es erfolgt eine analoge Anwendung der §§ 346 ff. BGB[287]. Bei Dienstleistungen kommt es auf den Wert an, die die Sache im Zeitpunkt der Leistungserbringung hatte, § 818 II BGB findet keine Anwendung. Aufwendungsersatz ergibt sich aus §§ 347, 987, 994 ff. BGB.

hh) Effizienz der Regelung

Die Einführung dieser Vorschrift hat keine wirklichen, praktischen fühlbaren Auswirkungen auf die Stellung des Verbrauchers im unlauteren Wettbewerbsrecht ergeben[288]. Gründe dafür sind sicher in mehrfacher Hinsicht zu nennen. Zum einen sind die eingangs besprochenen Voraussetzungen des § 13 a UWG viel zu hoch[289], als das ihnen im täglichen Rechtsleben eine Bedeutung zukommen könnte, zum anderen der materielle Reglungsgehalt nicht ausreichend. So wird dann auch von Sanders[290] zurecht kritisiert, daß die Vorschrift wegen ihrer Kompliziertheit ihren Zweck, nämlich ein einfaches Rücktrittsrecht des Verbrauchers zu schaffen, verfehlt hat. Von Dominicus[291] wird behauptet, daß der praktische Anwendungsbereich der Vorschrift aus dem Grund heraus so gering ist, da eine Deckungsgleichheit mit einer Vielzahl von zivilrechtlichen Ansprüchen gegeben sei. Er sieht darin ein „kränkelndes Pflänzchen", welches durch Literatur und Rechtsprechung „aufgepäppelt" werden soll. Dies ist m.E.

---

[285] zum ganzen Baumbach/Hefermehl, § 13 a UWG Rn. 22 ff.

[286] a.A. Köhler, a.a.O. S. 269, Sack, a.a.O. S. 20

[287] so auch Teplitzky, Kap. 37 Rn. 22 m.w.N.

[288] vgl. auch Lehmann, Die UWG-Neuregelungen 1987 - Erläuterungen und Kritik, GRUR 87, 199, 211 der mehr das Hissen der Flagge des Verbraucherschutz denn eine rechtliche Stärkung erkennt

[289] so Christof Krüger in FS Henning Piper, Zum Verbraucherschutz im Lichte des UWG-ÄndG 1994, S. 341, 344 Fn. 24

[290] Ansgar Sanders, Individualansprüche des Verbrauchers im UWG, S. 87, 1994

[291] Richard Dominicus, Schutz des Verbrauchers vor irreführender Werbung, Bedeutung und Reichweite des wettbewerblichen Rücktrittsrecht § 13 a UWG, S. 131 f., 1990, Baden-Baden

nur zum Teil im Bereich der Vermutung des Bestimmens möglich, da die gesetzliche Regelung der Rechtsprechung nur einen schmalen Bereich zur Auslegung überlassen hat und damit eine extensive bzw. weite Auslegung so verhindert wurde. Es ist auch kaum obergerichtliche Rechtsprechung zu dem immerhin über 12 Jahre alten Paragraphen zu finden[292], was am besten die fehlende praktische Bedeutung hervorhebt. Daher steht das gesetzlich normierte Rücktrittsrecht dem Abnehmer nur in wenigen Ausnahmefällen zur Verfügung, die Gesetzesreform ist als mißglückt zu bezeichnen[293]. Eine mögliche Neuregelung wird innerhalb des Teiles § 823 II BGB iVm § 3 UWG diskutiert.

b) § 823 II BGB iVm § 3 UWG als Anspruchsgrundlage

Der direkte Anspruch aus § 3 UWG auf Unterlassung bzw. den anderen Rechtsfolgen kann nach der h.M. nur durch den unmittelbar Verletzten, nämlich den tatsächlichen, fachlichen und räumlichen Konkurrenten, geltend gemacht werden, nicht durch den Verbraucher selbst[294]. Als Voraussetzung dafür bedarf es eines konkreten Wettbewerbsverhältnisses, im Falle des § 3 UWG kann dies eigentlich nur für Mitbewerber im selben Marktsegment gelten, da nur hier eine Gleichheit des Kunden- bzw. Lieferantenkreises gegeben ist[295]. Ein eigener Schadensersatzanspruch steht dem Verbraucher[296] nach noch h.M. nicht zu. Demnach zeigt sich ein weitere Lücke des deutschen UWG`s, in dem der Konsument nur durch die nach § 13 II Nr. 3 UWG klagebefugten Verbände geschützt werden kann. Ob § 823 II BGB iVm § 3 UWG eine Anspruchsgrundlage darstellt, ist immer noch nicht eindeutig geklärt. Das Problem besteht im Schutzcharakter von § 3 UWG, der stark umstritten ist und zusätzlich der möglicherweise abschließende Regelung des § 13 II a.F. UWG, welche dann weitere Ansprüche nicht mehr zuläßt. Auch wenn die h.M. und Rsp. seit der bekannten „Prüfzeichen"[297]-Entscheidung dies als Ausgangsbasis annimmt und die Zahl der Veröffentlichungen fast unübersehbar ist, so müssen zumindest kurz die Grundzüge dieser Ansichten überprüft werden, um dadurch einen weiteren Aspekt des Verbraucherschutz innerhalb § 3 UWG auf seine Stichhaltigkeit zu überprüfen und mögliche Änderungen innerhalb des Wortlautes von § 3 UWG auch in dieser Hinsicht abzudecken. Grundlage für die Ablehnung eines Schadensersatzes sind zwei unterschiedliche Denkansätze. Dabei verneint die eine Ansicht die Lücke, in welcher § 823 II BGB Anwendung finden könnte, da § 13 UWG abschließend sei. Die andere Seite verneint zusätzlich noch den individuellen Schutzzweck für den Verbraucher und kommt so nicht zu einer Annahme als Schutzgesetz.

---

292 z.B. OLG Düsseldorf, NJW-RR 90, 875

293 vgl. auch Teplitzky, Kap. 37 Rn. 22

294 Klaus-Jürgen Melullis, HdWR, 3.5.2. Rn. 358 m.w.N.

295 HdWR, Kreft, § 10 Rn. 1

296 Baumbach/Hefermehl Einl UWG Rn. 322 m.w.N., so auch grundsätzlich § 194 I BGB

297 BGH GRUR 75, 150 welcher auch den Schutzzweck ablehnte

aa) Ansichten der Rechtsprechung und Literatur

Dabei wird zwischen dem „allgemeinen" Schutzzweck und dem, der zur Aktivlegitimation führt, unterschieden. Nach erster Meinung fehlt es bereits an der individualrechtliche Ausprägung, welche aber Voraussetzung für eine Anwendung von § 823 II BGB ist.

Nach Canaris[298], der dem BGH in dessen Entscheidung zustimmt, kann ein direkter Schadensersatz des Konsumenten nicht bejaht werden, da innerhalb des § 3 UWG immer ein Wettbewerbsverhältnis vorausgesetzt wird und dies bei dem Käufer grundsätzlich fehlt. Daher ist § 3 UWG seiner Ansicht nach nur iSd Konkurrenten als Schutzgesetz anzusehen, nicht aber für den Verbraucher[299]. Da aber für diesen bereits aus § 13 VI UWG ein Anspruch besteht, fehlt es an einer Notwendigkeit für die doppelte Anwendung über § 823 II BGB bei den Konkurrenten. Ebenso besteht für den Verbraucher auch kein Anspruch aus § 13 VI UWG, was aus der Gründungszeit des UWG`s resultiert[300].

Ganz ähnlich argumentiert auch Bornkamm[301], der den Schutz des UWG inbezug auf den Verbraucher nur als Reflex ansieht und bei den Vorschriften, die inzwischen wohl auch den Schutz des Konsumenten zum Inhalt haben wie §§ 1, 3 UWG wurde durch den Gesetzgeber diesen Gruppen eben gerade kein eigener Abwehranspruch eingeräumt[302]. Da auch keine nachträgliche Individualisierung eingetreten sei, kann der Endabnehmer nicht als unmittelbar Verletzter iSd § 3 UWG gelten. Dies begründet er ebenso mit dem Fehlen des Wettbewerbsverhältnis. Das Verbot der irreführenden Werbung hat demnach nur wettbewerbsregelnden Charakter, dies aber führt gerade nicht zu der erwünschten Schutzgesetzqualität[303].

Demgegenüber sieht Sack[304] den individuellen Schutzzweck des UWG gegenüber dem Verbraucher schon soweit verwirklicht, daß es als Schutzgesetz iSd § 823 II BGB angesehen werden kann[305]. Auf den Einwand, daß § 13 II a.F. UWG abschließend sei, stellt er fest, daß dies nur auf die Mitbewerber zutreffen würde. Da eine Sonderregelung für den Verbraucher aber nach § 13 VI

---

298 Claus-Wilhelm Canaris, in FS Larenz, Schutzgesetze-Verkehrspflichten-Schutzpflichten, S.27, 68-69,

299 so auch Wedemeyer, WRP 72, 117 ff., 119; MüKo/Mertens, § 823 Rn. 200 a.E.

300 Baumbach/Hefermehl § 3 UWG Rn. 440

301 Joachim Bornkamm, Das Wettbewerbsverhältnis und die Sachbefugnis des Mitbewerbers, GRUR 96, 527, 529 nach Fn. 22

302 a.a.O. S. 527, 528 nach Fn. 21

303 ebenso auch Melullis, HdWR, 3.5.2. Rn. 358

304 Rolf Sack, Deliksrechtlicher Verbraucherschutz gegen den unlauteren Wettbewerb, NJW 75, 1303, 1305-05

305 i.E. auch Wilhelm Fricke, Klagerechte des Verbrauchers und der Verbraucherschutzverbände aus UWG und BGB, GRUR 76, 680, 683 und mit mehr wirtschaftspolitischen Argumenten Harald Herrmann, Anzapfverbote im Einzelhandel und privatrechtlicher Verbraucherschutz, GRUR 82, 395, 401

UWG nicht gegeben sei und aus den genannten Gründen eine Schutzeigenschaft bestehe, läge der Fall einer Gesetzeskonkurrenz gar nicht vor. Daher müsse dem Verbraucher ein eigener Anspruch zustehen.

In dieselbe Richtung argumentiert auch Dieselhorst[306], der davon ausgeht, daß das UWG inzwischen auch zu einem Individualschutz bestimmter privater Interessen geworden ist. Die subjektiven Rechtspositionen würden ausreichen, um als Schutzgesetz iSd § 823 II BGB zu gelten[307]. Eine Klagebefugnis will er trotzdem nicht bejahen, da der Gesetzgeber de lege lata die Verbraucher nicht für klagebefugt hielt und de lege ferenda sie nicht für notwendig erachtete[308].

Schricker[309] dagegen vertritt die Ansicht, daß ein solcher Anspruch nicht zu verneinen sei, da es weder an einem Schutzgesetz fehle, noch eine abschließende Regelung in § 13 II UWG a.F. bzw § 13 VI UWG n.F. zu sehen sei. Da in dieser Vorschrift ausschließlich die Passivlegitimation geregelt ist, wird daher nichts über die Aktivlegitimation ausgesagt. Und selbst wenn man dies so sieht, so kann die Sonder- bzw. abschließende Regelung nur unter den Wettbewerbern Geltung haben, nicht aber für den Verbraucher, der durch § 13 II UWG a.F. ganz sicher nicht erfaßt war[310]. Die Schutzeigenschaft des § 3 UWG sieht Schricker schon soweit verwirklicht, als Beispiel nennt er die Einführung der Verbraucherschutzverbände durch die Reform des Jahres 1965. Zugleich zerstreut er die möglichen Zweifel, die sich aus einer fehlenden gesetzlichen Normierung heraus ergeben könnten, indem er nachweist, daß der Gesetzgeber den individuellen Schadensersatz nur aus Zweckmäßigkeitserwägungen nicht in das UWG eingefügt habe[311]. Durch die für ihn schon erreichte Berücksichtigung der Verbraucherinteressen[312] in dem Abwägungsprozeß sieht er eine ausreichende Individualisierung.

Einen Schadensersatzanspruch will auch Dominicus[313] gewähren, der ebenso keinen Vorrang des § 13 VI UWG sieht und die Schutzgesetzeigenschaft des § 3 UWG nach der Einführung des § 13 a UWG bejaht. Er beruft sich in der Hauptsache auf die Ausführungen Schrickers und bringt zusätzlich als neuen Grund die erst nachträglich entstandene Verbindung zwischen den Ansprüchen aus §§ 3 und 13 a UWG. Da die neuere Vorschrift unzweifelhaft den Konsumenten schütze, müßte dies nun auch für § 3 UWG gelten.

---

306 Joachim Dieselhorst, Der „unmittelbar Verletzte" im Wettbewerbsrecht nach der UWG-Novelle, WRP 95, 1, 4

307 a.a.O. S. 4 bei Fn. 38

308 a.a.O. S. 6 bei Fn. 57

309 Schricker, Schadensersatzansprüche der Abnehmer wegen täuschender Werbung, GRUR 1975, 111-120

310 a.a.O. S. 113

311 a.a.O. S. 117 bei Fn. 54

312 a.a.O. S. 118-119

313 Richard Dominicus, Schutz des Verbrauchers vor irreführender Werbung: Bedeutung und Reichweite des wettbewerblichen Rücktrittsrecht, S. 151

Eine recht differenzierte Meinung vertritt v. Gamm[314], der die Schutzeigenschaft des § 3 UWG an sich bejaht. Bei den Wettbewerber wird dies unproblematisch bejaht, anders dagegen bei den Verbrauchern. Bei letzteren sieht er möglicherweise in bestimmten Fällen die Schutzeigenschaft bejaht, lehnt einen Anspruch aber wegen der Normierung des § 13 II Nr. 3 UWG und wegen der erschöpfenden und abschließenden Regelung des § 13 VI UWG ab.

bb) Stellungnahme

Die Ansichten, die den Individualanspruch für den Käufer aus § 3 UWG verneinen und aus diesem Grund zu keinem Anspruch aus § 823 II BGB kommen, überzeugen. Allein von dem rein dogmatischen Standpunkt her ist die Schutzgesetzqualität zu verneinen. Auch wenn man die alte Fassung der Rechtsprechung zur Bestimmung dieser Qualität ablehnt, daß es nämlich auf den Inhalt und Zweck des Gesetzes ankomme sowie darauf, ob der Gesetzgeber bei dem Erlaß des Gesetzes gerade einen Rechtsschutz, wie er wegen der behaupteten Verletzung in Anspruch genommen wird, zugunsten von Einzelpersonen oder Personenkreisen gewollt oder doch mitgewollt habe[315], so ist auch nach den anderen Kriterien[316] und der neueren Rechtsprechung[317] dies trotzdem zu verneinen. Es fehlt sowohl an dem beabsichtigten Individualzweck der Vorschrift, da der Verbraucher nur mittelbares Schutzgut ist, ebenso wurde erkennbar kein Wert des Gesetzgebers bei Schaffung des Gesetzes darauf gelegt, dem Konsumenten einen Schadensersatz zuzubilligen, was auch später durch § 13 a UWG verdeutlicht wird.

Vor allem Bornkamm ist beizupflichten, der trotz der Änderungen in § 13 a UWG die Schutzsystematik des Gesetzes für den Verbraucher immer noch als Rechtsreflex, d.h. als mittelbar ansieht. Dagegen überzeugen die Ansichten von Sack und Dieselhorst nicht. Zum einen berücksichtigen sie nicht, daß ein subjektiver Anspruch bzw. die ausreichende Individualisierung als Schutzgesetz weder damals noch heute durch den Gesetzgeber erfolgte. Dabei ist es eben nicht ausreichend, wenn durch die Einführung des § 13 II Nr. 3 UWG der Verbraucherschutz auch im UWG verstärkt wurde, dadurch kann man aber gerade nicht von einer ausreichenden Individualisierung des § 3 UWG sprechen. Aber auch die Entscheidungen der Rechtsprechung[318] können diese nicht liefern, da

---

[314] v. Gamm, Gesetz gegen den unlauteren Wettbewerb, Einf. A Rn 36, 37 (1993)

[315] BGHZ 12, 146, 148; 40, 306 m.w.N.

[316] Knöpfle, NJW 67, 697, 699-700 und Schmiedel, Deliktsobligationen nach deutschem Kartellrecht, 1974, S. 117, 159-200 der Schutzzweck der Norm, Entstehungsgeschichte und Zusammenhang der Rechtsvorschrift als ausschlaggebend ansieht

[317] seit BGHZ 66, 388, 390; BGH NJW 80, 1792, 1793; 82, 2780, 2781 der negativ formuliert: Ein Schutzgesetz liegt nicht vor, wenn die Folgen der Gesetzesübertretung schon an anderer Stelle erschöpfend geregelt sind, so daß ein Rückgriff auf § 823 II BGB die inhaltliche Beschränkung des Ersatzanspruchs oder die besonderen Begrenzungen seiner Verjährungsfrist aushöhlen würde

[318] Beginn in RGZ 120, 47, 49 (Markenschutzverband)

sie die Systematik des Gesetzes nicht zu ändern vermögen. Auch das Argument von Dominicus zeigt nicht die erhoffte Wirkung, denn durch § 13 a UWG hat sich nach meiner Ansicht eben nicht der Charakter des § 3 UWG verändert, sondern es wurde dem Verbraucher wegen der bisher fehlenden Möglichkeit ein neues Recht eingeräumt, daß aber gerade keine Rückwirkung auf § 3 UWG entfaltet. Wenn eine Rückwirkung angenommen wird, dann nur in die entgegengesetzte Richtung, daß durch die Schaffung des § 13 a UWG weitere Ersatzmöglichkeiten ausgeschlossen wurden[319]. So kann aus diesem Gedankengang ebenso kein Schadensersatz des Verbrauchers geschaffen werden. Schrikkers Ansicht, daß der Verbraucherschutz bereits zum gleichberechtigten Gut neben dem Konkurrentenschutz geworden ist, stellt sich von der praktischen Seite auch nach über 20 Jahren nicht als verwirklicht hin[320]. Die Änderungen des Gesetzgebers haben m.E. eben gerade diesen Schritt nicht vollzogen, sondern die Grundkonstellation des UWG als solche unberührt gelassen und durch einige Hilfsreparaturen den Verbraucherschutzgedanken gleichsam „aufgepfropft", ohne ihm aber eine gleichberechtigte Stellung zu verschaffen.

Demnach bleibt es, ausgehend von der bestehenden Gesetzeslage dabei, daß die Bejahung eines Anspruchs aus § 823 II BGB iVm § 3 UWG nicht möglich ist, aber m.E. nur aus dem Grund heraus, daß es bereits an der Schutzgesetzeigenschaft fehlt[321]. Die nachrangige Frage, ob es sich bei den Wettbewerbsansprüchen um Sondernormen mit Vorrangsstellung gegenüber § 823 II BGB handelt ist damit allerdings noch nicht entschieden. Innerhalb dieser Diskussion ist der Ansicht des BGH`s nicht recht zu geben. Hier ist die durch Schricker[322] vertretene Meinung einleuchtender, der eine Sonderregelung nur für diejenigen Ansprüche anerkennen will, die auch in § 13 UWG geregelt sind. Auch der von ihm geführte Nachweis, daß der Gesetzgeber nicht von einer abschließenden Sonderregelung ausging, überzeugt für § 13 UWG[323]. Dagegen ist ein Ausschluß über noch nicht geregelte Ansprüche nur dann anzuerkennen, wenn man dies ausdrücklich normiert oder es aus dem Sinn und Zweck heraus klar hervorgeht. Emmerich sieht hier einen allgemeinen Vorrang der Vorschriften des UWG`s, denn ohne diese wäre das gesamte Wettbewerbsrecht im großen und ganzen überflüssig, da es im allgemeinen Deliktsrecht aufgehen würde[324]. Aber auch er arbeitet nicht eindeutig die fehlende Kongruenz der Ansprüche für den Verbraucher heraus, es fehlt letztlich an einer deckungsgleichen Vorschrift für diesen im Wettbewerbsrecht.

---

[319] in diesem Sinne, Sperrwirkung des § 13 a UWG vor §823 II, Inge Scherer, Zur Frage der Schutzzweckqualität von §§ 1, 3 UWG für den Verbraucher, WRP 92, 607, 611-612

[320] vgl. oben Kap. A I. 3 ff., III. 3.

[321] anders dagegen Nordemann, Wettbewerbs- und Markenrecht, Rn. 548

[322] Schricker a.a.O. S. 113

[323] a.a.O. S. 114

[324] Emmerich, § 23 2.b)

Dies bedeutet als Fazit, daß der Anspruch aus § 823 II BGB iVm § 3 UWG abzulehnen ist, da § 3 UWG nicht die notwendigen Eigenschaften eines Schutzgesetzes für § 823 II BGB hat. Dies wird auch nicht durch die beiden Entscheidungen[325] des BGH`s infrage gestellt, da er diese Eigenschaft nur für den Konkurrentenschutz angenommen hat.

cc) Notwendigkeit eines individuellen Schadensersatzanspruch

aaa) Ansatzpunkte

Dabei handelt es sich um eine höchst umstrittene Frage, die naturgemäß stark unterschiedliche Lösungsvorschläge enthält. So wird von Köhler[326] ein Schadensersatzanspruch des Verbrauchers aus mehreren Gründen abgelehnt. Zum einen kann dieser zu einer „Verstopfung" der Wettbewerbsgerichte mit querulatorischen Klagen führen, desweiteren würde dadurch das ausgefeilte System des zivilrechtlichen Schutzes durch die Bejahung einer deliktischen Haftung völlig aus den Fugen geraten und zuletzt sei eine haftungsbegründende Kausalität nur sehr schwer für den Verbraucher nachweisbar[327]. Ihm reicht die Möglichkeit des Konsumenten, in diesem Moment Verbraucherschutzverbände einzuschalten, die sich dann des Problems iSe Unterlassungsklage annehmen. Zusätzlich habe dieses Problem mit der Einführung von § 13 a UWG an Schärfe verloren, da dadurch dem Verbraucher schon genügend Rechte eingeräumt wurden. Ähnlich argumentiert auch Micheli[328], der eigentlich gar kein Defizit im Verbraucherschutz sieht, sondern dem Verbraucher nur vorwirft, daß er sich seiner anderen zivilrechtlichen Ansprüche nicht genügend bedient. Zusätzlich sieht er eine Gefahr des Mittelstandes darin, wenn durch Verbraucherverbände gebündelte Klagen geltend gemacht werden würden[329].
Dem hält Lehmann[330] entgegen, daß der Gesetzgeber durch seine Entscheidung, dem Verbraucher nur ein Rücktrittsrecht einzuräumen, nicht auch schon über den Sinn bzw. die Notwendigkeit eines Schadensersatzanspruches entschieden habe. Vielmehr ist über diesen gerade kein einziges ablehnendes Wort in der Gesetzesbegründung zu lesen, es ist vielmehr unklar, warum der Gesetzgeber diesen Anspruch nicht eingeführt hat, vor allem unter dem Gesichtspunkt, daß ihn alle Parteien in ihren Vorschlägen zur Fassung des Gesetzes für wichtig hielten[331]. Dabei wurde sogar ein verschuldensunabhängiger Schadensersatzanspruch gefordert. So sieht er im Gegensatz zu Köhler gerade ein Defizit in den vertraglichen Ansprüchen und will diese durch die Ausweitung der c.i.c.-

---

325 BGHZ 15, 338, 355-56 (GEMA) und BGHZ 41, 310, 317 (Lavamat)
326 GK UWG, Köhler, § 13 a UWG Rn. 91 und v. § 13 UWG Rn. 224
327 a.a.O. v. § 13 UWG Rn. 224
328 Hans-Dieter Micheli, Zur Regelung der Abnehmerrechte in der UWG-Novelle, GRUR 79, 8, 9
329 Micheli, a.a.O. S. 8, 11
330 Michael Lehmann, Die UWG-Neuregelung 1987 - Erläuterungen und Kritik, GRUR 87, 199 ff.
331 a.a.O. S. 211, Fn. 119-121

Haftung abrunden[332]. Der tiefere Grund für diesen Anspruch wird aber durch die ökonomischen Fakten geliefert. Lehmann hält daher die präventiv wirkende Drohung eines Schadensersatzanspruches für absolut notwendig, um so die Hersteller und Werbenden dazu zu zwingen, von selber darauf Acht zu geben, daß ihre Angaben gerade nicht irreführend sind[333]. Nur durch eine Haftungsübernahme dieser Gruppe kann dem Konsumenten geholfen werden, da gerade dieses Risiko nur durch sie zu verantworten ist. In dieselbe Richtung geht auch das Verlangen von Tilmann und Krieger[334], die ein erhebliches Defizit innerhalb des Verbraucherschutzes sehen, welches gerade nicht durch die zivilrechtliche Ansprüche geschlossen werden kann[335] und der Schadensersatz sowieso nur die „schwarzen Schafe" des unlauteren Wettbewerbes treffen würde.

Schricker[336] sieht genauso die Notwendigkeit einer Schadensersatzklage gegeben. Er weist den Einwand zurück, der 1965 den Ausschlag für die Nichtnormierung dieser Schadensersatzansprüche führte, daß nämlich die Regelung des schweizerische Gesetzgeber mit seinem Anspruch in der Rechtstatsächlichkeit keinen durchschlagenden Erfolg hatte[337]. Begründet wird dies vor allem damit, das sich seit dieser Zeit das Konsumentenverhalten verändert habe. Zusätzlich würde dieser Anspruch als Vorbereitung eines kollektivrechtlichen Schadensersatzes dienen, den dann die Verbraucherschutzverbände geltend machen könnten und so zur weiteren Verbraucheremanzipation beitragen würde[338]. Auch wenn man berücksichtigen muß, daß die Lösungsmöglichkeit des § 13 a UWG zu diesem Zeitpunkt noch nicht verwirklicht war, so haben die Argumente auch heute noch wesentliches Gewicht.

Sander[339] sieht die Notwendigkeit der Ausweitung eines Schadensersatzanspruchs über § 823 II aus zwei Gründen, zum einen fehlt es an einem ausreichenden Schutz im Bereich der sogenannten Drittwerbung. Darunter versteht man Angaben, die der Hersteller gemacht hat, die aber nicht durch den Verkäufer benutzt wurden um so die Lücke zwischen Hersteller- und Verkäuferhaftung zu schließen. Daher resultiert auch der zweite Gesichtspunkt, im Falle einer vertraglichen Haftungsausweitung wird das BGB so stark abgeändert, daß eine Abgrenzung des Gewährleistungsrechts von der c.i.c. nur noch schwer

[332] Michael Lehmann, Vertragsanbahnung durch Werbung, S. 103, 108
[333] a.a.O. S. 294
[334] Albrecht Krieger/Winfried Tilmann, Zur Kritik an der UWG-Novelle, GRUR 79, 14
[335] a.a.O. S. 15
[336] Gerhard Schricker, Soll der einzelne Verbraucher ein Recht zur Klage wegen unlauterem Wettbewerbs erhalten ?, ZRP 75, 189; derselbe in RabelsZ 40 (1976) 535, 560
[337] a.a.O. ZRP 75, 189, 193
[338] a.a.O. S. 194
[339] Ansgar Sander, Individualansprüche des Verbrauchers bei unlauterem Wettbewerb, S. 160, 162 ff.,

vorstellbar ist[340]. Er plädiert daher für eine neue Regelung innerhalb vom § 13 a UWG, der dem Verbraucher dann einen Schadensersatz in Höhe des Vertrauensschadens zubilligt[341].

Das Problem, ob neben den BGB-Ansprüchen überhaupt noch weitere Schadensersatzanspruchsgrundlagen benötigt werden, muß für die vorliegende Arbeit vor allem von der Seite der Abschöpfungsfunktion gesehen werden. Dabei wird durch Beater[342] die Notwendigkeit eines Schadensersatzanspruches als nicht sonderlich dringend bzw. wichtig angesehen, da der wettbewerbliche Individualschutz im Schutz gegen die Täuschung und Drohung ausreichend ausgebaut und weitergehende Abwehrmittel daher nicht notwendig seien. Dabei wird von ihm allerdings die oben genannte Abschreckungsfunktion nicht ausreichend gewürdigt, vor allem im Hinblick auf eine Lockerung des Täuschungsmaßstabes. In diesem Fall wäre ein wirksames Korrektiv vorhanden für die Fälle, die auch nach dem neuen Maßstab unter die irreführende Werbung fallen würden. Zusätzlich ist weder durch die Normierungen der §§ 463, 480 BGB ein nennenswerter Anspruchsumfang noch eine Anspruchsmasse für die Vielzahl der Fälle der irreführenden Werbung gegeben. Innerhalb der ausführlichen Diskussion von Lehmann[343] über mögliche Anspruchsgrundlagen kommt dieser wie auch Sanders[344] zu dem Ergebnis, daß diese eben gerade nicht ausreichen. Dem ist zuzustimmen, obwohl die rechtliche Lücke als solche recht klein erscheint, sie aber nach Ausscheiden des § 823 II BGB iVm § 3 UWG und den engen Normierungen im Bereich des Gewährleistungsrechts weit aufgerissen wird. Die gegebenen Regelungen können auf alle Fälle die Funktion einer Abschreckungswirkung keinesfalls erfüllen.

Die Untersuchungen für die Reform des UWG im Jahre 1978 stellt in ihrer Begründung zur Novelle des UWG den Schutz des Abnehmers neben den des Mitbewerbers als Gebot der materiellen Gerechtigkeit dar[345]. Dabei beruft die Autoren sich vor allem auf die durch das Max-Planck-Institut nachgewiesenen Verbraucherschäden und der fehlenden rechtlichen Möglichkeit des Regresses innerhalb des UWG[346]. Durch die Untersuchungen v. Falkensteins[347] wurde bewiesen, daß dem Konsumenten durch die irreführende Werbung ein wesentlicher Schaden entsteht. Dieser Schaden ist innerhalb von Deutschland schwer

---

340 a.a.O. S. 159

341 a.a.O. S. 171

342 Beater ZEuP 96, 200, 222

343 Lehmann, Vertragsanbahnung durch Werbung, S. 81 bei Fn. 96, und S. 118-215, Ergebnis bei S. 292, der keinerlei ökonomische Effizienz innerhalb der unterschiedlichen Ansprüche für den Bereich der irreführenden Werbung sieht und daher einen eigene Schadensersatzanpruch für unverzichtbar hält

344 ähnlich Sander, Individualansprüche des Verbrauchers bei unlauterem Wettbewerb, S. 163 ff.

345 Drucksache des Deutschen Bundestages, 8/2145 S. 16, abgekürzt RegB.

346 RegB. S. 16-17

347 v. Falkenstein, WRP 1978, 507

zu quantifizieren, wird aber auf ungefähr 1,5 Milliarden DM im Jahre 1978 geschätzt[348]. Zum Vergleich nochmals die Zahlen der FTC, welche ausschließlich für den Bereich des Telemarketing von einem Schaden iHv $ 40 Milliarden pro Jahr ausgeht[349]. In dieselbe Richtung geht auch Dominicus[350], der vor allem die fehlende Gewinnabschöpfung bei den Verletzern rügt, die sofort nachdem sie eine Unterwerfungserklärung zugeschickt bekommen, ihr Verhalten einstellen und nach neuen Methoden Ausschau halten, bei denen dann genauso vorgegangen wird. Da die Konkurrenten äußerst selten zu dem Rechtsmittel des Schadensersatzes greifen[351], kann der Verletzter die Gewinne endgültig behalten, die er bis zur Einstellung seines Verhaltens gemacht hat. Eine abschreckende Wirkung allein durch die Unterlassungsklage kann hier überhaupt nicht festgestellt werden[352].

bbb)Schadensumfang

(a) Vorschläge der Literatur

Voraussetzung dafür ist allerdings zuerst die Einteilung der Verbraucherschäden. Von Köhler[353] wurden dies exemplarisch in folgende vier Fallgruppen eingeteilt:

(1) unnütze Aufwendungen für die Anreise, da das Angebot nicht oder nur anders vorhanden ist, darunter fällt das negative Interesse
(2) der Eingehungsschaden liegt im Abschluß des Kaufvertrages, z.B. durch die Irreführung wird er erst dazu bestimmt
(3) der Differenzschaden liegt in der unzulänglichen Ware/Dienstleistung, die der Käufer aber behalten will
(4) Begleitschäden, die sich durch den Gebrauch mit anderen Gütern realisieren

Dabei wird für die erste Gruppe der Schaden als nicht oder schwerlich kausal, für die dritte Gruppe die vertraglichen Ansprüche als ausreichend angesehen. Dies wird allerdings dem Sinn des Schadensersatz nicht gerecht. Auch wenn man von einem Verschuldenserfordernis ausgeht und dies nicht wie Sander[354] durch eine Vermutensregelung umgeht, dann kann es trotzdem nicht dazu führen, daß unter dem Vorwand, es sei ja noch gar kein Vertrag entstanden auch

[348] a.a.O. S. 510, dies währen heute unter Einbezug der neuen Bundesländer und der Inflationsrate ungefähr 4 Milliarden DM
[349] National Association of Attorneys General: Consumer Protection Report Februar 1996, S. 17, 18
[350] Dominicus, a.a.O. S. 10
[351] im selben Sinne Otto Treplitzky, Die Durchsetzung des Schadensersatzzahlungsanspruch im Wettbwerbsrecht, GRUR 87, 215
[352] a.a.O. S. 216
[353] GK UWG, Köhler, § 13 a UWG Rn. 89-91, dieser greift auch auf die ersten Zusammenfassungen v. Falckenstein zurück, WRP 78, 507 ff.
[354] Sander, a.a.O. S. 171 mit eigener Kodifikation

kein kausaler Schaden besteht. Dies wäre zu stark auf eine vertragliche Lösung abgestellt. Dabei wird die besondere Verantwortung des Werbenden nicht berücksichtigt, der, wenn er mit irreführenden Angaben wirbt, auch das Risiko tragen muß, daß der Kaufvertragsabschluß aus einem anderen Grund nicht zustande kommt. Denn unstreitig war doch die Werbungsaussage der Grund, warum der Kunde in das Geschäft gekommen ist. Es muß hier das Mittel des prima facie Beweises gelten, daß durch die irreführenden Angaben der Kaufvertrag zustande gekommen wäre. Der typische Normalfall sieht doch so aus, daß durch die Print- oder TV-Werbung dem zukünftigen Käufer erst das Produkt vorgestellt und sein Interesse geweckt wird. Daß der Käufer vielleicht nicht durch das Merkmal, über welches getäuscht wurde, zum Abschluß bestimmt wurde, liegt aber im Risikobereich des Verhaltens des Verkäufers. Dadurch erlangt man für die beworbene Sache eine gangbare Regelung.

Ganz anders sieht es dagegen aus, wenn man sich die Schäden von der Höhe und der Häufigkeit ansieht. Durch die Untersuchungen des MPI[355] wurde nachgewiesen, daß diese Fallgruppe in der Rechtstatsächlichkeit doch einen von der Höhe her zu vernachlässigenden Schaden darstellt und zudem auch äußerst selten auftritt. So ist dann auch eine Normierung des Schadensersatzanspruchs, der den Abschluß eines Vertrages als Voraussetzung hat, gut vertretbar, da dies dem Verbraucher keine großen Nachteile bringt und dadurch eine Einschränkung auf tatbestandlicher Seite durchgeführt wird, die den Schadensersatzanspruch besser handhabbar macht. Im Sinne der Rechtswirklichkeit hat hier die Dogmatik zu weichen.

Schwieriger wird es schon, wenn man sich die zweite Fallgruppe anschaut. Hier geht es um die Vertragsaufhebung. Evident ist es, daß der Abnehmer einen Anspruch auf Vertragslösung hat, wenn es sich um das beworbene Produkt handelt und die Täuschung für den Vertragsabschluß mitbestimmend war. Anders ist es dagegen bei dem von Schricker[356] aufgezeigten Beispiel, daß durch das Lockvogelangebot ein anderes, nicht beworbenes Gut gekauft wird. Hier kann die Aufhebungslösung schnell ausarten, wenn kein Haftungskorrektiv vorhanden ist. Dies wird von ihm in dem Nachweis einer tatsächlichen Täuschung und dem Bestimmen zum Abschluß des Kaufvertrages gesehen. Demnach trägt der Verbraucher die Beweislast, auch wenn er über den Beweis des ersten Anscheins bei der Irreführung über Preis und wesentliche Qualitätsangaben entlastet werden soll[357]. Warum sich dieser Rückabwicklungsanspruch nicht auf § 249 S. 1 BGB stützen darf, oder anders, warum die Vorschriften des BGB hier eine Sperrwirkung innerhalb des UWG`s entfalten sollen und daher ein eigenes Rücktrittsrecht zu dem Schadensersatzanspruch zu normieren ist, ist m.E. nicht schlüssig nachgewiesen worden[358]. Für den Fall einer ausdrückli-

---

[355] Resumeé von Schricker, GRUR 79, 1,4
[356] Schricker, ZRP 75, 189, 195
[357] a.a.O. S. 195 rechte Spalte mitte
[358] Köhler, a.a.O. § 13 a UWG Rn. 90 ohne weiteren Nachweis

chen Normierung des Schadensumfangs ist dies in jedem Fall ein gangbarer Weg.

Für die dritte Gruppe, bei der es dogmatisch um den Nichterfüllungsschaden bzw. um das positive Erfüllungsinteresse geht, sind die Ansichten geteilt. So will z.B. Sander[359] diesen Schaden gar nicht erfassen, da er zu nah an einem vertraglichen Anspruch läge und damit sowohl in Konflikt mit den Gewährleistungsvorschriften kommen würde als auch zum deliktischen System des UWG nicht passen würde. Brandner[360] sieht dagegen in Übereinstimmung mit dem damaligen Regierungsentwurf[361] kein Anlaß, auf den Erfüllungsschaden zu verzichten und verweist auf „...die typische Annäherung der vertrauensbildende Werbeangabe zur Warenqualität an eine vertragliche Leistungszusage, die es (seines Erachtens) dem Gesetzgeber erlaubt, an eine deliktische Haftungsregelung auf diesem Teilgebiet vertragsähnliche Haftungsfolgen zu schließen."[362]. Schricker verbleibt bei seinem zu normierenden Verweis auf § 823 II BGB und hat damit automatisch eine Beschränkung auf den Vertrauensschaden.

(b) Eigener Ansatz

Demnach liegt das Problem darin, ob ein Vertrauens- oder Erfüllungsschaden für diese Fallgruppe zu gewähren ist. Falls man die erstere Konstruktion wählt, bedeutet dies zwar dogmatisch die wohl saubere Lösung, da dem Deliktsrecht der Ersatz des Erfolges grundsätzlich verwehrt bleibt, damit aber ebenso die Nichtberücksichtigung der teuersten Schäden. Wenn in diesem Zusammenhang dann häufig auf die ausgefeilte Regelung der Sachmängelgewährleistungsansprüche verwiesen wird, reicht dies m.E. eben nicht ganz aus. Der Grund für einen Verbraucherschadensersatz sind doch gerade die fehlenden Ansprüche gegen den vertraglich nicht gebundenen Hersteller und zusätzlich dreht es sich hier um einen verschuldensabhängigen Anspruch im Gegensatz zu §§ 463, 1 und 480 II BGB. Zusätzlich wird der Umfang ja durch den Gesetzgeber abschließend bestimmt. Daher ist dieses Argument nicht absolut durchschlagend. Vielmehr ist zuerst bei einer Änderung durch den Gesetzgeber von der bestehenden, eher verbraucherfeindlichen Interessensanlage auszugehen. Und diese macht den Ersatz des Nichterfüllungsschaden zumindest wünschenswert. Nur durch ihn wird eine erhöhte Verantwortung geschaffen, ohne die eine Abschöpfung der Gewinne nur in geringerem Maßstab möglich ist. Da daraus dann eine geringere Abschreckungswirkung resultiert, werden auch keine Selbstheilungskräfte[363] der Hersteller und Werbenden freigesetzt.

---

[359] Sander, a.a.O. S. 169 unter dd)

[360] Hans Erich Brandner, Abnehmerschutz im Wettbewerbsrecht, FS für Robert Fischer, S. 19, 27 f.

[361] Bundesratsdrucksache 226/78, § 13 a III RegE

[362] Brandner, a.a.O. S. 26 unter 5.a) a.E.

[363] so Lehmann, Vertragsanbahnung, S. 294

Dabei wird auch noch auf eine neuere Regelung im Arbeitsrecht verwiesen, §§ 611 a II und III BGB, indem nach der Abschaffung der Portoklausel durch den Gesetzgeber ein von der Höhe her recht willkürlicher Schadensersatz iHv 3 Monatsgehältern (bei Abs. III) geschaffen worden ist, obwohl es gerade nicht zu einem Vertragsabschluß kommt und dieser Schaden sicher nicht mehr im Vertrauensschaden zu verorten ist. Es werden hier die Ähnlichkeit zu § 847 BGB und die Besonderheit des Schadens, der nicht innerhalb der §§ 249 ff. zu verorten ist, angesprochen[364]. Dies spricht dafür, daß der Gesetzgeber auch zur Normierung eines Anspruchs berechtigt ist, der zwar bei Teilen der Literatur dogmatische Bedenken aufwirft, aber von der Interessenlage her eine sachgerechte Lösung darstellt.

(1) Rechtliche Verortung

Die Bedenken hierzu müssen nochmals überprüft werden, innerhalb des Regierungsentwurfes[365] wird selbige Schwierigkeit zumindest nicht für so ausschlaggebend gehalten, daß eine solche Regelung nicht mehr möglich erscheint. In dem Zusammenhang muß dann auch die Frage gestellt werden, auf welche Grundlage der Anspruch gestellt werden soll. Ausschließlich bei der vertraglichen Begründung gäbe es vom Umfang her keine Probleme. Diese Möglichkeit scheint aber doch zu stark die Grundsätze des BGB zu erschüttern. Bei einer c.i.c.-Haftung, die auf dem vorvertraglichen Vertrauen basiert und von Lehmann vorgeschlagen wird, wäre beim Schadensumfang nichts gewonnen. Als einzige Ausnahme dazu ist der Anspruch auf Vertragsabschluß bei den nichtigen Verträgen mangels Form bekannt[366], und auch dieser wird von einem großen Teil der Literatur entschieden abgelehnt. Demnach bleibt nur noch die deliktische Haftung, auf der das UWG aufgebaut ist, übrig und auch hier scheint aus Rechtsgründen der Schaden nicht wirkungsvoll bekämpfbar zu sein. Indessen hat Canaris[367], der mit einem ähnlichen Problem beschäftigt war bei der Erschaffung der Produzentenhaftung mehrfach aufgezeigt, daß diese Entscheidung nicht nur in den Farben schwarz oder weiß auszufallen braucht[368], sondern auch Zwischentöne möglich sind. Dies würde im vorliegenden Fall dazu führen, daß trotz des deliktischen Charakters wegen der von Brandner[369] beschriebenen Ähnlichkeit zwischen vertrauensbildender Werbeangabe und vertragsähnlicher Leistungszusage für den Gesetzgeber die Möglichkeit besteht, trotzdem einen Erfüllungsanspruch zu normieren. Nach Canaris[370] ist bei den Formmängelfällen dies unter speziellen Voraussetzungen möglich. Dabei wird

---

[364] Palandt Putzo, § 611 a Rn. 18 ff.
[365] a.a.O. RegE § 13 a III
[366] Dieter Medicus, Bürgerliches Recht, Rn. 183 ff.
[367] Canaris, JZ 68, 494 ff.
[368] d.h. daß zwischen der vertraglichen und deliktischen Haftung noch die Vertrauenshaftung besteht
[369] a.a.O. S. 26-28 unter 5.a) und 5.c)
[370] Canaris, Die Vertauenshaftung im Privatrecht, S. 291

durch die Rechtsprechung[371] der Umfang der Haftung ebenso in der Erfüllung gesehen. Voraussetzung dafür ist, daß das Ergebnis sonst schlechthin untragbar ist. Canaris geht von der rechtsethischen Notwendigkeit aus, die ihre dogmatische Verankerung innerhalb des Vertrauensgedankens[372] hat und die bei der vorliegenden Konstellation in der sonstigen Wirkungslosigkeit der Verbraucheransprüche zu sehen ist.

(2) Reichweite des Vertrauensschadens

Probleme gibt es auch innerhalb der Bestimmung des negativen Interesses. Die dritte Fallgruppe, die sich mit dem Differenzschaden beschäftigt, kann nochmals unterteilt werden. Dieser eigentlich dem positiven Interesse unterliegender Anspruch soll in besonderen Fallgestaltungen noch unter den Vertrauensschaden fallen. Dies sei dann der Fall, wenn der Käufer die minderwertige Ware behält und dann die Wertdifferenz zum gezahlten Kaufpreis liquidieren kann[373]. Diese durch den BGH[374] bestätigte Ansicht erfaßt nach den Untersuchungen von Schricker[375] wohl auch die meisten Problemfälle. Rechtlich ist es allerdings nicht ganz so einfach, den Wertunterschied zwischen dem Kaufpreis und dem tatsächlichen Wert unter das negative Interesse zu subsumieren. Der BGH geht in seinen Entscheidungen[376] davon aus, daß dieser Minderwert zum Schadensumfang gehören würde, da bei gehöriger Aufklärung nur der billigere Preis gezahlt worden wäre. Er setzt damit das hypothetische Einverständnis der Verkäufers[377] voraus, wobei zumindest etwas näher dargelegt werden müßte, warum der Verkäufer sich darauf einlassen sollte. Der BGH gibt dem Käufer ein Wahlrecht[378] zwischen Rückabwicklung und Schadensliquidation, wenn er die Sache nicht mehr zurückgeben kann oder will. Dies wird dann auch von einem Teil der Literatur als nicht praktikabel angesehen[379]. Diese verweisen darauf, daß so gegen das Bereicherungsverbot des Schadensrechtes verstoßen

---

[371] BGHZ 92, 164, 172

[372] dem widerspricht Medicus heftig, Bürgerliches Recht, Rn. 185

[373] so Michael Lehmann, Die UWG Novelle sollte nicht sterben, BB 81, 1717, 1723 f. und Gerhard Schricker, Zur Reform des UWG Schadensersatzansprüche der Abnehmer und Rücktritt vom Vertrag bei irreführender und unlauterer Werbung, GRUR 79, 1, 4 mit Verweis auf BGHZ 69, 53

[374] BGHZ 111, 75

[375] Schricker, a.a.O. S. 1, 4 ff.

[376] BGH NJW 89, 1793, 1794 m.w.N.

[377] Hermann Lange, Handbuch des Schuldrechts, Schadensersatz § 5 III 2, S. 221 bei Fn 54, 55

[378] BGH WM 1980, 1006, 1007 (VIII. Senat) der ausdrücklich das Erfordernis aufgibt, daß es unzumutbar sein muß, die Sache zurückzugeben

[379] Jürgen Basedow, Preiskalkulation und c.i.c., NJW 82, 1030, 1031, Canaris ZGR 82, 395, 420, der keine Probleme im kleinen Differenzschaden sieht, sondern nur Abgrenzungsprobleme zwischen § 123 BGB und c.i.c. innerhalb des § 249 S. 1 BGB; Klaus Tiedke, Der Inhalt des Schadensersatzanspuch aus c.i.c. wegen fehlender Aufklärung, JZ 89, 568 und derselbe. Die Haftung der Banken für unberechtigte Zusagen ihrer Sachbearbeiter, WM 93, 1228, 1231 bei Fn. 17 m.w.N.

würde. Ein weiterer Einwand[380] ist, daß der BGH dem Käufer einen Erfüllungsanspruch zubilligt auf Grundlage des Selbstkostenpreises für den Verkäufer. Dabei handelt es sich nach Basedow's Ansicht um einen Teil des Nichterfüllungsschadens, der seiner Abschöpfungsfunktion wegen noch innerhalb des negativen Interesses aufgenommen wurde um so die Sanktionen zur ordnungsgemäßen Vertragserfüllung zu verstärken. Schricker, der sich in seinem Aufsatz auf die damals noch neue Rechtsprechung des BGH's beruft, geht leider mit keinem Wort auf die rechtlichen Probleme ein, sondern rät, im Zweifelsfall diese Art des „kleinen Differenzanspruchs" nochmals in einer UWG-Vorschrift zu normieren, um bestehende Unklarheiten zu beseitigen. Lehmann[381] verweist nur noch lapidar darauf, daß dieser Schaden noch in den Vertrauensschaden gehört und lehnt eine Geltendmachung des positiven Interesses ab. Tiedke[382] sieht seine Geltendmachung im System der §§ 249 ff nur dann als zulässig an, wenn durch den BGH eine Randkorrektur des § 249 S. 1 BGB erfolgt. Dies bedeutet für ihn die kleine berichtigende Auslegung, die nur den „unter-Wert-Schaden" korrigiert, nicht aber einschlägig ist, wenn der Preis mit dem Warenwert übereinstimmt.

(3) Abwägung

Da es auch bei der Irreführung innerhalb der Werbung um enttäuschtes Vertrauen geht, kann der Gesetzgeber auch innerhalb des deliktischen Bereichs unter diesen besonderen Voraussetzungen, da eigentlich keine der vorgestellten Lösungen sich nahtlos in das bestehende System einfügt, das Erfüllungsinteresse zusprechen[383]. Hier ist entgegen der Ansicht von Köhler, der auf die Trevira-Entscheidung[384] des BGH verweist, nicht von einer automatischen Verfälschung der Vertragsansprüche auszugehen. Durch eine gesetzliche Regelung würden nicht die Gewährleistungsregeln aus den Angeln gehoben werden. Vielmehr wird dem Verbraucher neben den Ansprüchen im Gewährleistungsrecht noch eine zusätzliche, verschuldensabhängige Haftung, bei der das Verschulden innerhalb bestimmter wettbewerbswidriger Absatzmethoden vermutet wird, verschafft werden. Im Gegensatz zur c.i.c.-Haftung wäre diese rein deliktsrechtlicher Natur und durch den Gesetzgeber normiert. Daher sind auch die Grundsätze des Treviraurteils nicht anwendbar. Aus diesen Gründen ist ein Schadensersatz dogmatisch nicht ausgeschlossen, d.h. der Gesetzgeber ist an seiner Beschließung grds. nicht gehindert.

Daher kann eine Entscheidung zwischen beiden Formen des Ersatzes nur getroffen werden, wenn man sich darüber einig ist, ob unter den Vertrauensschaden noch der kleine Differenzanspruch fällt. Die Ansichten der Literatur wur-

---

380 Basedow, a.a.O. S. 1030, 3. Absatz
381 Lehmann, a.a.O. S. 1725
382 Tiedke, a.a.O. S. 571
383 in diesem Sinne auch Albrecht Krieger, Zum Schadensersatzanspruch des Verbrauchers bei irreführender Werbung, BB 78, 625, 627
384 BGHZ 48, 118 (Trevira)

den oben vorgetragen, wobei unter der Prämisse des sauberen dogmatischen Ansatzes die extensive Auslegung[385] dieses Schadens Bedenken weckt. Doch kann innerhalb der vom BGH vertretenen Ansicht auch der Gedanke abgewonnen werden, daß diese Schadenslösung zumindest in der kleinen Lösung noch eine zulässige Auslegung des § 249 S. 1 BGB ist, die den Anforderungen in dogmatischer und praktischer Hinsicht noch gerecht wird. So wird innerhalb des negativen Interesses der Hauptpunkt, nämlich Abschreckungs- und Abschöpfungsfunktion, verwirklicht, ohne in den Problembereich der Gewährleistung bzw. Zusicherung geraten zu sein. Dadurch nähern sich Erfüllungs- und Vertrauensschaden. Für die erfolgreiche Nutzung eines Schadensersatzes ist es dabei von größter Wichtigkeit, daß die Interessenlage ausreichend berücksichtigt wird. Wenn man sich diese nochmals vor Augen hält, so kann der Verbraucher damit leben, daß er nur den „kleinen Differenzanspruch“ erhält. Durch eine gesetzliche Klarstellung, daß dieser zusätzliche Schadensumfang noch vom Vertrauensschadens umfaßt ist, werden auch die dogmatischen Bedenken an der Lösung des BGH ausgeräumt, wobei diese sicher auch besser zum deliktsrechtlichen Charakter des UWG paßt. Da rechtlich die gesetzliche Niederlegung des erweiterten Vertrauensschadens gut vertretbar erscheint[386] und die Klarstellung, was das negative Interesse umfaßt, unproblematisch möglich[387] ist, ist eine solche Lösung zu empfehlen. Dabei sollte auch noch berücksichtigt werden, daß nach einer Untersuchung des MPI[388] nur 3 % aller Schäden den großen Differenzanspruch umfassen. Damit ist das erweiterte negative Interesse als solches im täglichen Gebrauch wesentlich wichtiger und umfaßt auch den größten Teil des praktischen Anwendungsgebietes, ohne den schwereren dogmatischen Bedenken des „großen Schadensersatzes“ ausgesetzt zu sein.

(4.1) Lösungsvorschlag

Die Begründung eines Schadensersatzanspruches des Verbrauchers würde demnach zwei neue Komponenten enthalten, nämlich Klarstellung des Umfanges des negativen Interesses, von dem der BGH inzwischen in ständiger Rechtsprechung[389] ausgeht, sowie die Verschuldensvermutung bei der Benutzung wettbewerbswidriger Absatzmethoden zugunsten des Verbrauchers. Dadurch würde der Verbraucher nur noch nachweisen müssen, daß eine objektive Sorgfaltsverletzung aus der Sphäre des Anbieters kommt, er durch diese irregeführt wurde und dies bei ihm zu einem Schaden geführt hat. Ebenso wie im ProdHG kann vom Verbraucher nicht erwartet werden, daß er sich innerhalb der Sphäre des Herstellers auskennen soll. Dies würde dann auch wieder zu einer faktischen Versagung führen, da ohne diese gewisse Erleichterung der Schadensersatz nicht das Papier wert ist, auf dem er geschrieben ist. Ein Formulierugsvorschlag könnte in etwa lauten:

[385] erstmals in BGH NJW 77, 1536, 1537 f.
[386] vgl. oben unter (2)
[387] so auch Schricker, GRUR 79, 4
[388] in GRUR 79, 4 , 3. Abschnitt rechte Spalte
[389] BGH NJW 89, 1793

Wird ein Abnehmer durch verschuldete, wesentliche, irreführenden Angaben iSd § 3 UWG zum Abschluß bestimmt, so steht dem Abnehmer ein Schadensersatz gegenüber dem Verantwortlichen zu. Dieser umfaßt auch den Unterschied zwischen Wert der Vertragsleistung und deren Preis. Das Verschulden wird hinsichtlich der Sphäre des Verantwortlichen vermutet, soweit der Verbraucher den Wettbewerbsverstoß nachweist. Für Verbraucher ist § 13 VI Nr. 1, S. 1 UWG nicht anwendbar. §13 VI Nr. 1, S. 2 UWG findet dagegen Anwendung. §§ 5, 14 ProdHG gelten sinngemäß.

(4.2) Erläuterungen zu den Tatbestandsmerkmalen

- zum Abschluß bestimmen

Der Schadensersatzanspruch geht, ähnlich wie die Regelung des § 13 a UWG von einem „zum Abschluß bestimmen" aus. Auch wenn Lehmann[390] mit gut vertretbaren Gründen dafür ist, den Schadensersatz schon auf den vorvertraglichen Bereich auszudehnen, so ist dies mehr eine akademische als eine praktische Frage. Zwar wurde oben nachgewiesen, daß die Schäden der ersten Fallgruppe sich klar in dem Schutzbereich des Verbraucherschadens befinden, doch aus praktischen Gründen kann darauf verzichtet werden, da die Schäden selten sind und einen sehr geringen Umfang[391] haben. Dazu ist auch noch die Beweissituation für den Konsumenten recht kompliziert, er müßte dann ja darlegen, daß er z.B. die Fahrt zu dem Einkaufszentrum nicht gemacht hätte, was aber schon problematisch wird, wenn er dort noch andere Einkäufe zu erledigen hatte. Dabei wird im Gegensatz zu den Konkurrenten, welche ja nie in einem Vertragsverhältnis stehen, die Notwendigkeit einer solchen Regelung dort zwingend. Bezüglich der drei Kriterien des Bestimmens, nämlich Kenntnis, Täuschung und Kausalität kann nicht mit der zu § 13 a UWG geltenden Ansicht[392] weitergelebt werden, die hier ja noch nicht einmal einen prima facie Beweis zuläßt, sondern dies nur nach der allgemeinen Lebenserfahrung beurteilt. M.E. ist aber die Anwendung eines Anscheinsbeweises[393] hier zwingend notwendig und auch gerechtfertigt, da durch das Einschränkungsmerkmal der Wesentlichkeit gerade die typisierende Betrachtung eingeführt ist. Dadurch entspricht es eben wieder, auch wenn es unübersehbar viele Werbemethoden gibt, dem normalen Lebensablauf, daß die Täuschung oder Irreführung gerade bei wesentlichen Angaben sich in aller Regel auch auf die Kaufentscheidung auswirkt[394].

---

[390] Lehmann, BB 1981, 1717, 1724 der darauf hinweist, daß die vorvertraglichen Schäden seit der Anerkennung der c.i.c. zu regulieren sind und kein Grund ersichtlich seie, warum den Konkurrenten dieser Schaden dagegen ersetzt wird

[391] vgl. Schricker, GRUR 79, 1, 4

[392] Köhler/Piper, § 13 a UWG Rn. 6, unklar bei Baumbach/Hefermehl § 13 a UWG Rn. 10, wohl fallabhängig

[393] so auch OLG Nürnberg GRUR 90, 141, 142

[394] a.A. Köhler, JZ 89, 568 für § 13 a UWG der dieses Argument nicht ausreichend

- Wesentliche Angaben

Die Einschränkung inbezug auf wesentliche Angaben ist für die wichtigsten Fälle keine wirkliche Einschränkung. Da durch die Verobjektivierung automatisch auch für den Werbenden ersichtlich wird, was denn wichtig ist, kann er auf diesem Gebiet besser seine Werbung selber einschätzen. Hier muß zur Verdeutlichung nochmals der Fall „Königlich-Bayrische Weisse"[395] herangezogen werden. Selbst wenn man in diesem Fall wie der BGH eine Irreführung bejaht hat, so darf dies gerade nicht zu einem Schadensersatzanspruch führen, da die Konsequenzen für den Verantwortlichen unübersehbar werden. Als zweiten Effekt hat man m.E. auch noch eine Konzentrierung auf die wirklich wichtigen Belange der Verbraucher erreicht, d.h. durch die veränderte Auslegung des § 3 UWG werden weniger Täuschungen oder Irreführungen zu bejahen sein. Der Anteil darunter, der die wesentlichen Angaben betrifft, wird aber rapide steigen. Es darf auch nicht vergessen werden, daß durch ein solches Fehlen der Anspruch möglicherweise im Bereich des Anscheinsbeweises ein ähnliches Schicksal erleiden dürfte wie die heutige Rücktrittsregelung. Damit aber wäre gerade das Ziel und der Zweck der gesetzlichen Neuregelung verloren, nämlich einen breiten, gut nutzbaren Abnehmerschadensersatz zu schaffen. Zusätzlich paßt die normative Ermittlung der Wesentlichkeit auch besser zu dem vorgeschlagenen Ermittlungsmodell des § 3 UWG, es liegt damit eine Deckungsgleichheit zwischen beiden Bereichen vor.

- Verantwortlicher

Daß es keine Unterscheidung mehr zwischen den unmittelbaren Vertragspartnern und z.B. den Herstellern bezüglich ihrer Haftungsform[396] gibt, stellt sich für den Abnehmer als zwingend dar. Wenn er eben zur Abnahme bestimmt wurde, ist es doch unerheblich, ob dies durch den Vertragspartner oder den werbenden Hersteller geschehen ist, da sich der Anspruch ja im Bereich des Deliktsrechtes bewegt. Einer Differenzierung fehlt es am sachgerechten Grund. Zusätzlich kann in dem Fall, wenn die Täuschung von beiden ausgeht, der Abnehmer den meist finanzkräftigeren Hersteller in Anspruch nehmen. Dies wird vor allem dann interessant, wenn es um die weiter unten zu besprechende mögliche Abtretung der Ansprüche an einen Verbraucherschutzverband geht.

- Verschuldensvermutung

Bezüglich der Verschuldensvermutung soll der Abnehmer sich nicht um die Sphäre des Werbenden kümmern müssen. Daher kann es ihm nicht zugemutet werden, daß er die internen Vorgänge kennt und daher das Verschulden zu beweisen hat. Vielmehr ist beim Verschulden dieselbe Richtung einzuschlagen,

---

würdigt

395 BGH GRUR 92, 67, 68 (Königl.-Bayrische Weisse)

396 so Sanders, a.a.O. S. 171 und § 13 a UWG für das Rücktrittsrecht, a.A. der damalige Gesetzesentwurf RegE. § 13 a I, II, III UWG und auch Lehmann, BB 81, 1717, 1724

welche schon beim ProdHG gewählt wurde[397], daß der Bereich, der für den Abnehmer nicht einsehbar ist, auch nicht von ihm bewiesen werden muß. Damit wird gerade keine generelle Beweislastumkehr hinsichtlich der Irreführung eingeführt, für die Sorgfaltsverletzung als solche ist die Beweislast immer noch bei dem Abnehmer[398], außer es gelten die Grundsätze, die der BGH im Fall „Kreditvermittlung" und „Bärenfang" [399] entwickelt hat. Ob diese dann im Zuge einer Substantiierung wie in den USA ausgeweitet werden können, muß abgewartet werden. Da durch eine normative Auslegung des Irreführungsbegriffs nur noch in den seltensten Fällen Meinungsumfragegutachten notwendig sind, wird dem Abnehmer bei einer gerichtlichen Auslegung dieses Tatbestandsmerkmals nichts Unmögliches abverlangt werden.

- Rücktrittsklausel

Eine eigene Rücktrittsklausel ist nach der Normierung des Schadensersatzes eigentlich nicht mehr notwendig. Da der Vertrauensschaden immer auch die Rückabwicklung des Vertragsverhältnisses umfaßt, könnte an sich ohne weitere Probleme darauf verzichtet werden. Zwar wird von Schricker[400] darauf hingewiesen, daß der Rücktritt wohl das für den Verbraucher wichtigste Instrument sein wird, doch leuchtet mir die Argumentation dafür, daß eine Freistellung nicht ausreichen sollte, zumindest für den vorliegenden Gesetzestext, nicht ein. Mit dem Argument des § 831 I 2 BGB wird auf die Exculpation der Hilfsperson verwiesen. Doch für die Widerlegung der Verschuldensvermutung reicht es entsprechend § 823 I BGB und der dort verankerten Produkthaftung nicht aus, daß die Hilfsperson ordnungsgemäß instruiert und überwacht wurde wie das in § 831 BGB der Fall ist.

- Schadensumfang

Durch die oben aufgezeigten dogmatischen Probleme einen Nichterfüllungsschaden über eine deliktsrechtliche Vorschrift zu regulieren, verbleibt es bei dem negativen Interesse. Dabei wird durch die gesetzliche Klarstellung erreicht, daß auch der sogenannte „kleine Differenzanspruch" mit reguliert werden kann und so die notwendige Abschöpfung der Gewinne erreicht wird. Da der Gesetzgeber, wie oben aufgezeigt, dazu ermächtigt ist, den Schadensumfang selbständig festzulegen (vgl. auch nochmals § 611 a III BGB), ist die gefundene Regelung rechtsdogmatisch gangbar.

(4.3) Resumeé

Die gefundene Regelung stellt sich sowohl aus Sicht der Wettbewerber als auch der Verbraucher als Normierung dar, die beide Interessen berücksichtigt

---

[397] so auch Sanders, a.a.O. S. 171

[398] im Gegensatz zu dem Vorschlag der Opposition, Deutscher Bundestag, Drucksache, 9/665 S. 3

[399] BGH GRUR 78, 249, 250 (Kreditvermittlung) und BGH GRUR 63, 270, 271 (Bärenfang)

[400] Schricker, GRUR 79, 1, 5

und doch das bestehende Defizit für die Konsumenten zu schließen vermag. Da die alte Regelung des § 13 a UWG nicht von Erfolg gekrönt ist, muß sie durch die Neufassung, welche in der Tradition eines marktorientierten Wettbewerbs iSd erhöhten Marktallokation steht, weichen.

2. Kollektivansprüche des Verbrauchers

Verbraucherschutzorganisationen

Durch die Einführung des § 13 I a UWG im Jahre 1965[401] wurde erstmals eine Geltendmachung von Unterlassensansprüchen durch andere Verbände, als die der Wettbewerber, durch den Gesetzgeber zugelassen. Ziel der damaligen Reform war es, durch Einführung des Verbandsklagerechtes dem Verbraucher einen erweiterten Schutz zugedeien zu lassen[402]. Es sollte auf die Lauterbarkeit des Wettbewerbes unter individuellen wie auch gemeinschaftlichen, allerdings verbraucherrechtlichen Gesichtspunkten Einfluß genommen werden[403]. Durch zwei weitere Novellen vom 25.7.1986[404] und 25.7.1994[405] wurde die Aktivbefugnis der Verbände jetzt im neuen § 13 II Nr. 3 UWG verdeutlicht und der Gerichtsstand verändert. Tiefgreifende Änderungen sind damit aber nicht erfolgt, die Rechtsprechung zu § 13 I a UWG a.F. kann uneingeschränkt übernommen werden[406]. Es sollte dadurch auch das Verhalten geahndet werden, bei dem nur der Verbraucher geschädigt wird, nicht aber die Konkurrenten, da alle die selben wettbewerbswidrigen Praktiken anwenden. Da dem einzelnen Verbraucher im deutschen UWG bisher kein Klagerecht zusteht, kann daher der Unterlassensanspruch ausschließlich durch die Verbände geltend gemacht werden. Daher spielt die Klagebefugnis für sich eine wichtige Rolle in der tatsächlichen Ausformumg des Verbraucherschutz im UWG[407].

a) Satzungsvoraussetzungen

Durch § 13 II Nr. 3 UWG wird festgelegt, welche prozessualen Voraussetzungen der Verbraucherschutzverband besitzen muß. Grundvoraussetzung ist demnach, daß der Verband rechtsfähig ist[408], d.h. er in das Vereinsregister nach § 21 BGB eingetragen ist. Falls wirtschaftliche Zwecke verfolgt werden, muß ihm die Eintragung verweigert oder im nachhinein entzogen werden §§ 43 II, 44 BGB. Während er allerdings als Idealverein eingetragen ist, kann das Gericht in der Zulässigkeit der Klage diese Frage nicht prüfen[409].

---

401 ÄnderungsG v. 21.7.65 (BGBl I 625)
402 Baumbach/Hefermehl § 13 UWG Rn. 34
403 BGH GRUR 73, 78, 79 (Verbraucherverband); 90, 280, 281 (Telefonwerbung III)
404 BGBl 1169
405 BGBl 1738
406 Klaus-Jürgen Melullis, HdWR, Rn. 448
407 GK UWG, Köhler, § 13 UWG Rn. 84
408 Baumbach/Hefermehl, § 13 UWG Rn. 35 m.w.N.
409 Wolfgang Hefermehl, Grenzen der Klagebefugnis des Gewerbetreibenden und Verbände im Recht gegen den unlauteren Wettbewerb, WRP 87, 281, 283

aa) Wahrnehmung von Verbraucherinteressen

Dabei muß es sich um den Hauptzweck[410] handeln, nämlich „die Interessen der Verbraucher durch Aufklärung und Beratung wahrzunehmen"[411], und zwar kumulativ[412]. Der Verband hat ganz allgemein dem Verbraucher zur Verfügung zu stehen, es kommt darauf an, daß sich das Tätigkeitsfeld nicht auf einen festen Personenkreis beschränkt, z.B. nur auf die Mitglieder[413]. Die Zielsetzung des Verbandes muß die Förderung der Markttransparenz für den Verbraucher sein[414]. Nicht erlaubt sind auch sogenannte Mischverbände, die mehrere Interessen gleichgewichtig nebeneinander verfolgen[415]. Möglich ist es aber, daß der Verband sich auf spezielle sachlich, räumlich oder persönlich Zwecke beschränkt, so z.B. nur für bestimmte Interessengruppen wie Mieter handeln will. Wichtig dabei ist aber immer, daß der Personenkreis als solcher nicht geschlossen ist oder an bestimmte Voraussetzungen geknüpft ist und die Zielsetzung allgemein auf die Wahrung der Verbraucherbelange ausgerichtet ist[416].

bb) Tatsächliche Umsetzung des Satzungszweckes

Es kommt demnach nicht nur darauf an, daß die Satzung des Vereins § 13 II Nr. 3 UWG genügt, sie stellt nur die Eingangsbedingung dar. Daher müssen Satzung und tatsächliche Verbandstätigkeit übereinstimmen[417], ausschließlich so ist eine wirkungsvolle Eingrenzung der Klagebefugnis möglich. Dabei soll vor allem die Abmahnungstätigkeit unter dem Gesichtspunkt der Gebührengewinnerzielungsabsicht[418] verhindert werden. Davon ist nicht auszugehen, wenn der Verband den Verbraucher durch Schriften, Vorträge, Versammlungen, Beratungsstellen über die Marktlage, Preiswürdigkeit, Gefahren und Qualität der angebotenen Leistungen und Waren informiert[419]. Dazu bedürfen sie sowohl räumliche, sachliche als auch finanzielle Mittel[420]. Im Verfahren besteht für diese Öffentlichkeitsarbeit eine Vermutung zugunsten des Verbandes, welches vom Verletzer erschüttert werden muß[421].

---

[410] Friedrich Fricke, Verbraucherschutz - Klagerechte des Verbrauchers und der Verbraucherverbände aus UWG und BGB, GRUR 76, 680, 684 bei Fn. 52
[411] Hefermehl, WRP 87, 281, 284
[412] GK UWG, Köhler, § 13 UWG Rn. 88
[413] BGH GRUR 73, 78, 79 (Verbraucherverband) und LG Stuttgart, CR 92, 91 m.w.N.
[414] GK UWG, Köhler, § 13 UWG Rn. 88
[415] BGH GRUR 83, 129 (Mischverband I)
[416] BGH GRUR 83, 775, 776 (Ärztlicher Arbeitskreis)
[417] Tetzner, Zur Änderung des UWG, WZG und GebrMG vom 21.7.65, NJW 65, 1945, erstmals BGH GRUR 73, 78, 79 (Verbraucherverband); BGH WRP 89, 753 und 90, 280 (Telefonwerbung II und III); GRUR 92, 450 (Beitragsrechnung); v. Gamm, Gesetz gegen unlauteren Wettbewerb, § 13 UWG Rn. 15
[418] GK UWG, Köhler, § 13 UWG Rn. 95
[419] Baumbach/Hefermehl, § 13 UWG Rn. 38; BGH GRUR 84, 775, 776 (Ärztlicher Arbeitskreis)
[420] Mellulis, Kap. 3.5.5.4.2., Rn. 458
[421] BGH GRUR 73, 78, 80 (Verbraucherverband)

cc) Verletzung der Verbandsinteressen

Aus diesem Grund ist eine Klagebefugnis nur dann zu bejahen, wenn der Verband in seinem satzungsgemäßen Aufgaben- und Interessenfeld betroffen ist[422]. Dabei handelt es sich um eine Voraussetzung des materiellen Rechts, nicht der prozessualen Klagebefugnis[423]. Ob die Verletzungshandlung allerdings die Allgemeinheit oder ausschließlich einen einzelnen Verbraucher betrifft, ist nicht relevant[424]. Zwar ist von der Rechtsprechung[425] eine weite Auslegung dieser Zwecke erreicht worden, doch falls die oben erläuterte Einschränkung der Verbandstätigkeit erfolgte, dann ist diese hier klar zu berücksichtigen. Sollte dies nicht erfolgt sein, dann kann der Verband im gesamten Inland, soweit nicht eine satzungsgemäße regionale Betroffenheit besteht[426], die Geltendmachung der Unterlassungsansprüche verlangen, im Gegensatz zu den gewerblichen Verbänden[427].

dd) Mißbrauch der Anspruchsberechtigung

Da die Verbände als Filter einzelner Bedürfnisse dienen und zugleich die Bündelung der Interessen der Verbraucher erreichen sollen, um gegenüber den Wettbewerbern mehr Gewicht zu erhalten, dürfen sie ihre Klagebefugnis nicht rechtsmißbräuchlich einsetzen. Dies wurde vor allem von den sogenannten Gebührenvereinen ausgenutzt, deren hauptsächliche Tätigkeit und auch einzige Einnahmequelle durch Abmahnungsschreiben und Prozesse erlangt wurde. Durch das Grundlagenurteil des BGH und dessen Festlegung auf die tatsächliche Aufklärung und Beratung sind diese Fälle nur noch vereinzelt vorgekommen[428]. Bevor ein Mißbrauch[429] nach § 13 V UWG angenommen werden kann, müssen die gesamten Umstände des Falles und auch vorheriger Fälle berücksichtigt werden[430].

ee) Reichweite der Klagebefugnis

Durch die Einschränkung der Klagebefugnis gewerblicher Verbände im Jahre 1994 ergibt sich hier ein Unterschied zu den Verbraucherschutzverbänden. Ihnen ist es gestattet, wesentliche Belange[431] der Verbraucher innerhalb des § 1 UWG und alle Verstöße gegen § 3 UWG geltend zu machen, da hier regelmäßig Verbraucherinteressen berührt werden[432].

---

422 v. Gamm, a.a.O. Rn. 16
423 BGH GRUR 83, 602 (Vertragsstraferückzahlung)
424 OLG Frankfurt WRP, 72, 476
425 BGH GRUR 64, 347, 398 (Damenmäntel), 90, 282, 285 (Wettbewerbsverein IV)
426 BGH GRUR 83, 658, 661 (Hersteller-Preisempfehlung in Kfz-Händlerwerbung)
427 mit der Annahme, daß diese Verhalten rechtsmißbräuchlich wäre, Schricker, GRUR Int 73, 453, 457 ff., BGH GRUR 73, 397, 398 (Damenmäntel), a.A. Pastor, GRUR 69, 571
428 Melullis, a.a.O. Kap. 3.5.5.6, Rn. 465
429 Teplitzky, a.a.O. Kap. 13 Rn. 26
430 Baumbach/Hefermehl, § 13 UWG Rn. 49 ff., vor allem Rn. 50
431 § 13 II Nr. 3 Satz 2 UWG
432 GK UWG, Köhler, § 13 UWG Rn. 101

b) Ansprüche der Verbraucherschutzverbände bei Verletzung von § 3 UWG

aa) Unterlassungsanspruch gem. § 3 UWG iVm § 13 II Nr. 3 UWG

aaa) Rechtsschutzinteresse

Dieses ist als Teil der Zulässigkeit der Klage immer nachzuweisen[433]. Es geht dabei darum, daß dem Kläger keine leichtere oder einfachere Art zusteht, daß Verhalten des Beklagten zu stoppen. Entscheidend ist in erster Linie das Verhältnis zwischen vorläufigem Rechtsschutz und dem endgültigen Titel. Dabei wird das Hauptverfahren gerade durch den Titel, der in der einstweiligen Verfügung erlangt wurde, nicht unzulässig, außer der Antragsgegner verzichtete im vorherigen Verfahren auf die Einlegung von Rechtsmitteln[434].

bbb) Verschuldenserfordernis

Dieser Anspruch wird grds. mit der Tatbestandsverwirklichung ausgelöst. Nicht notwendig dafür ist das Wissen bzw. die Kenntnis, daß mit der betreffenden Maßnahme eine Verletzung von § 3 UWG einhergeht. Dies ergibt sich klar aus dem Wortlaut des § 3 UWG im Gegensatz zum Schadensersatzanspruch in § 13 VI Nr. 1 UWG.

ccc) Wiederholungsgefahr

Dabei muß zwischen der Erstbegehung und der Wiederholung unterschieden werden, da die tatsächlichen Gegebenheiten mehr oder minder konträr sind. Bei einer Wiederholungsgefahr[435] oder dem Fortdauern hat der Verletzer durch eine Handlung bereits gezeigt, daß er zur Verletzung fähig ist. Der Kläger muß also nur nachweisen, daß künftig dieselbe oder im Kern gleichartige Verletzungshandlung objektiv möglich und zu befürchten ist[436]. Der Nachweis für eine solche Gefahr ist dann erbracht, wenn die ernstliche und greifbare Möglichkeit[437] besteht, daß eine erneute Begehung droht[438]. Im gewerblichen Bereich besteht eine tatsächliche, widerlegliche Vermutung dafür, daß diese Gefahr besteht. Sie kann durch den Betroffenen nur dann entkräftet werden, wenn er dezidiert nachweist, daß die Einstellung des Verhaltens endgültig ist[439].

---

[433] Abgrenzung zwischen prozessualem Rechtsschutzbedürfnis und Wiederholungsgefahr, v. Gamm, Gesetz gege den unlauteren Wettbewerb, § 1 Rn. 359, 296

[434] BGH GRUR 73, 208 (Neues aus der Medizin); 87, 45 (Sommerpreiswerbung)

[435] BGH NJW 83, 1060 (Wiederholte Unterwerfung I); BGH GRUR 59, 544, 547 (Modenschau)

[436] BGH NJW 89, 1545 (Professorenbezeichnung in der Arztwerbung); BGH GRUR 96, 800 (EDV-Geräte)

[437] BGHZ 117, 264, 271 (Nicola)

[438] v. Gamm, § 1 UWG Rn. 297 m.w.N.

[439] HdWR, Gloy, § 21 Rn. 5, z.B. bei Einstellung des Geschäftsbetriebes (RG MuW 27/28, 12) bzw. dieses Sortimentteils als tatsächliches Hinderniss (m.w.N. Nordemann Rn. 563 ff.) oder durch Abgabe einer unwiderruflichen, bedingungslosen Unterlassungserklärung mit angemessenem Vertragsstrafeversprechen

ddd)Vorbeugender Unterlassungsanspruch

Ganz anders ist der Fall allerdings gelagert, wenn noch gar keine Erstbegehung[440] stattgefunden hat, demnach eigentlich vorbeugender Rechtsschutz[441] in Anspruch genommen wird. Aus diesem Grund fehlt es noch an einer Verletzung, sie muß vielmehr unmittelbar drohen[442]. Dies muß objektiv nachweisbar sein, die Handlung soweit absehbar sein, das sie einer rechtlichen Beurteilung zugänglich ist[443]. Dabei hat der Kläger im Gegensatz zur Wiederholungsgefahr die Beweislast zu tragen[444]. Daher muß er klare, deutliche und nachvollziehbare Ansatzpunkte[445] dafür haben und dem Gericht darlegen, daß der Beklagte in nächster Zukunft gerade diese Wettbewerbsverletzung begehen wird. Sie wird als Begehungsgefahr bezeichnet[446]. Dafür bedarf es konkreter Vorbereitungshandlungen wie z.B. bestimmte Anweisungen an Angestellte, eine Werbeaussage zu machen, die „Berühmung"[447], daß ein solches Verhalten zulässig wäre oder die Ankündigung eines bestimmten, tatsächlichen Verhaltens[448]. Die Klage ist begründet, wenn zum Zeitpunkt der letzten Tatsachenverhandlung dies durch den Kläger nachgewiesen werden kann. Der Wegfall der Gefahr kann wesentlich leichter durch den Beklagten bewiesen werden, es reicht in aller Regel die Rückgängigmachung der Vorbereitungshandlungen aus[449].

eee) Ausräumung der Begehungsgefahr

(a) Strafbewehrte Unterwerfungserklärung

Sie stellt die gebräuchlichste Möglichkeit dar, die Vermutung der Begehungs- bzw. Wiederholungsgefahr zu widerlegen[450]. Dies kann allerdings nur dann angenommen werden, wenn die Unterwerfungserklärung sowohl unwiderruflich, uneingeschränkt und strafbewehrt ist[451]. Der Grund für diese hohen Voraussetzungen ist, daß nur in dieser Konstellation eine Wiederholungsgefahr ernsthaft ausgeschlossen werden kann[452]. Die von dem Verletzer abzugebende Erklärung räumt die bestehende Gefahr mit dem Zugang der Unterwerfungserklärung aus, ab diesem Augenblick ist der Anspruch auf Unterlassung verwirklicht und der

---

440 BGHZ 3, 276 (Constanze I)
441 BGH GRUR 70, 465, 467 (Prämisse)
442 Baumbach/Hefermehl, Einl. UWG Rn. 299
443 BGH GRUR 77, 261 f. (Friedrich-Karl-Sprudel)
444 Baumbach/Hefermehl, Einl. UWG Rn. 300
445 BGH GRUR 94, 57 (Geld-zurück-Garantie); BGH GRUR 63, 218, 220 (Mampe Halb und Halb II)
446 Nordemann, Wettbewerbs- und Markenrecht, Rn. 558
447 Baumbach/Hefermehl, Einl. UWG Rn. 301
448 vgl. Helmut Köhler, Die wettbewerblichen Abwehransprüche, NJW 92, 136, 139 bei Fn. 32-34
449 BGH GRUR 92, 116, 117 (Topfgucker-Scheck); BGH GRUR 94, 454, 456 (Schlankheitswerbung)
450 BGH GRUR 55, 390 (Spezialpresse),
451 Baumbach/Hefermehl, Einl. UWG Rn. 270
452 Teplitzky, GRUR 83, 609 ff.

Anspruch erlischt. Von der rechtlichen Seite handelt es sich wohl um eine Novation[453]. Dabei kommt es auch entscheidend darauf an, daß das beanstandete Verhalten ausreichend konkret dargelegt wird und nicht zu breit beschrieben wird. Es muß gerade die im Kern rechtswidrige Maßnahme treffen.

(b) Unwiderruflichkeit und Uneingeschränktheit

Da es bei der Unterlassungserklärung gerade um die Ernsthaftigkeit des Ausschluß einer Wiederholung geht, darf diese nicht unter einem Vorbehalt stehen[454]. Sollte das trotzdem der Fall sein, ist damit der Anspruch aus § 3 UWG noch nicht erfüllt. Ausnahmen dieser Vorbehaltlosigkeit sind nur auf wenige Fälle beschränkt, in denen es der anderen Partei nicht zuzumuten ist, sie bedingungslos zu akzeptieren[455]. Damit diese Gefahr auch dauerhaft gebannt ist, darf es keine Möglichkeit des Widerrufes geben.

(c) Strafbewehrung

Dabei geht es um die Höhe des einzelnen Strafversprechens[456], d.h. wieviel der Verletzter zahlen muß, wenn er trotz der Unterwerfungserklärung weiter das gerügte Verhalten fortsetzt oder später noch einmal dasselbe tut. Die Festlegung der Strafhöhe orientiert sich an ihrem Zweck. Zum einen soll soviel Druck aufgebaut werden, daß sich ein weiterer Verstoß nicht mehr lohnt[457], zum anderen ein sachgerechter Interessenausgleich erreicht werden. Als weitere Funktion kommt dieser Vertragsstrafe der Zweck eines pauschalierten Schadensersatz zu[458].

bb) Beseitigungsanspruch

Der über den Unterlassungsanspruch hinausgehende Anspruch entsteht aus der andauernden Störung, die aus den Folgen des ersten Eingriffs resultiert[459]. Auch wenn er gesetzlich nicht gesondert niedergelegt wurde, so ist seine Existenz allgemein anerkannt[460]. Beide Ansprüche haben wegen ihrer Wesensverwandtschaft auch dieselbe, verschuldensfreie Haftungsgrundlage. Daher laufen die Ansprüche teilweise parallel[461]. Davon unterschieden werden muß aber die Gewährung der Ansprüche, insoweit sind die Voraussetzungen unterschiedlich[462]. Die Rechtspflicht, die im Zivilrecht explizt in § 1004 BGB normiert ist,

---

[453] immer noch umstritten, doch h.M. vgl. Emmerich, § 21 4.a) bei Fn. 24 m.w.N.

[454] BGH GRUR 84, 593, 595 („adidas"-Sportartikel)

[455] Als Ausnahmen wurden anerkannt: Vorbehalt der Änderung der Rsp. oder der Klärung der Rechtslage, BGH GRUR 87, 386 ff. (Altunterwerfung II); BGH GRUR 93, 677, 679 (Bedingte Unterwerfung)

[456] Köhler, NJW 92, 137, 138 hängt von den Umständen des Einzelfalles ab

[457] OLG Hamm WRP 78, 395

[458] BGH GRUR 94, 146, 148 (Vertragsstrafeermessen)

[459] Melullis, HdWR, Rn. 1000

[460] Emmerich, § 21. 8.; v. Gamm, § 1 Rn. 300; Baumbach/Hefermehl, Einl. UWG Rn. 307 ff. m.w.N.; BGH GRUR 55, 478, 488 (Alpha); Fricke, GRUR 76, 680, 687

[461] BGH WRP 93, 399 (TRIANGLE)

[462] Walter Lindacher, Unterlassungs- und Beseitigungsanspruch, GRUR 85, 423,

resultiert hier aus der Verletzung des § 3 UWG. Da der Unterlassensanspruch auch die Beseitigung umfaßt, es handelt sich ja nur um eine fortdauernde Störung, ist eine analoge Anwendung des § 1004 BGB nicht notwendig[463].

aaa) Andauernde Störung
Die erste Voraussetzung dieses weiteren Anspruchs ist das Bestehen einer fortdauernden Verletzung des § 3 UWG[464], die einen rechtswidrigen Zustand hinterläßt. Wenn daher durch den ersten Eingriff ein Schaden angerichtet wurde, welcher nicht durch das Unterlasssen der angezeigten Handlung behoben wird, besteht der in den Rechtsfolgen wenn die Störung beseitigt ist. Daher kann er auch nie, wie beim Unterlassungsanspruch möglich, vor einer Rechtsbeeinträchtigung geltend gemacht werden[465]. Zusätzlich bedarf es noch der Erforderlichkeit der Beseitigung, dies beinhaltet im Gegensatz zur Unterlassung eine sorgfältige Abwägung der Interessen[466]. Der Anspruch scheitert aber immer dann, wenn die Beeinträchtigung durch den Störer aus rechtlichen oder tatsächlichen Gründen iSd § 275 BGB[467] nicht mehr beseitigt werden kann.

bbb)Keine Duldungspflicht des Verletzten
Ein Anspruch kann sich nur ergeben, wenn die Störung nicht iSd § 1004 II BGB hingenommen werden muß[468]. Demnach kommt es überhaupt nicht darauf an, ob der Störer oder ein Dritter auf den die Störerhaftung zutrifft, durch Tun oder Unterlassen gehandelt hat. Ausschließlich interessant ist, ob die Fortwirkung dieses Zustandes hingenommen werden muß[469]. Solche Pflichten zur Duldung des Zustandes können sich aus Vertrag und Gesetz ergeben.

ccc) Umfang des Beseitigungsanspruch
Dieser hängt von der Beeinträchtigung und dem verletzten Rechtsgut ab. Grundsätzlich geht er auf die volle Beseitigung des Störungszustandes[470] und wird mit Ahrens[471] in drei Fallgruppen eingeteilt. Dabei geht es um:

- Nichtbeseitigung eines bestimmten körperlichen Zustandes ist mit fortlaufender Begehung vergleichbar[472]
- Vernichtungsanspruch von Unterlagen, die, falls sie an die Öffentlichkeit kommen, eine weitere Verbreitung der Störung bewirken[473]

---

463 Baumbach/Hefermehl, Einl. UWG Rn. 307
464 BGH GRUR 60, 500, 502 (Plagiatsvorwurf),
465 Teplitzky a.a.O. Kap. 22, Rn. 14; BGH GRUR 62, 91, 97 (Jenaer Glas)
466 BGHZ 14, 163, 174 (Constanze II); 107, 384, 393 (Emil Nolde)
467 Emmerich, § 21. 8.; BGH GRUR 74, 666, 669 (Reperaturversicherung); OLG Hamburg, NJW-RR 96, 1409
468 vgl. Palandt, Bassenge, § 1004 BGB Rn. 31
469 BGHZ 66, 37, 39
470 Teplitzky a.a.O. Kap. 24, Rn. 1
471 Hans-Jürgen Ahrens, Wettbewerbsverfahrensrecht, S. 58, 1983 und Lindacher, GRUR 85, 423 ff.
472 OLG Düsseldorf GRUR 70, 376 (Möbellager)

- soll der fortdauernden psychische Wirkung eines Wettbewerbsverstoßes entgegenwirken wie Widerruf, Gegenwerbung oder Urteilsveröffentlichung[474]

Es soll in dieser Arbeit aber nur die rudimentären Grundzüge der unterschiedlichen Rechtsfolgen verdeutlicht werden, daher erfolgt nur die kurze Darstellung. Vielmehr geht es abschließend noch um die Frage, ob ein Schadensersatzanspruch der Verbraucher, wenn der Vorschlag normiert werden sollte, kollektivrechtlich durch die Verbraucherschutzverbände geltend gemacht werden könnte und dies sinnvoll wäre.

cc) Schadensersatzanspruch

Da es bis heute keinen Schadensersatzanspruch der Verbraucher gibt und eine eigene Rechtsverletzung mit Schadensfolge der Verbände nicht in Frage kommt, stellte sich diese Frage bisher nur ansatzweise. Durch die vorgeschlagene Normierung steht die zweite Frage automatisch im Rampenlicht. Abzuwägen sind die unterschiedlichen Modelle einer Geltendmachung eines Verbaucherschadens.

aaa) Modell der „class action“[475]

Dabei wurden schon Mitte der 70er Jahre die Nachteile der „class action“[476] durch Schricker[477] und Mertens[478] aufgezählt, welche sich bis heute gehalten haben. Darunter fallen vor allem:

- daß die Anwälte in den USA die Ursache der Prozeßflut sind. Da sie meistens zuerst für ihre Mandanten kostenfrei arbeiten und sie sich dafür bis zu 50% der Klageforderung bzw. des erzielten Klagegewinnes von diesen sich im voraus abtreten oder im nachherein auszahlen lassen, sind sie die treibende Kraft. Für die Anwälte dient sie als eine der lukrativsten Einnahmequellen, da die Streitwerte durch die Vielzahl der Geschädigten hoch ist. Dabei geht es dann eigentlich kaum mehr um die Interessen der Verbraucher, sondern mehr um die der Anwälte.

- Da die „class action“ eine Rechtskrafterstreckung darstellt, wenn nicht das sogenannte „opt out“[479] Ausstiegsverfahren gewählt wird, müssen zuerst

---

[473] OLG München WRP 92, 809, 810

[474] BGH GRUR 60, 500 (Plagiatsvorwurf)

[475] für die Bundesgerichte normiert unter F.R. Civ. P. 23

[476] gute neuere Zusammenfassung, Christoph Greiner, Die amerikanische class action und der deutsche ordre public, 1998, München

[477] Gerhard Schricker, Möglichkeiten zur Verbesserung des Schutzes der Verbraucher und des funktionsfähigen Wettbewerbs im Recht des unlauteren Wettbewerbes, ZHR 139 (1975), 208, 245

[478] Hans-Joachim Mertens, Kollektivrechtlicher Schadensersatz als Mittel des Verbraucherschutzes, ZHR 139 (1975), 438, 468 ff.

[479] to request exclusion, to opt out bedeutet, daß der Ausschluß aus dem Verfahren

alle möglichen Geschädigten von ihrem Recht unterrichtet werden, um ihnen eine Möglichkeit zu geben, sich von der Klage ausschließen zu lassen und für sich die Rechtskrafterstreckung auszuschließen. Die beteiligten Verbraucher dagegen müssen dementsprechend stark in den Prozeß eingebunden werden, was einen immensen administrativen Aufwand darstellt. Dabei ist die Rechtskrafterstreckung in dieser Form dem deutschen Prozeßrecht völlig fremd und kann daher auch nur sehr schwierig implementiert werden

- die Praktikabilität leidet auch dann, wenn innerhalb des Verfahrens zu viele Geschädigte vertreten sind

- da die Rechtskrafterstreckung für alle Betroffenen gilt, ist die Verteilung eines möglichen Prozeßgewinnes äußerst schwierig[480] und sehr kostenintensiv, hinzu kommt noch der an der Klageforderung gemessen immense Abzug der Anwaltskosten

- Vorteil dieser Art der Klage ist allerdings die schnellere und bessere Intensivierung von Verbraucherinteressen gerade bei geringen Verbraucherschäden (wobei die Klageforderung mindesten $ 50.000 umfassen muß) die sonst gar nicht geltend gemacht werden würden. Diese Form der Geltendmachung kostet den Staat auch kein Geld

Zusätzlich kommt noch, daß die „class action" dem deutschen Recht auch aus einem anderen Grund völlig fremd ist, denn sie muß zuerst durch einen Richter zugelassen werden, d.h. innerhalb der Zulässigkeit der Klage steht dem Richter ein Ermessen zu. Die Voraussetzungen dafür sind, daß eine subjektive Klagenhäufung nicht möglich ist, die einzelnen Klageansprüche rechtlich und tatsächlich eine starke Ähnlichkeit aufweisen, eine alleinige Verfolgung des Klagezieles nicht angeraten ist sowie eine faire Vertretung der Beteiligten an der „class action" sichergestellt ist[481]. Durch die Normierung eines Ermessens innerhalb der Zulässigkeit würde allerdings die gesamte Struktur des zivilen Prozeßrechtes, ohne daß dafür m.E. zwingende Gründe vorliegen würden, verändert werden. Da diese Auswirkungen nicht abschätzbar sind, dagegen die Probleme als solche klar umgrenzt sind, scheint eine solche Art der Geltendmachung nicht wirklich erstrebenswert, gerade auch im Hinblick darauf, daß in den USA diese Klageart mehr und mehr zum „heißen Streiteisen" wird, da ihre oben aufgezählten Nachteile in der Rechtstatsächlichkeit als immer schwerwiegender eingeschätzt werden.

---

selbst angestrengt werden muß

480 vgl. vor allem den alten Fall, der schon von Schricker aufgegriffen wird, Daar v. Yellow Cab Co., 67 Cal.2d 695, 433 P.2d 732 (1967)

481 Haimo Schalk, Einführung in das US-amerikanische Zivilprozeßrecht, S. 79 ff., 2. Auflage, 1995, München

bbb) Verbraucherverbände mit einem eigenen Schadensersatzanspruch

Damit würde letztlich eine weitere Eigenart des Zivil- und Prozeßrechtes erschüttert werden, wenn die Konsumentenschäden durch die Verbraucherschutzverbände eingeklagt werden könnten, denn zum einen müßte der materielle Anspruch, ohne einen Schaden bei den Verbänden realisiert zu haben, bejaht werden. Selbst wenn man die Klagebefugnis der Verbände wie Wolf[482] ausdehnen möchte und die ureigensten Interessen des Verbands verletzt sieht, so führt das immer noch nicht zu einem eigenen Schaden. Zusätzlich wäre auch die Konstruktion der Drittschadensliquidation als solche zu beachten, als ein von der Rechtsprechung normierter Ausnahmefall. Gerade wenn die Voraussetzungen dieser rechtlichen Figur untersucht werden, wird klar, daß eine Geltendmachung der Ansprüche durch die Verbände aus einem eigenen materiellen Schadensersatzanspruch nicht sinnvoll ist. Auch wenn es sich letztlich um zwei unterschiedliche Rechtsprobleme handelt, nämlich zum einen die Ergänzung des Rechts durch die Rechtsprechung und auf der anderen Seite durch den Gesetzgeber, ist eine Vergleichbarkeit gegeben. Doch bei allen dogmatischen Unterschieden muß sich auch eine Änderung durch den Gesetzgeber in das bestehende System einfügen. Die für die Drittschadensliquidation notwendige zufällige Schadensverlagerung ist hier nie gegeben[483], da gerade typischerweise der Verband als solcher keinen Schaden hat[484]. Vielmehr ist das Gegenteil der Drittschadensliquidation der Fall, der neue Kläger (d.h. der Verband) hat ohne Normierung weder einen Schaden noch einen Anspruch. Gerade aus der Differenz, daß es einem Verband immer am eigenen Schaden fehlen wird, kann eine gesetzliche Regelung sich auch nicht auf eine Lücke innerhalb des Zivilrechtes berufen, sondern wird damit letztlich eine der Säulen des Schadensrechtes zu Fall bringen, was dann in anderen Situationen vielleicht zu ungewollten Analogien führen könnte.

Dagegen sieht Fricke[485] in der damaligen Regelung des §§ 22, 24 WZG ein Vorbild, in denen die Verbände letztlich auch einen Schaden liquidieren, der die Verbandsmitglieder trifft und nicht einen eigenen Schaden im engeren Sinne. Dies wird auch durch den Wortlaut des Gesetzes deutlich, welches den Schaden des Verbandes so weit zieht, daß er auch den der Mitglieder umfasst. Trotzdem kann gegen dieses Argument eingewendet werden, daß es sich bei dem angesprochenen Fall, jetzt § 101 MarkenG, um einen Fall der gesetzlichen Drittschadensliquidation handelt[486]. Dagegen ist doch der Verbraucherschutzverband, wie oben dargelegt, gerade nicht Inhaber des Anspruches. Es fehlt an dem Auseinanderfallen von Schaden und Anspruch, da der Verband weder das eine noch das andere besitzt. Daher kann dieser Argumentation nicht gefolgt

---

482 Manfred Wolf, Die Klagebefugnis der Verbraucherschutzverbände, 1971, S. 7 ff.

483 Karl Larenz, Schuldrecht I, § 27 IV; Palandt Heinrichs, Vorbem. § 249 Rn. 112

484 so auch Schricker, RabelsZ 36, 328

485 Fricke, GRUR 76, 680, 687

486 vgl. Kommentar, Althammer/Ströbele/Klaka, Markengesetz, § 101 Rn. 2, ebenso Karl-Heinz Fezer, Markenrecht, § 101 Rn. 2

werden, zusätzlich nennt Fricke auch ein weiteres Gegenargument gleich selber, eine solche Klagemöglichkeit sollte auf Ausnahmefälle begrenzt bleiben[487], nicht aber generell verliehen werden. Damit würde letztlich wegen der ganz anderen unterschiedlichen Voraussetzungen zwischen MarkenG/WZG und UWG die Rolle der Verbände ein ganz anderes Gewicht erhalten, bei den gewerblichen geht es um subjektive Rechtspositionen, bei dem anderen um den Verbraucherschutzgedanken, daher ist ein Vergleich der beiden nicht weiter zu empfehlen. Da dieses System mehr Unwägbarkeiten mit sich bringt, als es klare Lösungen anbietet, sollte dieser Weg abgelehnt werden[488]. Dabei ist noch nicht einmal das Problem der Verteilung von Schadensersatzansprüchen unter den Verbrauchern und die Geltendmachung durch mehrere Verbände angesprochen, was automatisch wegen der Systemwidrigkeit der Regelung zu weiteren Schwierigkeiten führen würde.

ccc) Behördenmodell iSd FTC

Als weiteres Modell läßt sich die Vorgehensweise der FTC als Behörde untersuchen, mit der denkbaren Option, daß die Schadensersatzansprüche durch eine zu schaffende Verwaltungseinheit für die Verbraucher geltend gemacht werden. Dabei kann zuerst auf die Gedanken, die bereits während der 60er und 70er Jahre entwickelt wurden, zurückgegriffen werden, wobei diese dann durch die neueren Veränderungen der FTC angepaßt werden müssten. Zum einen muß deutlich gemacht werden, daß eine Behörde wie die FTC als solche innerhalb des Verfassungssystems der Bundesrepublik Deutschland einfach nicht möglich wäre, da dies gegen den Grundsatz der Gewaltenteilung in einem derartigen Maße verstoßen würde, daß wahrscheinlich auch Art. 79 III GG in unmittelbarer Reichweite liegen würde. Bevor allerdings die rechtlichen Probleme aufgearbeitet werden, soll zuerst die tatsächliche Arbeit dieser Behörde gewürdigt werden, die Verfolgungsintensität, Effizienz, Kosten und ihre Einordnung innerhalb der weiteren Möglichkeiten der Bekämpfung des unlauteren Wettbewerbs. Erst danach stellt sich die Frage, ob die aufgefundenen Ergebnisse es lohnenswert erscheinen lassen, die bestehenden Probleme zu überwinden.

(a) Verfolgungsintensität

Die oben aufgezeigten Mittel, welche der FTC zur Verfügung stehen, sind seit ihrem Entstehen durch Amendments oder durch eine weitere Auslegung der Rechtsprechung immer wieder erweitert worden. Die zuerst ausschließliche Anordnung der „cease and desist order" allein war letztlich nicht sehr wirksam, da sie noch dazu sehr langsam und verzögerbar war. Es fehlte jedes abschrekkende Element. Dies ist eigentlich bei den Unterlassungsverfügungen im deutschen Recht genauso, sie können nur einen bestehenden Zustand als solchen korrigieren, außer den Kosten der Abmahnung oder des verlorenen Prozesses

---

487 Fricke a.a.O. S. 687 re. Spalte 1. Abschnitt a.E.

488 a.A. Gerhard Schricker, Entwicklungstendenzen im Recht des unlauteren Wettbewerbs, GRUR 74, 579, 587-588

wird in aller Regel kein weiterer Schaden durch die Konkurrenten geltend gemacht. Diese Hilflosigkeit wurde auch in den USA recht bald erkannt, daß damit die irreführende Werbung nur schlecht in den Griff zu bekommen war. Erst durch die Schaffung der neueren Mittel[489] wie die „permanent injunctions", „asset freezes" und die „civil penalties" wurden Möglichkeiten geschaffen, schneller zu reagieren. In dieser Branche, in der ein halbes Jahr schon eine kleine Ewigkeit darstellt, dauerte früher die normale Unterlassensanordung zwischen 1 und 2 Jahren. Mit den neueren Mitteln der Verfolgung konnte dagegen der Zeitpunkt ab Kenntnis der Behörde bis zum Erlaß der „asset freezes" auf 3-6 Monate verkürzt werden und damit erreicht werden, daß die betroffenen Firmen meist auch noch Geld besitzen, welches beschlagnahmt werden kann.
Dadurch wurde vor allem in den Bereichen der betrügerischen Werbung so z.B. innerhalb des „telemarketing area", den sogenannten „900-numbers"[490] und jetzt auch dem „Internet"[491] beträchtliche Erfolge erzielt. Indem man eine gewisse verstärkte Verfolgung innerhalb dieser Gebiete einleitete, blieben auch die Erfolge nicht aus[492]. Da die meisten Verfahren heute durch eine „consent order" mit einem bestimmten Schadensersatz oder einer Strafzahlung erledigt werden, welche immer durch die im Hintergrund bestehenden „asset freezes" schneller durchsetzbar sind als früher, hat die Möglichkeit der zu bearbeitenden Fälle innerhalb der letzten 10 Jahre stark zugenommen. Da inzwischen auch vermehrt Gebrauch davon gemacht wird, nicht nur die Hersteller für ihre Werbung verantwortlich zu machen, sondern bei wissentlicher Irreführung auch die Werbeagenturen und die Rechtsberatungsfirmen in Anspruch zu nehmen, hat eine Vervielfachung der Verantwortlichen gebracht[493] und damit auch zusätzlich eine weitere und schärfere Kontrolle durch die Betroffenen selbst. Dasselbe gilt auch bei Verletzung von „cease and desist orders", die an Dritte gerichtet sind gem. sect. 5 (m)(1)(B) FTCA[494]. Die Voraussetzungen für eine Verletzung sind nur, daß bereits einmal eine solche „cease and desist order" an einen anderen Hersteller im gerichtlichen Verfahren[495] ergangen ist und diese Regelung dem jetzigen Verletzter bekannt ist, auch hier wird die Zahl der Ver-

---

[489] vgl. oben Kap. D I. Voraussetzungen und deren Anwendungsgebiet
[490] entspricht der deutschen Telephonvorwahl 0190 mit Abrechnung über die erhöhten Gebühren
[491] Jeffrey S. Edelstein, Recent Developments in Advertising Law, PLI Order B0-004T (1998) S. 7
[492] vgl. Matthew Bender & Co, The Law of Advertising, Rosden, § 18.01(5) m.w.N. der neuesten Fälle
[493] z.B. Sharper Image Corp., 116 F.T.C. 606 (1993) (consent order) oder für den Bereich der Werbeagentur, Bozell Worldwide, Inc., File No. 972-3267, 14.10.1998 (consent agreement)
[494] 15 U.S.C. § 45 (m)(1)(B)
[495] durch FTC Act Amendments of 1994, Pub. L. No. 103-312, 108 Stat. 1691 zu sect. 5(m)(1)(B) FTCA

antwortlichen deutlich erhöht, ohne aufwendige Verfahrensschritte[496] gegen den Betroffenen eingeleitet zu müssen. In der Gesamtheit ergibt sich folgendes Bild, seit 1989 der letzte umfassende Tätigkeitsreport der ABA[497] über die FTC veröffentlicht wurde, haben sich die Fallzahlen mehr als verdreifacht und die Reaktionszeit der Behörde entscheidend verbessert.

(b) Effizienz

Auch wenn scheinbar eine Überschneidung mit dem Stichpunkt Verfolgungsintensität besteht, so soll hier vor allem gezeigt werden, welche Erfolge die FTC innerhalb der letzten Jahre hatte und inwieweit diese auch einen Einfluß auf das Anzeigenverhalten der anderen Wettbewerber hatte. Dabei muß vor allem auf die unterschiedlichen Höhen der Schadensersatzzahlungen für die Verbraucher und der „civil penalties“ [498] abgestellt werden. Hier muß immer zwischen den tatsächlichen Zahlungen und den Verurteilungen der einzelnen Firmen unterschieden werden. Zwar sollen die erhöhten Verurteilungen davor schütztzen, daß die betroffenen Firmen bei Wiederaufleben der Geschäftstätigkeit und finanzieller Erholung nicht schadensfrei ausgehen, doch ist dies bei den meisten Firmen sowieso nicht der Fall, und die Zahlung, zu welcher die Firma oder der Eigentümer verurteilt wurde, steht nur auf dem Urteil, ist aber für den Verbraucher nur dann relevant, wenn dieser nicht bankrott ist[499]. Da gerade in den letzten Jahren wieder vermehrt große Firmen zu Strafzahlun-

---

[496] diesem wird nur die alte „order“, welche gerichtlich bestätigt wurde, zugeschickt und daraufhingewiesen, daß man die Fälle für vergleichbar hält und eine Aufgabe des Verhaltens innerhalb einer bestimmten Frist erwartet, sonst werden Schadensersatzansprüche gegen ihn geltend gemacht

[497] Auflistung des Zahlenmaterials in ABA, The Role of the FTC, Trade Reg. Rep. (CCH), No. 46
1989, S. 163, Tabelle 4 und Fn. 1 wobei vor allem die Restitutionszahlen beeindrucken

[498] vgl. oben Kap. I., Fälle der letzten Jahre mit den höchsten durchsetzbaren Strafzahlungen sind: United States v. Generaln Nutrition, Inc. No. 94-686 (W.D.Pa. 28.04.94)(consent decree) iHv $ 2,4 Millionen, United States v. Nu Skin Int'l, Inc., FTC Docket No. C-3489 (D. Utha 6.08.97) (consent decree) $ 1,5 Millionen, In Re Dahlenberg and the FTC, Civ. No. 4-94-CV-165 (D.Minn. 14.11.1995) (consent decree) $ 2,75 Millionen, United States v. Beltone Electronics Corp., Civ.No. 94-C-7561(N.D. Ill. 21.12.1994) (consent decree) $ 825.000; United States v. STP Corp., Civ. No. 78-559 (S.D. N.Y. 19.12.1995) (Stipulation and Order) $ 888.000; FTC v. Dell Computer Corp., Civ. No. A-98-CA 0210 (W.D. Tex. 2.4.1998) $ 800.000; FTC v. Iomega Corp., Civ. No. 1:98CV 00141C (N.D. Utha 9.12.1998) wegen Verletzung der „mail order rule“. Insgesamt wurden zwischen 1990-1997 in 28 Fälle civil penalties verhängt mit Zahlungen zwischen $ 10.000 - $ 2.750.000 ausschließlich im Bereich des Verbraucherschutzes während nur 9 Fälle zwischen $ 4.300 - $ 1.500.000 von 1983-1989 (Zahlen von Dingfelder, To Protect the Consumer, the FTC Means Buisness, 45 Fed. Lawyer, Jan. 1998 S. 24, 28

[499] als Beispiel hierfür soll nochmals der ABA Report a.a.O. S. 50 dienen, bei dem zwischen 1983-1989 insgesamt im Bereich des „telemarketing“ 85 Untersuchungen standen, welche in 17 Anordungen endeten die einen „consumer redress“ von $ 85 Millionen beinhaltete, wovon realistisch nur etwa ¼ dem Verbraucher zufließen wird, da der Rest der Forderungen wohl als uneinbringbar zu verbuchen ist

gen[500] verurteilt wurden, ist der Abschreckungseffekt nicht zu unterschätzen. Gerade wenn man das deutsche Modell betrachtet, so liegt ja bereits in den Verfahrenskosten schon für kleinere Betriebe eine Abschreckungswirkung. Durch die doppelte Verhinderung in Form von Schadensersatz[501] und Strafzahlungen innerhalb des Verfahrens stehen der FTC hier für die Fälle, die sie in Angriff nimmt, inzwischen wirksame Methoden zur Verfügung. Dabei darf nicht aus den Augen gelassen werden, daß es sich auch oft um Probleme des Strafrechtes in Form des Betruges handelt, die demnach im deutschen Recht unproblematisch unter § 823 II BGB iVm § 263 StGB[502] fallen würden und bei denen eine Verfolgung durch den Einzelnen auch nicht den Problemen gegenübersteht, die ihn bei einer allein täuschenden Werbung erwarten würde. Festzuhalten ist daher, daß die ehemalige Schwäche der FTC, als Verwaltungsorgan zu langsam und unflexibel zu handeln[503], im weitesten als gelöst betrachtet werden kann, was aber im Vergleich zu dem geleisteten Personaleinsatz gesehen werden muß.

Dabei können diese Zahlen allein nicht klären, inwieweit auch der gesamte Markt als solcher auf die Tätigkeit der FTC reagiert. Die Zahlen bezüglich dem Bereich des „advertising" sind zwar relativ angestiegen, während der Reagan-Jahre wurden durchschnittlich zwischen 11 und 19 Fälle in diesem Bereich lanciert, während bereits im ersten Bush-Jahr 1990-91 34 Verfahren angestrengt wurden[504]. Der Trend als solcher riß auch unter der Clinton-Administration nicht ab, so wurden zwischen 1990-1997 allein 28 gerichtliche Verfahren bezüglich gerichtlichen Strafzahlungen abgeschlossen[505]. Im Jahr 1997 wurden insgesamt 50 Klagen von der FTC wegen irreführender oder betrügerischer Werbung eingeleitet, die allein für das Jahr '97 einen Schaden von $ 185 Millionen verhindern konnten, auf die gesamte Zeit der Anzeige oder Werbung gerechnet sogar $ 747 Millionen[506]. Auch wenn diese Zahlen verblüffen, wird trotzdem ersichtlich, daß die Behörde im Ganzen nicht besonders viele Fälle im Vergleich zu dem großen Werbemarkt der USA einleiten kann und daher auch nur eine begrenzte Schlagkraft hat, die aber durch den Erlaß der „trade regulation rules" doch deutlich verstärkt wird. So wurde z.B. innerhalb des Problem-

---

[500] vgl. Auflistung der vorherigen Fälle

[501] neuere Fälle hier: FTC v. Cano, Civ. No. 97-7947-IH-(AJWx) (C.D. Cal. 30.06.1998) $ 2 Millionen (Es ging um eine Pyramidenbeteiligung die von Credit Development International lanciert wurde und gegen den Eigentümer verhängt wurde(CDI), ähnlicher Fall bei FTC v. Fortuna Alliance, Civ. No. C96-799M (W.D. Wash. 5.06.1998) über $ 5 Millionen

[502] wobei es sich ja mit Ausnahme von § 263 IV StGB um ein Offizialdelikt handelt und nach einem Strafrechtsurteil der zivile Rechtsstreit durch Herbeiziehung der Akten unproblematisch ist

[503] vgl. aus deutscher Sicht Schricker, ZHR 139 (1975), 208, 235 ff.

[504] Zahlen aus Ross D. Petty, 30 American Buisness Law Journal 1, 29 ff. (1992)

[505] Dingfelder, 45 JAN Fed Law S. 24, 28 (1998)

[506] Edelstein, Recent Developments in Advertising Law, PLI Order No. B0-004T, S. 7, 14 (1998)

bereichs der „900-Nummern“[507] eine weitestgehende Klärung eines äußerst problematischen Bereichs durchgeführt. Die Reichweite geht daher über einzelnen Anordungen (obwohl auch diese indizielle Wirkung haben) hinaus und verstärkt somit das Gewicht der Regulierungswirkung der Behörde. In Rechnung zu stellen ist dabei, daß in den letzten Jahren[508] die FTC mit der Neufassung oder Überholung von „rules“ erst dann tätig wurde, wenn sie ein Mandat des Kongresses hatte, insoweit ist doch eine Verschiebung der Gewichte der legislatorischen Gestaltung eingetreten, welche in den 70er Jahren eher bei der FTC selber lag und in den 80er Jahren fast zum vollständigen erliegen kam. Daher stellen sich die weitreichenden Mittel der Rechtsverfolgung der Behörde als nicht vergleichbar mit den deutschen Verhältnissen dar, wobei hier noch mit einbezogen werden sollte, daß dies ja nur für das Bundesrecht gilt. Gerade wegen der teilweise rechtsschöpfenden Funktion, die auch heute noch klar erkennbar ist und wohl mehr am Interesse der Verbraucher ausgerichtet ist als an dem der Konkurrenten, ist das Behördenmodell als solches für die Geltendmachung allein von Schadensersatzansprüche m.E. nicht vorteilhaft. Denn es fehlt an einer so breiten Verfolgungstätigkeit wie dies im System des deutschen Rechts möglich ist. Für den anderen Bereich der Fortentwicklung des unlauteren Wettbewerbes ist die Rechtsfortbildung durch die Rechtsprechung und die sofortige Klagemöglichkeit der Verbände und Konkurrenten zur Rechtsdurchsetzung mehr als ausreichend.

(c) Kosten

Dieser nur recht kurz gefaßte Bereich[509] soll verdeutlichen, daß die vielen Tätigkeiten dieser Behörde natürlich nicht umsonst zu haben sind und dies wiederum Auswirkungen auf die Effizienz der Regelung des unlauteren Wettbewerbes inbezug auf den Verbraucherschutz hat. Innerhalb der letzten Jahre sind daher auch die Mittel für die FTC angestiegen, so wurde im Haushaltsjahr 1997 der Betrag von $ 53 Millionen allein der Abteilung für Consumer Protection zur Verfügung gestellt. Dabei ist der Gesamthaushalt der FTC im Finanzjahres 1997 insgesamt nur $ 102 Millionen bei knapp 1000 Angestellten, d.h. obwohl die kartellrechtliche Tätigkeit nicht zurückgefahren wurde, kann von einer Verschiebung der Gewichte zugunsten der Verbraucher gesprochen werden. Nach dem radikalen Einschnitt während der Reagan-Verwaltung, bei dem der Haushalt dieser Abteilung in den Jahren 1981-88[510] bei durchschnittlich 24 % der gesamten Haushaltsmittel lag, stellt dies eine wirkliche und spürbare Verbesserung dar.

---

507 „900 Rules“, 58 Fed. Reg. 13370 (10.03.1993), 16 F.C.R. Part 308, inkraftgetreten am 1.11.1993

508 vgl. Kap. D I. 7.

509 das Problem der Kosten inbezug auf die Effizienz wird auch bei Johnathan Baker, „Continuos“ Regulatory Reform at the FTC, 49 Administrative L.R. 859, 868 ff. (1997)

510 ABA Report, a.a.O. S. 143, Tabelle 1

(d) Andere Möglichkeiten im US-Recht des unlauteren Wettbewerbes
Dabei muß zwischen den Wettbewerbern und Verbrauchern unterschieden werden. Den Konkurrenten steht, wie oben bereits[511] dargelegt, § 43 (a) Lanham Act mit all seinen Problemen in der Schadensbestimmung zur Verfügung[512] und auch theoretischerweise das „common law", welches noch weit höhere Anforderungen stellt. Der zwar bestehende Uniform Deceptive Practise Act mit seinen günstigeren Voraussetzungen wurde nur in 11 Staaten als Gesetz erlassen[513] und da er bereits seit 1964/66 existiert, ist mit einer weiteren Umsetzung nicht zu rechnen.

Der Verbraucher dagegen wird sich in aller Regel an die „class action" halten, da sect. 5 FTCA dem Verbraucher keine Klagebefugnis einräumt[514]. Ohne diese besondere Klageform wird in den meisten Fällen keine vernünftige Klagesumme zusammen kommen, für die ein amerikanischer Anwalt bereit ist, vor Gericht zu ziehen und zusätzlich die Kosten der Klage wegen teilweiser Abtretung der vermeintlichen Forderung für den Kläger im Unterliegensfall zu übernehmen. Selbst wenn es sich um höherwertige und teure Güter handelt und letztlich auch eine entsprechende Gebühr zu erlangen wäre, so muß klar sein, daß in fast allen Fällen (d.h. in den meisten Staaten) auch der Gewinner des Rechtsstreites seine Kosten selbst zahlen muß und dadurch eine Klage schnell unrentabel werden kann[515]. Zusätzlich könnte sich innerhalb der nächsten Zeit durch „RICO"[516] bei einer Öffnung der Anspruchsvoraussetzungen eine weitere Anspruchsgrundlage für Verbraucher ergeben. Ganz ähnliches wird auch für den § 43 (a) Lanham Act[517] diskutiert, der bisher durch die Gerichte[518] nur für die Wettbewerber angewendet wurde.

---

[511] vgl. Kap. A II. 2.
[512] letztlich besteht das selbe Problem im deutschen Recht ebenso, auch hier wird nur in 4% aller Klagen ein Schadensersatzanspruch geltend gemacht
[513] nachzulesen bei Matthew Bender & Co, The Law of Advertising, Rosden, § 17.01 (1) Fn. 16
[514] nach ganz herrschender Ansicht kann sich der Verbraucher nicht auf sect. 5 FTCA berufen, vgl. Holloway v. Bristol-Myers Corp., 485 F.2d 986 (D.C. Cir. 1973), ebensowenig der Wettbewerber, Rokus v. American Board. Co., Inc. 616 F. Supp. 110, 112 (S.D.N.Y. 1984); einzige andersartige Entscheidung Guernsey v. Rich Plan of the Midwest, 408 F. Supp 582 (N.D. Ind. 1976) durch die neuere Normierung des „Telemarketing and Consumer Fraud and Abuse Prevention Act", Pub. L. 103-297, 108 Stat. 1545 (16.08.94), niedergelegt als 15 U.S.C. §§ 6101-08 wurde allerdings eine einzelne Ausnahme geschaffen für eine Verletzung innerhalb diese Bereichs, wenn der Verbraucherschaden über $ 50.000 geht besteht ein eigenes Klagerecht des Verbrauchers, wobei hier nur Schadensersatz geltend gemacht werden kann.
[515] dies ist auch der Grund warum so wenige Klagen über das „commen law" laufen
[516] Racketeer Influencedd and Corrupt Organizations Act, 18 U.S.C § 1961 sowie mit weiteren Hinweisen: Hartwell, Developments in Private Consumer Protection Litigation: The RICO False Advertising Cases, 60 Antitrust L.J. 147 (1991)
[517] § 43 (a) Lanham Act niedergelegt in 15 U.S.C. § 1125 (a)
[518] in diesem Sinne: Colligan v. Activities Club, Ltd, 442 F.2d 686 (2d Cir. 1971), cert. denied, 404 U.S. 1004 (1971) auch wenn die Literatur dies anders sieht vgl. z.B. Comment, Letting Consumers Stay on Their Own: An Argument for Congressional Action Regar-

Zugenommen hat aber neben der Tätigkeit der FTC die der anderen staatlichen Institutionen. Je weniger Fälle die FTC innerhalb der 80er Jahre bearbeitet hat, desto stärker sind die einzelnen staatlichen Institutionen wie z.B. der „state attorney general", die für die staatlichen „littel FTC Acts"[519] zuständig sind und sich zur „NAAG"[520] zusammengeschlossen haben. Insoweit gelingt hier auch inzwischen, im Gegensatz noch zum ABA-Report[521] die Abstimmung zwischen der FTC und den einzelnen staatlichen Einrichtungen besser. Dadurch wurde aber auch die Verfolgungsnotwendigkeit der FTC als solches reduziert, da inzwischen mehr durch die Staaten selbst und nicht mehr auf bundesstaatlichem Niveau erledigt wird. Den weiteren Selbstbeschränkungen der Werbeindustrie, die durch verschiedene Vereinigungen wie „NAD"[522], „NARB"[523] und „CARU"[524] sichergestellt werden sollen, gelingt dies inzwischen auch recht wirkungsvoll, da die Entscheidungen der Vereinigungen seit neuerem veröffentlicht werden und daher der Verbraucher Kenntnis von den Werbeverstößen erlangt. Somit wächst auch der Druck auf die Anzeigenhersteller[525].

(e) Ergebnis

Da die weiteren Einrichtungen ebenfalls in der deutschen Rechtsordung nicht vorhanden sind, kann auch unter diesem Gesichtspunkt nur davon abgeraten werden, das bestehende Behördenmodell der USA zu übernehmen, da es sich eigentlich nur um zwei Probleme des deutschen unlauteren Wettbewerbes dreht: der Verankerung des Verbrauchergedankens und des Schadensersatz für den Verbraucher und seiner Geltendmachung. Die damit verbundenen Nachteile, nämlich hohe Kosten für die Verwaltung und die anderen staatlichen Behörden, nicht so schnelle und umfassende Rechtsdurchsetzung wie im deutschen System lassen eine solche Einrichtung nicht sinnvoll erscheinen. Dabei muß beachtet werden, daß die Behördentätigkeit und deren Schlagkraft sehr stark davon abhängt, wieviel Haushaltsmittel der Verwaltung[526] zur Verfügung gestellt werden. In den Zeiten leerer öffentlicher Kassen ist daher ein Vorschlag zur Schaffung einer neuen Behörde sicher nicht mehr akzeptabel, wenn nur bestimmte Detailprobleme so zur Zeit nicht lösbar sind. Die Notwendigkeit

---

ding Consumer Standing for Free Advertising Under Lanham Act § 43 (a), 24 Sw. U. L. Rev. 213 (1994)

519 die Voraussetzungen, unter den die Verbraucher ein eigenes Klagerecht haben sind innerhalb der einzelnen Staaten völlig unterschiedlich daher vgl. Matthew Bender & Co, Law of Advertising, Rosden § 14.04 (1) m.w.N.

520 National Association of Attorneys General, die auch Guides wie z.B. für die Luftfahrt herausgegeben haben: Report and Recommandations of NAAG Task Force on Air Travel Industrie, Antitrust & Trade Reg. Rep. (BNA) No. 1345, 1 ff. (17. 12. 1987)

521 ABA-Report, a.a.O. S. 38 ff.

522 National Advertising Devision

523 National Advertising Review Board

524 Children's Advertising Review Unit

525 „Selfregulation and Antitrust", Prepared Remarks of Robert Pitofsky, Chairman, FTC, D.C. Bar Association Symposium, 18.02.1998, Washington D.C.

526 vgl. unter (c) Kosten

dieses Systems resultiert in den USA natürlich auch zu einem guten Teil aus der eigenen Kostentragungspflicht des Gewinner eines Prozesses, es gibt nur wenige explizit normierte Ausnahmen von diesem Grundsatz. Hinzu kommen die oben angesprochenen Probleme der verfassungsrechtlichen Stellung einer solchen Behörde, der noch schnelleren Unterbindungsmöglichkeit durch das Abmahnwesen und den einstweiligen Rechtsschutz, der im Endeffekt noch zügiger ist als in den USA.

dd) Abtretung der Schadensersatzansprüche an Verbraucherverbände

Die treuhänderische Abtretung der möglichen Schadensersatzansprüche hätte, im Gegensatz zu der nach Zivilprozeßrecht nicht so einfachen gewillkürten Prozeßstandschaft Vorteile. Bei dieser ist grds. das besondere Interesse an der Geltendmachung eines fremden Anspruchs im eigenen Namen darzulegen, ein solches Eigeninteresse kann bei einem Verband zwar durch die Satzung geschaffen werden, indem der Verband die Geltendmachung von Schadensersatzansprüchen seiner Mitglieder als eine seiner Aufgaben bezeichnet. Dabei reicht allerdings eine allgemeine Ermächtigung nicht aus, vielmehr bedarf es zusätzlich der Ermächtigung durch den Rechtsinhaber[527]. Der Nachteil ist dagegen, daß bei Verbraucherschutzverbänden nur die Ansprüche der Mitglieder geltend gemacht werden könnten, was in der Rechtswirklichkeit letztlich nur ein verschwindend geringer Teil wäre und so für eine massive Bündelung von Schadensersatzansprüchen gerade nicht ausreichen würde[528]. Im Gegensatz dazu hat die treuhänderische Abtretung an den Verbraucherschutzverband den Vorteil, daß der Verband ein eigenes Recht im eigenen Namen geltend machen kann, ausschließlich die rechtsmißbräuchliche Abtretung ist gemäß § 138 BGB ausgeschlossen[529].

Diese dem Zivilrecht über § 398 BGB folgende Regelung hätte zwei Vorteile, zum einen die der bestehende Normierung, dies bedeutet keine weiteren Ausnahmeregelungen für den Bereich des UWG. Die Probleme eines eigenen Schadensersatzanspruches der Verbraucherverbände würden elegant umschifft[530] werden und zum anderen der Durchsetzung der rechtlich bestehenden Schadensersatzansprüche des Verbrauchers das notwendige Gewicht geben, welches für eine abschreckende Wirkung und Abschöpfung des Gewinnes notwendig ist. Damit kann die Lösung dieses Problems eigentlich nur über den schon von Lehmann[531] vorgeschlagenen Weg[532] laufen, indem die Abtretung

---

[527] Wolfgang Wunderlich, Zivilprozeßuale Möglichkeiten für ein gemeinschaftliches Vorgehen geschädigter Kapitalanleger, DB 93, 2269, 2270

[528] Wunderlich, a.a.O. S. 2271

[529] BGHZ 96, 151 m.w.N.

[530] diese nochmals kurz aufgezählt wären: kein Schaden, kein eigener Anspruch, Aufteilung der erzielten Summen unter den Verbrauchern schwierig, Problem wenn zwei Verbände gleichzeitig klagen

[531] Lehmann, BB 81, 1717, 1725 bei Fn. 105; ebenso in Teilen auch Schricker GRUR 79, 5ff; Mertens ZHR 139 (1975) 439

dieser Ersatzansprüche der Verbraucher nicht ausschlossen wird. Da inzwischen durch die weitgehende Einschränkung, was unter einen Verbraucherverband zu verstehen ist, die Gefahr einer Prozeßflut von dieser Seite aus wirksam eingeschränkt wurde, stellt sich diese Regelung ohne eine tiefgreifende Gesetzesänderung im UWG als realisierbar dar. Demnach würde hier auch kein Fall des § 138 BGB vorliegen.

Im Gegensatz zu der Ansicht von Gilles, der dadurch nur eine Degradierung der Verbände zur Inkassostelle[533] und keinerlei Auswirkungen auf die Prozeßtätigkeit als solche sieht, unterschätzt dieser den bis heute nicht bestehenden Leistungsanreiz einer Klage für den Verbraucher, nämlich das Fehlen eines Schadensersatzanspruchs. Da dieser bisher nicht vorhanden war, lag auch eine „verbreitete Lethargie" des Verbrauchers vor[534], diese kann aber nicht einfach weiter so angenommen werden ohne über die wirtschaftlichen Vorteile einer solchen Klage auch für den Konsumenten nachzudenken, der dann ja auch aus den entsprechenden Medien von einer solchen erfahren würde. Aus diesem Grund wird auch nicht eine Einschränkung der Informationsmöglichkeiten der Verbände bezüglich ihrer Klage, wie das noch im Regierungsentwurf der Fall war, vertreten. Die weiteren Probleme, die in dem Artikel angesprochen werden, liegen nach der vorgeschlagenen Vermutungsregelung[535] innerhalb des Schadensersatzanspruches gerade nicht vor und dürfen daher nicht zur Verhinderung der treuhänderischen Abtretung führen. Demnach wird die Schadensersatzklage nicht ihres Sinnes beraubt, die Schäden der Verbraucher zu realisieren und als Abschreckungsmittel zu dienen. Nicht zu vergessen ist dabei auch, daß durch die stark verbesserte Technik wie Telefax und E-mail der Nachweis der Abtretung der Ansprüche an die Verbände um ein vielfaches erleichtert wird und die Informationsmöglichkeiten der Verbraucher durch das Internet ebenso vergrößert werden. Daher können auch die Befürchtungen von Koch[536] nicht überzeugen, der ausschließlich durch eine kollektivrechtliche Geltendmachung im Sinne eines eigenen Anspruches der Verbraucherschutzverbände oder durch die „class-action" nach amerikanischem Vorbild eine effektive Regelung

---

[532] mit gewissen Einschränkungen auch der Regierungsvorschlag § 13 c, Bundestag Drucksache 8/2145, wobei eine schriftliche Abtretung als soche nicht extra normiert werden muß, vielmehr sollten die Verbraucherverbände eine formalisierte Abtretungserklärung z.B. im Internet bereithalten, die auch den Rücktritt, spezielle Weisungen innerhalb der Prozeßführung verhindert um so eine geschlossenen Vorgehensweise zu erreichen. Der Hinweis auf die Geltendmachung der Schadensersatzansprüche innerhalb der Presse sollte nicht eingeschränkt werden, da sonst die notwendige Anzahl der Abtretungen nicht zustande kommt, um wirtschaftlichen Druck auf den Beklagten ausüben zu könne

[533] Peter Gilles, Prozeßrechtliche Probleme von verbraucherpolitischer Bedeutung bei den neuen Verbraucherverbandsklagen im deutschen Zivilrecht, ZZP 98 (1985), 1, 12

[534] Gilles, a.a.O. S. 12 bei Fn. 36

[535] genau eine solche fordert Gilles als Mindestanforderung für eine wirksame Geltendmachung, a.a.O. S. 14 bei Fn. 45

[536] Harald Koch, Verbraucherprozeßrecht: Verfahrensrechtliche Gewährleistung des Verbraucherschutzes, S. 39, 47-48, 1990, Heidelberg

sieht. Die deutlich vereinfachten, schnelleren und billigeren Methoden des Nachweises der Abtretung, die sowieso bald jedem Verbraucher zur Verfügung stehen, lassen die Ängste heute als überzogen erscheinen und rechtfertigen nicht die Annahme einer der genannten wesensfremden Vorschläge.

Allein die Ausnahme von Art. 1 § 1 Rechtsberatungsgesetz bedarf einer weiteren Überprüfung. Da es sich bei den Verbänden automatisch um eine gewerbsmäßige Geltendmachung der treuhänderischen Ansprüche handeln würde, da ohne eine Information der Öffentlichkeit die Geltendmachung nicht erfolgreich erscheint, muß eine Befreiung der Verbände erfolgen. Demnach bedarf es ausschließlich der Neunormierung innerhalb des § 13 a II UWG, indem klargestellt wird, daß die Verbraucherverbände auch zusätzlich die Schadensersatzansprüche der Konsumenten geltend machen können, und nicht nur die dort genannten Unterlassensansprüche. Die Formulierung ist allerdings dann nur deklaratorisch, da durch die Abtretung der Ansprüche eine automatische Anspruchsberechtigung gegeben ist, genauso wie auch §§ 1, 3 UWG ein eigenes Klagerecht aus dem Unterlassensanspruch normiert.

Demnach würde § 13 a II UWG folgenden Wortlaut erhalten[537]:

> *Die Verbraucherverbände sind zur Geltendmachung der Schadensersatzansprüche, welche ihnen durch die Verbraucher abgetreten wurden, berechtigt. Insoweit bedürfen sie keine Erlaubnis nach Art. 1 § 1 RechtsBG, soweit sie im Rahmen ihrer satzungsgemäßen Aufgaben diese Ansprüche geltend machen.*

[537] in enger Anlehnung an die Bundestagsdrucksache 8/2145 RegE § 13 c I

Kapitel E

Zusammenfassung und Ausblick

Der Verbraucherschutz im Recht der irreführenden Werbung des § 3 UWG ist nach den gesamten Vorbetrachtungen als nicht ausreichend anzusehen. Dabei müssen die Überlegungen, die zu einer Änderung innerhalb der amerikanischen Rechtsprechung geführt haben auch als besonders wichtig für eine mögliche Neugestaltung im deutschen Recht betrachtet werden. Herauszuarbeiten sind demnach nochmals die besonderen Interessen der Verbraucher, die im Gegensatz zu der Rechtsprechung nicht nur in der Irreführung liegen. Dazu gehören sowohl das Informationsinteresse, Aufklärungsfunktion, Preiswettbewerb, Angebotsüberfluß wie auch der Irreführungsschutz. Allein diese mannigfaltigen und z.T. auch gegenläufigen Interessen werden zur Zeit nicht ausreichend in § 3 UWG gewürdigt, was wegen der aktuellen Gesetzlage auch richtig und nicht anders machbar ist. Eine Änderung der Auslegung ohne den Gesetzgeber ist m.E. aber in diesem Umfang nicht mehr möglich, da Zentralbegriffe des UWG`s verändert werden würden ohne das dafür eine gesetzliche Legitimation bestehen würde.

Dabei kann als einheitliches Modell eigentlich nur ein normatives Ermittlungsverfahren, in dessen Mittelpunkt ein vernünftig handelnden Verbraucher steht, dienen. Durch dieses wird es der Rechtsprechung nämlich erstmals ohne einen Bruch mit den Motiven des damaligen Gesetzgebers möglich sein, die Erwägungen eines nicht mehr vom Konkurrentenschutz dominierten unlauteren Wettbewerbsgesetzes wirksam umzusetzen. Dabei dürfen die weiteren Vorteile dieses Ermittlungssystems in Verbindung mit einem verständigen Konsumenten nicht vergessen werden. Da das gesamte deutsche Rechtssystem in allen anderen Bereichen von einer solchen Figur ausgeht, würde die Rechtsvereinheitlichung weiter gebracht werden[1]. Dabei handelt es sich allerdings nicht um einen Selbstzweck, sondern um das Ziel, dem Bürger ein einheitlichen Maßstab innerhalb des gesamten Systems anzubieten, auf den er sich beziehen kann. Auch in dem aufgezeigten europäischen Zusammenhang wird klar, daß eine Änderung über kurz oder lang zu erfolgen hat, falls nicht eine dauernde Inländerbenachteiligung erwünscht wird, welche m.E. nur für eine Übergangszeit hingenommen werden kann.

Daß dazu im Gleichschritt in der Arbeit auch die Schadensersatzansprüche des Verbrauchers durch eine Normierung ein weiteres neues Element in das UWG eingebracht haben, ist nur die notwendige Schlußfolgerung eines differenziert zu berücksichtigenden Verbrauchers. Da durch die Absenkung der Irreführungsgefahr ohne Zweifel nicht nur neue Möglichkeiten des Konsumenten über einen verschärften Wettbewerb entstehen, sondern auch neue Gefahren stecken,

---

[1] dieser Aspekt wird vor allem hervorgehoben bei Schünemann, Wettbewerbsrecht S. 137, und Scherer, WRP 99, 991,993

bedarf es eines schärferen Korrektivs als dies der Unterlassungsanspruch bisher war. Die Möglichkeit der gebündelten Geltendmachung dieser Einzelansprüche durch die Verbraucherschutzverbände wird das notwendige Abschrekkungselement parat halten, daß bisher immer gefehlt hat um einen erweiterten Spielraum der Werbung zuzulassen. Gerade in den Zeiten der neuen Medien wird die Geltendmachung der Schadensersatzansprüche bzw. die formularmäßige Abtretung an neuem Gewicht gewinnen und den gesamten Prozeß beschleunigen und vereinfachen.

Die sich ebenso durch eine Verankerung des Verbrauchers in Zukunft hoffentlich entwickelnde Substantiierung wäre da nur noch eine flankierende Maßnahme zu einem Wettbewerbsrecht, welches durch den erhöhten Freiraum der Marktteilnehmer automatisch mehr Eigenverantwortung schaffen würde. Dabei muß gerade der Zusammenhang zwischen Verbraucherschutz, Substantiierung und Absenken des Irreführungsniveaus betrachtet werden. Da sich die beiden letzten Punkte scheinbar widersprechen, bedürfen sie noch einer genaueren Betrachtung. Bei ersterem geht es darum, daß zur Ermittlung der Irreführung ein normativ zu ermittelnder Verbraucher benutzt wird, der als solcher vernünftig unter den gegeben Umständen handelt und dadurch auch bestimmte Gefahren erkennen kann. Bei letzterem dagegen geht es um eine verstärkte Glaubwürdigkeit der Werbung. Nur eine solche kann letztlich die hervorgehobene Informationsfunktion für das Modell der Konsumentensouveränität erfüllen. Eine gesetzliche Festschreibung der Substantiierung halte ich dagegen für nicht sinnvoll, da eine solche von Fall zu Fall unterschiedlich beurteilt werden muß und dadurch die Rechtsprechung zu weit eingeschränkt wäre, um noch auf die Feinheiten des Einzelfalles eingehen zu können.

Diese durch die Reform verstärkte Eigenverantwortung aller Marktteilnehmer, d.h. der Wettbewerber wie auch der Konsumenten, ist durch die verschärften Sanktionsfolgen eines Verstoßes allerdings, wie oben angedeutet, nicht schrankenlos. Gerade den Konkurrenten wäre es dadurch nicht mehr so leicht möglich, die Aktionen eines Wettbewerbers zu unterbinden mit dem Hinweis, der Verbraucher würde dadurch getäuscht werden. Auf der anderen Seite würde auch der Verbraucher in seiner Souveränität gestärkt werden, was wiederum zu einem verbesserten Marktverhalten iSe verbesserten Marktallokation sich auswirken würde. Ein weiteres Absinken der Preise wäre die daraus resultierende Folge. Daher ist eine umfassende Reform des Lauterbarkeitsrecht innerhalb eines Staates notwendig, der bisher zu wenig deregulierend eingegriffen hat und den Schutz der Verbraucher zu eng sieht, und das zum Nachteil der Geschützten.

Aus der FTC und ihrer Arbeitsweise wird klar erkennbar, daß die bisher für richtig gehaltene Sichtweise, nämlich kein Behördensystem für den Bereich des unlauteren Wettbewerbs zu installieren, immer noch ihre Berechtigung hat. So zeigen sich gerade in der Verfolgungsintensität und der Geschwindigkeit doch deutliche Vorteile für das reine zivilrechtlich verortete System der BRD. Zusätzlich darf auch nicht vergessen werden, daß in den USA gerade eine kostenfrei arbeitende Behörde noch viel wichtiger ist, da auch dem obsiegenden Kläger im Lanham-Verfahren kein Kostenersatz zusteht. Dafür muß dann aber in Deutschland der „Nachteil“ hingenommen werden, daß dem Richter in § 3 UWG und der irreführenden Werbung kein Ermessen zusteht. Dieser Nachteil würde aber durch eine normative Regelermittlung der Irreführung in den Hintergrund treten, da in diesem Fall die Erwägungen, die ein vernünftiger Verbraucher anstellt, sofort in die Bewertung einfließen können.

Was sich durch den Vergleich der beiden Rechtssysteme allerdings auch gezeigt hat, ist das im Teilbereich der Beweiswürdigung der Vorgang im amerikanischen Recht für uns keinesfalls zu empfehlen ist. Hier zeigen sich die negativen Auswüchse der zu weit gefaßten Behördenkompetenz, welche letztlich die Funktionen eines Gerichts, zumindest nach unserem Rechtsverständnis, in Beschlag nimmt. Es reicht daher nicht aus, daß die Gerichte nur den Willkürmaßstab anlegen können, um eine effektive Kontrolle dieser Behörde und dem Bürger sein Recht auf Abwehr rechtswidriger staatlicher Akte gewährleisten zu können. In diesem Sinne ist die Bildung von spezialisierten Wettbewerbskammern wie im deutschen Recht üblich der wesentlich bessere Weg, da die Kammern nicht im selben Maße auf die Einschätzung eines Sachverständigen bzw. einer Behörde angewiesen sind wie in den USA.

Am Ende einer Arbeit stellt sich natürlich auch die Frage der Wahrscheinlichkeit einer Neunormierung des Lauterbarkeitsrecht in den angesprochenen Bereichen und ich bin mir über die an sich geringen Chancen einer solchen bewußt. Dies darf trotzdem nicht dazu führen, daß sich Änderungen nur noch durch die Rechtsprechung erreichen lassen. Wie in den vorangegangenen Kapiteln aufgezeigt wurde, kann eine Änderung durch diese im Ergebnis zwar nur gewünscht werden, doch wäre der Weg zu diesen Zielen m.E. unter juristisch-dogmatischen Gesichtspunkten falsch. Das UWG kann eben nicht „stückchenweise“ durch die Jurisdiktion verändert werden, ohne auch den Gesamtcharakter zu verändern, und dazu fehlt ihr die Kompetenz. Daher kann der Schluß der Arbeit nur als Aufruf an den Gesetzgeber gesehen werden, die längst überfällige Reform in diesem Bereich des Wettbewerbsrechtes zu beginnen, um ein besseres Miteinander von Konsumenten, Wettbewerber und der Allgemeinheit zu erreichen. Gerade durch die dann erfolgende Gewichtung der Verstöße würde das unlautere Wettbewerbsrecht nicht mehr zum Wettbewerbsverhinderungsrecht[2] benutzt werden, zu welchem es in den letzten Jahrzehnten verkommen ist, trotz der bescheidenen Reform von 1994.

---

[2] in diesem Sinne auch Emmerich, Das Recht des unlauteren Wettbewerbs, § 3, 3. (S. 14)

Literaturverzeichnis

Ahrens, Hans-Jürgen	Wettbewerbsverfahrensrecht, Köln, 1983
Ahrens, Hans-Jürgen/ Spätgens, Klaus	Die gütliche Streiterledigung in UWG-Sachen, 2. Auflage, Köln, 1990
Ahrens, Sönke	Der Irreführungsbegriff im deutschen Wettbewerbsrecht, WRP 99, 398
Alexander, G.	Honesty and Competition: False Advertising Law and Policy under FTC Administration, 1967
Althammer, Werner/ Ströbele, Karl/ Klaka, Rainer	Kommentar zum Markengesetz, 5. Auflage, Köln, 1997
Alt, Winfried	UWG-Novelle und zukünftige Werbepraxis, NJW 87, 21
American Bar Association	The Role of the FTC, Trade Regulation Reporter (CCH) No. 46 (1989)
American Bar Association	ABA-Commission to Study the FTC, 1969
American Bar Association Antitrust Law Devision	Chapter VII. D, E Annual Review 1998
American Law Reports	1998 Supplement
Bachem, Julius/ Roeren, Hermann	Das Gesetz zur Bekämpfung des unlauteren Wettbewerbs vom 1. Juli 1896, Erläuterungen von Hermann Roeren, Leipzig, 1896
Bailey, Patricia/ Pertschuk, Michael	The Law of Deception: The Past as Prologue 33 American University Law Review 849 (1984)
Bailey, Patricia/ Pertschuk, Michael	Analysis of the Law of Deception 46 Antitrust & Trade Reg. Rep. (BNA) No. 1154, S. 372, (1984)

Baker, Johnathan	Continuos Regulatory Reform at the FTC 49 Administrative Law Review 859 (1997)
Banyasz, Eugen	Leitgedanken des internationalen und nationalen Wettbewerbs in Europa, Budapest,1937
Basedow, Jürgen	Preiskalkulation und c.i.c., NJW 82, 1030
Bauer, Kurt	Zur Bedeutung der Verkehrsauffassung bei der Auslegung des § 3 UWG, GRUR 68, 248
Baumbach, Adolf/ Hefermehl, Wolfgang	Wettbewerbsrecht, 21. Auflage, München 1999
Beales, Howard/ Crashwell, Richard/ Salop Stephen	The Efficient Regulation of Consumer Information, 24 Journal of Law and Economics 491, (1981)
Beater, Axel	Zur Deregulierung des Wettbewerbsrechts, ZHR 159 (1995), 217
Beater, Axel	100 Jahre Gesetz gegen den unlauteren Wettbewerb - Eine Würdigung aus deutscher, rechtsvergleichender und europäischer Sicht, ZEuP 96, 200
Beater, Axel	Schutzzweckdenken im Recht des unlauteren Wettbewerbs, JZ 97, 916
Beater, Axel	Literaturbesprechungen, ZHR 162 (1998) 141
Beier, Friedrich-Karl	Entwicklung und gegenwärtiger Stand des Wettbewerbsrecht in der Europäischen Wirtschaftsgemeinschaft, GRUR Int. 84, 61
Bender, Matthew & Co	Antitrust Laws and Trade Regulation (zit. Antitrust Laws/Bearbeiter), Kalinowski, New York, 1999

Bender, Matthew & Co	Law of Advertising, Rosden, New York, 1999
Bergh, Roger van den/ Lehmann, Michael	Informationsökonomie und Verbraucherschutz im Wettbewerbs- und Warenzeichenrecht, GRUR Int. 92, 588
Bernstein, Jodie	Statement of the Director of the Bureau of Consumer Protection, FTC Press Release 17.11.1997
Bornkamm, Joachim	Das Wettbewerbsverhältnis und die Sachbefugnis des Mitbewerbers, GRUR 96, 527
Boyer	Phase II Report on the Trade Regulation Rulemaking Procedures of the FTC,Administrative Conferences of the U.S., Recommandations and Reports, 1980
Borck, Hans-Günther	Über „Bärenfang", Beweislast und "Pressedienst", WRP 63, 191
Borck, Hans-Günther	Die Interessenabwägung bei irreführender Werbung, WRP 85, 63
Borck, Hans-Günther	„Überprüfung" der „Überprüfung des Wettbewerbsrechts", WRP 97, 399
Brandner, Hans Erich	Abnehmerschutz im Wettbewerbsrecht,in FS für Robert Fischer, S. 19, Berlin, 1979
Büttner, Hermann	Die Irreführungsquote im Wandel, GRUR 96, 533
Bungeroth, Erhard	Zur Feststellung des irreführenden Charakters einer Angabe iSd § 3 UWG, GRUR 71, 93

Burmann, Hans Fr.	Strukturwandel des Werbe- und Wettbewerbsrechts, Die Relationen: Öffentliches Interesse - Allgemeinheits- und Verbraucherinteresse, WRP 67, 71
Burmann, Hans Fr.	Wettbewerbsrecht und gewerblicher Rechtsschutz, WRP 68, 258
Callman, Rudolf	Der unlautere Wettbewerb, 2. Auflage, Mannheim, 1932
Callman, Rudolf	Unfair Competition and Trademarks, 4. Auflage, Wilmette, 1983
Calvani, Terry	Advertising and Unfair Competition ALI-ABA Course of Study Materials, S. 521, 19.03.1998
Canaris, Claus-Wilhelm	Die Produzentenhaftpflicht in dogmatischer und rechtspolitischer Sicht, JZ 68, 494
Canaris, Claus-Wilhelm	Die Vertrauenshaftung im Privatrecht, München, 1971
Canaris, Claus-Wilhelm	Leistungsstörung beim Unternehmenskauf, ZGR 82, 395
Canaris, Claus-Wilhelm	Schutzgesetze-Verkehrspflichten-Schutzpflichten in FS für Karl Larenz, S. 27, München, 1983
Clarkson, K./ Muris, T.	The FTC since 1970: Economic Regulation Bureaucratic Behaviour (1981)
Cohen	The FTC`s Advertising Substantiation Programm, 44 Journal of Marketing 26 (1980)

Cornell, Arthur B. — FTC Permanent Injunction Actions against Unfair and Deceptive Practices: The Proper Case and the Proper Proof, 61 Saint Johns Law Review 503 (1987)

Deutsch, Volker — Der Einfluß des europäischen Rechts auf den Irreführungstatbestand des § 3 UWG, GRUR 96, 541

Diederichsen, Uwe — Die Flucht des Gesetzgebers vor seiner politischen Verantwortung, Karsruhe, 1974

Dieselhorst, Joachim — Der „unmittelbar Verletzte“ im Wettbewerbsbewerbsrecht nach der UWG-Novelle, WRP 95, 1

Dingfelder, Justin/ Brickels, Sandra — To Protect the Consumer, the FTC Means Business 45 JAN Federal Laywer 24 (1998)

Doepner, Uli — Anmerkungen zu BGH GRUR 96, 910, GRUR 96, 912

Doepner, Uli — Verbraucherbilder zur Auslegung des wettbewerblichen Irreführungsgebot - Anmerkungen zum Diskussionsstand, in FS für Ottfried Lieberknecht, S. 165, München, 1997

Doepner, Uli — Verbraucherleitbilder zur Auslegung des wettbewerblichen Irreführungsgebot, partiell überarbeiteter Zweitdruck, WRP 97, 999

Dominicus, Richard — Schutz des Verbrauchers vor irreführender Werbung: Bedeutung und Reichweite des wettbewerblichen Rücktrittsrecht § 13 a UWG, Baden-Baden, 1990

Droste, Helmut — Wahrheit und Klarheit in der Werbung, MA 59, 643

Droste, Helmut	Urteilsanmerkungen, GRUR 71, 156
Droste, Helmut	Irreführende Beschaffenheitsangaben und Interessenabwägung, GRUR 72, 281
Droste, Helmut	Urteilsanmerkungen, GRUR 78, 251
Ebsen, Ingwer	Gesetzesbindung und „Richtigkeit“ der Entscheidung, Berlin, 1974
Edelstein, Jeffrey S.	Recent Developments in Advertising Law, PLI Order No. B0-004T S. 7 (1998)
Eisenbeiss	Der Wettbewerb im norddeutschen Braugewerbe vom 14-18 Jahrhundert, Leipzig, 1936
Emmerich, Volker	Das Recht des unlauteren Wettbewerbs, 5. Auflage, München, 1998
Engisch, Karl	Einführung in das juristische Denken, Stuttgart, 1983
Ernst, Cornelia	Ansätze zur Beurteilung irreführender Werbung, Göttingen, 1996
Falkenstein, Roland von	Verbraucherverbandsklage, Schädigungen der Konkurrenten und UWG-Novelle, WRP 78, 502
Federal Trade Commission	Commissions Deception Policy Statement, 103 F.T.C. 110 (1984)
Fezer, Karl-Heinz	Das wettbewerbliche Irreführungsverbot als normatives Modell des verständigen Verbrauchers im Europäischen Unionsrecht, WRP 95, 671
Fezer, Karl-Heinz	Markenrecht, 2. Auflage, München, 1999
Fikentscher, Wolfgang	Wettbewerb und gewerblicher Rechtsschutz, München, 1958

Filseck, Moser von	Urteilsanmerkungen zu „Pressedienst“, GRUR 61, 360
Fricke, Wilhelm F.	Verbraucherschutz - Klagerecht des Verbrauchers und der Verbraucherschutzverbände aus UWG und BGB, GRUR 76, 680
Fritze, Ulrich	Die Umkehr der Beweislast, GRUR 75, 61
Fueroghne, Dean K.	Law & Advertising, Chicago, 1995
Gaedertz, Alfred-Carl	Ist eine UWG-Novelle erforderlich ?, WRP 1977, 681
Gamm, Otto-Friedrich Frhr. von	Wettbewerbsrecht, 1. Halbband, 5. Auflage, Köln, 1987
Gamm, Otto-Friedrich Frhr. von	Gesetz gegen den unlauteren Wettbewerb, 3. Auflage, Köln, 1993
Geismar, John	Commercial Speech and the FTC, 16 New England Law Review 793 (1981)
Gilles, Peter	Prozeßrechtliche Probleme von verbraucherpolitischer Bedeutung bei den neuen Verbraucherverbandsklagen im dt. Zivilrecht, ZZP 98 (1985) 1
Gloy, Wolfgang	Handbuch des Wettbewerbsrechts, (zit. HdWR/ Bearbeiter), 2. Auflage, München, 1997
Gloy, Wolfgang	Brauchen wir eine neue UWG-Novelle ? in FS für Ralf Vieregge, S. 297, Berlin, 1995
Godin, Hans Frhr. v.	Wettbewerbsrecht, Berlin, 1974
Gotts, Ilene/ Berg, Stacey	Developments in Consumer Protection, ABA Antitrust 39 (1997)
Greifelts, Kurt/ Schultz-Kress, H. von	Wirtschaftliches Kriegsrecht, Berlin, 1941

Greiner, Christoph	Die amerikanische class action und der deutsche ordre public, München, 1998
Harmsen, Jens	§ 3 UWG und das Problem der Beweislast, GRUR 69, 251
Hartwell, Ray V.	Developments in Private Consumer Protection Litigation: The RICO False Advertising Cases, 60 Antitrust Law Journal 147 (1991)
Henderson, G./	The Federal Trade Commission, 1924
Hefermehl, Wolfgang	Urteilsanmerkungen zu „Bärenfang", GRUR 63, 274
Hefermehl, Wolfgang	Grenzen der Klagebefugnis desGewerbetreibenden und der Verbände im Recht des unlauteren Wettbewerb, WRP 87, 281
Hermann, Harald	Anzapfverbote im Einzelhandel und im privatrechtlichen Verbraucherschutz, GRUR 82, 395
Hippel, Eike von	Verbraucherschutz, 3. Auflage, Tübingen, 1986
Hoth, Jürgen	Zugabe und Rabatt, Berlin, 1973
Hösch, Ulrich	Grundlagen des Wettbewerbsrechts, Stuttgart, 1995
Jacob Jacoby/ Szybillo, George	Consumer Research in FTC v. Kraft (1991): A Case of Heads We Win, Tails You Loose, PLI Order B4-7167, (16.9.1996)
Jakob, Rainer/ Lindacher, Walter/ Teplitzky, Otto	UWG Großkommentar, 1991-1995 (zit. GK UWG/ Bearbeiter)
Karns, Jack E.	The FTC`s Evolving Deception Policy, 22 University of Richmond Law Review 399 (1988)

Karns, Jack E.	The FTC Policy in the next Millenium: Evaluating the Subject Impact of Cliffdale Associates, 74 North Dakota Law Review 441 (1998)
Keßler, Jürgen	Wettbewerbsrechtliche Anmerkungen und Verbraucherinformationen - erste Anmerkungen zur „Yves Rocher" Entscheidung des EuGH, WRP 93, 571
Keilholz, Kurt	§ 3 UWG und der mündige Bürger, in FS für Simon, S. 681, Baden-Baden, 1987
Keilholz, Kurt	Die mißlungene Harmonisierung des Verbots der irreführenden Werbung in der EG und ihre Konsequenzen für die deutsche Rechtsprechung, GRUR Int. 87, 390
Kintner, Earl W.	The Federal Trade Commission Act from 1914, New York, 1972
Kisseler, Marcel	Das deutsche Wettbewerbsrecht im Binnenmarkt, WRP 94, 1
Klette, Manfred	Zur Relevanz der Herkunftstäuschung im Wettbewerbsrecht, NJW 86, 359
Klette, Manfred	Irreführungsschutz und Freihaltebedürfnis, GRUR 86, 794
Knaak, Roland	Anmerkungen zu Königl.-Bayrische Weisse, GRUR 92, 69
Knaak, Roland	Der Schutz geographischer Herkunftsangaben nach dem neuen Markengesetz, GRUR 95, 103
Knöpfle, Robert	Zur Problematik der Beurteilung einer Norm als Schutzgesetz im Sinne des § 823 II BGB, NJW 67, 697

Koch, Harald	Verbraucherprozeßrecht: Verfahrensrechtliche Gewährleistung des Verbraucherschutzes, Heidelberg, 1990
Köhler, Helmut	Das Rücktrittsrecht nach § 13 a UWG, JZ 89, 262
Köhler, Helmut	Die wettbewerblichen Abwehransprüche, NJW 92, 136
Köhler, Helmut	EG-Recht, nationales Wettbewerbsrecht und Verbraucherschutz, JuS 93, 447
Köhler, Helmut	Irreführungs-Richtlinie und deutsches Wettbewerbsrecht, GRUR Int. 94, 396
Köhler, Helmut/ Piper, Henning	Gesetz gegen den unlauteren Wettbewerb, München, 1995
Kreutzer, Karl,	Behördenbefugnisse in Unlauterkeitssachen ?, WRP 1979, 255
Krieger, Albrecht	Ist das UWG reformbedürftig ?, GRUR 68, 511
Krieger, Albrecht	Zum Schadensersatzanspruch des Verbrauchers bei irreführender Werbung, BB 78, 625
Krieger, Albrecht/ Tilmann, Winfried	Zur Kritik an der UWG-Novelle, GRUR 79, 14
Krüger, Christof	Zum Verbraucherschutz im Lichte der des UWG-Änderungsgesetz, in FS für Henning Piper, S. 341, München, 1994
Kur, Annette	Irreführende Werbung und Umkehr der Beweislast, GRUR 82, 663

Kur, Annette	Beweislast und Beweisführung im Wettbewerbsprozeß: eine vergleichende Untersuchung zum deutschen, amerikanischen und schwedischen Recht, Berlin, 1981
Lange, Hermann	Handbuch des Schuldrechtes, Schadensersatz 2. Auflage, Tübingen, 1990
Larenz, Karl	Schuldrecht I, 14. Auflage, 1987, München
Larenz, Karl	Methodenlehre der Rechtswissenschaft, 6. Auflage, Berlin, 1992
Lehmann, Michael	Die UWG-Novelle sollte nicht sterben, BB 81, 1717
Lehmann, Michael	Vertragsanbahnung durch Werbung, München, 1981
Lehmann, Michael	Die UWG-Neuregelungen 1987 - Erläuterung und Kritik, GRUR 87, 199
Lindacher, Walter	Grundfragen des Wettbewerbsrechts, BB 75, 1311
Lindacher, Walter	Unterlassungs- und Beseitigungsanspruch, GRUR 85, 423
Lindacher, Walter	Funktionsfähiger Wettbewerb als Final- und Beschränkungsgrund des lauterkeitlichen Irreführungsgebot, in FS für Rudolf Nirk, S. 587, München, 1992
Lobe, Adolf	Die Bekämpfung des unlauteren Wettbewerbs, Band I, Leipzig, 1907
Maher, John	The Rule of Law of the FTC, Thesis and Antithesis? Some Proposals, Dickingson Law Review 403 (1982/83)
Maier, Gert	Einschränkung des dt. Wettbewerbsrecht durch das Europäische Gemeinschaftsrecht, GRUR Int. 90, 817

Martinek, Michael	Der deutsche Konsument als europäischer Marktbürger, NJW 96, 3136
Maurer, Hartmut	Allgemeines Verwaltungsrecht, 10. Auflage, München
McManis, Charles R.	Unfair Trade Practices, 3. Auflage, St. Paul, 1993
Medicus, Dieter	Bürgerliches Recht, 18. Auflage, München, 1998
Melullis, Klaus Jürgen	Handbuch des Wettbewerbsrecht unter besonderer Berücksichtigung der Rechtsprechung, (zit. Melullis, Rn.), 2. Auflage, Köln, 1995
Mertens, Hans-Joachim	Kollektivrechtlicher Schadensersatz als Mittel des Verbraucherschutzes, ZHR 139 (1975), 438
Mestmäcker, Ernst J.	Eingriffserwerb und Rechtsverletzung in der ungerechtfertigten Bereicherung, JZ 58, 521
Micheli, Hans-Dieter	Zur Regelung der Abnehmerrechte in der UWG-Novelle, GRUR 79, 8
Miller, James	The Economist as Reformer: Revamping the FTC, 1981-1985, 1986
Millstein, Ira M.	The FTC and False Advertising, 64 Columbia Law Review 439 (1964)
Mohr, Ilse	Die Bekämpfung des unlauteren Wettbewerbs durch die FTC, München, 1974
Montague	Unfair Methods of Competition, 25 Yale Law Review 20, (1915)
Münchner Kommentar	Kommentar zum BGB, §§ 652-853 Band 3, 2. Halbband, 2. Auflage, München, 1985 (zit. MüKo/Bearbeiter)

Nastelski, Karl	Schutz der Allgemeinheit im Wettbewerbs-recht, GRUR 69, 322
Nelson, Thomas	The Politicization of FTC Rulemaking 8 Conn. Law Review 413 (1976)
Neu, Christian	Die Verwirkung im Wettbewerbs- und Waren-zeichenrecht, GRUR 87, 681
Niederleithinger, Ernst	Die vernachlässigte Einheit der Rechtsordung im Wettbewerbsrecht, GRUR Int. 96, 467
Nordemann, Wilhelm/ Nordemann, Axel/ Nordemann, Jan Bernd	Wettbewerbs- und Markenrecht, 8. Auflage, Baden-Baden, 1995
O'Brien, Kathyleen A.	Stratigies for Succesfully Defending against FTC, Investigations on False and Deceptive Advertising, PLI Order No. B4-7202 S. 269 (17.9.1997)
Palandt, Otto	Bürgerliches Recht. 59. Auflage, München, 2000 (zit. Palandt/Bearbeiter)
Parnes, Lydia/ Jennings, Carol	Through the Looking Glass: A Perspective on Regulatory Reform at the FTC, 49 Administrative Law Review 989 (1997)
Pastor, Wilhelm	Verbraucherverbände iSd § 13 I a UWG, GRUR 69, 571
Paul, Robert	The FTC's Increased Reliance on Section 13 (b) in Court Litigation, 57 Antitrust Law Journal 141 (1988)
Peritz, Rudolph	Competition Policy in America 1888-1992, Historic, Rethoric, Law, New York, 1996
Pertschuk, Micheal	FTC Review 1977-1984, 1984
Pertschuk, Micheal	Revolte against Revolution: The Rise and Pause of the Consumer Movement, 1969

Petty, Ross D.	FTC Advertising Regulation: Survivor or Casualty of the Reagan Revolution, 30 American Buisness Law Journal 1, (1992)
Pitofsky, Robert	Verbraucherschutz und Kontrolle der Werbung in den USA, GRUR Int. 77, 304
Pitofsky, Robert	Beyond Nader: Consumer Protection and the Regulation of Advertising, 90 Harvard Law Review 671 (1976-1977)
Pitofsky, Robert	„Selfregulation and Antitrust", Prepared Remarks of Robert Pitofsky, D.C. Bar Association Symposium, 18.02.1998, Washington D.C.
Posner, Richard A.	Regulation of Advertising by the FTC (1973)
Posner, Richard A.	The FTC, 37 University of Chicago Law Review 47 (1969)
Preston, Ivan L.	The Great American Blow-up: Puffery in Advertising and Selling, 1975
Preston, Ivan L./ Richards,	Consumer Miscomprehension as a Challange to FTC Prosecutions of Deceptive Advertising, 19 John Marshall Law Review 605 (1986)
Preston, Ivan L.	The Definition of Deceptivness in Advertising and other Commercial Speech, 39 Catholic University Law Review 1035, (1990)
Preston, Ivan L.	A Role for Consumer Belief in the FTC and the Lanham Act Deceptive Advertising Cases, 31 American Buisness Law Journal 1 (1995)
Pridgen, Dee	Consumer Protection and the Law, New York, 1995

Raiser, Ludwig	Der Stand der Lehre vom subjektiven Recht im deutschen Zivilrecht, JZ 61, 465
Reese, Ulrich	Das „Sechs-Korn-Eier" Urteil des EuGH - Leitentscheidungen für ein Leitbild, WRP 98, 1035
Rittner, Franz 1999	Wettbewebs- und Kartellrecht, Heidelberg,
Rosenthal, Alfred/ Wehner, Edgar	Kommentar zum Wettbewerbsgesetz, 3. Auflage, Mannheim, 1911
Rosenthal, Alfred/ Leffmann, Ernst	Gesetz gegen den unlauteren Wettbewerb, 9. Auflage, Berlin, 1969
Rudloff, Georg/ Blochwitz, Reinhard	Das Recht des Wettbewerbs, Berlin, 1938
Sack, Rolf	Deliksrechtlicher Verbraucherschutz gegen den unlauteren Wettbewerb, NJW 75, 1303
Sack, Rolf	Das Rücktrittsrecht gem. § 13 a UWG, BB 87, Beilage Nr.2
Sack, Rolf	Der Schutzzweck des UWG und die Klagebefugnis des unmittelbaren Verletzten, in FS Otto Freiherr v. Gamm, S. 161, Köln, 1990
Sack, Rolf	Die Präzisierung des Verbraucherleitbildes durch den EuGH, WRP 99, 399
Samwer, Sigmar-Jürgen	Verbraucherschutz und Wettbewerbsrecht, GRUR 69, 326
Sanders, Ansgar	Individualansprüche des Verbrauchers im UWG, Berlin, 1994
Schaefer, Erich	Vertragsauflösung wegen irreführender Werbung, ZIP 87, 554

Schäfer, Hans-Bernd/ Ott, Claus	Lehrbuch der ökonomischen Analyse des Zivilrechts, Berlin, 1986 und 2. Auflage, 1997, Berlin
Schalk, Heimo	Einführung in das US-amerikanische Zivil prozeßrecht, 2. Auflage, München, 1995
Schechter, Roger E.	Letting the Right Hand Know What the Left Hands Doing: The Clash of the FTC Advertising and Antitrust Policy 64 Boston University Law Review 265, (1984)
Schechter, Roger E.	A Retrospective on the Reagan FTC: Musings on the Rolle of an Administrative Agency, 42 Administrative Law Review 489 (1990)
Scherer, F. M.	Sunlight and Sunset of the FTC, 42 Administrative Law Review 461 (1990)
Scherer, Inge	Zur Frage der Schutzzweckqualität von §§ 1, 3 UWG für den Verbraucher, WRP 92, 607
Scherer, Inge	Divergenz und Kongruenz der Rechtsprechung des EuGH und des BGH zur Verbraucherwerbung, WRP 99, 991
Schmiedel, Burkhard	Deliktsobligationen nach deutschem Kartellrecht, Tübingen, 1974
Schmoller, Gustav	Die Straßburger Tuchmacher und Weberzunft, Straßburg, 1875
Schneider, Bernhard	Beweisschwierigkeiten bei der Durchsetzug des Unterlassungsanspruchs nach § 3 UWG, Frankfurt a.M., 1988
Schreckenberger, W	Gesetzgebungslehre, Stuttgart, 1986
Schricker, Gerhard	Unlauterer Wettbewerb und Verbraucherschutz, GRUR Int. 70, 32

Schricker, Gerhard — Darstellung des geltenden Rechts mit vergleichenden Anmerkungen zum Wettbewerbsrecht und Verbraucherschutz, RabelsZ 36 (1972), 315

Schricker, Gerhard — Territoriale Probleme und Klagerecht bei unlauterem Wettbewerb, GRUR Int. 73, 453

Schricker, Gerhard — Entwicklungstendenzen im Recht des unlauteren Wettbewerbs, GRUR 74, 579

Schricker, Gerhard — Wettbewerbliche Aspekte des Verbraucherschutzes, RabelZ 40, 1976, 535

Schricker, Gerhard — Schadensersatzansprüche der Abnehmer wegen täuschender Werbung, GRUR 75, 111

Schricker, Gerhard — Möglichkeiten zur Verbesserung des Schutzes der Verbraucher und des funktionsfähigen Wettbewerbs im Recht des unlauteren Wettbewerbs, ZHR 139 (1975), 208

Schricker, Gerhard — Soll der einzelne Verbraucher ein Recht zur Klage wegen unlauterem Wettbewerbs erhalten ?, ZRP 75, 189

Schricker, Gerhard — Zur Reform der UWG Schadensersatzansprüche der Abnehmer und Rücktritt vom Vertrag bei irreführender und unlauterer Werbung, GRUR 79, 1

Schricker, Gerhard — Die Bekämpfung der irreführende Werbung ohne demoskopische Gutachten in den Mitgliedsstaaten der EG, GRUR 90, 112

Schricker, Gerhard — Reform im unlauteren Wettbewerb, ZRP 94, 430

Schricker, Gerhard	Deregulierung im Recht des unlauteren Wettbewerbs ?, GRUR Int. 94, 586
Schünemann, Wolfgang B.	Wettbewerbsrecht, München, 1989
Schütz, Jörg	Zur Verwirkung von Unterlasssensansprüchen aus § 3 UWG, GRUR 82, 526
Schwarz, Gustav	Verfolgung unlauteren Wettbewerbs im Allgemeininteresse, GRUR 67, 333
Silverglade, B. A.	A New Enforcement Approach for a New Area in FTC Consumer Protection Regulation, 7 Advancing the Consumer Interest 23 (1995)
Smoschewer, Fritz	Zu Hermann Jsays „Rechtsnorm und Entscheidung“, GRUR 29, 1272
Soergel, Th.	Kommentar zum BGB, §§ 823-853 BGB, Schuldrecht 5/2, 12. Auflage, Stuttgart, 1998 (zit. Soergel/Bearbeiter)
Sosnitza, Olaf	Wettbewerbsbeschränkungen durch die Rechtsprechung, Baden-Baden, 1995
Speckmann, Gerhard	Die Wettbewerbssache, 1. Teil, 2. Auflage, Köln, 1995
Spliethoff, Hans-Peter	Verkehrsauffassung und Wettbewerbsrecht: Ein Beitrag zu Relevanz, Begriff, Ermittlung eines lauterbarkeitlichen Zentralbegriffs, Baden-Baden, 1992
Spengler, Albrecht	Der Wettbewerb, Recht und Schranken, 2. Auflage, 1972
Springer, Ralf	Europäisches Gemeinschaftsrecht und die Auslegung des Irreführungsgebotes gem. § 3 UWG, Baden-Baden, 1995

Squeri, Stephen J.	Gouverment Investigation and Enforcement, PLI Order No. B0-0023 S. 951 (1998)
Stareck, Roscoe B. III	Myths and Half-Truths about Deceptive Advertising, Wests Legal News, 14.11.1996
Steiger, Janet D.	Remarks Before Marketing & Public Policy Conference, 13. 5. 1994
Stein, Werner vom	Zur Beurteilung irreführender Werbung ohne demoskopische Gutachten, WRP 70, 332
Stiegler	The Economic of Information, Journal of Political Economic 213 (1961)
Stolle, Dennis P.	The FTC Reliance on Extrinsic Evidence in Cases of Deceptive Advertising: A Proposal for Interpretive Rulemaking 74 Nebraska Law Review 352 (1995)
Strein, Rudolph/ Leible, Stefan	10 % mehr Eiscreme für alle, ZIP 95, 1236
Sullivan, Thomas/ Marks, Brian	The FTC Deceptive Advertising Policy: A Legal and Economic Analysis 64 Oregan Law Review 593 (1986)
Teplitzky, Otto	Die Rechtsfolge der unbegründeten Ablehnung einer strafbewehrten Unterlassungserklärung, GRUR 83, 609
Teplitzky, Otto	Zu Anforderungen an Meinungsforschungsgutachten, WRP 90, 145
Teplitzky, Otto	Die Durchsetzung des Schadensersatzanspruchs im Wettbewerbsrecht, GRUR 87, 215
Treplitzky, Otto	Zur Methodik der Interessenabwägung in der neueren Rechtssprechung des Bundesgerichtshofes zu § 3 UWG, in FS für Ralf Vieregge, S. 853, Berlin, 1995

Teplitzky, Otto	Wettbewerbsrechtliche Ansprüche, 7. Auflage, Köln, 1997
Teplitzky, Otto	Die jüngste Rechtsprechung des BGH zum wettbewerblichen Anspruchs- und Verfahrensrecht, GRUR 97, 691
Tetzner, Heinrich	Gesetz gegen den unlauteren Wettbewerb, 2. Auflage, Köln, 1957
Tetzner, Heinrich	Zur Änderung der des UWG, WZG und GebrMG vom 21.7.65, NJW 65, 1945
Thomas, Heinz/ Putzo, Hans	Zivilprozessrecht, 21. Auflage, München, 1998
Tiedke, Klaus	Der Inhalt des Schadensersatzanspruchs aus c.i.c. wegen fehlender Aufklärung, JZ 89, 568
Tiedke, Klaus	Die Haftung der Banken für unberechtigte Zusagen ihrer Sachbearbeiter, WM 93, 1228
Tilmann, Winfried	Zur Rechtsstellung des Verbrauchers bei Wettbewerbsdelikten, ZHR 141 (1977) 32
Tilmann, Winfried	Die Verkehrsauffassung im Wettbewerbs- und Warenzeichenrecht, GRUR 84, 716
Tilmann, Winfried/ Ohde, Hans-Jürgen	Mindestirreführungsquoten im Wettbewerbsrecht, GRUR 89, 229
Tilmann, Winfried	Die UWG-Novelle 1994, BB 94, 1793
Tilmann, Winfried	Der verständige Verbraucher, in FS für Henning Piper, S. 481, München, 1996

Tonner, Klaus	Verbraucherschutz im UWG und UWG-Reform von 1986, NJW 87, 1917
Trägner, Werner	Das Verbot der irreführenden Werbung nach § 3 UWG im europäischen Binnenmarkt, Konstanz, 1993
Traub, Fritz	Probleme der Interessenabwägung bei der Anwendung des § 3 UWG, in FS Rudolf Nirk, S. 1017, München, 1992
Treis, Bartho	Die Analyse der Annahmen über das Käuferverhalten in ausgewählten Urteilen der Wettbewerbsrechtsprechung, in Heigl, A./ Uecker,P.; Hrsg. Betriebswirtschaftslehre und Recht, S. 301, (zit. Käuferverhalten), Wiesbaden, 1979
Trumpler, H.	Unlauterer Wettbewerb und Antitrustrecht in den Vereinigten Staaten von Amerika, Bern, 1944
Ulmer, Eugen	Wandlung und Aufgaben im Wettbewerbs recht, GRUR 37, 769
Varney, Christine A.	Advertising and Unfair Competition: The FTC Enforcement, American Law Institute, ALI-ABA, 565 (1995)
Vogt, Stephan	Reform der Reform - Die Novellierung von UWG und Zugabeverordnung, NJW 94, 2509
Vogt, Stephan	Lexikon des Wettbewerbsrechts, München, 1994
Ward, Peter	Restitutions for Consumer under the FTCA: Good Intentions or Congressional Intentions ?, 41 American University Law Review 1139, (1992)
Watkins, Robert	Government Controls of Advertising, Patents, Copyrights, Trademarks and Literary, Property Handbook Series

Wedemeyer, Ulrich	Wettbewerbswidrige Kaffeefahrten - Nichtige Kaufverträge, WRP 72, 117
Wolf, Manfred	Die Klagebefugnis der Verbraucherschutzverbände, München, 1971
Wunderlich, Wolfgang	Zivilprozeßuale Möglichkeiten für ein gemeinschaftliches Vorgehen geschädigter Kapitalanleger, DB 93, 2269

Abkürzungsverzeichnis

a.A.	anderer Ansicht
a.a.O.	am angegebenen Ort
ABA	American Bar Association
aff'd	affirmed
ALI	American Law Institut
ALJ	Administrative Law Judge
a.M.	anderer Meinung
APA	Administrative Procedure Act
Assn	Association
Aufl.	Auflage
BB	Der Betriebsberater
bcp	bureau of consumer protection
BGBl.	Bundesgesetzblatt
BGB	Bürgerliches Gesetzbuch
BGH	Bundesgerichtshof
BGHZ	Entscheidungen des Bundesgerichtshofs in Zivilsachen
BT-Dr.	Bundestagsdrucksache
BVerfG	Bundesverfassungsgericht
BVerfGE	Entscheidungen des Bundesverfassungsgericht
bzw.	beziehungsweise
CARU	Children Advertising Review Unit
CCH	Commerce Clearing House
cert. denied	certiorari denied
C.F.A.	Consumer Federation of America
C.F.R.	Code of Federal Regulations
c.i.c.	culpa in contrahendo
Cir.	Circuit
Cong.	Congress
DB	Der Betrieb
Einl.	Einleitung
FBI	Federal Bureau of Investigation
FDA	Federal Drug Administration
Fn.	Fußnote
Fed. Reg.	Federal Register
FS	Festschrift
FTC	Federal Trade Commission
F.T.C.	Entscheidungssammlung der Federal Trade Commission
FTCA	Federal Trade Commission Act
F. Supp.	Federal Supplement
F.2d	Federal Reporter, Second Series
F.3d	Federal Reporter, Third Series
GK	Großkommentar

gov.	gouverment
grds.	grundsätzlich
GRUR	Gewerblicher Rechtsschutz und Urheberrecht
GRUR Int.	Gewerblicher Rechtsschutz und Urheberrecht, Internationaler Teil
h.M.	herschende Meinung
H.R.	House of Representatives
Inc.	Incorporation
Intl	International
iSd	im Sinne des
iHv	in Höhe von
JZ	Juristenzeitung
JuS	Juristische Schulung
JW	Juristische Wochenschrift
Kap.	Kapitel
KG	Kammergericht
L. Ed. 2d	Laywers Edition, Second Series
LG	Landgericht
Ltd.	Limited
L. R.	Law Review
MA	Der Markenartikel
MMA	Magnuson-Moss-Amendment
m.E.	meines Erachtens
MuW	Markenschutz und Wettbewerb
m.w.N.	mit weiteren Nachweisen
NAAG	National Association of Attorney Generals
NAD	National Advertising Devision
NARB	National Advertising Review Board
NJW	Neue Juristische Wochenzeitschrift
NJW-RR	Neue Juristische Wochenzeitschrift - Rechtssprechungs-report
No.	Number
OLG	Oberlandesgericht
PLI	Practising Law Institut
RabelsZ	Zeitschrift für ausländisches und internationales Privatrecht, begründet von Rabel
RegE	Regierungsentwurf
RegB	Regierungsbegründung
revd	reversed
RG	Reichsgerichts
RGBl.	Reichsgesetzblatt
RGZ	Entscheidungen des Reichsgerichts in Zivilsachen
RICO	Racketeer Influenced and Corrupt Organization Act
Rn.	Randnummer
Rsp.	Rechtsprechung

s.	siehe
S.	Seite
S. Ct.	Supreme Court
Stat.	Statute
str.	streitig
st. Rsp	ständige Rechtsprechung
Trade Reg. Rep.	Trade Regulation Reporter
U.S.	United Staates of America, zugleich auch Entscheidungssammlung des Supreme Court
U.S.C.	United States Code
UWG	Gesetz gegen den unlauteren Wettbewerb
v.	versus
vgl.	vergleiche
VwGO	Verwaltungsgerichtsordung
WM	Wertpapiermitteilungen
WRP	Wettbewerb in Recht und Praxis
ZEuP	Zeitschrift für Europäisches Privatrecht
ZGR	Zeitschrift für Unternehmens- und Gesellschaftsrecht
ZHR	Zeitschrift für das gesamte Handelsrecht und Wirtschaftsrecht
ZIP	Zeitschrift für Wirtschaftsrecht und Insolvenzpraxis
ZPO	Zivilprozeßordung
ZRP	Zeitschrift für Rechtspolitik
z.T.	zum Teil
ZZP	Zeitschrift für Zivilprozeß

Peter Lang · Europäischer Verlag der Wissenschaften

Dieter Dörr (Hrsg.)

www.otello.de

Klassik nur noch im Internet oder per pay? Symposium aus Anlass des 85. Geburtstages von Professor Dr. Heinz Hübner

Frankfurt/M., Berlin, Bern, Bruxelles, New York, Oxford, Wien, 2000. 66 S.
Studien zum deutschen und europäischen Medienrecht. Herausgegeben von Dieter Dörr. Bd. 9
ISBN 3-631-37391-0 · br. DM 28.–*

Der Sammelband behandelt die Schnittstelle zwischen Kunst und Kultur einerseits und dem Rundfunk andererseits. Dabei geht es vor allem um die hochaktuelle und immer wieder umstrittene Frage, wo und wie Kultur im Fernsehen dargestellt werden soll. Der Band vereint fünf Referate von Experten aus der Kulturarbeit und der Rundfunkwissenschaft, die bei einem Symposium zu Ehren von Professor Dr. Heinz Hübner gehalten wurden. Die besondere Aufgabe des öffentlich-rechtlichen Rundfunks im Kulturbereich wird ebenso dargestellt wie das Verhältnis der privaten Programme zur Kultur. Darüber hinaus werden der Einfluss der Medien auf die Kulturarbeit und die aus der Rundfunkfreiheit ableitbaren Aufgaben in diesem Sektor untersucht. Die urheberrechtliche Problematik der Verwertung von klassischen Bühnenaufführungen im Fernsehen schließt das Thema ab. Gegenstand des Sammelbandes ist also ein Bereich, der weit über den aktuellen Festanlass des Jubilars in die Zukunft deutet.

Aus dem Inhalt: Das Verhältnis der Medien zu Kunst und Kultur · Die Rundfunkfreiheit und der kulturelle Auftrag des Rundfunks · Der Einfluss der Medien auf die Kulturarbeit · Kulturelle Inhalte in privaten Programmen · Die Verwertung von klassischen Bühnenaufführungen in Funk und Fernsehen

Frankfurt/M · Berlin · Bern · Bruxelles · New York · Oxford · Wien
Auslieferung: Verlag Peter Lang AG
Jupiterstr. 15, CH-3000 Bern 15
Telefax (004131) 9402131
*inklusive Mehrwertsteuer
Preisänderungen vorbehalten